MÉLANGES

—

# ÉCONOMIE POLITIQUE ET FINANCES

## II

— Corbeil, imprimerie de Crété. —

# MÉLANGES

# D'ÉCONOMIE POLITIQUE

## ET DE FINANCES

PAR

### LÉON FAUCHER

MEMBRE DE L'INSTITUT, ANCIEN MINISTRE DE L'INTÉRIEUR.

TOME SECOND

## ÉCONOMIE POLITIQUE.

# PARIS

## GUILLAUMIN ET Cⁱᵉ, LIBRAIRES

Éditeurs du Journal des Économistes, de la Collection des principaux Économistes
du Dictionnaire de l'Économie politique, etc.

RUE RICHELIEU, 14

1856

# FINANCES

## ET

# ÉCONOMIE POLITIQUE

---

## TRAVAIL. — ASSOCIATION. — IMPOT (¹)

### I

#### DU SYSTÈME DE M. LOUIS BLANC.

Avril 1848.

#### I. — LE SYSTÈME.

> « Si la société est mal faite, refaites-la. »
> ( Discours de M. Louis Blanc.)

Une révolution n'est vraiment digne de ce nom que lorsqu'on la fait dans l'intérêt du plus grand nombre. Les intrigues et les catastrophes de palais, les changements soudains d'hommes ou de lois peuvent laisser une trace de sang dans l'histoire : la mémoire des peuples ne s'attache qu'aux événements qui ont amélioré leur sort, et qui marquent en quelque sorte les étapes du progrès.

(¹) Cet écrit a paru pour la première fois dans la *Revue des Deux Mondes* (avril 1848). L'attention qu'il a obtenue avait déterminé l'auteur à le faire réimprimer le mois suivant, après l'avoir revu et y avoir ajouté de nombreux développements. Nous reproduisons ici ce dernier texte.     (*Note de l'éditeur.*)

Le progrès est la pierre de touche des révolutions ; mais il ne s'accomplit pas en un jour, il ne jaillit pas comme un éclair qui illumine l'espace. Les peuples s'affranchissent par degrés. La liberté s'étend et la base du pouvoir s'élargit, à mesure que les lumières se répandent. Chaque évolution de l'humanité apporte une idée nouvelle et consacre des droits nouveaux ; chacune a sa destinée à remplir. Il ne faut pas que les lois s'élancent en avant ni qu'elles passent à côté des mœurs, car alors elles seraient des chimères ou des violences.

Quand on veut sérieusement réformer, améliorer, développer, on doit partir de ce qui existe , et prendre pied dans le monde des réalités. Les grands législateurs de l'antiquité et des temps modernes se sont toujours annoncés comme les continuateurs de la tradition orale ou écrite. C'est dans le passé, c'est dans les mœurs primitives, qu'ils ont placé leur idéal, leur âge d'or. Moïse continue les patriarches, et l'Évangile se rattache à la loi de Moïse. Les sages de la Grèce vont s'instruire dans les rites mystérieux de l'Égypte. Rome emprunte la loi des Douze Tables à la Grèce. Grégoire VII fait sortir de la république chrétienne un catholicisme monarchique et conquérant. Luther, en proclamant la liberté religieuse, ne renonce ni à l'autorité ni à la grâce. La révolution française, qui considère les titres du genre humain comme oubliés ou perdus, franchit un intervalle de deux mille ans pour aller les demander à Rome et à la Grèce. Napoléon, pour donner de larges et solides bases à la société civile, pour rédiger les codes, interroge les annales, l'expérience et le bon sens de la nation.

Ceux qui prétendent refaire la société ne sont que des

rêveurs ou des anarchistes. Tout le secret deceux-ci consiste, comme on le dit hautement dans certains clubs, à mettre dessus ce qui était dessous, et à mettre dessous ce qui était dessus. Ils élèvent le désordre à la hauteur d'une théorie; pour eux, renverser est tout : ils ne songent pas à reconstruire. Par cela même, nous les croyons peu dangereux ; la société a besoin d'ordre et ne suit pas longtemps ceux qui la mènent à travers les ruines. Quant aux autres, quant à tous les esprits faux qui nous proposent un monde de leur façon, depuis les conceptions ultra-démocratiques d'Owen jusqu'aux théories ultra-despotiques de Saint-Simon, leurs systèmes dérivent d'une vue incomplète du cœur humain et de l'histoire ; ils ressemblent à ces monstres de la création, dans lesquels une partie du corps se trouve développée à l'excès et absorbe la substance de toutes les autres. Les uns sacrifient l'autorité à la liberté, les autres la liberté à l'autorité. En considérant l'état social, ils ne s'élèvent jamais à l'harmonie ni à une vue d'ensemble. Aussi leur influence ne peut-elle ni s'étendre ni durer. Elle passe comme un météore sinistre; elle éblouit et n'éclaire pas. Entre les réformateurs et les niveleurs il y a un abîme. Luther a émancipé l'Allemagne, et les anabaptistes l'ont ravagée. L'Assemblée constituante a proclamé des principes qui feront avec le temps la conquête du monde civilisé, et les doctrines de Babœuf n'ont produit que des machinations contre l'ordre social, machinations absurdes autant que funestes.

On ne refait pas la société, parce que la société est l'œuvre de Dieu avant d'être l'œuvre des hommes. La Providence en a posé les bases et en a marqué les destinées. Les lois du monde moral, aussi bien que celles du monde physique, émanent de cette pensée éternelle et immuable. Nous ne sommes pas notre propre cause. Nous ne donnons pas l'impulsion à cette gravitation puissante qui entraîne les individus, les nations, le genre humain tout entier. Nous pouvons y associer nos efforts, mais voilà tout. La famille, la propriété, les droits et les devoirs, nous n'avons rien créé, nous ne pouvons rien détruire. Pour changer la société, il faudrait changer la nature humaine, donner à l'homme d'autres besoins, d'autres penchants, d'autres sentiments que ceux qu'il manifeste et qui sont inhérents à sa constitution. Il faudrait encore séparer complétement les nations de leur passé, et rompre tout lien de solidarité entre les hommes. Ce serait la folie aux prises avec l'impossible.

De pareilles clameurs avaient encore un prétexte avant l'ère de régénération qui fut inaugurée en 1789. A cette époque en effet, la vieille monarchie expirait, et le gouvernement représentatif allait naître. L'administration était décrépite, l'ordre politique était encombré de priviléges, la propriété se trouvait concentrée de la façon la moins productive dans un petit nombre de mains. L'industrie et le commerce étaient dans les langes ; le crédit n'existait pas, des voies de communication imparfaites et clair-semées sillonnaient le territoire ; la France était comme une terre inculte que la révolution avait à défricher.

Cette révolution, nous l'avons faite. Il n'y a plus de priviléges, il n'y a que des droits. Tous les hommes étaient égaux depuis cinquante ans devant la loi civile ; l'égalité s'établit aujourd'hui devant la loi politique. La propriété du sol, qui appartenait à quelques privilégiés, est devenue le fait le plus général en France. Presque tout le monde possède de nos jours. Le repos de la société tient désormais au grand nombre des propriétaires, comme la fortune de l'Etat au grand nombre des contribuables. Avec la diffusion de la richesse immobilière, la richesse mobilière a pris l'essor. Les capitaux ont été accumulés par l'épargne ; le crédit a reçu des développements inconnus ; le travail, affranchi et honoré, devient le principe de toutes choses ; l'ordre actuel, grâce aux réformes profondes opérées depuis un demi-siècle, est véritablement un ordre nouveau. Pour le refaire, il faudrait défaire ; il faudrait remettre en question les progrès accomplis, et tenter, après deux expériences malheureuses, une troisième restauration du passé.

Tous les changements qui peuvent intervenir dans l'état social d'un peuple ont pour objet, soit de renouveler la forme de la pensée religieuse, soit de modifier le principe du gouvernement, soit d'amener une autre distribution de la richesse et de la propriété, soit enfin d'établir des bases différentes pour la répartition des charges publiques. La religion, l'Etat, la propriété et l'impôt, voilà le cercle des combinaisons dans lesquelles se produit le besoin d'innovation et de réforme. Eh bien ! qu'y a-t-il à changer aujourd'hui dans ces éléments de l'ordre social ? Les novateurs ne nous apportent pas assurément un dogme supérieur au dogme chrétien, ni une morale plus pure et plus humaine que la morale de l'Evangile. Quant au gouvernement, tout le monde y concourt désormais ; le droit est proclamé, il ne s'agit plus que d'en garantir à chacun le paisible exercice, de faire régner une égalité bien réelle, d'empêcher que le privilége d'une classe ne soit substitué au privilége d'une autre classe, que le capital ne soit immolé au salaire, ou le salaire au capital ; que le travail des bras, par une réaction qui frapperait les ouvriers eux-mêmes, ne prime le travail intellectuel, et que la corruption ne soit remplacée par la violence.

L'assiette de l'impôt conserve encore quelques traces du servage qui pesait, dans le dernier siècle, sur les rangs inférieurs de la société. Sans doute aucune classe d'hommes ne peut aujourd'hui s'exempter de la contribution que réclament les charges publiques : le clergé et la noblesse acquittent l'impôt ; les citoyens, grâce à la suppression de la corvée et de la dîme, ne paient plus d'impôt qu'à l'Etat. Pourtant la répartition des charges n'est pas conforme à la stricte équité ; tous les citoyens n'y contribuent pas dans la proportion de leur fortune. Il y a des taxes qui se mesurent à l'importance de la propriété et du revenu ; il en est d'autres qui, dépendant de la consommation personnelle, représentent une véritable capitation. Le paysan se voit rançonné par la taxe du sel ; l'impôt indirect et l'octroi accablent de tout leur poids l'ouvrier et l'artisan dans les villes. Les contributions sont réparties, à certains égards, en raison inverse des facultés contributives ; on voit trop que les propriétaires ont fait la loi, et qu'ils l'ont faite dans leur seul intérêt. Sur ce point, la réforme paraît facile ; il n'est pas nécessaire de bouleverser la société, et il ne faut pas même se mettre en grands frais d'invention pour établir sur des bases plus équitables l'assiette de l'impôt.

La législation qui régit chez nous le commerce et l'industrie présente sans contredit des dispositions qui ont fait leur temps et des lacunes qui sont regrettables ; mais ces défauts trouvent leur explication dans le caractère de l'époque à laquelle remonte le système. Ces lois furent rendues sous l'empire, dans un mouvement de réaction ; elles accusent une déviation très-prononcée des principes d'égalité et de liberté qui forment le trait distinctif de la société moderne. Ouvrez le Code pénal et même le Code de commerce : vous n'y verrez nulle part les droits de l'ouvrier placés sur la même ligne que ceux du maître ; l'esprit d'association y est gêné et non pas secondé ni dirigé par les règles qu'on lui pose ; enfin, le législateur ne semble pas plus avoir soupçonné l'importance du travail et du crédit qu'il n'avait deviné le rôle de création industrielle et d'expansion commerciale réservé à la vapeur.

Mais, pour redresser la tendance de nos lois, il suffit de les retremper dans leur source légitime. En rendant le travail libre, on le rendra fécond. Il n'est pas nécessaire, pour atteindre ce but, d'emprisonner la société dans les limites d'un phalanstère.

Pourquoi veut-on cependant reprendre aujourd'hui en sous-œuvre les fondements de l'ordre social ? Quel est le prétexte ou le but d'une aussi étrange croisade ? Les novateurs ont arboré pour bannière ces mots ambitieux et équivoques : *Organisation du travail.* Ce qu'ils entendent par là, nul ne le sait ; ils ne le savent pas eux-mêmes. Comme l'a dit un illustre orateur, ils n'ont qu'un problème, et ils vont en avant avec la même intrépidité que s'ils apportaient une solution pratique : chercheurs aventureux qui appellent la société à quitter le terrain solide des faits, sans pouvoir lui montrer, même dans le lointain, le profil de la terre promise.

Parmi ces agitateurs et au premier rang figure M. Louis Blanc, qui a écrit un livre très-populaire (¹) et que le suffrage du peuple a élevé au pouvoir, comme pour le mettre en demeure de passer, à la faveur d'un mouvement révolutionnaire, de la théorie à l'action. Parlons d'abord de l'ouvrage ; nous verrons ensuite ce qu'a fait l'auteur depuis qu'il a pris en main le gouvernement de la France. J'ai servi longtemps mon pays, comme M. Louis Blanc, dans les rangs de la presse quotidienne, qui est l'église militante de notre temps. En souvenir de cette confraternité qui m'est chère et en témoignage de mon estime, je lui dois et je lui dirai la vérité, sans prévention comme sans faiblesse.

M. Louis Blanc est un esprit plein de sagacité et qui excelle dans la critique. Un style clair, mordant, vigoureux, donne à ses écrits, outre l'attrait du moment, le cachet de la durée ; mais il manque absolument de cette philosophie qui révèle le sens général des faits, et de cette expérience qui enseigne le côté pratique des choses. Son livre n'est ni une doctrine ni un plan. A le prendre par le côté des théories, on le trouve d'une insuffisance trop évidente, amalgamant sans choix le faux avec le vrai, et, à l'exemple de Jean-Jacques Rousseau, cherchant la force non dans la raison, mais dans la logique. Quant à la solution qu'il présente et qui consiste à ouvrir, en face des ateliers libres, des ateliers fondés

---

(¹) *Organisation du travail*, par M. Louis Blanc ; cinquième édition, 1848.

par le gouvernement, elle est d'un vague qui confine au vide. Les systèmes d'Owen, de Saint-Simon et de Fourier, sont des chefs-d'œuvre en comparaison.

Le succès de M. Louis Blanc s'explique moins par les qualités que par les défauts de son livre. C'est le vague même de ses données qui en a fait la popularité. Moins le symbole qu'il proposait au peuple était tangible et défini, plus il autorisait d'illusions ainsi que d'espérances. Ajoutons qu'en introduisant l'action du gouvernement dans l'industrie, M. Louis Blanc ne demandait pas, comme Saint-Simon et Fourier, que l'on fît sans délai table rase de l'ordre actuel, ni que la société fût coulée d'un seul jet dans un moule nouveau. Il attaquait plutôt qu'il ne supprimait la liberté industrielle. En révolutionnaire habile, il avait l'air de respecter les droits ainsi que les habitudes, au moment même où il visait à tout déplacer. M. Louis Blanc a mieux réussi que les socialistes qui l'avaient précédé et dont il s'était manifestement inspiré, non pas parce qu'il égarait moins les esprits, mais parce qu'il leur imprimait d'abord une secousse moins violente.

Que veut détruire M. Louis Blanc, et que veut-il mettre à la place de ce qu'il détruit ?

Les adversaires que son livre prend à partie, dans la société telle que vingt siècles de civilisation l'ont faite, ne sont rien moins que la liberté, la propriété, le capital et l'esprit d'association, en un mot les éléments essentiels de l'ordre ainsi que les forces vives du progrès. Ce qu'il prétend édifier sur ces ruines, c'est, sous une forme ou sous une autre, le monopole universel de l'État, c'est l'égalité absolue des personnes et des fortunes ; c'est,

comme l'a dit M. Michel Chevalier, un panthéisme gros-
sier dans le sein duquel toutes les individualités viendraient s'absorber et se confondre.

Selon M. Louis Blanc, la concurrence en matière
d'industrie et de commerce est la plaie de notre état
social. Cette liberté du travail, pour laquelle nous avons
livré de si rudes combats, ressemble au Saturne de la
Fable, qui dévorait ses enfants à mesure qu'ils venaient
au monde. La concurrence est l'arme dont les forts se
servent pour écraser les faibles. Elle enrichit les riches
et appauvrit les pauvres, accroît les inégalités sociales,
engendre l'oppression et la fraude, et tend à remplacer
l'aristocratie de race par l'aristocratie d'argent. La concurrence est, pour la bourgeoisie, une cause incessamment agissante de ruine ; elle est, pour le peuple, un
système d'extermination. Elle ne procure même pas à la
masse des consommateurs le bon marché qui en fait le
prétexte et qui en serait l'unique excuse. Sous un tel régime, on passe par un avilissement des prix temporaire
pour aboutir à la cherté, et par la licence pour tomber
dans la servitude.

Voilà un tableau peu flatté assurément. Ce que
M. Louis Blanc dit de la concurrence dans le travail,
d'autres l'avaient dit avant lui ; mais ils portaient plus
loin l'anathème. La logique, en effet, ne permet pas de
s'arrêter dans cette voie. Si l'on condamne la liberté à
cause des excès qui en peuvent naître, il faudra étendre
le même arrêt à la propriété, à la famille, aux lumières,
car il n'est pas de principe dont on n'abuse, et la Providence, précisément parce qu'elle a fait l'homme libre, a
placé partout dans sa destinée le mal à côté du bien.

Pour juger sainement les institutions, il s'agit de savoir si le bien l'emporte sur le mal, ou le mal sur le bien, et de quel côté penche décidément la balance. Que l'on examine, dans un esprit impartial, quels ont été, depuis soixante ans, les effets de la liberté pour le commerce ainsi que pour l'industrie, et je ne craindrai pas que les paradoxes éloquents de M. Louis Blanc fassent des prosélytes. Oui, cela est désormais incontestable, et j'en prends à témoin les socialistes eux-mêmes, ceux d'hier comme ceux d'aujourd'hui. Nous devons à la liberté du commerce et de l'industrie, à la concurrence si l'on veut, tous les progrès, toutes les merveilles de notre siècle. Sous l'influence de ce régime, la société, prise en masse, s'est enrichie; la bourgeoisie, sortant de ses langes, a grandi visiblement, en nombre, en puissance et en lumières; le peuple, enfin, a cessé d'être un chiffre pour former un corps agissant et pensant. Le travail, instrument de servage autrefois, est devenu le grand chemin de l'aisance. En même temps que la valeur de la propriété, s'est accru le taux des salaires. Depuis la révolution de 1830, l'accroissement représente déjà plus de 30 pour 100. Que serait-ce, si l'on comparait le salaire d'aujourd'hui à celui que l'ouvrier obtenait avant 1789, sous le régime des corvées et des corporations, tant que son intelligence et ses bras demeuraient enfermés dans les institutions du moyen âge?

La France de 1789 ne pouvait pas payer un budget de 500 millions; la France de 1847 a pu subvenir à une dépense de 1,600 millions, malgré les fautes de son gouvernement et malgré l'épuisement qu'avait produit une année calamiteuse. La fortune publique voit donc ses ressources au moins triplées. Est-il possible que le revenu de l'État reçoive de tels accroissements, sans que l'aisance augmente et se répande parmi les individus?

La richesse de l'État et des particuliers s'est accrue de deux manières : d'abord, parce que le nombre des travailleurs s'est multiplié et que chacun d'eux a produit davantage ; ensuite, parce que la production, secondée par de nouveaux moteurs et par d'innombrables machines, a pu diminuer son prix de revient. L'ouvrier voit ses ressources augmenter, et, le même argent lui procurant plus de jouissances et servant à satisfaire des besoins plus étendus, il s'élève d'un degré dans l'échelle sociale. Dans le travail manufacturier, comme dans l'agriculture, l'ouvrier est aujourd'hui mieux logé, mieux vêtu, mieux nourri, qu'il ne l'était dans le dernier siècle. A l'exception de quelques agglomérations urbaines, il vit mieux et il vit plus longtemps. D'après Duvillard, la vie moyenne en France était, en 1770, de vingt années seulement ; M. Mathieu l'évalue aujourd'hui à trente-huit ans. Voilà le mouvement qui s'opère sous nos yeux, chaque jour, dans tous les pays, et qui devient plus irrésistible à mesure que la liberté pénètre plus avant dans les mœurs.

On parle des variations que la concurrence peut amener dans le prix des choses. Nous n'entendons pas les contester d'une manière absolue ; mais nous ne faisons que rendre hommage à la vérité, en disant que, dans ces oscillations inévitables, le bon marché finit toujours par être la règle, et la cherté des produits l'exception. Ajoutons que les prix vont se réduisant d'année en année, jusqu'à ce que la valeur des produits

soit à peine supérieure aux frais de la main-d'œuvre, et
que c'est dans les contrées qui jouissent de la plus entière liberté en fait de commerce et d'industrie, que l'on
voit coïncider ces deux phénomènes, le haut prix des
salaires et le bas prix des objets fabriqués. En présence
du spectacle que ce libre développement de l'homme
et de la société donne déjà depuis près d'un siècle
aux États-Unis, il y a plus que de la témérité, il y a de
l'ingratitude aujourd'hui à maudire le principe de la
concurrence.

L'industrie, je le sais, traîne à sa suite bien des misères. Dans cette fécondité d'expansion qui la caractérise, elle n'a pas constamment pour rejetons l'ordre, le
bien ni la richesse. Des crises périodiques la ravagent,
qui dissipent les fortunes et qui moissonnent les
existences. Du fond des ateliers, même dans les temps
prospères, s'élèvent trop souvent des plaintes lamen-
tables qui couvrent le bruit des machines et qui vont
troubler la sérénité du ciel. J'ai vu, j'ai touché du doigt,
j'ai sondé ces plaies que la plupart des socialistes exagè-
rent ou dénaturent en les décrivant sur des ouï-dire. J'ai
pénétré dans les ateliers de famille comme dans les plus
vastes manufactures ; j'ai interrogé toutes les classes de
travailleurs, depuis l'ouvrière qui gagne péniblement 40
à 50 centimes par jour jusqu'au mécanicien dont le salaire
peut s'élever à 20 francs ; j'ai comparé les ressources avec
les besoins de chacun, depuis les parias qui vivent en-
tassés pêle-mêle dans les bouges les plus infects, sans vêtements, sans pain, sans air ni lumière, jusqu'à ces heureux du travail qui habitent les comfortables chaumières de
Turton, avec l'aisance assise au foyer domestique et avec

le contentement dans le cœur ; j'ai poursuivi cette comparaison pendant près de vingt ans, à Paris, dans les villes industrielles de la France, en Belgique, dans les provinces rhénanes, en Suisse, en Angleterre et en Écosse. J'ai fouillé, la nuit comme le jour, les profondeurs les plus cachées, les mystères souterrains de l'état social. Dans le cours de cette pénible Odyssée, j'ai senti bien des fois l'émotion soulever mon cœur et déchirer mes entrailles ; mais je n'en ai pas conclu que le mal dominât sur la terre ni qu'il y eût lieu, pour corriger des misères accidentelles, de supprimer la liberté.

Si le malheur est peut-être plus apparent aujourd'hui, il est, certes, moins général que dans les sociétés anciennes. Ceux qui souffrent le plus sont les retardataires qui n'ont pas voulu, qui n'ont pas su ou qui n'ont pas pu s'accommoder du progrès. Les tisserands à la main travaillent seize heures par jour pour vivre de pommes de terre ; le tissage à la mécanique procure aux enfants et aux femmes le salaire des hommes faits. Le mouvement de la société, précisément parce que l'on n'y saurait résister, a quelque chose d'impitoyable ; c'est aux institutions de relever, dans leur prévoyance et dans leur charité, les blessés qu'il laisse étendus sur sa route.

La science économique, en posant des principes que les pouvoirs publics avaient trop longtemps ignorés ou méconnus, a donné peut-être à ces lois une forme brutale et réactionnaire. Elle a proclamé avec raison que le salaire était une marchandise, dont le cours résultait nécessairement de la proportion qui existait entre l'offre du travail et la demande ; mais elle a oublié de nous avertir que le salaire n'était pas une marchandise comme une autre, et que, dans les moments où l'offre des bras excédait trop largement la demande, la prévoyance des gouvernements devait venir en aide, dans une certaine mesure, aux infortunes privées. La société est une espèce d'assurance mutuelle que la force collective établit pour diminuer et pour protéger la faiblesse de chacun ; il ne faut pas cependant qu'elle dispense les individus de prévoir et d'agir, ni qu'elle ait la prétention d'accomplir, en prévenant tous les malheurs partiels, ce qui n'est pas au pouvoir de l'humanité et ce que n'a pas voulu la Providence.

« La concurrence, dit M. Louis Blanc, est la guerre dans l'ordre des intérêts. » Non, ce n'est pas la guerre ; c'est la lutte, c'est l'émulation, c'est l'effort, c'est la condition même de l'existence. Il y a des gens qui croient que l'harmonie résulte du silence des passions et de l'immobilité des forces. Je considère ceux-là comme les bonzes de la pensée. Qu'ils jettent les yeux cependant sur le monde physique : n'est-ce pas la tempête qui purifie l'atmosphère, le flux de l'Ooéan qui empêche la corruption des eaux, la lutte des éléments, en un mot, qui produit l'harmonie ? Le monde moral obéit à une loi semblable ; il a deux pôles, l'intérêt et le devoir, autour desquels gravitent l'homme et la société ; l'un qui suscite l'émulation des intelligences et des forces, l'autre qui les règle et les modère pour empêcher que la lutte ne devienne un combat.

Nous n'apercevons pas, au surplus, dans le régime de la concurrence, cette fatalité qui livre le faible aux coups du fort, de même que certains animaux, dans la création, sont destinés à devenir la proie des autres. La liberté développe toutes les facultés de l'homme et lui donne cette énergie qui dompte les obstacles. Les peuples les plus industrieux, les plus commerçants et les plus riches, ne sont-ils pas ceux à qui le climat et le sol qu'ils habitent ne donnent que des difficultés à surmonter? Les Anglais ne vont-ils pas chercher le coton en Amérique, et les Hollandais n'ont-ils pas à disputer aux vagues de l'Océan la terre qui les porte? L'Alsace ne fait-elle pas une concurrence victorieuse aux fabriques de la Normandie, quoique celles-ci obtiennent à meilleur marché les capitaux, les matières premières et la houille? M. Louis Blanc prétend que, dans l'industrie comme à la guerre, la victoire appartient aux gros bataillons, c'est-à-dire aux gros capitaux. Qu'il nous explique donc comment il se fait que les manufactures de la Suisse, que ne protège aucune ligne de douane, luttent avec succès contre la puissance industrielle de l'Angleterre, et comment la bonneterie allemande, industrie morcelée et pauvre, trouve un débouché pour ses produits jusqu'au centre de la production similaire, à Nottingham et à Manchester.

On remarquera que plus la liberté est complète et plus le champ du travail s'étend, moins se font sentir les inconvénients de la concurrence. Pourquoi ces inconvénients sont-ils plus sensibles, par exemple, dans l'industrie manufacturière que dans l'industrie agricole, si ce n'est parce que, la culture du sol étant à peu près l'occupation de tout le monde, l'origine des produits de la terre s'effaçant dans l'immensité du marché et la production ayant à défrayer des besoins presque sans limites, on peut faire baisser, mais non pas avilir les prix? Depuis là réforme opérée dans les tarifs par sir Robert Peel, le bétail étranger entre par masses en Angleterre, sans que, sous la pression de cette concurrence, le prix de la viande ait subi une réduction vraiment appréciable. Le travail manufacturier aura le même sort, lorsqu'il verra s'accroître sa clientèle. Ses clients ne sont guère aujourd'hui que dans les villes ; car, en dehors des nécessités alimentaires, les habitants des campagnes consomment fort peu. En vêtements et en linge, le budget d'une famille agricole n'excède pas 100 francs par année. Rendons les paysans consommateurs, et nous aurons ouvert aux manufactures l'exploitation d'un nouveau monde.

Un autre préjugé de M. Louis Blanc consiste dans l'antagonisme qu'il suppose entre le capital et le travail. On concevrait encore que ce débat s'élevât en Angleterre, dans un pays où le capital abonde, où il a pénétré tous les pores de la production, où il cherche partout de l'emploi, et où il prêtera dans tous les cas son concours, de quelque façon qu'on le traite ; mais en France, où il est de récente formation, peu abondant, peu aventureux, attaquer ou effrayer le capital, c'est vouloir le faire disparaître. Le capital n'a pour lui, chez nous, ni la possession ni la force. Nous ignorons si ceux qui en sont détenteurs montrent dès à présent des tendances despotiques ; à coup sûr, ils n'ont eu ni le temps ni le pouvoir d'exercer aucune tyrannie. Parcourez nos cités industrielles, vous entendrez partout les fabricants déplorer l'absence ou la pénurie des capitaux, et chercher dans cette situation la raison de leur infériorité à l'égard de l'industrie étrangère. Jetez vos regards sur nos campagnes, dont l'aspect misérable fait un

contraste très-humiliant pour nous avec les champs cultivés de l'Angleterre, de la Belgique et même de l'Allemagne; d'où vient cela, sinon de la pauvreté combinée
du cultivateur et du propriétaire? La terre produit peu
quand l'homme ne l'arrose qu'avec la sueur de son
front. Pour en développer toute la fécondité, il faut des
machines, des soins intelligents et des engrais, toutes
choses qui sont des capitaux sous diverses formes. De
l'autre côté du détroit, une ferme est considérée comme
une manufacture agricole, qui a pour instruments un
bétail considérable et une armée d'ouvriers, et dans laquelle le fonds de roulement représente souvent une
valeur égale à celle du sol. Aussi la récolte du fro-
mentrend-elle 14 et 15 fois la semence, tandis que nos
métayers, grattant la terre qu'ils n'ont pas engraissée, en
retirent à peine moitié.

Le moment n'est donc pas venu, si jamais il doit venir,
de faire le procès au capital au nom du travail. Entre ces
deux termes de la question, nous ne saurions d'ailleurs
voir aucune différence. Le capital est le produit du travail, c'est du travail accumulé, de même que le travail
est du capital en perspective. Les capitaux, dans la faible
proportion où ils existent chez nous, sont divisés à l'infini ; ils appartiennent, comme la propriété, à tout le
monde. L'ouvrier et le serviteur à gages sont capitalistes
aussi bien que le filateur, le maître de forges et le banquier. N'est-ce pas le peuple qui a prêté à l'État les
400 millions déposés dans les caisses d'épargne?

En 1793, lorsque la nation confisqua les biens des
émigrés, elle trouvait un prétexte dans l'origine de ces
propriétés qui portaient encore le stigmate de la con-

quête. Les descendants des Gaulois vaincus et dépouil-
lés croyaient reprendre leur bien sur les descendants
Franks, leurs anciens oppresseurs. Pour attenter aux
droits du capital, on n'aurait pas aujourd'hui la même
excuse. Le capital n'est pas une dépouille opime. Loin
d'avoir le caractère d'une usurpation, il représente
les conquêtes de l'homme sur la matière, les créations
légitimes et bienfaisantes du travail. Il n'y a pas de propriété qui dérive d'une source moins impure. Attaquer
le capital, c'est attaquer le travail.

Le capital, voilà ce qui distingue les peuples civilisés
des peuplades sauvages. Pour qu'une agrégation d'hommes mérite le nom de société, elle doit recéler quelque
part des forces, des moyens d'action, des trésors accumulés qui représentent pour elle les acquisitions du passé.
L'esprit humain ne recommence pas chaque jour sa
tâche, et, pour marcher en avant, il se continue. La
tradition en toutes choses est nécessaire au progrès.
Comment se serait opérée en Europe la renaissance des
arts, des sciences et des lettres, sans la connaissance des
monuments, des méthodes et des chefs-d'œuvre litté-
raires que nous avait légués l'antiquité? Nous montons,
pour nous élever, sur les épaules de nos pères ; ce qu'ils
ont fait pour nous venir en aide, nous devons le faire
afin de faciliter l'œuvre de ceux qui nous suivront. La
société possède un capital d'expérience, de lumières,
d'habitudes morales, comme elle possède un capital de
richesse ; ce que la méthode est à la pensée, et le levier
au bras, la richesse l'est à l'industrie.

Les capitaux dans l'industrie sont les instruments du
travail. Ils se composent des établissements de crédit,

des usines, des magasins, des machines, des moteurs,
des matières premières, ainsi que du fonds de roulement
destiné à faire les frais des opérations et particulièrement
de la main-d'œuvre. Nous le demandons, le capital, sous
cette forme, a-t-il quelque chose d'hostile, et n'a-t-il pas
été créé au bénéfice de l'ouvrier? Le travail était un esclavage, quand l'homme n'avait d'autre outil que ses
mains ; n'est-il pas relevé de cette dégradation, ne devient-il pas une sorte de noblesse, depuis que nous avons
armé les bras de puissantes machines, et depuis que
l'ouvrier, commandant aux éléments, appelle à son
aide, comme autant d'esclaves dociles, l'air, l'eau et le
feu ?

On a longtemps cherché la richesse dans la possession
des métaux précieux, qui n'en sont que le signe. On a
cru que les nations les plus opulentes et les plus puissantes étaient celles qui possédaient la plus grande quantité d'or et d'argent. De là, ces expéditions qui empor-
tèrent les héros de la Fable à la conquête de la toison d'or,
et les Espagnols à la conquête des mines du Pérou et du
Mexique. Mais, depuis l'avénement ou plutôt depuis la
renaissance de l'industrie, chacun sait que la richesse
consiste dans la production, et que la production, pour
se développer avec toute sa puissance, exige l'harmonie
la plus complète du capital avec le travail. Que le capitaliste puisse être tenté quelquefois d'accroître sa part
aux dépens de l'intelligence et de la main-d'œuvre, que
la richesse, en s'accumulant, se distribue dans une proportion qui n'est pas toujours équitable, nous n'entendons pas le nier d'une manière absolue; mais deux faits
qui se produisent concurremment prouvent qu'il n'y

a pas là un danger très-sérieux pour la génération actuelle : nous voulons parler de la hausse normale qui s'opère dans les salaires, pendant que le loyer des capitaux baisse en proportion. Les profits que le manufacturier attendait autrefois de la différence entre le prix de revient et le prix de vente, il les calcule aujourd'hui, en nivelant le plus qu'il peut cette différence, sur la masse même des produits. La part du capital diminue ainsi de tout ce que le fabricant abandonne à la consommation et à la main-d'œuvre ; le bénéfice de la production se répartit entre tous et n'appartient par privilége à personne. J'admets cependant une association encore plus étroite entre le capitaliste et l'ouvrier ; mais j'attends ce dernier progrès de la liberté, qui nous a procuré tous les autres.

Le dernier des paradoxes que M. Louis Blanc donne pour bases à son organisation du travail est l'égalité des salaires. Laissons-le exposer lui-même, pour plus d'exactitude, cette incroyable théorie.

« Il y a à choisir entre deux systèmes, ou des salaires égaux ou des salaires inégaux ; nous serions partisan, nous, de l'égalité, parce que l'égalité est un principe d'ordre qui exclut les jalousies et les haines.

« On pourra nous objecter : « L'égalité ne tient pas compte des aptitudes diverses ; » mais, selon nous, si les aptitudes peuvent régler la hiérarchie des fonctions, elles ne sont pas appelées à déterminer des différences dans la rétribution. *La supériorité d'intelligence ne constitue pas plus un droit que la supériorité musculaire*; elle ne crée qu'un devoir. Il doit plus celui qui peut davantage : voilà son privilége !

« On pourra objecter encore : « L'égalité tue l'émulation. »

« Rien de plus vrai dans tout système où chacun ne stipule que pour soi, où les travailleurs ne sont que juxtaposés, n'agissant qu'à un point de vue purement individuel et n'ont aucune raison d'établir entre eux ce que j'appellerais le point d'honneur du travail; mais qui ne sait que, parmi les travailleurs associés, la paresse aurait bien vite le caractère d'infamie qui, parmi les soldats réunis, s'attache à la lâcheté? Qu'on plante dans chaque atelier un poteau avec cette inscription : « Dans une association de frères qui travaillent, tout paresseux est un voleur. »

On le voit en lisant ceci, M. Louis Blanc ne réforme pas, il nivelle. L'égalité devant la loi, l'égalité des droits civils et politiques, ce principe proclamé par nos pères et scellé de leur sang, ne suffit plus aux socialistes du jour. Ils ne visent à rien moins qu'à l'égalité des conditions et des fortunes. L'utopie débute par rogner la main-d'œuvre, elle portera bientôt la mutilation jusque sur la propriété. La logique en fait une loi : si nul n'a le droit de gagner plus qu'un autre, comment quelqu'un serait-il reçu à posséder plus que son voisin? Le partage des biens devient la conséquence directe du nivellement des salaires, et l'*homme aux quarante écus* est le type de la société organisée suivant le nouveau modèle.

On comprendrait que de tels rêves eussent germé dans le cerveau creux de quelqu'un de ces athées qui professent que le monde est l'œuvre du hasard; mais M. Louis Blanc révère Newton, il admire les lois qui président à l'arrangement de l'univers : c'est déjà croire à la Providence. Or, la Providence a eu ses desseins, en n'attribuant pas des facultés égales à tous les hommes; si elle les a fait naître avec des aptitudes diverses, c'est apparemment pour assigner à chacun sa place et pour ne pas confondre ensemble toutes les destinées. Dieu a créé l'inégalité des forces pour établir la hiérarchie, et par la hiérarchie l'ordre. Les mêmes facultés n'ont pas été données à tous les hommes, parce que les uns doivent commander et les autres obéir. Dans les premiers âges de la société, l'obéissance était imposée ; aujourd'hui elle est raisonnée et libre : voilà toute la différence. A l'origine de la civilisation, la force musculaire et le courage formaient les titres au commandement ; plus tard, la direction appartint à l'intelligence ; aujourd'hui l'intelligence ne suffit plus, et la sympathie devient nécessaire : pour guider les hommes, il faut les aimer et se dévouer à eux.

A toutes les époques de l'histoire, les peuples ont reconnu, dans les supériorités qui se manifestaient parmi eux, le doigt de la Providence. Pontifes, législateurs, guerriers, philosophes, révélateurs de l'industrie, des arts ou des sciences, toutes ces natures d'élite leur ont apparu comme les élus, comme les envoyés de Dieu. Il n'y a pas une constitution, écrite ou non écrite, gravée dans les lois ou dans les mœurs, qui ne respecte et qui ne consacre les inégalités naturelles, qui n'admette que ceux qui savent gouverner gouvernent, que ceux qui savent travailler, calculer, administrer et trafiquer parviennent à la richesse. M. Louis Blanc dira-t-il, comme ce personnage de Molière qui plaçait le cœur à droite : « Nous avons changé tout cela ? »

Les inégalités sociales sont la conséquence nécessaire des inégalités que la nature met entre les hommes. Dès qu'il existe dans le monde des forts et des faibles, des intelligences largement douées et d'autres qui réfléchissent à peine un rayon de la lumière céleste, des visages qui respirent la beauté et la noblesse, et d'autres qui semblent être le type de la laideur et de la dégradation, enfin des bons et des méchants, il devient impossible à la société, il serait injuste de placer tous les hommes sur le même rang. Ajoutons que les inégalités naturelles ne deviennent des inégalités sociales qu'à la condition du travail et de la culture. L'homme n'accomplit sa destinée qu'en s'y associant de tout l'effort de sa volonté et de sa persévérance. Ce que la Providence a fait pour lui, il faut qu'il le justifie. Pensez à la rude éducation qui donnait aux paladins du moyen âge, pour protéger leurs vassaux, des muscles de fer comme leur armure. Songez par combien de veilles et de recherches les sages de l'antiquité avaient acquis cette haute expérience qui amenait à leur porte le monde demandant des lois. Rappelez-vous par quels prodiges de génie et de ténacité les bienfaiteurs de l'industrie, Watt et Arkwright, construisirent l'édifice de leur opulence. A travers les accidents et les erreurs inséparables de tout état social, n'est-ce pas le mérite, après tout, qui se fait jour dans le monde?

M. Louis Blanc lui-même n'ose pas donner un démenti complet à ces règles que l'équité la plus vulgaire prescrit. S'il repousse, pour emprunter ses propres termes, *la rétribution par capacités,* il admet *la hiérarchie par capacités.* En faisant une telle concession, M. Louis Blanc se laisse conduire, à son insu, par ce principe d'ordre qui répugne à sa théorie, mais qui est inhérent à la nature humaine. Quand on a la prétention d'établir, malgré la différence des forces et des aptitudes, l'égalité des salaires, on ne peut pas reconnaître, sans inconséquence, l'inégalité des titres au commandement. Le pouvoir, en admettant que des travailleurs associés et libres aient encore besoin de chefs, doit être adjugé par le sort, et chacun d'eux doit avoir son jour : le pouvoir n'est-il pas déjà une richesse ? N'entraîne-t-il pas certaines conséquences qui détruiraient le niveau des salaires ? M. Louis Blanc ne dit-il pas lui-même quelque part que « la rémunération doit être suffisante pour rendre *possible et facile* l'exercice de la fonction ? » Ou les mots n'ont pas de sens, ou cela ne veut pas dire assurément que le président de la république socialiste sera mis à la ration que l'auteur de ce beau système assigne à l'ouvrier, savoir : huit heures de travail et cinq francs par jour.

Quand on accuse M. Louis Blanc de retrancher de l'ordre industriel l'émulation, qui est, dans toute réunion d'hommes, l'aiguillon du travail, il répond que, loin de la supprimer, il la transforme. Voyons comment. M. Louis Blanc veut établir ce qu'il appelle le *point d'honneur du travail* ; il compare les ouvriers à des soldats qui doivent, sous peine d'infamie, défendre vaillamment leur drapeau. La comparaison part d'une base inexacte. Nous ne connaissons pas d'armée qui ait supprimé entièrement dans ses rangs le ressort de l'intérêt personnel que l'on veut abolir dans les légions industrielles. Le soldat qui obéit aux lois de l'honneur a aussi devant les yeux la perspective d'un avancement légitime ; si la mort l'épargne, il enlèvera d'assaut le brevet d'officier, et il porte, comme on l'a dit, le bâton de maréchal dans sa giberne. Dans l'armée anglaise, où l'avancement est limité, pour les simples soldats, aux grades inférieurs, et où l'on met le devoir à l'ordre du jour (¹), comme l'honneur chez nous, n'a-t-on pas jugé nécessaire d'y ajouter le stimulant énergique de l'intérêt, en promettant et en allouant à tous des parts de butin (²) ? Il est des mobiles qui n'agissent pas sur les natures grossières ; à côté des sentiments et des principes, résignons-nous donc à faire état des appétits.

Tout législateur doit prendre la nature humaine comme elle est. L'amour de soi, le sentiment de conservation fait partie de nos instincts ; il faut sans doute lui opposer la sympathie et le devoir, pour empêcher qu'il ne prenne un développement exclusif et qu'il ne dégénère en égoïsme ; mais il ne faut pas se priver d'un principe d'action aussi énergique : tenons compte de la personne et de la famille, en organisant la société. Les lois de Dracon ne furent pas exécutées, parce qu'elles excédaient les forces de l'homme. Le stoïcisme, qui était la religion du devoir, n'a jamais converti que les natures d'élite ; Marc-Aurèle eut beau le faire asseoir sur le trône, il ne put pas lui communiquer cette popularité qui s'attache habituellement aux grands exemples. Le christianisme au contraire, dès qu'il a paru, a, comme le soleil, rempli l'espace ; parce que, ayant égard aux penchants de l'homme, la récompense qu'il ne donnait pas au mérite sur la terre, il la promettait dans le ciel.

Nous pensons, comme M. Louis Blanc, que la supériorité de force physique ou d'intelligence impose à ceux qui en sont doués des devoirs plus étendus. Plus la sphère

---

(¹) *England expects every man to do his duty.* (Paroles de Nelson.)
(²) *Prize money.*

des facultés humaines s'agrandit, plus la responsabilité devient manifeste ; mais il n'y a de devoir qu'à la condition d'un droit qui y réponde. La direction de la société, dans l'ordre des richesses comme dans celui des connaissances et du pouvoir, appartient aux plus moraux et aux plus capables. C'est à eux ensuite de n'en user que dans l'intérêt du plus grand nombre. Tout va bien quand la société prend pour mot d'ordre : « A chacun suivant sa capacité, et à chaque capacité suivant ses œuvres. » Tout irait mal, si l'on venait dire : « A chacun selon ses besoins ; » car le ventre, en ce cas, régirait le monde.

L'égalité des salaires suppose l'égalité du travail, car il y aurait la même injustice à rémunérer un ouvrier pour ce qu'il ne fait pas qu'à refuser à un autre la rémunération de ce qu'il fait. Ce serait donc peu, pour appliquer le système de M. Louis Blanc, de remplacer le travail à la tâche, ce progrès de l'industrie moderne, par le travail à la journée : on devrait interdire encore à tout travailleur l'usage de ses forces et de son aptitude au delà de la limite commune. Il ne suffirait pas de planter dans chaque atelier cette inscription : « Tout paresseux est un voleur ; » car le vol pourrait être de deux natures : un ouvrier pourrait faire tort à son voisin, soit en travaillant moins, soit en travaillant plus que lui.

Le système de M. Louis Blanc semble n'avoir été inventé que pour attacher une sourdine à l'intelligence et pour mettre un frein au développement de la production ([1]). Il a pris évidemment le travail comme une quan-

([1]) On lit dans *la Presse* :

« J'ai l'honneur de vous adresser un petit exemple pratique sur l'organisation du travail, bon à mettre en regard du sys-

tité limitée, puisqu'il propose de le distribuer en parts égales ; toute répartition deviendrait impossible en effet, si la somme du travail devait diminuer ou s'accroître : on ne partage pas l'inconnu. Mais supposons qu'au lieu de se borner à égaliser les salaires, la théorie aille, de plein saut, jusqu'à égaliser la richesse : qu'en résulterait-il aujourd'hui ? Le revenu annuel de la France est évalué à 8 milliards, dont l'impôt prélève déjà le sixième pour les besoins de l'État. Ce qui reste, divisé par le nombre des habitants, donnerait à peine 52 centimes par tête et par jour. Voilà. dépouillé de son prestige et fixé dans le monde réel, l'Eldorado de nos socialistes.

tème préféré par M. Louis Blanc : *L'égalité du salaire,* l'émulation *par le point d'honneur du travail.*

« Je suis un ex-fabricant de bouteilles. Dans cette industrie, les travailleurs sont et ont été, dès l'origine, les associés du capital, car le salaire est payé à tant du cent de bouteilles fabriquées. Ainsi l'un et l'autre suivent les chances heureuses ou fâcheuses de la fusion des matières à réduire en verre.

« A l'entrée d'une campagne, les six maîtres-ouvriers et leurs aides s'étant réunis, me proposèrent que le salaire ne fût pas payé à chacun suivant ce qu'il aurait produit, mais qu'il fût fait masse des bouteilles fabriquées, et que le prix en fût réparti par sixième pour chaque maître souffleur et ses aides. Je m'empressai d'accepter cette communauté entre les travailleurs ; mais, voulant conserver l'émulation, le rendement de chaque maître-ouvrier fut chaque jour affiché dans l'atelier.

« J'avais donc réalisé les deux termes du théorème de M. Louis Blanc : — égalité des salaires, — point d'honneur du travail. Il y avait même en plus un intérêt personnel, pour tous les ouvriers, d'unir leurs efforts pour hâter le travail, pour l'augmenter, et par suite le salaire commun.

« Au commencement, l'émulation fut assez grande : il y avait lutte pour reconnaître la valeur relative de chaque ouvrier. Une

La division du travail, ce principe fondamental de l'industrie moderne, a un tout autre sens et une bien autre portée. Elle reconnaît et met à profit la diversité des aptitudes ; elle donne à chaque ouvrier ce qu'il peut faire, ce qu'il fait le mieux ; elle ne laisse aucune force sans emploi, et rémunère l'emploi de la force, suivant l'effet utile que cette force a produit. La division du travail tend à simplifier les opérations industrielles, à réduire les prix de revient, et par conséquent à agrandir le champ de la production. Or, c'est là le but que doit envisager la société, dans laquelle chaque siècle et chaque

fois celle-ci établie, je trouvai d'abord le plus habile des ouvriers se reposant, pendant que les autres travaillaient. A mes plaintes, je reçus pour réponse : « Soyez sans inquiétude, je ferai bien autant de bouteilles que celui qui en fera le plus. » Cette position se fit vite sentir d'échelon en échelon, et nos observations reçurent bientôt pour réponse de l'avant-dernier des ouvriers : « Ce n'est pas moi qui ferai le moins de bouteilles et le plus de rebuts. »

« Le classement des ouvriers resta le même pendant toute la campagne. *Le point d'honneur du travail* fut donc ainsi satisfait. Cependant la production se réduisit petit à petit, par suite les salaires, de manière que le huitième mois de la campagne offrait une différence en moins avec le premier d'environ 20 pour 100.

« A la campagne suivante, je repoussai la communauté : chaque travailleur reçut le salaire de ses produits, et le résultat fut diamétralement opposé. L'ouvrier le plus fort entraînait tous les autres ; le dernier acquit ainsi par ses efforts une valeur supérieure à lui-même.

« Ainsi la pratique répond à M. Louis Blanc. *Le point d'honneur du travail seul* a pour effet de *prendre l'incapacité pour chef de file*, et le cas le plus heureux est quand l'incapacité n'est pas doublée de paresse.

« EUMÈNES GODARD. »

peuple sont tenus d'accroître la richesse aussi bien que d'augmenter les lumières.

La division du travail et l'inégalité des salaires, fournissant à chacun l'occasion d'employer de la manière la plus utile les forces et l'intelligence que l'éducation a développées en lui, ont pour effet nécessaire l'accroissement du revenu social. L'accroissement du revenu est le seul moyen de combattre efficacement la misère. Au rebours de cette méthode, qui est la seule vraie, pour diminuer l'intensité du mal, M. Louis Blanc le généralise; il appauvrit les riches sans enrichir les pauvres ; il enlève aux bons ouvriers une partie de leur salaire pour le donner aux mauvais ; il fait produire moins et moins bien. Un pareil système éteindrait l'émulation, pour favoriser la paresse et l'ignorance ; et l'on ose nous y convier au nom du progrès !

Dans un discours prononcé le 7 avril devant la commission qu'il préside, M. Louis Blanc modifie quelque peu sa formule.

« Nul doute que l'inégalité des salaires ne soit le système le plus approprié à notre éducation, à nos habitudes, à nos mœurs, à l'ensemble des idées généralement répandues. Nul doute, par conséquent, que ce système ne fût préférable au point de vue purement pratique. Aussi *n'avons-nous eu garde de l'exclure...* Nous n'avons jamais entendu appliquer l'égalité des salaires à l'industrie privée et dans le régime actuel de la concurrence. Il est manifeste que là où les travailleurs ne sont attachés l'un à l'autre par aucun lien, les rétribuer également, ce serait offrir une prime à la paresse et détendre le ressort de l'activité individuelle... L'égalité des salaires n'a été indiquée par nous qu'en vue d'un régime tout différent de celui d'aujourd'hui, qu'en vue d'un régime d'étroite association et de so-

lidarité. Car alors tout change : c'est alors que chacun est intéressé à stimuler le zèle de ses camarades, à activer un labeur
dont chacun recueillera les fruits ; c'est alors que le point d'honneur devient un ressort d'une énergie souveraine.

« A Dieu ne plaise, au surplus, que nous considérions l'égalité des salaires comme réalisant d'une manière complète le
principe de la justice ! Nous avons donné la vraie formule : *que
chacun produise selon son aptitude et ses forces, que chacun
consomme selon ses besoins* ; ce qui revient à dire que l'égalité
juste, c'est *la proportionnalité.* Mais quoi ! cette proportionnalité, elle existe aujourd'hui. Seulement, c'est au rebours de la
raison et de l'équité ; car, au lieu d'être rétribué selon ses besoins, on est rétribué selon ses facultés, et au lieu de travailler
selon ses facultés, on travaille selon ses besoins. Quelque imparfait qu'il soit, le système de l'égalité des salaires a du moins
l'avantage de constituer une *transition* entre une proportionnalité fausse et la proportionnalité vraie. »

Cette explication est une véritable retraite. Averti de
la répugnance que les ouvriers manifestent pour l'égalité des salaires, M. Louis Blanc relègue dans l'avenir
l'application de son système ; encore n'est-ce là, selon
lui, qu'un avenir de transition. L'avenir définitif, le
règne de la justice, dans sa pensée, ne commencera
que le jour où le salaire de chacun, au lieu de se proportionner à ses facultés, devra se proportionner à ses
besoins.

Les choses ne se passent pas dans l'ordre actuel
comme M. Louis Blanc les présente. Il n'est pas vrai
que chacun soit rétribué suivant ses facultés, qu'il règle
son travail sur ses besoins au lieu de travailler suivant
ses forces, et que la richesse par conséquent soit le prix
de la nonchalance ou de l'inaction. Non, l'intelligence
et la force physique ne constituent pas un capital privi-

légié et portant intérêt au profit d'un troupeau de siné-
curistes. La société ne rémunère la capacité qu'en
rétribuant les œuvres. En fait, les ouvriers les plus
intelligents et les plus robustes sont ceux qui travaillent le
plus. L'ouvrier de race anglo-saxonne, qui obtient les
salaires les plus élevés, n'est-il pas aussi le pionnier le
plus intelligent, le plus actif, le plus énergique, le plus
persévérant, dans le domaine de l'industrie et de l'agriculture? Le manufacturier parvient-il à la fortune autrement que par les voies du calcul bien entendu, de
l'ordre, de l'économie, et en travaillant plus qu'aucun de
ses employés? Le gouvernement n'exige-t-il pas de celui
qui s'y prépare, comme de celui qui tient les rênes et le
frein, un labeur auquel résistent rarement les forces du
corps et la fécondité de l'intelligence?

Le travail est aujourd'hui la loi commune; il n'y a
guère pour personne en France d'autres revenus que les
salaires, et la classe des hommes de loisir, si nombreuse
dans les gouvernements aristocratiques, n'existe pas chez
nous. On s'explique aisément que les ouvriers les plus
habiles soient aussi les plus laborieux, car il est dans la
nature que des facultés plus développées sollicitent
l'homme à une action plus énergique, et les besoins
augmentent avec la richesse. Quand on ne produit pas
pour accroître la somme de ses jouissances, on produit
pour ajouter à l'aisance de sa famille et en vue de
l'avenir.

Le principe de la rétribution selon les œuvres peut
donner et donne en effet une mesure exacte, car le
résultat se proportionne alors à l'effort; et les deux
termes du rapport, le salaire et la production, sont

rigoureusement égaux. La distribution de la richesse ainsi entendue n'est plus qu'une question d'arithmétique ; mais si vous mesurez le salaire aux besoins, où sera la règle ? Comment ne pas tomber dans l'arbitraire, et ne renverse-t-on pas toute notion d'équité ? Rien n'est élastique comme les besoins de l'homme : ils varient au gré des climats, des estomacs et de la position sociale. Donnerez-vous à un ouvrier le double de ce qui peut suffire à un autre, par cela seul que le premier mange deux fois plus ? Si vous rétribuez un père de famille dans la proportion du nombre de ses enfants, vous encouragez l'imprévoyance et vous étendez bien vite la consommation au delà des ressources de la production; vous organisez la société pour une orgie de quelques années, de quelques mois ; vous appelez la famine. Vous traitez l'espèce humaine, qui est précisément destinée à produire, comme les animaux qui, à moins de servir d'instruments à l'homme, ne semblent créés que pour consommer. Au point de vue moral, la règle des besoins, excitant tous les appétits, mènerait droit à la débauche; elle retrancherait de la société le dévouement et le sacrifice. Le sensualisme le plus brutal régnerait sur la terre. Sardanapale recevrait 200,000 francs de rente, Watt toucherait 5 francs par jour, et Bossuet serait mis à la ration du prisonnier ou à celle du soldat. Dans cette prétendue ruche d'ouvriers, on finirait par étouffer le travail en excluant la morale. J'aime encore mieux l'égalité des salaires, que les salaires réglés selon les besoins, car ce dernier système est contraire à la morale et à l'équité; le premier ne serait qu'injuste.

En discutant les bases de l'utopie, on ne rencontre

que le faux ; mais, en arrivant à la conclusion, l'on tombe à corps perdu dans le vide. La panacée que M. Louis Blanc oppose à tous les abus, et par laquelle il prétend faire cesser le règne de la misère, n'est pas autre chose que l'institution d'ateliers sociaux fondés par l'État. Voici dans quels termes l'auteur en trace le programme.

« Le gouvernement serait considéré comme le régulateur suprême de la production et investi, pour accomplir sa tâche, d'une grande force.

« Cette tâche consisterait à se servir de l'arme même de la concurrence pour faire disparaître la concurrence.

« Le gouvernement lèverait un emprunt dont le produit serait affecté à la création d'*ateliers sociaux* dans les branches les plus importantes de l'industrie nationale.

« Cette création exigeant une mise de fonds considérable, le nombre des ateliers originaires serait rigoureusement circonscrit ; mais, en vertu de leur organisation même, ils seraient doués d'une force d'expansion immense.

« Le gouvernement étant considéré comme le fondateur unique des *ateliers sociaux*, ce serait lui qui indiquerait les statuts.

« Seraient appelés à travailler dans les *ateliers sociaux*, jusqu'à concurrence du capital primitivement rassemblé pour l'achat des instruments de travail, tous les ouvriers qui offriraient des garanties de moralité... Les salaires seraient égaux.

« Pour la première année, le gouvernement réglerait la hiérarchie des fonctions. Après la première année, les travailleurs ayant eu le temps de s'apprécier l'un l'autre, et tous étant également intéressés au succès, la hiérarchie sortirait du principe électif.

« On ferait tous les ans le compte du bénéfice net dont il serait fait trois parts. L'une serait répartie par portions égales entre les membres de l'association ; l'autre serait destinée : 1° à l'entretien des vieillards, des malades et des infirmes ; 2° à l'allégement des crises qui pèseraient sur d'autres industries, toutes

les industries se devant aide et secours ; la troisième, enfin, serait consacrée à fournir des instruments de travail à ceux qui
voudraient faire partie de l'association, de telle façon qu'elle pût
s'étendre indéfiniment.

« Dans chacune de ces associations formées pour les industries qui peuvent s'exercer en grand, pourraient être admis
ceux qui appartiennent à des professions que leur nature même
force à s'éparpiller et à se localiser, si bien que chaque atelier
social pourrait se composer de professions diverses, groupées
autour d'une grande industrie, parties différentes d'un même
tout, obéissant aux mêmes lois et participant aux mêmes
avantages.

« Chaque membre de l'atelier social aurait droit de disposer
de son salaire à sa convenance; mais l'évidente économie et
l'incontestable excellence de la vie en commun ne tarderaient
pas à faire naître, de l'association des travaux, la volontaire association des besoins et des plaisirs.

« Les capitalistes seraient appelés dans l'association et tou-
cheraient l'intérêt du capital par eux versé, lequel intérêt
leur serait garanti sur le budget ; mais ils ne participeraient aux
bénéfices qu'en qualité de travailleurs.

« Dans toute industrie capitale, celle des machines par
exemple, ou celle de la soie, ou celle du coton, ou celle de l'imprimerie, il y aurait un atelier social faisant concurrence à l'industrie privée. La lutte serait-elle bien longue ? Non, parce que
l'atelier social aurait sur tout atelier individuel l'avantage qui
résulte des économies de la vie en commun et d'un mode d'organisation où tous les travailleurs sans exception sont intéressés
à produire vite et bien. La lutte serait-elle subversive? Non,
parce que le gouvernement serait toujours à même d'en amortir
les effets en empêchant de descendre à un niveau trop bas les
produits sortis de ses ateliers. Il se servirait de la concurrence,
non pas pour renverser violemment l'industrie particulière,
mais pour l'amener à composition...

« Comme une même industrie ne s'exerce pas toujours au
même lieu et qu'elle a différents foyers, il y aurait lieu d'établir, entre tous les ateliers appartenant au même genre d'in-

dustrie, le système d'association établi dans chaque atelier particulier ; car il serait absurde, après avoir tué la concurrence entre individus, de la laisser subsister entre corporations. Il y aurait donc, dans chaque sphère de travail que le gouvernement serait parvenu à dominer, un atelier central duquel relèveraient tous les autres en qualité d'ateliers supplémentaires. »

Après avoir écrit l'exposé que nous abrégeons ici, M. Louis Blanc jette un regard de satisfaction sur son œuvre et s'applaudit de *la simplicité de ses combinaisons*. Cette simplicité, si elle existe dans la description, ne s'étend pas assurément à la pratique. Une pareille organisation serait le chaos. Nous n'insisterons pas sur les contradictions dont ce plan fourmille ; nous n'examinerons pas s'il est juste, s'il est logique, quand on a maudit la concurrence, de s'en faire une arme, et une arme destructive, pour ramener violemment toutes les industries dans le giron de l'État. Le procédé aurait évidemment quelque chose d'infernal ; ruiner les gens pour les décider à entrer dans une association qui viserait au monopole industriel, ce serait imiter les dominicains qui préparaient par des auto-da-fé la conversion des hérétiques.

Sans nous arrêter à la raison d'équité, M. Louis Blanc ne voit-il pas que c'est peu d'empêcher à l'intérieur la concurrence entre les ouvriers d'un même atelier et entre les ateliers d'un même peuple, tant que les peuples pourront se faire concurrence entre eux par le génie industriel, par les capitaux et par la main-d'œuvre ? Voilà l'inconvénient de ces systèmes absolus que l'imagination crée de toutes pièces ; ils ne peuvent réussir, tant bien que mal, qu'à la condition vraiment trop pro-

blématique d'un consentement universel. M. Louis Blanc
prétend faire de notre belle France un couvent industriel ; ce n'est pas encore assez : la règle, pour être observée, devrait embrasser toute l'étendue du globe. Tant
que la liberté de l'industrie existera quelque part, elle
menacera l'industrie cloîtrée de sa concurrence, et la
contrebande brisera, dans les mains du gouvernement,
ce sceptre régulateur dont M. Louis Blanc a prétendu
l'armer. Est-ce que le pacha d'Égypte, quoique propriétaire du sol, capitaliste et fermier, reste maître de fixer
le prix des cotons qu'il récolte? Le marché d'Alexandrie
ne subit-il pas l'influence des marchés ouverts à la production, comme la Nouvelle-Orléans, Charlestown et
New-York, ainsi que des marchés ouverts à la consommation, comme Marseille, le Havre, Liverpool et Hambourg ?

S'il y a quelque chose d'odieux à soulever la concurrence de l'État comme une sorte de bélier pour abattre
l'industrie privée, cette concurrence, organisée comme
M. Louis Blanc l'entend, serait, à vrai dire, tout à fait
impuissante. M. Louis Blanc fait intervenir le gouvernement dans la création des *ateliers sociaux* ; mais, ces
ateliers établis, les ouvriers réunis en vue de l'œuvre
commune, la machine montée en un mot, il retire le
moteur ; les associés sont abandonnés à eux-mêmes. Là
gît le défaut capital du plan. On rapproche les individus,
on forme une collection des forces ; mais aucun lien ne
les unit, aucun souffle ne les met en mouvement : on ne
voit pas planer au-dessus de l'association l'âme qui doit
donner la cohésion et la vie à cette poussière d'atomes.
L'industrie dans les ateliers sociaux ressemble à la danse

des morts ; encore y manque-t-il un coryphée qui mène ces spectres vivants.

M. Louis Blanc croit avoir donné un principe d'agrégation à tant d'éléments hétérogènes en invoquant l'intérêt collectif ; mais l'intérêt collectif comprend les intérêts individuels : ce n'est pas une force qui ait une existence personnelle et indépendante, c'est la résultante d'autres forces. L'amour de la patrie échauffe les cœurs, parce qu'il embrasse la cité, la famille et les personnes. Faites-en quelque chose d'abstrait : il pourra toucher les philosophes, mais il laissera le peuple froid. En supprimant dans ses ateliers sociaux le ressort de l'intérêt individuel, M. Louis Blanc a réduit l'intérêt collectif à n'être plus qu'une lettre morte.

Mais les travailleurs associés n'ont-ils pas, comme le prétend M. Louis Blanc, « un intérêt direct à produire vite et à produire bien ? » Devant partager les résultats, ne sont-ils pas intéressés à l'accroissement des bénéfices? Je réponds que, dans une association qui compterait les copartageants par milliers ou plutôt par millions, et qui admettrait l'égalité absolue des partages, l'attrait des bénéfices pour chacun n'aurait rien de sérieux. Les profits, quels qu'ils fussent, deviendraient insensibles en se divisant à l'infini. En supposant que l'atelier social gagnât 500 millions par année, après le prélèvement des salaires, hypothèse fort généreuse assurément, cela donnerait, pour dix millions de travailleurs effectifs, 50 francs par tête. Y a-t-il dans cette maigre perspective de quoi échauffer l'émulation des ouvriers ?

M. Louis Blanc érige son atelier social en république. Il en est du travail comme de la guerre, et les ouvriers, pour dompter la matière, comme les soldats pour vaincre la résistance, ont besoin d'un chef. L'unité de direction n'est jamais plus nécessaire que là où la moindre erreur de calcul, le moindre ralentissement dans la surveillance, la moindre incertitude dans les résolutions peut changer les profits en pertes. Tant vaut l'homme, tant vaut la chose ; voilà ce qu'enseigne la pratique de l'industrie. L'expérience du maître est encore plus nécessaire que celle de l'ouvrier à l'ouvrier lui-même. Supprimer les patrons, ce ne serait pas, comme on l'a dit au Luxembourg, retrancher un rouage inutile ; ce serait décapiter le travail et le conduire à la stérilité par l'anarchie. Au surplus, les faits ont prononcé. Tous les ateliers montés jusqu'ici par des ouvriers associés sans l'intervention d'un élément supérieur, après une gestion plus ou moins laborieuse, ont abouti à une liquidation volontaire ou à la faillite. S'il fallait produire des exemples, nous n'aurions que l'embarras du choix.

On allègue les avantages que donnerait à une association d'ouvriers l'économie de la vie prise en commun. Cette économie est compatible avec tous les systèmes de travail. Un manufacturier peut la procurer aux ouvriers qu'il emploie aussi aisément que ceux-ci, dans un atelier social ou national, se la donneraient eux-mêmes. J'ai vu, en 1833, à la Sauvagère près de Lyon, quatre cents ouvriers prendre leurs repas dans un réfectoire commun où le dîner de chacun coûtait 35 à 40 centimes. Quant au logement en commun, il me paraît beaucoup moins séduisant, et, en définitive, moins avantageux. Il suppose la vie cénobitique. Pour faire vivre ensemble, à toutes les heures du jour et de la nuit, plusieurs familles, il

faudrait toute l'énergie du sentiment religieux le plus
exalté. La discorde entre les hommes et la promiscuité
des femmes seraient les premiers effets de la vie commune dans les phalanstères.

Allons plus loin. En généralisant l'association des travailleurs jusqu'à l'égaler en étendue à l'État lui-même,
on détruirait l'esprit d'association. L'intérêt de réunir
ensemble des sentiments, des capitaux, des efforts,
n'existerait plus, du moment où le pouvoir se charge-
rait de penser, de prévoir et d'agir pour tout le monde.
Sans doute, il pourrait arriver que l'on prévînt ainsi, en
cas de succès, des misères accidentelles et partielles ;
mais, lorsque des individus ou des associations privées
se trompent en matière d'industrie, ces mécomptes ne
frappent que des individus ou des localités. Supposez le
gouvernement directeur de l'industrie ; les erreurs se
produiront sur une plus grande échelle, la ruine frap-
pera le pays tout entier, une faillite sera un véritable
cataclysme.

En faisant de l'État le chef de l'atelier social, M. Louis
Blanc l'a évidemment supposé infaillible ; il l'a placé
dans ces régions élevées d'où l'on peut apercevoir et par
conséquent régler les destinées du genre humain. Par
une témérité qu'explique seul l'élan des révolutions, il
l'a égalé à la Providence. Voilà le rêve, voilà de quelle
hauteur il faudra descendre pour se placer dans la triste
réalité.

Nous avons examiné la théorie de M. Louis Blanc ; il
nous reste à la voir à l'œuvre. Après l'auteur, viendra
le dictateur.

## II. — LES ACTES DU LUXEMBOURG.

Le jour où la monarchie s'abîmait, frappée de terreur et comme paralysée dans ses moyens de résistance, sans provoquer un effort de la part de cette classe bourgeoise dont elle avait fait son point d'appui, et sous la rude main d'une multitude qui n'avait qu'à se présenter pour vaincre ; dans l'émotion qui suivit le combat, au milieu de cette population soulevée qui cherchait à organiser sa victoire, les chefs que la voix publique improvisait semblent avoir éprouvé, dans leur dévouement, moins d'enthousiasme encore que de crainte. Ils n'ont pas senti en eux cette sublime confiance qui fait passer l'âme de la nation dans l'âme de ceux qui la conduisent. Ils ont cru apparemment qu'aucune puissance humaine n'était capable de diriger la force immense qu'ils voyaient déchaînée, car ils se sont abandonnés à tous les mouvements du flot populaire. Sans l'héroïque, mais accidentelle fermeté, avec laquelle M. de Lamartine, à travers les balles et sous la pointe des baïonnettes, protesta contre le drapeau rouge, ce flot, qui débordait d'heure en heure, allait les emporter, et avec eux les derniers débris de l'ordre.

A l'exemple des tribus sauvages qui, dans leur naïve ignorance, adorent les éléments qu'elles voudraient conjurer, certains membres du gouvernement provisoire ont traité le peuple comme une idole à laquelle il fallait sacrifier, entre autres holocaustes, les bases fondamentales de la société. Au lieu de faire appel à la noblesse, à la générosité de ses sentiments, on n'a songé qu'à exalter son orgueil et à désarmer sa colère. On a mis le gouvernement à ses pieds ; on lui a tenu, comme pour le tenter, ce langage que l'esprit du mal tient au Christ dans l'Évangile : « Le pouvoir t'appartient. Regarde ces villes, ces châteaux, ces richesses ; tout cela est à toi ; » et si le peuple, malgré les flatteries dont on l'enivrait, n'a pas oublié qu'il avait des devoirs aussi bien que des droits, il faut l'attribuer à sa nature, qui est d'une bonne trempe, et aux lumières de notre époque, qui condamnent trop hautement les excès pour que les excès deviennent possibles.

La monarchie a été le gouvernement des classes moyennes, gouvernement trop égoïste et exclusif ; veut-on nous donner une république tout aussi exclusive ? Avons-nous fait une dernière révolution pour substituer la domination d'une classe à celle d'une autre classe, ou plutôt pour remplacer le privilége par le droit, pour confondre la bourgeoisie et le peuple dans l'unité fraternelle de la nation ? Pourquoi perpétuer une distinction qui n'a plus de sens, en opposant les ouvriers aux maîtres ? Pourquoi dire aux uns qu'ils sont les vainqueurs, et aux autres qu'ils sont les vaincus, comme si la monarchie avait dû entraîner la moitié de la société dans sa chute? Pourquoi scinder la France en deux camps ennemis, comme si nous pouvions nous dévorer les uns les autres, sans que l'Europe vînt prendre part à la curée ? On abolit les titres, on proclame la déchéance des lumières (¹), on méconnaît les services rendus, et l'on créerait un nou-

---

(¹) Voir la circulaire de M. Carnot.

veau droit de naissance ! L'aristocratie de la blouse, pour emprunter une expression déjà consacrée, supplanterait toutes les aristocraties ! Ce serait donner gain de cause à ceux qui ont comparé, avec une funeste joie, l'avénement du peuple à l'invasion des barbares.

La monarchie a corrompu les classes moyennes en leur livrant le pays à exploiter. Est-il à propos de répandre la même corruption dans les rangs des classes laborieuses ? Le pouvoir pense avoir gardé sa dignité, parce qu'il ne les a pas ouvertement conviées au partage des honneurs et des places ; mais n'a-t-il pas à se reprocher d'avoir excité en bas cette ambition de la richesse qui avait exercé en haut une influence démoralisante ? La révolution, qui se montre si grande et si pure partout où notre exemple l'a propagée, en Italie, en Allemagne, ne va-t-elle point pâlir et descendre en se concentrant chez nous dans des questions de pot au feu ? Je suis transporté d'admiration, lorsque j'entends les véritables ouvriers s'écrier : « Nous avons trois mois de misère au service de la république ; » mais j'éprouve un tout autre sentiment, lorsque je lis dans le premier décret de la république, décret qui porte la signature de M. Louis Blanc : « Le gouvernement provisoire rend aux ouvriers, *auxquels il appartient*, le million qui va écheoir de la liste civile. » Si l'on entend faire de ce million une aumône aux combattants des barricades, on les insulte ; on déshonore leur triomphe, si c'est là une part du butin. Dans tous les cas, l'argent versé par les contribuables n'appartient en propriété à aucune classe d'hommes ; en perdant sa destination légale, il doit faire retour à l'État.

Le gouvernement, qui représente les droits de tous

les citoyens, est le tuteur obligé de ceux qui se trouvent les plus maltraités par la nature ou par la fortune. Il personnifie à leur égard la prévoyance et la fraternité sociales. De même que dans la famille la sollicitude des parents s'attache de préférence aux enfants les moins robustes ou les plus jeunes, ainsi, dans la famille politique, l'État, au nom et comme mandataire des aînés de l'intelligence et de la richesse, doit tendre la main à tous ceux qui ont besoin de conseil et d'appui. Le sort des classes laborieuses et les conditions du travail ont droit à sa première pensée. Il faut que les gouvernements se montrent jaloux du bien-être du plus grand nombre, avec la même ardeur que le pouvoir en avait mis jusqu'ici à rechercher des avantages commerciaux ou des accroissements de territoire. Cette préoccupation devient surtout légitime, au lendemain d'une révolution qui a déplacé beaucoup d'existences, et qui a rendu plus précaires les ressources de chacun; car la sympathie des uns se mesure naturellement à la faiblesse des autres.

Il convenait à un gouvernement républicain d'arborer bien haut ce principe. Cependant, si nous approuvons la tendance, nous n'accorderons pas le même éloge aux moyens d'exécution. Que le gouvernement provisoire s'occupe du sort des travailleurs, c'est son devoir encore plus que son droit; mais il n'y avait ni nécessité ni opportunité à mettre les travailleurs en demeure de s'en occuper eux-mêmes. Je comprends l'agitation quand on veut renverser un obstacle; je ne la conçois plus, le jour où il est question de fonder, de constituer, d'organiser. Rien de ce que l'on improvise n'est durable. Les réformes sérieuses et solides demandent de la réflexion et de la maturité. On reproche à la chambre de 1830 d'avoir bâclé en quelques jours une charte politique, et l'on voudrait aujourd'hui faire bâcler la charte du travail au hasard par je ne sais quelle assemblée populaire ! On appellerait les passions du moment à trancher des problèmes sur lesquels l'expérience avait projeté longtemps les clartés les plus vives, sans en dégager l'inconnue !

Dans les derniers jours de Février, un combattant, un ouvrier, qui avait pris au pied de la lettre ces belles promesses, pénétra dans la salle où siégeait le gouvernement provisoire, réclamant impérativement et sur l'heure l'organisation du travail. On lui représenta d'abord qu'il fallait du temps pour préparer un système ; puis, comme il insistait : « Asseyez-vous là, lui dit M. Louis Blanc lui-même, prenez une plume et donnez-nous vos idées. — Je ne sais pas écrire. — Qu'à cela ne tienne, je vous servirai de secrétaire ; dictez. » L'ouvrier dicta ces mots sacramentels qui forment la tête du chapitre socialiste : « organisation du travail ; » mais il ne trouva rien au delà. « Vous voyez bien, reprit son interlocuteur, que l'organisation du travail n'est pas une chose si facile. » L'ouvrier, cependant aurait pu mettre les rieurs de son côté et renvoyer la leçon au gouvernement provisoire. Il ne réclamait en effet que ce qui lui avait été promis ; il se montrait pressé, parce que l'on avait excité son impatience ; il supposait le problème résolu, parce qu'on l'avait convié, avec tant d'autres, à mettre la main à l'œuvre. L'humble maçon arrivait avec sa truelle, demandant à grands cris à voir le plan et à connaître l'architecte ; pourquoi l'arracher à son labeur quotidien, si l'on n'avait à bâtir qu'une ville dans les nues ?

Par un décret en date du 25 février, le gouvernement provisoire a déclaré que « la république s'engageait à garantir du travail à tous les citoyens, et l'existence de l'ouvrier par le travail. » En d'autres termes, il a proclamé ce que l'on est convenu d'appeler, dans l'école sociétaire, « le droit au travail. » Mais le gouvernement ne pouvait pas s'en tenir au principe abstrait, à une formule philosophique. Reconnaître à tous les citoyens le droit d'exiger que la société les fasse travailler, c'est admettre par cela seul que la société doit les nourrir. Nous voyons donc sans la moindre surprise qu'en garantissant le travail à l'ouvrier, le gouvernement provisoire lui ait aussi garanti l'existence ; mais il faut voir où cela conduit. En proclamant le droit au travail, MM. Garnier-Pagès et Louis Blanc ont érigé l'État en assureur de toutes les fortunes et en entrepreneur de toutes les industries ; ils ont décrété implicitement un *maximum* pour le prix des denrées, et un *minimum* pour le taux des salaires. Voilà le baptême par lequel ils ont consacré le pouvoir nouveau.

Le droit au travail est une question mal posée. Je rends hommage aux intentions de ceux qui ont prétendu l'ériger en principe ; en appelant la société au soulagement des misères individuelles, ils ne veulent pas avoir l'air de provoquer ni d'encourager l'oisiveté. Ils demandent du travail comme au moyen âge on demandait l'aumône ; aux largesses des couvents, ils substituent celles des ateliers nationaux. La taxe des pauvres était déjà un progrès sur la subvention allouée à la mendicité par les ordres religieux; fera-t-on un pas de plus, et sera-ce un pas en avant que d'imposer à la société une sorte de taxe des salaires?

Le droit au travail suppose l'existence permanente, la puissance indéfinie de la production, quelles que soient les circonstances, et quelle que que puisse être l'organisation de la société. Quelle valeur aurait en effet un principe que l'on placerait en dehors des régions du possible? Or, il n'existe pas d'état social qui assure la permanence, ni la régularité de la production. Qu'une crise commerciale survienne, ou qu'un ralentissement quelconque dans la consommation rende l'offre supérieure à la demande, et vous verrez un certain nombre d'ateliers diminuer ou suspendre leur activité. L'industrie, comme l'année solaire, a ses saisons, et la moisson du travail, comme celle des fruits de la terre, a ses années de stérilité ainsi que ses années d'abondance.

La prévoyance de l'homme tient en réserve pour ces moments difficiles les capitaux accumulés par l'épargne; mais elle ne rend pas à volonté l'impulsion à la puissance qui produit, et elle ne crée pas le travail d'un coup de sa baguette. L'homme peut toujours employer son intelligence et ses bras; mais le mouvement est autre chose que le travail. L'écureuil ne travaille pas en faisant tourner la roue de sa cage; les mouvements du prisonnier dans le *tread-mill* sont de la force dépensée en pure perte; l'antiquité mystique, dans cette image qu'elle nous présente de Sisyphe roulant jusqu'au sommet d'une montagne un rocher qui retombe sans cesse, n'a pas entendu nous peindre un travailleur; elle n'a montré aux regards qu'un condamné et des tortures.

Le travail, c'est l'emploi utile des forces ; on le reconnaît à ses produits. Le laboureur travaille quand il déchire le sol en y enfonçant la charrue pour le préparer à recevoir la semence, quand il arrache les herbes parasites qui étoufferaient le bon grain, et quand il creuse des fossés pour l'écoulement des eaux qui détruiraient, en séjournant dans les champs cultivés, la fécondité de la terre. L'ouvrier travaille en tissant la toile ou en foulant le drap. Le terrassier ou *navigateur* travaille quand il nivelle les routes, creuse les canaux ou construit les chemins de fer, qui, en facilitant la circulation des produits, en augmentent aussi la valeur ; mais les quarante mille travailleurs que l'on occupe, depuis les journées de Février, à remuer des terres au Champ-de-Mars et aux Champs-Élysées, ne travaillent pas, car il ne peut résulter pour le pays aucun avantage de cet immense déploiement de pioches, de brouettes et de bras.

Pour créer à volonté la production, il faudrait être en mesure de développer la consommation et d'en reculer devant soi les limites, car les produits les plus nécessaires n'ont de valeur que par l'usage que l'on en fait. Que servirait, par exemple, d'entasser des montagnes de blé ou des troupeaux de bœufs dans une ville déserte, et à quoi bon les richesses du Mexique dans des circonstances où un kilogramme d'argent ne procurerait pas une once de pain ? Si les difficultés devaient cesser quand on a dit que l'ouvrier a droit au travail, la recette serait bien simple : l'Etat n'aurait qu'à fournir des fonds aux ateliers qui seraient au moment de s'arrêter et qu'à ordonner aux fabricants de produire. Mais ce n'est pas tout de fabriquer : il faut vendre, il faut trouver des acheteurs pour les marchandises que l'on crée, et non ajouter à l'encombrement stérile des dépôts ; il ne faut pas que la production augmente précisément lorsque le marché se ferme ou se restreint. Ajouter, en pareil cas, à la masse des produits, c'est les avilir. Pour soulager les souffrances du présent, on lègue ainsi de nouveaux embarras à un avenir très-prochain. L'on retarde enfin l'heure où, après avoir liquidé leurs désastres passés, le commerce et l'industrie vont se remettre en marche.

Je sais que la misère et le crime ont leur budget qui envahit, dans les crises industrielles, si la société n'y met ordre, le terrain que perd le travail. A mesure que les usines chôment et que les ateliers se ferment, on voit augmenter d'heure en heure la population des dépôts de mendicité, des hospices et des prisons. Il y a là comme un tribut que nous devons payer, sous une forme ou sous une autre, à la gravité des circonstances. La subvention que l'on refuse ou que l'on ne peut pas donner aux ateliers est réclamée par les bureaux de bienfaisance et par la justice répressive. Il y a perte certaine pour la moralité, sans compensation aucune pour la richesse du pays. La politique et l'humanité conseillent donc au gouvernement, lorsque l'industrie souffre, de ne pas laisser les forces qu'elle employait inactives. En pareil cas, les ouvriers qui sont forcés de quitter les manufactures se réfugient dans les chantiers ouverts sur les voies de communication ; mais cet expédient est précaire, et, à quelques égards, contre nature. Les ouvriers fileurs ou tisseurs, les bijoutiers et même les forgerons font de la triste besogne quand on les appelle à remuer de la terre, pour trancher les collines ou pour former des remblais. En outre, on ne peut pas organiser ces travaux sur une grande échelle. Le gouvernement britannique l'a tenté en Irlande, où près de deux millions d'ouvriers, pendant l'hiver de 1847, étaient employés à réparer ou à construire des routes. Ces grands rassemblements d'hommes, pour lesquels il fallait tout improviser, n'ont produit que gaspillage et désordre. Plutôt que de continuer des travaux qui n'avaient aucun résultat utile, le gouvernement anglais a préféré nourrir l'Irlande pendant six mois dans une oisiveté complète.

Plus la civilisation avance, et plus la puissance du gouvernement s'accroît dans la société; plus il est puissant, et plus il doit être humain. Néanmoins, en le mettant en demeure d'embrasser dans sa prévoyance toutes les infortunes et tous les accidents de la vie, on lui décernerait une sorte d'omnipotence. La république élargit, il est vrai, la base du pouvoir, mais le pouvoir de tous est encore borné et faillible comme tout ce qui tient à l'humanité.

Quand on pose une question de droit sans indiquer la limite, sans mettre le devoir à côté, l'on pose une question de violence. Si vous dites que les ouvriers ont droit au travail et par le travail à l'existence, vous reconnaissez alors que tous ceux qui sont mécontents de leur sort peuvent prendre la société à partie; vous les encouragez à proclamer cette devise qui a fait couler tant de sang à Lyon : « Vivre en travaillant ou mourir en combattant; » vous relevez, suivant une parole bien imprudente de M. Louis Blanc, l'étendard de Spartacus; vous appelez à l'insurrection, pour continuer la métaphore, les esclaves de la faim, et, sachez-le bien, dût votre cœur en frémir, vous donnez le signal de la guerre sociale.

Le christianisme, tel que le comprenaient les premiers apôtres, prêchait le renoncement absolu aux biens de ce monde : c'était immoler l'individu à la société. Les apôtres du socialisme nouveau, en recommandant à l'homme la recherche exclusive du bonheur, en mettant en première ligne, dans leur code, les droits de la personne, immolent la société à l'individu. L'une et l'autre doctrine dans l'application seraient également dangereuses : quand on enseigne à l'homme qu'il doit tout souffrir, on condamne la liberté, la richesse et l'industrie ; quand on lui apprend, à cet être dont la vie est semée de douleurs, qu'il doit écarter à tout prix la misère et la souffrance, on lui interdit la vertu.

C'était peu de proclamer le droit au travail. Le gouvernement provisoire a prétendu changer les conditions du travail dans la société. Ce qui eût semblé déjà téméraire par un temps prospère et pour un nid à expériences comme la principauté de Monaco ou la république de Saint-Marin, on va le tenter au milieu d'un état social battu par la tempête et pour une république de trente-six millions d'habitants ! Pourquoi pas ? Nos modernes Archimèdes n'ont-ils pas trouvé le levier avec lequel on peut soulever le monde ? Voici les considérants du décret qui institue la commission des travailleurs :

« Considérant que la révolution faite par le peuple doit être faite pour lui ; qu'il est temps de mettre un terme aux longues et iniques souffrances des travailleurs ; que la question du travail est d'une importance suprême, qu'il n'en est pas de plus haute, de plus digne des préoccupations d'un gouvernement républicain ; qu'il appartient surtout à la France d'étudier ardemment et de résoudre un problème posé aujourd'hui chez toutes les nations industrielles de l'Europe ; qu'il faut aviser, sans le moindre retard, à garantir au peuple le fruit de son travail ;

« Le gouvernement provisoire de la république arrête :

« Une commission permanente, qui sera intitulée : *Commission du gouvernement pour les travailleurs*, va être nommée avec mission expresse de s'occuper de leur sort.

« Pour montrer quelle importance le gouvernement de la république attache à ce grand problème, il nomme président de la commission du gouvernement pour les travailleurs un de ses membres, M. Louis Blanc, et pour vice-président un autre de ses membres, M. Albert, ouvrier.

« Des ouvriers seront appelés à faire partie de la commission. Le siége de la commission sera au palais du Luxembourg. »

LOUIS BLANC, ARMAND MARRAST, GARNIER-PAGÈS.

Voilà quels ont été les humbles débuts du pouvoir qui exerce déjà un si fatal ascendant sur nos destinées. Inventée pour servir de centre aux études du gouvernement et des ouvriers eux-mêmes, cette commission consultative est bientôt devenue un instrument d'action, un véritable Comité de salut public. Ses délibérations ne portaient d'abord que sur des questions générales, mais elle n'a pas tardé à intervenir dans les différends des ouvriers avec les patrons et à s'ériger en arbitre ; enfin, elle a rendu des décrets qui prescrivent des règles et qui prononcent des peines. Aujourd'hui, son président a une armée derrière lui, et il absorbe en lui le gouvernement, dont ses collègues ne sont plus que les ministres.

En exposant ces faits, je ne blâme pas, je raconte. A la rigueur, il suffirait à la commission, pour expliquer

cette usurpation rapide et complète, d'invoquer les lois
de la nécessité. Le gouvernement est chargé non d'étudier, mais d'agir. Dès que l'on donnait à M. Louis Blanc
une question à examiner, il devait se sentir entraîné à la
résoudre. Dès que cette question embrassait le domaine
actif de la société, on lui décernait la dictature. Il ne reste
donc plus qu'à rechercher s'il en a fait usage dans l'intérêt de la vérité, du pouvoir et du pays.

La commission du travail, ou, pour emprunter le style
barbare du décret, la *commission pour les travailleurs*,
est, sans contredit, animée d'un amour sincère du bien;
mais ses premiers actes ne respirent pas une grande sagesse. Les discours de M. Louis Blanc sont exagérés et
violents; ses résolutions, sans mesure. Il recommence
périodiquement le même exposé d'une théorie, au bout
de laquelle ne se présente jamais une conclusion tant soit
peu pratique. A chaque pas qu'il fait, on sent l'hésitation, le décousu, l'absence de plan. L'industrie est abandonnée ainsi à une direction qui accuse les défauts les
plus opposés : les tâtonnements dans l'arbitraire.

Mais de quels éléments se compose cet aréopage industriel? M. Louis Blanc, cédant à des préoccupations
exclusives, n'y avait d'abord appelé que les délégués des
ouvriers ; on se ravisa cependant, et « considérant, dit
naïvement l'arrêté, qu'il est juste qu'à leur tour les délégués des patrons ou chefs d'industrie soient convo-
qués, » on indiqua pour ceux-ci une réunion qui n'eut
lieu que le 17 mars, dix-sept jours après la première
réunion des ouvriers eux-mêmes. Dans l'intervalle, la
commission crut devoir s'entourer des hommes compétents (car c'est ainsi que *le Moniteur* les désigne), et ces

hommes compétents furent pris, non pas parmi les chefs d'industrie que recommandait une longue expérience, non pas parmi les économistes sérieux, les historiens ou les philosophes, mais parmi les socialistes, dont le bon sens national avait constamment repoussé les utopies. Maintenant, la commission a ses grands jours, dans lesquels son président tient une espèce de lit de justice pour faire comparaître la société à sa barre ; les délégués y siégent, mais en personnages à peu près muets, et sans autre fonction apparente que celle d'acclamer. En dehors de ces solennités du travail, figurent les comités auxquels assistent, avec voix délibérative, les délégués des délégués, que l'on choisit, pour plus d'égalité, par la voie du sort. Là se débattent les problèmes dont la solution a été renvoyée à la commission. Quant au compte rendu de ces débats à huis clos, il n'est publié dans *le Moniteur*, encore avec force corrections et mutilations (¹), que lorsqu'il convient au président et au vice-président de le produire (²).

Quelles étaient, sous l'influence des premiers décrets du gouvernement provisoire et au moment où la commission du travail a pris possession du Luxembourg, les

---

(¹) C'est ainsi que *le Moniteur*, dans le compte rendu de la séance du 20 mars, tronque et défigure l'opinion défendue par M. Wolowski. L'impartialité et l'exactitude semblaient cependant de rigueur, en parlant d'un homme qui avait eu le courage de lutter seul durant près de quatre heures contre tous les socialistes réunis autour de M. Louis Blanc.

(²) C'est ainsi que *le Moniteur* a passé sous silence une séance postérieure, dans laquelle MM. Pereire, Lechâtellier et Wolowski avaient combattu, avec l'autorité du talent et de l'expérience, les idées de M. Louis Blanc sur les chemins de fer.

principales demandes des ouvriers, la rançon de la société, les conditions que faisaient les combattants pour
poser les armes? Ces demandes peuvent se réduire à
quatre principales, savoir : la diminution de la durée du
travail, l'abolition du marchandage, l'élection par les
ouvriers des contre-maîtres et même des chefs de service, enfin la participation des ouvriers et des employés
aux bénéfices des entrepreneurs et des capitalistes. Supposez un temps plus calme et un gouvernement de sang-
froid, l'on eût cherché à faire comprendre aux ouvriers
à quel point de pareilles prétentions allaient contre leurs
intérêts véritables. La commission qui siége au Luxembourg n'en a repoussé aucune ; elle accorde sa tolérance
à celles qui n'obtiennent pas sa sanction. Voici le premier
décret et le plus grave, il porte la date du 1er mars :

« Sur le rapport de la commission du gouvernement pour les
travailleurs, considérant :
« 1° Qu'un travail manuel trop prolongé non-seulement
ruine la santé du travailleur, mais encore, en l'empêchant de
cultiver son intelligence, porte atteinte à la dignité de l'homme;
« 2° Que l'exploitation des ouvriers par les sous-entrepreneurs ouvriers, dits *marchandeurs ou tâcherons,* est essentiellement injuste, vexatoire et contraire au principe de la fraternité;
« Le gouvernement provisoire de la république décrète :
« 1° La journée de travail est diminuée d'une heure. En conséquence, à Paris, où elle était de onze heures, elle est réduite
à dix, et en province, où elle avait été jusqu'ici de douze heures,
elle est réduite à onze ;
« 2° L'exploitation des ouvriers par les sous-entrepreneurs,
ou marchandage, est abolie.

« Il est bien entendu que les associations d'ouvriers qui n'ont
point pour objet l'exploitation des ouvriers les uns par les autres ne sont pas considérées comme marchandage. »

Le décret du gouvernement provisoire n'admet pas, pour la durée du travail dans la capitale, la même limite qui est posée, dans les départements, aux labeurs de chaque jour. L'ouvrier de province doit rester assujetti à une corvée quotidienne de onze heures, tandis que la tâche de l'ouvrier parisien n'excédera pas dix heures. Pourquoi faire deux catégories de travailleurs pour la France, et sur quelle raison de droit ou de fait se fonde ici l'inégalité de traitement? Ce n'est pas le gouvernement républicain qui peut distinguer entre les provinces ni entre les habitants des villes et ceux des campagnes. Aux yeux du pouvoir comme devant la loi tous les citoyens ont les mêmes droits, et la faveur que l'on accorderait aux uns deviendrait une injustice à l'égard des autres.

Comme tous les grands centres de richesse et de consommation, Paris attire les ouvriers les plus habiles, à la condition de les rémunérer par des salaires plus élevés ; mais ce n'est pas là un privilége gratuit. Si l'ouvrier de Paris est mieux rétribué, il travaille aussi davantage. En fait, la durée du travail est communément de douze heures dans les ateliers de la capitale, et ces douze heures, par l'activité que l'ouvrier déploie, en valent treize ou quatorze. Le travailleur parisien est peut-être la seule espèce d'homme qui rivalise d'ardeur et de persévérance avec le travailleur anglais. En réduisant à dix heures la durée du travail quotidien dans la métropole de notre industrie, on a donc diminué la journée non d'une heure, mais de deux heures ; dans tous les ateliers auxquels le décret peut être applicable, l'on retranche ainsi un sixième ou tout au moins un septième de la production.

Je sais que les ouvriers, vers la fin d'une journée qui se prolonge trop, ne font que des efforts languissants, et qu'ils ne produisent pas tout ce qu'ils pourraient produire. Le sentiment de la fatigue l'emporte, dans ces moments, sur celui du devoir et même sur celui de l'intérêt personnel. En retranchant deux heures de la journée, l'on ne retranche donc pas une quantité proportionnelle de travail; ce résultat est démontré par de nombreuses et concluantes expériences; néanmoins, au total, il doit exister une différence très-sensible dans les résultats. Deux heures de travail supprimées équivaudront toujours, pour l'effet utile de la production et pour la richesse du pays, à une diminution quelconque. On aura peut-être soulagé l'ouvrier, mais on aura laissé une force très-réelle sans emploi.

Le courant auquel on oppose une digue artificielle finit toujours par s'ouvrir une autre issue. La production ne diminuera pas assurément parce qu'il aura plu au gouvernement de réduire la durée du travail dans les manufactures; car les besoins de la société restent les mêmes, et les producteurs doivent toujours y pourvoir. Mais si l'on gêne les manufacturiers dans l'emploi des ouvriers, ils remplaceront les ouvriers par des machines. C'est ainsi que les coalitions et les exigences incessantes des ouvriers fileurs en Angleterre ont amené les filateurs à doubler la longueur des *mull-jennys* et à les porter de trois cents broches à sept cents, ou à se servir de ces machines à filer qui semblent se mouvoir d'elles-mêmes et que les ouvriers anglais désignent par le sobriquet de *fileurs en fer*. Si le décret qui réduit la journée de travail à dix heures survit aux circonstances

exceptionnelles qui l'ont inspiré, il est probable que les
fabricants feront face à la difficulté par un accroissement
de leurs moyens mécaniques. Dans ce cas, la production
restera la même ; mais le rapport du capital fixe au capital roulant devra se modifier : le manufacturier dé-
pensera en matériel ce qu'il ne voudra pas dépenser en
salaires.

En réduisant, par un acte du législateur, la durée du
travail, on veut ménager les forces de l'ouvrier et lui
donner le temps de cultiver son intelligence. C'est là une
pensée qui ne rencontrera que des sympathies ; mais les
moyens que l'on prend répondent-ils au but que l'on se
propose, et suffit-il, pour que le travail s'arrête, de dire
au travailleur : « Tu n'iras pas plus loin ? » Le décret
du 1er mars n'a pas de sanction. En supposant que l'on
oblige la grande industrie, celle qui agglomère les ouvriers par centaines dans une manufacture, dans une
usine ou dans un atelier, et qui fait dépendre l'action des
bras de celle des machines, à ne travailler que dix ou
onze heures, comment imposera-t-on la même loi aux
ouvriers infiniment plus nombreux qui exercent leur activité dans l'étroite enceinte d'une échoppe ou d'une
mansarde, aux ouvriers des champs à qui les saisons mesurent le travail, à ces femmes qui vivent de leur aiguille,
à ces tisserands qui promènent la navette sur le métier
quinze ou seize heures par jour ? Le décret va rendre la
prépondérance dans l'industrie au travail parcellaire.
L'ouvrier domestique pouvant, loin du contrôle que le
gouvernement exerce, travailler plus longtemps que l'ouvrier des manufactures, lui fera une concurrence terrible de souffrances et de privations. On verra s'étendre à

la France entière l'état social de la Saxe et de l'Irlande. Réduire par ordre la durée du travail, ce ne sera pas seulement contrarier et diminuer la production ; ce sera, de plus, diminuer le salaire, enlever à la population ses moyens naturels d'existence, augmenter la misère et provoquer le désordre. Encore faudrait-il avoir sur le pays un droit de conquête pour sonner ainsi partout le couvre-feu.

Le parlement britannique, en abrégeant la durée du travail dans les grands ateliers, pour les enfants, pour les jeunes gens et pour les femmes, n'avait pas entendu exercer la plus légère influence sur le taux des salaires. L'acte du 8 juin 1847, le plus rigoureux dans cette longue série de lois, laisse pourtant aux transactions entre le maître et l'ouvrier la liberté la plus entière. La réforme, que la clameur publique imposait et dont les ouvriers ont pris l'initiative, s'accomplit, de l'autre côté de la Manche, à leurs risques et périls. Ici, nous allons bien au delà de ce qui s'est fait en Angleterre. Le décret du 1er mars ne se borne pas, comme les lois anglaises, à protéger contre les abus du travail les êtres faibles qui ne peuvent pas se protéger eux-mêmes ; il stipule pour les adultes, pour ceux qui ont acquis avec l'âge la plénitude de leurs forces, de leur réflexion et de leur liberté. C'était peu de régler la durée du travail ; on aggrave la difficulté en réglementant les salaires. A la vérité, le décret ne s'explique pas sur ce point délicat ; mais les conférences qui en ont précédé la promulgation, et le commentaire que les exigences victorieuses des ouvriers en ont donné, ont fait cesser toute équivoque.

C'est une préoccupation constante pour les ouvriers

de tous les pays que l'ambition de déterminer à leur gré et de rendre en quelque sorte permanent le taux des salaires. L'ignorance et les préjugés entrent pour beaucoup dans cette direction que suivent leurs idées ; mais il faut voir aussi sous l'influence de quelle nécessité ils entreprennent de changer les conditions du travail. La classe moyenne, plus éclairée cependant et plus riche que les classes laborieuses, recherche avec avidité les emplois dont le gouvernement dispose. Depuis qu'elle occupe le pouvoir, elle a multiplié les places jusqu'à faire des employés une nation dans la nation. D'où vient cette faveur dont les fonctions publiques jouissent ? Pourquoi les préfère-t-on à des industries plus lucratives, si ce n'est parce qu'elles sont plus solides et qu'elles participent plus ou moins du caractère de l'inamovibilité ? La fixité du salaire exerce sur l'ouvrier la même fascination et à plus juste titre. L'ouvrier n'a pas un capital en réserve qui le soutienne dans les mauvais jours et contre les mauvaises chances de l'industrie. Il ne fait pas volontiers des épargnes dans les temps prospères. S'il consent à prélever une faible dîme sur le salaire, c'est pour contribuer au fonds de secours auquel il puise en cas de maladie. Comme ressource contre de précoces infirmités ou contre la vieillesse, n'a-t-il pas les hôpitaux, dans lesquels se réfugie une si grande partie de la population urbaine et où vient mourir la moitié de Paris ?

La devise de la civilisation parvenue à son âge viril : « Aide-toi, le ciel t'aidera, » n'est pas encore entrée dans nos mœurs (¹). Les classes moyennes, pour lutter contre

_____

(¹) La formule anglaise est plus positive, mais elle a une coules nécessités matérielles de l'existence, éprouvent toujours le besoin de s'appuyer sur le gouvernement ; les classes laborieuses, comme des enfants qui s'abritent derrière leur mère, chargent la société de prévoir à leur place, et se reposent sur elle dans toutes les crises du travail. L'âge de la force et de l'habileté pratique pour l'ouvrier ne dure pas, selon les professions, plus de vingt à trente ans. C'est pour cette période de la vie qu'il demande un salaire fixe et proportionné aux besoins de sa famille, qu'il aspire, en un mot, à la condition de pensionnaire de l'industrie.

Les classes laborieuses ont poursuivi cet idéal sous diverses formes. Pendant longtemps, et lorsque le souvenir des corporations n'était pas encore effacé, elles demandaient que l'État promulguât des tarifs obligatoires et uniformes, soit pour le travail à la tâche, soit pour le travail à la journée. Ce fut ainsi que les tisserands de Londres provoquèrent l'acte éphémère de Spitalfields. De la même manière, les ouvriers de Lyon, un moment maîtres de la ville en 1832, imposèrent à la municipalité vaincue un tarif des façons qui ne serait pas resté en vigueur pendant trois mois, quand même l'autorité supérieure aurait revêtu de sa sanction cette violence faite à la liberté industrielle. Aujourd'hui les ouvriers ne demandent plus directement la permanence des salaires ; c'est sous une forme indirecte, c'est par la réduction des heures de travail combinée avec le maintien des prix actuels, qu'ils s'efforcent de convertir les salaires en traitements réguliers.

leur moins religieuse : *Help yourself*, Aide-toi. L'Anglais ne compte que sur lui-même et supprime l'assistance du ciel.

Les variations du salaire, dans l'état de l'industrie et de la société, sont à peu près mortelles pour les classes laborieuses. Il faut donc rendre ces classes prévoyantes et au besoin prévoir pour elles. L'État, qui doit se borner à une attitude d'observation dans les temps prospères, a certainement, dans les époques de crise, un rôle actif à remplir; mais il est insensé de l'appeler, comme on le fait aujourd'hui, en garantie du salaire, car la justice distributive exigerait qu'après avoir garanti le prix du travail, il assurât la rémunération de l'intelligence et le loyer du capital. Quelle valeur pourrait avoir la garantie de l'État, si elle s'étendait à tous les rouages de la production, si l'assureur et l'assuré étaient la même personne, c'est-à-dire tout le monde ?

Le décret du 2 mars n'a pas même ce caractère d'opportunité qui fait quelquefois brèche aux principes. On l'a rendu dans un moment où toutes les industries étaient en souffrance, où les chefs d'industrie s'imposaient déjà les plus grands sacrifices pour entretenir le mouvement de leurs ateliers, où la durée du travail allait se réduire, mais avec le salaire, et où cette réduction forcée devenait le seul moyen d'en conjurer la suspension prochaine. On a précipité ainsi la crise ; pour améliorer le sort des travailleurs, on n'a pas craint d'attaquer les sources mêmes du travail.

J'ajoute que le décret du 2 mars a été principalement réclamé par des ouvriers privilégiés dans leur intérêt exclusif et au détriment de tous les autres. Ce sont des mécaniciens et des ouvriers constructeurs qui ont porté ces plaintes, ceux qui obtenaient déjà les salaires les plus élevés pour la journée la plus courte. Ce sont les hommes,

en petit nombre, qui ne peuvent travailler qu'à l'aide
des machines, qui ont fait la loi pour ceux et à ceux qui
travaillent avec la seule assistance de leurs bras (¹).

Mais cette loi qu'ils ont arrachée au gouvernement,
l'observent-ils eux-mêmes? Assurément non. L'on sait
que les ouvriers constructeurs ne consentent pas généralement, depuis que le décret a été rendu, à travailler
plus de neuf heures, qu'ils ne sont restés dans les ateliers qu'à cette condition, et qu'ils exigent, pour neuf
heures de travail, le même salaire qu'ils obtenaient auparavant pour douze. Ainsi, le décret, qui rançonne le manufacturier, ne le met pas à l'abri d'une rançon plus

_____

(¹) Voici l'adresse présentée par les ouvriers du chemin d'Orléans au gouvernement provisoire. Les ouvriers du chemin du
Nord et presque tous ceux des autres grands ateliers de construction ont mis en avant les mêmes demandes :

« Braves citoyens,

« Vos sympathies pour nos souffrances nous sont connues et
nous garantissent sûrement votre approbation à ce que nous
désirons faire relativement à l'organisation du travail ; voici ce
que nous croyons être en droit de réclamer.

« 1° Nous désirons faire moins d'heures de travail pour avoir
le temps de nous livrer à l'instruction qui moralise et qui donne
connaissance des devoirs.

« 2° Nous désirons que notre salaire soit plus élevé, car il ne
peut pas suffire à la satisfaction de nos besoins de première
nécessité.

« 3° Nous désirons l'abolition radicalement comprise de toute
espèce de marchandage.

« Citoyens, nous comptons sur votre fraternelle amitié et sur
votre sagesse pour rédiger le programme des conditions avec
lesquelles nous reprendrons nos travaux. »

dure ; et au-dessus de l'ordre légal se place encore la loi du plus fort.

Jusque dans la sanction pénale attachée au décret, on reconnaît la partialité du législateur. La peine de l'amende, et, en cas de récidive, celle de la prison sont prononcées contre le chef d'atelier qui admettrait ses ouvriers à prolonger la journée de travail au delà de dix heures, quoique cela ne puisse arriver que de leur consentement, et, pour ainsi dire, avec leur complicité. En revanche, l'impunité la plus complète est réservée aux ouvriers qui travaillent moins de dix heures, et cela malgré le scandale des violences qui ont troublé un grand nombre d'ateliers. M. Louis Blanc dit quelque part dans une de ses proclamations : « Ne pas limiter le travail, c'eût été méconnaître ce qu'avait de légitime l'*universelle* réclamation des travailleurs ; le *trop limiter*, c'eût été courir le risque de ruiner des établissements qui emploient beaucoup de bras ; c'eût été, dans les circonstances actuelles, s'exposer à rendre plus redoutable la concurrence étrangère. » Eh bien ! la limite posée par M. Louis Blanc, limite déjà fort onéreuse, n'est pas respectée par les ouvriers. Les établissements les mieux organisés sont livrés à l'anarchie et tombent dans une dissolution complète. La concurrence de l'étranger peut se donner carrière, car on désorganise notre industrie et on la met pour longtemps hors d'état de soutenir la lutte. C'est au profit de l'Angleterre que M. Louis Blanc réglemente le travail en France ; chaque entrave qu'il apporte à l'activité de Paris, de Rouen ou de Mulhouse, est une prime donnée à l'activité de Manchester et de Glasgow. J'ai entendu accuser la monarchie de détruire le prestige de notre influence morale en Europe ; si l'on paralyse aujourd'hui le principe de la richesse, que restera-t-il désormais au pays?

Les ouvriers seront les premières victimes du système. Les ateliers de l'industrie privée se fermant l'un après l'autre, il ne leur restera bientôt plus d'autre ressource que les ateliers nationaux. Ceux qui gagnaient depuis 3 fr. jusqu'à 5 fr. par jour devront se contenter de 1 fr. 50 cent. ou de 2 francs au *maximum* ; ils tomberont à la charge du gouvernement, qui, pour entretenir 75,000 ouvriers à Paris sans compter les femmes, devra ouvrir un emprunt ou établir de nouveaux impôts, c'est-à-dire enlever aux capitalistes et aux chefs de l'industrie les ressources à l'aide desquelles ils auraient pu, un peu plus tôt, un peu plus tard, rendre l'impulsion au travail. Cette transformation ne peut désormais avoir qu'un seul genre d'utilité : c'est de montrer, par le plus irrésistible des arguments, par l'expérience, à quel point toute organisation artificielle du travail dans la société est stérile et éphémère.

En décrétant l'abolition du marchandage, M. Louis Blanc n'en voulait qu'aux tâcherons, qui sont à l'ouvrier, dans l'état de liberté, ce que le commandeur, dans nos colonies, est à l'esclave. Il n'entendait proscrire ni le travail à la tâche, ni le marchandage par association, ces deux progrès que la liberté de l'industrie amène avec elle ; mais la pensée des ouvriers allait plus loin, et ils se sont chargés de compléter le décret. En vertu de la théorie qui prétend faire régner l'égalité des salaires, ils ont interdit le travail à la tâche comme tendant à mettre des différences entre les travailleurs. Le marchandage par association n'a pas trouvé grâce devant leur politique radicale, et cependant il y avait là un germe fécond d'entreprise. Cette espèce de marchandage était, dans les grands ateliers, la véritable et la meilleure organisation du travail. L'ouvrier devenait entrepreneur, et l'entrepreneur pouvait s'élever à l'état de capitaliste. Plusieurs ouvriers s'associant pour entreprendre, à un prix débattu, la façon de tel ou tel ouvrage, se distribuaient les tâches dans la mesure des facultés de chacun ; le salaire était proportionné à l'habileté, et le bénéfice au salaire. Chaque atelier dans l'usine se transformait ainsi en une république industrielle, que surmontait l'impulsion unitaire du manufacturier. Voilà le progrès naturel et précieux que l'on a détruit pour y substituer des combinaisons chimériques. Nous remontons ainsi, à la voix qui part du Luxembourg, le courant de l'histoire. En matière d'industrie, les échelons du progrès étaient d'abord le travail servile, puis la corvée, le travail à la tâche et enfin le travail à l'entreprise. On a déjà supprimé les deux derniers ; ne va-t-on pas rétrograder, par le chemin de la corvée, jusqu'au sanctuaire de l'esclavage ?

Réduire le travail dans les ateliers en maintenant le taux des salaires, c'est changer les conditions dans lesquelles l'industrie est habituée à produire ; c'est modifier d'un trait de plume tous les contrats. De même que la monnaie sert de mesure aux valeurs, la main-d'œuvre forme la base du prix qu'obtiennent les marchandises. Toute hausse des salaires oblige le manufacturier à vendre plus cher ses produits, ou le constitue en perte, s'il ne parvient pas à faire rembourser par l'acheteur la prime qu'il a payée à l'ouvrier. Quand le salaire s'élève par le seul effet des lois qui président à la production, le producteur en subit les conséquences, bonnes ou mauvaises. Mais le gouvernement, en s'arrogeant le droit de les fixer, trouble le cours naturel des choses, et crée ce cas de force majeure qui est la clause résolutoire, tacite ou exprimée, dans tous les contrats.

Un entrepreneur de carrosserie, M. A. Getting, écrit à *la Presse* :

« Constructeur de matériel, engagé par traités avec diverses compagnies pour la fourniture de leurs wagons de voyageurs, mes prix ont été basés sur douze heures de travail. La réduction à dix heures constitue une perte d'un seizième sur la main-d'œuvre, ou de 16 pour 100 sur la fabrication.

« En effet, sur le prix d'un wagon qui coûte 9,000 fr., la *main-d'œuvre est appréciée à* 4,500 francs, dont le sixième est de 750 francs, qui représentent l'intérêt à 16 pour 100 de la somme de 4,000 fr., considérée comme chiffre de la main-d'œuvre.

« Les bénéfices accordés par les compagnies sont à peu près de 10 pour 100. C'est donc 6 pour 100 net que nous perdons sur notre fabrication. Il reste les loyers, frais généraux, etc., etc.

« Si, par les mêmes motifs, le prix des marchandises que nous employons s'élève en raison directe de l'augmentation du salaire par la réduction du travail, il s'ensuivra que nos pertes pourront dépasser le chiffre de 25 à 30 pour 100.

« Qui viendra à notre secours ? les compagnies, ou le gouvernement ? »

Les constructeurs atteints par la hausse des salaires ont déjà exercé, ainsi que le faisait pressentir la lettre de M. Getting, leur recours contre les compagnies desquelles ils tenaient les commandes. Ils demandent pour la plupart que le prix des wagons soit augmenté dans la même proportion que la main-d'œuvre.

Les compagnies ne peuvent pas s'y refuser; car, à défaut de la loi, la raison d'équité les oblige. Mais un recours leur est ouvert à leur tour contre l'État. C'est par le fait du gouvernement qu'elles voient se modifier l'évaluation de leurs dépenses, que leur capital peut devenir insuffisant et que l'argent peut manquer aux travaux. Le gouvernement a causé le préjudice ; c'est à lui de le réparer, soit par un remboursement direct, soit par un supplément d'avantages. Ainsi, de proche en proche, la perturbation se communique à tous les intérêts. En modifiant par un décret le premier et le plus élémentaire de tous les contrats, celui du salaire, on bouleverse tous les autres, depuis le contrat de vente jusqu'au budget, qui est le contrat de l'État avec les contribuables.

Une fois que l'État s'est immiscé dans les transactions industrielles, il se voit forcé d'intervenir en toute chose et partout. On nous dit que cette intervention de la part de l'autorité qui siége au Luxembourg a été purement officieuse, que ce sont les ouvriers et les patrons eux-mêmes qui prennent la commission pour arbitre, et enfin qu'elle n'impose pas ses décisions, qui sont librement acceptées. Cette explication, vingt fois répétée, n'en est pas pour cela plus sérieuse. La commission se pose en oracle ; c'est apparemment pour que les ouvriers et les patrons la consultent. Son arbitrage, dont elle fait valoir le désintéressement, nous paraît dériver nécessairement de l'attitude qu'elle a prise. Les ouvriers y ont recours dans l'espoir de donner ainsi à leurs exigences la sanction du gouvernement, et quand les patrons l'invoquent, c'est afin de diminuer leurs sacrifices, en s'abandonnant à celui de leurs deux adversaires qui leur semble le plus éclairé.

Au reste, la commission n'y va pas de main morte.
Après avoir réglé les heures de travail, elle est en train de
régler les salaires. Les cochers d'omnibus, les paveurs,
les boulangers, les débardeurs, ont déjà leurs tarifs. Il
ne reste plus qu'à imposer un *maximum* à la production et
qu'à renfermer la consommation dans certaines limites.
Nous pourrons alors nous croire à Salente, et il sera
prouvé que M. Louis Blanc, comme le voulait le philosophe de Louvain, a été élevé dans la lecture exclusive
de *Télémaque*.

Nous venons de passer en revue ce que la commission a fait ; voyons maintenant ce qu'elle a laissé faire.

Les ouvriers veulent élire leurs chefs. Dès les premiers
jours de la république, une proclamation affichée à tous
les coins de rue exprimait ce vœu de la manière la plus
absolue et la plus énergique : « Plus de priviléges
entre nous et les citoyens qui doivent nous servir de
guides dans l'exécution de nos travaux. Il est de toute
nécessité que, dans chaque atelier, dans chaque administration, les ouvriers emploient la voie de l'élection
pour nommer leurs contre-maîtres ; croyons que cette
mesure maintiendra l'union pour le bien de tous,
n'étant plus obligés d'obéir à un chef imposé. » De la
doctrine on n'a pas tardé à passer aux actes. Les ouvriers, non contents de nommer les contre-maîtres, ont
poussé leur ambition jusqu'à désigner les ingénieurs et
les administrateurs. Quand ils ne pouvaient pas procéder
par voie d'élection, ils agissaient par voie d'exclusion.
Ceux qui étaient employés au chemin du Nord ont exclu
de leurs rangs, malgré l'administration, plusieurs contre-maîtres ; ceux de Versailles (rive gauche) ont desti-

tué l'ingénieur et deux administrateurs. La même tentative a été renouvelée sur la ligne d'Orléans, où il a fallu, pendant quelques jours, remettre l'autorité aux mains de deux commissaires. On aurait de la peine maintenant à trouver un seul atelier dans la capitale où le chef ose commander et où l'ouvrier veuille obéir.

Les ouvriers, avec le bon sens qui leur est naturel, comprendront bien vite les nécessités de la vie politique ; mais il y a trop peu de temps qu'ils ont reconquis leurs titres pour qu'ils puissent distinguer entre les fonctions diverses de la société. Voyant que le pouvoir dans l'État relève de l'élection, ils ont cru que l'élection devait être le principe générateur de toute force active: Des hommes qui ont entendu dire qu'il convenait d'élire leurs juges ne se livrent pas assurément à un paradoxe beaucoup plus étrange, en supposant qu'il leur appartient d'élire leurs chefs d'atelier.

Le pouvoir doit venir d'en bas, lorsqu'il implique un mandat ; il doit émaner d'en haut, quand il suppose la capacité et la responsabilité. Le peuple choisit ses représentants, et la garde nationale élit ses chefs, parce que les représentants du peuple et les chefs de la garde nationale sont, avant tout, les dépositaires de sa confiance et les garants de sa liberté ; mais l'armée n'élit pas ses généraux, ni les bataillons industriels leurs officiers, parce que la multitude n'est jamais assez éclairée pour désigner les plus capables de la conduire. Il faut être supérieur à celui que l'on choisit pour faire un bon choix. J'ajoute que le travail des ateliers exige une forte discipline : un chef que ses subordonnés pourraient faire et défaire ne prendrait qu'avec peine l'autorité nécessaire

au commandement. Si les ouvriers nommaient les contre-maîtres, les contre-maîtres les ingénieurs, et les employés les administrateurs, le pouvoir changerait de
mains toutes les semaines. Dans un atelier, on ne pourrait pas répondre de la direction à donner aux travaux.
Sur un chemin de fer, on n'obtiendrait ni la régularité,
ni la célérité, ni la sûreté du service; la vie des voyageurs
serait à chaque instant en péril. Dans la hiérarchie industrielle, l'élection c'est le désordre.

Parmi les articles de ce programme que les ouvriers
imposent à la société, nous rencontrons en dernier lieu
le partage des bénéfices. Voici la formule qui traduit ces
prétentions avec le plus d'exactitude et de simplicité. Je
l'emprunte à une affiche qui est signée par M. Olinde
Rodrigues.

« Désormais, dans toute entreprise industrielle, tous les travailleurs, ouvriers, contre-maîtres, employés, ingénieurs, directeurs et gérants, seront associés avec les actionnaires en
raison du travail des uns et du capital des autres.

« Les bénéfices restant disponibles après le payement des
salaires des travailleurs et après celui des dividendes du capital pour intérêt et amortissement seront répartis entre tous,
selon le chiffre du salaire et du dividende de chacun. »

Je ne repousse pas absolument cette combinaison. En
1831, pour mettre quelque chose de pratique à côté des
visions des saint-simoniens, je la proposai moi-même [1].
Je l'ai reproduite depuis dans les *Études sur l'Angleterre*,
dont on me permettra de rappeler ici quelques lignes.

[1] Dans le journal *le Temps*. Cette combinaison fut alors
l'objet d'une polémique assez vive entre *le Temps* et *le Commerce*.

« Prenons le système industriel tel qu'il existe, ne cherchons pas à lui enlever l'individualité des intérêts qui fait sa force; bornons-nous à souhaiter qu'il emploie les hommes autrement que les machines, et que l'ouvrier soit intéressé au succès du maître, dont il demeure aujourd'hui séparé par sa position non moins que par ses préjugés.

« C'est dans la pratique des nations qu'il faut chercher les bases du nouveau contrat. En l'interrogeant avec soin, l'on y trouvera des indications précieuses. Dans la pêche au filet, sur les côtes méridionales de l'Angleterre, la moitié du produit appartient au propriétaire du bateau et du filet, l'autre moitié appartient aux pêcheurs qui montent le bâtiment. Une répartition semblable des profits s'opère entre les armateurs et les équipages des vaisseaux envoyés à Terre-Neuve, ainsi que des navires baleiniers. Toute maison de commerce ou de banque qui veut exciter le zèle de ses employés leur attribue un intérêt dans ses affaires. Les fabricants qui cherchent à diminuer le déchet des matières premières allouent à leurs ouvriers la moitié de l'économie obtenue par leurs soins. A Paris, un peintre en bâtiment, M. Leclaire, a eu la bonne pensée d'associer ses ouvriers à la répartition des bénéfices faits dans son établissement, et l'établissement prospère.

« Le même principe peut s'appliquer aux grandes manufactures; je dirai comment. Il n'en est pas en Angleterre du manufacturier comme du propriétaire foncier. Celui-ci n'est qu'un capitaliste, qui, ayant placé son capital en fonds de terre, en reçoit l'intérêt des mains du fermier. Le manufacturier, au contraire, réunit en lui la double qualité de propriétaire et de fermier. Le capital d'exploitation ou fonds de roulement lui appartient aussi bien que le capital représenté par l'usine, par les machines qu'elle renferme et par le sol sur lequel s'élèvent les bâtiments; tout cela n'a de valeur que par son industrie. Les filateurs du Lancashire, pour se rendre compte des résultats de leurs opérations, mettent d'abord en ligne de compte l'intérêt et l'amortissement de leur capital, ainsi que les sommes dépensées pour l'achat des matières premières, pour le salaire des ouvriers, pour l'entretien et pour la réparation des machines ; ce qui reste, après ces diverses attributions, des sommes réalisées par la vente des produits constitue leurs bénéfices.

« Dans une association qui mettrait en présence, d'un côté le manufacturier, et de l'autre le corps des employés attachés à son établissement, la répartition devrait naturellement se modifier. On poserait d'abord en principe que toute fonction doit être rétribuée, et le manufacturier s'allouerait un traitement, de même qu'il paye aux ouvriers un salaire. Le salaire, étant une marchandise, se réglerait selon les cours admis sur le marché. Viendraient ensuite les dépenses d'entretien, de réparation et d'amélioration. L'intérêt du capital ne serait prélevé que pendant la durée de l'amortissement. Quant aux bénéfices, après avoir mis à part un cinquième pour le fonds de réserve, on les partagerait, par égales moitiés, entre le maître et le corps des ouvriers. Il va sans dire que j'entends ce partage comme une concession volontaire, à laquelle chaque manufacturier apporterait ses conditions. On comprend encore que tous les ouvriers ne devraient pas y être indistinctement admis. Une certaine résidence ferait titre, si d'ailleurs la bonne conduite du copartageant ne s'était démentie. Le fabricant n'aurait point à produire ses livres, il serait cru sur parole. Il conserverait aussi le droit d'indiquer l'emploi de cette libéralité, et d'exiger, par exemple, que chaque ouvrier versât une certaine somme à la caisse d'épargne, afin de s'assurer une pension viagère pour ses vieux jours.

« J'ai la ferme conviction que le premier fabricant qui aura le courage d'appeler ceux qu'il emploie au partage de son gain annuel ne fera pas, en résultat, un sacrifice. Il est clair que cette concession attirera auprès de lui les meilleurs ouvriers, que le travail s'accomplira avec plus de soin et de zèle, et que les produits gagneront en quantité ainsi qu'en qualité. Il s'établira, de cette manière, entre les ouvriers et les maîtres, une solidarité intime à l'épreuve du temps et des circonstances. Ceux qui auront partagé la bonne fortune de la maison s'associeront plus volontiers à ses revers, et le poids des mauvais jours s'allégera, lorsque chacun en voudra prendre sa part. Les coalitions cesseront du côté des ouvriers, car elles n'auront plus d'objet. La cheminée de la manufacture deviendra comme le clocher de la nouvelle communauté, et les bohémiens de la civilisation industrielle auront enfin une patrie, un foyer. »

L'association des ouvriers avec les chefs du travail, association qui est l'avenir même de l'industrie, perd ce caractère réparateur dès que le contrat cesse d'être volontaire. Je ne la comprends que dans la plus entière liberté; elle devient impraticable et contraire à l'équité dès qu'elle s'impose. La compagnie d'Orléans admettait déjà les employés de son administration à participer aux bénéfices de l'entreprise. Les ouvriers de ses ateliers en réclament aujourd'hui leur part. Les ouvriers du chemin du Nord, qui faisaient valoir les mêmes prétentions dans une attitude menaçante, ont forcé la main à la compagnie. A quel titre et en vertu de quel droit? C'est ce que l'on peut examiner.

Dans le colonage partiaire, le métayer a droit à la moitié des fruits que produit le sol cultivé par ses soins. Pourquoi cela? Parce que, dans cette association, le travail et le capital courent les mêmes chances. Le métayer ou colon ne reçoit pas de salaire; il n'est rémunéré de sa peine que par le prélèvement qu'il fait sur les produits. Le propriétaire, de son côté, ne touche pas l'intérêt du capital que représentent la terre, les bâtiments d'exploitation, les instruments aratoires et les bestiaux. Ainsi, le travail et le capital s'associent sur le pied d'une égalité parfaite. Comme ils s'exposent aux mêmes pertes, ils ont un droit égal au partage des bénéfices ou plutôt des produits bruts.

Mais, dans l'industrie manufacturière, le travail est à

l'abri de tous les risques auxquels le capital se trouve exposé. Que le chef d'atelier fasse des pertes ou des profits, l'ouvrier n'en perçoit pas moins tous les jours la rétribution de sa main-d'œuvre. Le salaire est privilégié, et il doit l'être. Le salaire, représentant l'existence de chaque famille, ne peut pas dépendre de la bonne ou de la mauvaise issue d'une spéculation qui n'a pas même pour base, comme l'agriculture, le retour périodique et certain des moissons. Précisément aussi parce que le salaire est prélevé, par privilége, sur les produits, le travail ne saurait être rangé sur la même ligne que le capital pour les éventualités ultérieures. Comme il ne supporte pas les pertes, il n'a pas droit aux bénéfices. Aucun des éléments de la production, ni la main-d'œuvre, ni le capital, ni l'intelligence, ne doit s'attribuer aux dépens des autres la part du lion.

Reconnaître aux ouvriers le droit de partager avec les chefs d'atelier les bénéfices de l'industrie, ce serait établir un impôt sur le capital au profit de la main-d'œuvre. Or, on ne taxe pas le capital à volonté. Il est incompressible de sa nature, et il échappe à la violence par sa mobilité même. Dans toute contrée où les manufacturiers se voient contraints de partager leurs bénéfices avec les ouvriers qu'ils emploient, il arrive nécessairement, ou qu'ils cherchent un autre placement pour leurs capitaux, ou qu'ils rattrapent, par un retranchement sur les salaires, l'équivalent des parts de bénéfice qu'on leur a arrachées.

On veut donner au travail une juridiction, une mainmise sur la propriété du capital. On imagine une espèce de droit de l'ouvrier (¹), de même que les Irlandais, dans leur haine pour les conquérants saxons, ont inventé un droit du tenancier à la possession de la terre qu'il occupe. Le résultat tournerait contre les ouvriers eux-mêmes. Si vous admettez le droit des ouvriers aux bénéfices d'une entreprise, les ouvriers évalueront en capital le profit annuel qu'ils en retirent, pour vendre ce droit en se retirant, comme on vend une clientèle, à ceux qui se présenteront pour leur succéder. Vous aurez transformé, il est vrai, en capitalistes les premiers ouvriers qui recevront ce don de joyeux avénement des mains de la république ; mais vous aurez mis leurs successeurs dans la nécessité d'acheter le droit de travailler ou de demander l'aumône : vous aurez transporté, dans le domaine du travail, le principe qui a présidé, en 1815, à la création des offices ; vous aurez créé une multitude infinie de priviléges pour remplacer ce qui vaut mieux que tout le reste, la liberté de l'industrie.

La participation des ouvriers aux bénéfices est, dites-vous, le principe de rapprochement entre l'ouvrier et le manufacturier, entre le travail et le capital, entre celui qui ne possède pas et celui qui possède ! Mais il n'y a pas d'association en dehors de la liberté. En rendant la participation forcée, vous la rendez impossible. La servitude du capital n'est pas plus féconde que celle du travail, et l'on n'enrichit personne en faisant passer la propriété sous les Fourches Caudines.

Ne voyez-vous pas ce qui arrive partout où la religion

---

(¹) Dans l'anglais, l'antithèse des deux termes est plus énergique : *workman-right, tenant-right.*

de la propriété s'affaiblit? Le travail cesse et le désordre commence ; mais qui sait où le désordre s'arrêtera? Déjà la dévastation a été portée dans les forêts de l'État. On a brisé des presses, des métiers, des machines ; on a brûlé des filatures et saccagé des maisons. Les propriétaires d'usines, désespérant de rétablir l'ordre et d'obtenir un travail utile de leurs ouvriers mutinés, viennent offrir leurs ateliers au gouvernement, demandant à être indemnisés de leur ruine dont l'État est la première cause. Dans certains faubourgs de Paris, les locataires insurgés contre les propriétaires qui refusaient de faire l'abandon de leurs revenus ont pendu ceux-ci en effigie, en plantant des drapeaux noirs sur les maisons comme en temps de guerre. Une ville entière, Limoges, désarmée par un coup de main audacieux, demeure encore, au moment où nous écrivons, au pouvoir des communistes ; la première cité industrielle de la France, Lyon, est disputée à l'armée et à la garde nationale par des ouvriers enrégimentés qui font, le sabre au poing, des visites domiciliaires et qui organisent la terreur. Y a-t-il bien loin de cet état de choses à la plus complète anarchie, et ne semble-t-il pas que la société ait été prise d'assaut, comme une place forte abandonnée par ceux qui devaient la défendre ?

Je considère ce qui se passe aujourd'hui comme le juste châtiment des fautes que la bourgeoisie a commises. Je reconnais que les classes laborieuses, jusque dans leurs colères, sont les instruments de la Providence, qui veut transférer le pouvoir dans d'autres mains : j'admets que la révolution de Février, comme celle de 1789, amène dans la société une répartition nouvelle de la richesse; mais ce mouvement ne tournera au profit de personne, si l'on en fait un bouleversement radical. Il n'y a pas d'édifice qui prenne son assiette sur des décombres.

Ce n'est ni au gouvernement ni à la loi d'opérer la distribution des fortunes. L'État n'a que des moyens d'actions indirects. Il lui appartient de lever les obstacles que la production rencontre en améliorant les voies de communication, et les moyens de transport pour les marchandises ainsi que pour les personnes; en provoquant le reboisement des terrains en pente, l'irrigation du sol cultivé, le défrichement des terres incultes, la colonisation à l'intérieur et à l'extérieur. L'État a qualité pour mettre les instruments de travail à la portée du plus grand nombre, en développant les institutions de crédit par un bon système de banques et par la réforme hypothécaire. Il peut favoriser l'élévation des classes laborieuses par l'éducation et par les institutions d'épargne; il peut limiter l'expansion des classes supérieures en les appelant à supporter une plus grande part des charges publiques. L'impôt est le véritable levier au moyen duquel on agit sur la répartition de la richesse. La réforme urgente aujourd'hui, la réforme populaire, est celle qui portera sur l'assiette de l'impôt.

### III. — L'IMPOT.

Les taxes en Angleterre se conforment au principe aristocratique du gouvernement; elles pèsent principalement sur les objets de consommation, et retombent par conséquent sur le peuple. On a remarqué que la pro-

priété foncière, qui contribuait pour un sixième au paiement des taxes pendant les trente années du règne de
Georges II, pour un septième durant les trente-trois
premières années du règne de Georges III, et pour un
neuvième seulement de 1793 à 1816, n'avait plus participé, depuis la fin de la guerre jusqu'au rétablissement de l'*income-tax* en 1842, que dans la faible proportion d'un vingt-quatrième aux charges annuelles de
l'État.

Le système de taxes adopté dans la Grande-Bretagne
ne favorisait pas uniquement l'aristocratie territoriale.
Il accordait les mêmes exemptions à la richesse mobilière, et tendait à augmenter ainsi cette inégalité extravagante des fortunes qui amena une telle disproportion
entre la tête et les membres du corps social. En 1841,
sur un revenu ordinaire de 44 millions de livres sterling, l'impôt direct fournissait un peu plus de 4 millions,
soit le dixième ; ajoutez la taxe des pauvres, qui représentait un peu moins de 4 millions de liv. st., et vous
aurez le budget des sacrifices imposés plus particulièrement à ces classes, tant supérieures que moyennes, qui
représentaient, un an plus tard, 500,000 familles ayant
chacune plus de 150 liv. st. (4,300 fr.) de revenu.
Les taxes indirectes, douanes, excise, timbre, produisaient au trésor 39 millions de liv. st., soit environ 1 milliard de francs, principalement payé par les classes laborieuses.

L'aristocratie elle-même s'émut de cet état de choses,
qui ne pouvait pas consacrer une injustice sans créer un
danger. Un homme qui élevait le bon sens à la hauteur
du génie, sir Robert Peel, entreprit de restituer aux

classes laborieuses, par un dégrèvement dans la quotité
et par un changement dans l'assiette de l'impôt, la part
qui leur revenait dans l'accroissement de la richesse.
En moins de quatre années, les droits de douane qui
grevaient l'importation des matières premières furent
supprimés; on modéra ou l'on abolit les taxes qui pesaient à l'intérieur sur divers objets de consommation;
les droits sur le sucre et sur le café furent largement réduits; l'importation du bétail et généralement des denrées alimentaires fut affranchie. On abandonna, après
une lutte mémorable et la famine aidant, jusqu'à la
pensée de taxer, au profit de la propriété, l'introduction
des céréales; l'aristocratie se vit contrainte de renoncer
au tribut annuel qu'elle prélevait depuis trente ans sur
le travail et sur le pain du peuple. De 1842 à 1846, le
dégrèvement des taxes indirectes représente une somme
de 7,625,000 liv. sterl. (environ 191 millions de francs);
à quoi il faut ajouter l'économie que font les classes laborieuses sur le prix du pain depuis que les grains étrangers viennent sur le marché en concurrence avec les blés
indigènes.

Sir Robert Peel ne s'est pas borné à diminuer le poids
des impôts de consommation; il a établi encore un impôt
direct de 3 pour 100 sur tous les revenus de 150 liv. st.
et au-dessus. Par cette taxe nouvelle, les profits du capital ne sont atteints que dans les régions élevées, où il
se condense et s'accumule; les salaires, les profits du
travail en sont exempts. Elle a rendu, en 1847,
5,450,800 liv. st., environ 138 millions de francs. Désormais, dans un revenu de 48 millions de livres sterling, les produits de l'impôt direct, de l'impôt qui s'a-

dresse plus particulièrement à la richesse, entrent pour environ 10 millions de livres sterling. Pour les familles qui vivent dans l'aisance, la proportion des sacrifices est doublée; au lieu de contribuer pour un dixième, elles supportent aujourd'hui un cinquième des charges de l'État. L'équilibre n'est pas encore rétabli, mais la réforme est déjà sérieuse et profonde.

Il y a loin cependant de la situation de l'Angleterre à celle de la France, et nous n'avons pas la même distance à parcourir pour parvenir à l'égalité proportionnelle en matière d'impôt. L'assemblée constituante, en posant le principe qui veut que tous les citoyens, sans distinction de classes ni de rangs, contribuent aux charges de l'État dans la proportion de leurs ressources, en a définitivement établi l'assiette. Cette révolution n'est plus à faire; il ne reste désormais, pour compléter l'œuvre, que des réformes partielles à opérer.

En France, l'impôt direct, l'impôt qui grève la propriété immobilière, est la base principale du revenu. En analysant les recettes ordinaires du budget, on trouve que les quatre contributions directes ont donné, en 1846, un produit de 418 millions; les droits d'enregistrement et de timbre, prélevés sur les transactions dont la propriété ou les capitaux sont l'objet, ont produit 256 millions; au total, pour ces deux natures d'impôts, environ 675 millions.

Les impôts indirects ou de consommation, tels que les douanes et les sels, les contributions indirectes et les postes, ont rendu, en 1846, 572 millions à l'État. Ainsi, dans l'ensemble des recettes que fournissent les contributions directes et les impôts de consommation, ceux-ci représentent 46 pour 100 du revenu, et ceux-là 54 pour 100. Ce résultat ne dément pas la nature démocratique de notre gouvernement. On voit que les propriétaires et les capitalistes, taxés en Angleterre au cinquième des charges publiques, en défrayent chez nous plus de la moitié.

Néanmoins, cette proportion n'est pas encore celle que réclame la justice distributive. Il convient même de remarquer que la révolution de Juillet, loin d'améliorer, au point de vue de l'impôt, le sort des classes laborieuses, l'avait sensiblement aggravé. En 1828, les quatre contributions directes et l'enregistrement produisaient 510 millions ; les impôts de consommation n'en rendaient que 406. Tandis que le produit des premières taxes s'accroissait de 32 pour 100, celui des secondes a donc reçu un accroissement de 40 pour 100. Il en résulte que la propriété se trouve aujourd'hui dégrévée de toutes les charges qui sont retombées sur le salaire. La propriété, qui ne contribue plus que dans la proportion de 54 pour 100, contribuait, en 1828, dans la proportion de 56 pour 100, et, en 1817, dans la proportion de 67 pour 100 [1]. L'impôt a donc contrarié la tendance naturelle de la richesse, qui est de se mesurer au travail accompli pour la produire.

Quels moyens devons-nous employer pour rétablir l'équilibre ? Si l'on pouvait demander à une seule nature d'impôt toutes les ressources dont l'État a besoin pour

[1] En 1817, les contributions directes et l'enregistrement donnèrent un produit de 583 millions ; les douanes, les sels, les contributions indirectes et les postes ne produisirent que 285 millions.

couvrir chaque année ses dépenses, il faudrait évidemment préférer, à toute autre taxe, une contribution assise sur les propriétés et sur les capitaux. Ce serait celle qui offrirait les meilleures garanties de payement, ainsi que la plus grande économie dans la perception. Mais l'impôt unique est impossible. Allez donc exiger de la contribution foncière les 1,400 millions auxquels s'élève aujourd'hui le revenu public en France ! Autant vaudrait en confisquer purement et simplement les produits.

La richesse est bien véritablement ce Protée dont parle la Fable. Si l'on veut qu'elle paye un tribut, il faut la suivre et la saisir dans chacune de ses transformations. La société n'acquitte pas l'impôt au moyen de son capital, car elle ne pourrait pas le faire sans s'appauvrir, sans épuiser ce qu'elle a de force reproductive. Les taxes publiques se prélèvent sur le revenu des particuliers, à mesure que ce revenu se forme et qu'on le perçoit. Les peuples primitifs, qui ne connaissaient que la richesse agricole, donnaient à leurs pasteurs une gerbe sur dix au moment de la récolte. Mais, au milieu d'une nation qui embrasse dans son activité l'agriculture, l'industrie, le commerce, les sciences et les arts, la récolte se fait tous les jours et à toute heure. La dîme due à l'Etat prend donc légitimement diverses formes qui répondent à la complication des intérêts.

L'Angleterre, qui demande en grande partie aux impôts de consommation le revenu de l'Etat, a recours à l'impôt direct pour les taxes locales. Nous sommes dans la nécessité de combiner les deux systèmes pour donner une ferme assiette à nos contributions. Il ne s'agit que d'étendre l'un, de restreindre et de corriger l'autre. En matière de taxes, l'on ne doit innover qu'en tremblant. Quand on supprime un impôt, la perte que fait le revenu est certaine; quand on établit une contribution nouvelle, il n'y a rien de plus problématique que les produits.

Le gouvernement provisoire, séduit par l'exemple de l'Angleterre, a posé dans un décret le principe d'un impôt sur le revenu; mais ce que l'Angleterre a fait est-il applicable à la France? Au moment où sir Robert Peel fit revivre l'*income-tax*, l'impôt de guerre, il n'y avait d'autre impôt direct que la taxe assise sur les maisons, qui représente notre impôt des portes et fenêtres. Les propriétaires fonciers, les capitalistes, les manufacturiers, ainsi que les commerçants, ne payaient directement aucune taxe à l'État. Sir Robert Peel les érigea tous, malgré eux, en contribuables, mais pour un temps limité et sans prélever plus de 3 pour 100 sur le revenu.

Chez nous, le propriétaire foncier est imposé au sixième de son revenu; le capitaliste se trouve saisi par la contribution mobilière; le manufacturier et le commerçant payent patente. Les quatre contributions directes sont donc un véritable impôt sur le revenu. Veut-on en établir un second? Cela ne serait ni prudent ni juste. Mais, sans aller jusque-là, une révision de l'impôt direct permettrait d'en agrandir utilement la sphère.

La taxe des patentes est la seule des quatre contributions directes dont le produit augmente ou diminue avec le mouvement de l'industrie et de la richesse. La loi en a fait un impôt de quotité. Le revenu de cet impôt n'a rien de fixe, par conséquent, et se proportionne à la matière imposable. Les taxes établies sur la propriété foncière, sur les portes et fenêtres et sur le mobilier, sont, au contraire, des impôts de répartition. Le pouvoir législatif détermine chaque année un revenu fixe ou principal à retirer de ces contributions, et assigne à chaque département son contingent ; puis il laisse aux conseils généraux, dans chaque département, le soin de le répartir entre les arrondissements, et aux conseils d'arrondissement le soin de distribuer l'impôt entre les communes ; car, dans chaque commune, une commission spéciale fait la répartition entre les divers propriétaires, suivant les facultés contributives de chacun. Ces bases sont excellentes, et la forme paternelle. La perception de l'impôt devient ainsi une affaire de famille, dont les contribuables eux-mêmes ont la gestion.

Une seule de ces taxes, la contribution personnelle et mobilière, pourrait avec avantage être convertie en impôt de quotité et se mesurer à une échelle non pas proportionnelle, mais progressive. L'impôt mobilier est le véritable, le seul moyen de faire contribuer aux charges de l'État les revenus que procurent les capitaux engagés dans les valeurs industrielles ou dans les fonds publics. Nous n'avons pas, comme l'Angleterre, cette religion du serment qui détermine chaque capitaliste à venir accuser avec la plus grande fidélité, devant les commissaires du fisc, la nature et le chiffre de ses ressources annuelles ; nous ne pouvons constater et saisir le revenu de chacun en France que par des moyens indirects.

Le prix des loyers a servi de base partout à la contribution mobilière. C'est là un élément d'appréciation qui, dans les villes principalement, rend compte des fortunes. A Paris, la dépense du loyer représente aujourd'hui, pour chaque famille, le sixième ou le huitième du revenu. On

atteint donc le revenu par l'impôt mobilier, et il ne s'agit
plus que de donner à cet impôt l'extension qu'il ne pouvait pas prendre, avant le développement des capitaux,
au commencement du siècle.

Dans plusieurs villes, la contribution mobilière a été
remplacée en totalité ou en partie par un prélèvement
sur les recettes de l'octroi. Presque partout elle est proportionnelle ; à Paris et à Nantes, elle est progressive.
L'habitant de Paris paye :

|  |  | En principal | Principal et cent. addit. |
|---|---|---|---|
| Pour un loyer de 200 fr. à 400 fr. | | 1 fr. 50 p. % | 2 fr. 50 p. % |
| — | 401 — 500 | 2   25 | 3   50 |
| — | 500 — 800 | 2   89 | 4   50 |
| — | 800 et au-dessus | 3   54 | 5   50 |

Il convient d'adopter la taxe progressive et de l'appliquer à toute la France. Je proposerais les bases suivantes,
qui auraient probablement pour effet de porter le produit de l'impôt de 34 millions en principal à 60.

| Pour un loyer de | 100 fr. et au-dessous | 1 fr. p. % |
|---|---|---|
| — | 100 à   200 | 2 |
| — | 201 à   300 | 3 |
| — | 301 à   400 | 4 |
| — | 401 à   500 | 5 |
| — | 501 à   600 | 6 |
| — | 601 à   700 | 7 |
| — | 701 à   800 | 8 |
| — | 801 à   900 | 9 |
| — | 901 à 1,000 | 10 |
| — | 1,000 à 1,200 | 11 |
| — | 1,201 à 1,500 | 12 |
| — | 1,501 à 2,000 | 13 |
| — | 2,001 à 3,000 | 14 |
| — | 3,001 et au-dessus | 15 |

Avec les centimes additionnels, la taxe pourrait s'élever, dans la capitale par exemple, selon les classes, à 1 fr. 50 c., 6 fr., 13 fr. 50 c., 24 fr., 37 fr. 50 c., 54 fr., 73 fr. 50 c., 96 fr., 121 fr. 50 c., 150 fr., 198 fr., 270 fr., 390 fr., 630 fr. et 675 fr. Pour un loyer de 10,000 fr., l'impôt mobilier, y compris 50 centimes additionnels, serait donc de 2,250 fr., et représenterait 35 à 40 pour 1,000 du revenu.

Le gouvernement provisoire a posé en principe, dans le rapport qui précède son décret sur les hypothèques, la substitution de l'impôt progressif à l'impôt proportionnel. La théorie n'est pas neuve. Elle peut figurer au premier rang parmi ces plagiats de la Convention qui abondent aujourd'hui jusque dans les programmes des fêtes. En 1793, et sur la proposition de Barrère, la Convention décréta « qu'il serait établi un impôt gradué et progressif sur le luxe et les richesses tant foncières que mobilières ; » mais ce décret de la Convention, comme celui qu'elle rendit sur la peine de mort, resta sans application en France. On en fit l'essai sur l'impôt mobilier ; mais la tentative n'eut aucun succès : elle était prématurée à une époque où l'industrie et le crédit n'existaient qu'en germe.

Depuis, la doctrine de l'impôt progressif a été adoptée par l'école de Babœuf, qui le recommandait comme un acheminement à la loi agraire. Elle a séduit J.-B. Say, qui ne se rendait pas bien compte des conséquences. Enfin, elle a été prêchée par les disciples de Saint-Simon, dans cette époque de ferveur où ils marchaient à la destruction de l'héritage et de la propriété. C'est de leurs mains que l'école radicale a reçu le principe proclamé aujourd'hui par le gouvernement provisoire.

On prétend que l'impôt, qui se proportionne au revenu, étant plus lourd pour le pauvre que pour le riche, constitue une injustice. Il faut distinguer : l'impôt foncier doit être proportionnel, car il atteint directement la richesse, et l'équité veut qu'il se mesure exactement à la matière imposable, que celle-ci appartienne en bloc à un seul homme ou qu'elle se partage entre plusieurs. En acquittant la contribution foncière, le propriétaire ou le fermier, le producteur agricole, en un mot, n'est que l'intermédiaire et, pour ainsi dire, l'agent des consommateurs. La taxe qu'il paye au fisc lui est remboursée sur la vente de ses grains, de ses bestiaux ou de ses fourrages. En élevant d'une manière uniforme la taxe foncière, on augmenterait le prix de toutes les denrées ; en graduant la taxe d'après l'importance des propriétés, on augmenterait le prix de certains produits que l'on exclurait ainsi arbitrairement du marché. Ce serait donner une prime nouvelle au morcellement du sol, et diviser encore les héritages ainsi que les cultures.

Mais les taxes, qui ne frappent le revenu que pour atteindre la consommation, devraient être progressives. Il paraît équitable que celui qui, grâce à ses talents, à ses biens-fonds ou à ses capitaux, se donne et procure aux siens toutes les jouissances du luxe, paye à l'Etat un tribut proportionnellement plus considérable que celui qui n'a que le produit du travail quotidien pour nourrir et pour élever sa famille. Je considère l'impôt personnel et mobilier comme une taxe légitimement progressive, et je crois que l'on peut sans danger, pourvu que la progression n'ait pas plus de quatre ou cinq termes, imprimer ce caractère aux impôts de luxe ainsi qu'aux droits prélevés sur les successions.

En dehors de ces limites, l'impôt progressif aurait pour effet certain d'empêcher l'accroissement des fortunes. Il s'opposerait à l'accumulation des capitaux et des épargnes, et priverait ainsi le commerce et l'industrie des sources mêmes de la production. Il ne faut pas un grand effort de calcul pour apercevoir le point de la progression auquel l'impôt égalerait le revenu lui-même (1). L'Etat arrêterait ainsi la reproduction de la richesse en passant le niveau sur toutes les conditions. Il établirait une sorte de prime à l'exportation des capitaux; il ruinerait la France au profit de l'Europe.

Pour achever la réforme de l'impôt qui pèse sur la propriété, il reste à fortifier le tarif des droits prélevés par l'Etat sur les successions et sur les donations entre-vifs. Ces droits ont produit au trésor, en 1841, un revenu de 42 millions. Avec un tarif plus rationnel, on en retirerait aisément le double.

(1) ÉCHELLE DE PROGRESSION D'UN FRANC PAR CENT FRANCS DE REVENU.

| Revenus imposables. | Taux progressif. | Cotes contributives. | Revenus nets. | Observations. |
|---|---|---|---|---|
| 0 fr. | 0 fr. | 0 fr. | 0 fr. | Base. |
| 100 | 1 | 1 | 99 | |
| 200 | 2 | 4 | 196 | |
| 300 | 3 | 9 | 291 | |
| 400 | 4 | 16 | 384 | |
| 500 | 5 | 25 | 475 | |
| 600 | 6 | 36 | 564 | |
| 700 | 7 | 49 | 651 | |
| 800 | 8 | 64 | 736 | |
| 900 | 9 | 81 | 819 | |
| 1,000 | 10 | 100 | 900 | |

Je n'ai pas à défendre le principe d'un impôt sur les successions ; la loi le consacre déjà, et il est d'une bonne politique. Il n'y a que les gouvernements aristocratiques qui le repoussent, afin de donner aux grandes familles le caractère de perpétuité qui n'appartient qu'à l'Etat. Un gouvernement démocratique mentirait à son origine et abjurerait sa foi, s'il admettait ou s'il tolérait de pareils priviléges. Sous un régime d'égalité, la propriété a ses devoirs, comme elle a ses droits. Elle doit une partie de son revenu, tant qu'elle reste dans les mêmes mains, à la société qui la protége. Quand la propriété change de

| Revenus imposables. | Taux progressif. | Cotes contributives. | Revenus nets. | Observations. |
|---|---|---|---|---|
| 4,500 fr. | 45 fr. | 2,025 fr. | 2,475 fr. | |
| 4,600 | 46 | 2,116 | 2,484 | |
| 4,700 | 47 | 2,209 | 2,491 | |
| 4,800 | 48 | 2,304 | 2,496 | |
| 4,900 | 49 | 2,401 | 2,499 | |
| 5,000 | 50 | 2,500 | 2,500 | Centre. |
| 5,100 | 51 | 2,601 | 2,499 | |
| 5,200 | 52 | 2,704 | 2,496 | |
| 5,300 | 53 | 2,809 | 2,491 | |
| 5,400 | 54 | 2,916 | 2,484 | |
| 5,500 | 55 | 3,025 | 2,475 | |
| . . . . . . . . | | | | |
| 9,000 | 90 | 8,100 | 900 | |
| 9,500 | 95 | 9,025 | 475 | |
| 9,900 | 99 | 9,801 | 99 | |
| 10,000 | 100 | 10,000 | 0 | Sommet. |

Ainsi, au delà de 5,000 francs de revenu, l'on n'aurait pas intérêt à accroître sa fortune ; le possesseur de 5,500 francs de rentes serait plus pauvre que celui qui n'en aurait que 4,500 ; tous les propriétaires de 10,000 francs de rentes verraient leurs revenus confisqués au profit de l'État. Est-ce là ce qu'on nous donne pour de la justice distributive ?

mains, il est juste que le pouvoir social, qui en garantit la sûre et fidèle transmission, prélève une partie du capital transmis pour prix de ce service.

Par une inconséquence de notre législation qui deviendrait aujourd'hui une injustice, la transmission à titre onéreux est grevée d'une contribution plus forte que la transmission à titre gratuit. Il y a là une faute administrative en même temps qu'une erreur économique. En établissant un droit élevé de vente, on rend les mutations plus difficiles, et par conséquent plus rares ; le fisc ne recouvre pas, par l'aggravation du tarif, ce qu'il aurait gagné à multiplier les transactions. Quant à la propriété elle-même, le préjudice qu'elle éprouve n'est pas douteux ; tout ce qui tend à l'immobiliser la déprécie. L'État ne court pas le risque de tarir ni d'affaiblir les sources du revenu en élevant le tarif des droits sur les successions, car ici la mutation est forcée. Il s'expose, au contraire, à voir déprécier le revenu quand il surcharge le tarif des ventes, car les mutations, en pareil cas, sont purement facultatives. On achète moins volontiers des biens-fonds, lorsque le prix d'acquisition se trouve surchargé de 8 à 10 pour 100 au profit de l'État.

En tout état de cause, les droits à établir sur les successions, même à leur point de départ, qui est la ligne directe, ne peuvent pas rester inférieurs aux droits qui grèvent les mutations à titre onéreux. Le tarif des transmissions à titre onéreux est, pour les biens-fonds, de 5 fr. 50 c. pour 100 du prix de vente ; il n'est que de 1 fr. pour 100 pour les transmissions par décès, et de 2 fr. 75 c. pour 100 pour les donations entre-vifs en ligne directe. Je crois que l'on peut assimiler les successions aux donations entre-vifs, et frapper les unes comme les autres d'un droit de 5 fr. 50 c. pour 100. Au lieu de 9 millions environ qu'ont produits ces deux taxes en 1840, l'on obtiendrait ainsi un revenu de 38 millions. Les mutations par décès entre époux rendraient 4 millions au lieu de 2 millions et demi. En ligne collatérale, au premier et au second degré, un droit de 10 pour 100 peut être légitimement substitué au droit actuel, qui est de 6 fr. 50 c. Le produit se trouverait alors porté de 9 millions à 14. Je porterais la taxe à 12 pour 100 dans le troisième et dans le quatrième degré, et au-delà du quatrième degré à 15 pour 100, ce qui représente un prélèvement sur le capital égal à celui que l'impôt foncier fait sur le revenu des propriétaires. Même en ne touchant pas au tarif des biens meubles, on porterait ainsi la part annuelle du fisc de 42 millions à 70.

Les taxes somptuaires ont fait partie chez nous, pendant quelques années, de l'impôt mobilier; c'est encore aujourd'hui la forme qu'elles affectent dans plusieurs contrées de l'Europe. Les lois du 13 janvier et du 18 février 1791 établissaient une taxe sur les domestiques et une taxe sur les chevaux. La Convention étendit cet impôt aux voitures, aux cheminées et même aux poêles. On taxa la chaleur, comme l'impôt des portes et fenêtres taxait la lumière. Le système des taxes somptuaires était alors prématuré. La matière imposable manquait; l'impôt rapporta peu de chose. On traquait la richesse, on proscrivait le luxe : c'était trop de l'interdire et de le taxer à la fois.

Nous vivons dans un autre temps. L'accumulation des capitaux et le développement de l'industrie ont amené à leur suite les besoins du luxe ; et, quand on taxe le nécessaire, on a bien le droit de taxer le superflu. L'impôt somptuaire existe en Belgique, où il rend 2 à 3 millions par année. Dans la Grande-Bretagne, les taxes établies sur les domestiques, sur les chevaux, sur les voitures, sur les chiens et sur les armoiries, ont produit, en 1841, 1,460,000 livres sterling (36,865,000 fr.). Est-ce trop présumer que d'attendre des mêmes taxes en France, dans un pays plus peuplé et plus également riche que l'Angleterre, un produit de 25 à 30 millions par année ?

Je ne crois pas aller au delà de ce qui est juste et possible en proposant les bases suivantes pour l'impôt somptuaire :

| | |
|---|---|
| Pour un domestique mâle...................... | 20 francs. |
| Pour le deuxième.......................... | 40 |
| Pour le troisième.......................... | 80 |
| Pour le quatrième et pour chacun des autres.. | 100 |

Pour les domestiques femmes, le tarif serait réduit de moitié ; on excepterait les domestiques de ferme et les journaliers.

| | |
|---|---|
| Pour un cheval de selle ou de trait au-dessus de trois ans............................ | 25 francs. |
| Pour le second............................ | 50 |
| Pour le troisième et pour chacun des autres... | 100 |

On excepterait les chevaux de roulage ou de messageries, ainsi que ceux qui sont employés dans l'agriculture, dans les manufactures et dans l'armée.

| | |
|---|---|
| Pour une voiture à un cheval et à deux roues. | 50 francs. |
| A quatre roues............................ | 75 |
| A quatre roues et à deux chevaux............ | 100 |

Le tarif est doublé pour les secondes voitures, et ainsi de suite. Les voitures de place et les voitures publiques sont exceptées.

On imposerait aussi les armoiries, les livrées et les chiens.

Reste le remaniement des impôts indirects.

Les principales sources de revenu, dans cette seconde partie de nos contributions, sont les tabacs, les boissons, le sel, les douanes et les postes.

La vente des tabacs a donné, en 1844, un produit de 116 millions, sur lesquels 36 millions représentent les frais de régie et 80 millions les bénéfices nets. Si un monopole peut jamais être légitime dans les mains de l'État, c'est à coup sûr celui qui ne porte que sur une consommation de fantaisie ou de luxe. On trouverait encore un argument, le meilleur, à mon avis, en matière de finances, dans le succès remarquable de cet impôt. De 1840 à 1846, en six années, le produit s'est élevé de 85 millions à 116, accroissement de 31 millions ou de 36 et demi pour 100. Le progrès des recettes prouve donc que l'impôt ne fait pas obstacle au développement de la consommation ; et que peut-on demander de plus à une taxe ? Au reste, le tabac est considéré à peu près dans toutes les contrées de l'Europe comme une matière imposable. En Espagne, le gouvernement s'en attribue aussi la vente exclusive ; en Prusse, le tabac est soumis à un droit de consommation ; en Angleterre et en Belgique, à un droit de douane. L'Angleterre retire de ce droit un produit net à peu près égal à celui que rend chez nous le monopole.

L'impôt des boissons, en y comprenant les droits de

licence et le dixième des octrois, a procuré au trésor, en 1846, une recette de 110 millions. C'est la taxe peut-être la plus odieuse à la population, qui s'est soulevée plusieurs fois à ce cri : « Plus de droits réunis! » et à qui des pouvoirs aujourd'hui déchus en avaient promis, pour conjurer l'impopularité qui s'attachait à eux, la suppression immédiate ou prochaine. Mais c'est aussi une des ressources les plus précieuses et les plus nécessaires à l'État. Il ne me paraît pas possible de supprimer la taxe des boissons, et je crois qu'en réformant les bases de cet impôt, on le rendrait aisément supportable.

L'ensemble du système se compose aujourd'hui de divers droits, le droit de circulation, le droit d'entrée, le droit de détail et de consommation et le droit de licence, auxquels il faut ajouter les droits d'octroi perçus au profit des villes et dont celles-ci paient le dixième au trésor public.

Le droit de circulation est payé pour les vins et pour les cidres que le consommateur achète directement du producteur ou du marchand en gros. Il s'élève, suivant les départements divisés en quatre classes, depuis 60 centimes jusqu'à 1 franc 20 centimes par hectolitre pour les vins; il est uniforme et de 50 centimes seulement pour les cidres. En y joignant les 15 centimes prélevés au moment de l'expédition, l'on trouve que le droit de circulation a produit, en 1846, près de 7 millions et demi.

Le droit d'entrée porte exclusivement sur la consommation des villes de 1,500 âmes et au-dessus; il atteint toutes les espèces de boissons spiritueuses. Le tarif suit une double progression pour les vins, et s'élève d'autant plus que les villes sont plus grandes et plus éloignées des lieux de production. Pour les autres boissons, la progression se mesure uniquement à l'importance des populations urbaines. Le droit d'entrée rapporte environ 9 millions et demi.

Le droit de détail et de consommation est prélevé sur toutes les boissons que vendent les débitants ; il représente 11 pour 100 de la valeur, et a produit, en 1846, près de 50 millions. Avant 1832, le tarif était de 16 francs 50 centimes pour 100.

Le droit de licence est payé par les débitants de boissons ainsi que par les distillateurs, et rapporte près de 3 millions.

Le droit de fabrication établi sur les bières et qui varie, selon les classes, de 50 centimes à 2 francs 40 centimes par hectolitre, produit 11 millions.

Paris est soumis à un régime d'exception. On a remplacé les différents droits par une taxe unique, qui est perçue à l'entrée et qui pèse également sur tous les consommateurs. Le produit de cette taxe, en 1846, a été d'environ 12 millions. Le système de la taxe unique a été étendu à quelques autres villes, dans lesquelles il a procuré au trésor une recette qui excède 7 millions.

Si l'on joint au produit de ces divers droits celui des octrois sur les boissons, qui ne s'élèvent pas à moins de 30 millions pour toute la France, on verra que cette branche des contributions publiques ne rend pas moins de 140 millions par année.

En 1830, M. de Chabrol signalait déjà, dans les termes suivants, l'iniquité flagrante de ce système :

« On ne peut disconvenir que l'effet le plus frappant de ce système ne soit une grande irrégularité de charges entre les contribuables.

« Dans les campagnes, le propriétaire récoltant ne paie rien, lors même qu'il consomme à une distance assez éloignée du lieu de production; le consommateur aisé, qui s'approvisionne en gros, ne paie qu'un faible droit de circulation qui ne varie jamais, tandis que celui qui achète au détail supporte un droit de 15 pour 100 (10 aujourd'hui) de la valeur vénale; aussi la disproportion, qui est peu sensible dans les pays de récolte, devient-elle considérable dans ceux où le vin est cher.

« D'un autre côté, l'habitant des villes paye encore des droits d'entrée et d'octroi que n'a pas à supporter l'habitant des campagnes, et ces mêmes droits, formant une addition au prix de vente, accroissent d'autant plus le droit de détail que supporte la classe peu aisée.

« Plus les villes sont populeuses et éloignées des pays de production, plus cette double disparité se fait sentir, et il n'est guère permis de douter que, dans ce cas, l'excès des taxes ne porte quelque atteinte à la consommation, ou tout au moins ne la déplace en attirant au dehors une partie des consommateurs. Cependant c'est dans les villes qu'il importe le plus de favoriser la consommation, car c'est là principalement que se réunissent toutes les circonstances propres à lui donner de l'activité.

« Celle des cabarets placés à l'extérieur ne saurait y suppléer complétement, car ce n'est pas là que peut se porter la consommation domestique, et il n'est pas sans inconvénient d'ailleurs pour les mœurs, pour l'ordre public, pour le bien-être du peuple, d'encourager ces réunions à l'extérieur des villes, où l'affluence appelle l'intempérance et la débauche, et qui ne sont pas moins funestes à la classe ouvrière par la perte de temps qu'elles lui font éprouver que par des dépenses trop souvent contraires aux intérêts de la famille. »

Le seul moyen de corriger cette inégalité de charges consisterait à remplacer par une taxe unique les quatre ou cinq taxes qui pèsent sur les boissons. Le système de la

taxe unique a été pratiqué en France, durant cinq années,
sous la forme d'un droit payé, à la première vente, par le
producteur, et garanti, par l'*inventaire*, après la récolte.

Mais l'inventaire offrait de grandes difficultés d'exécution. Il entraînait la surveillance du fisc, l'exercice à
domicile, et l'exercice troublait l'intérieur, non plus de
quelques milliers de débitants, mais de deux millions de
propriétaires. L'inventaire ne satisfaisait d'ailleurs à aucune des conditions de l'impôt indirect. Le fisc le per-
cevait loin du consommateur et longtemps avant la consommation ; la taxe était assise à la production et agissait
sur le producteur absolument comme l'impôt direct. C'é-
tait une addition à la contribution foncière ; après cinq
années d'expérience, il a fallu l'abandonner.

Si l'on veut conserver à la taxe sur les boissons le caractère d'un impôt de consommation, on devra conserver le droit de circulation, qui saisit la marchandise au
moment où elle sort des mains du producteur pour la
suivre jusque dans les mains du consommateur, et qui
est le moyen du contrôle. Faut-il maintenant en faire
l'impôt lui-même, ou seulement, comme le propose
M. de Chabrol, l'accessoire de l'impôt ? M. de Chabrol,
ou plutôt M. d'Audiffret, qui est l'auteur du rapport
présenté à Charles X, en 1830, substitue aux diverses
taxes un impôt général de consommation ; c'est étendre
l'exercice à toutes les classes de consommateurs, ou tout
au moins le conserver là où il existe. Il me paraît préférable de le remplacer par un droit de circulation qui serait de 3 francs par hectolitre pour les quantités qui ne
franchiraient pas les limites du département producteur,
et de 5 francs au delà. Si l'on calcule que, sur les

50 millions d'hectolitres récoltés en France, 20 millions sont consommés sur place par les propriétaires ou convertis en eaux-de-vie, il resterait trente millions d'hectolitres à imposer, lesquels, à un droit moyen de 4 francs par hectolitre, donneraient un produit de 120 millions. On pourrait respecter le système établi pour la perception des droits sur les alcools ainsi que sur les bières, et réduire le droit de circulation sur les cidres à la moitié du tarif adopté pour les vins; ainsi le trésor n'y perdrait rien et l'on soulagerait, en étendant le rayon de perception, les plus nécessiteux et, par conséquent, les plus intéressants des contribuables.

Notre système de douanes frappe cet impôt de stérilité. En 1846, les droits d'importation ont produit près de 154 millions. Dans cette somme, les denrées coloniales, telles que le sucre et le café, entraient pour 65 millions, les céréales pour plus de 9 millions, et les matières premières, comme les cotons, les laines et les houilles, pour 41 millions. Reste une somme insignifiante de 38 millions pour représenter le produit des autres articles dénommés au tarif. Ce tarif n'est rien moins que démocratique. Il n'a été conçu ni dans l'intérêt du peuple ni dans celui du Trésor. En 1816, et sous l'influence de la réaction aristocratique, on voulut faire des douanes non pas ce qu'elles doivent être, c'est-à-dire un instrument de revenu, mais ce qu'elles ne doivent pas être, un instrument de privilége. En vue de garantir certains prix de vente à certains producteurs indigènes, on prohiba directement et indirectement les produits similaires de l'étranger. On réalisa, au moyen du système protecteur, ce blocus continental que Napoléon avait rêvé contre l'industrie britannique; mais, au lieu d'y comprendre le continent tout entier, ce qui eût été une atténuation du mal, on n'y enferma que la France.

Il n'y a pas d'amélioration possible sans un remaniement complet du tarif. Il faut réduire de moitié les droits qui grèvent les matières premières, si l'on veut rendre quelque activité et donner une véritable supériorité à notre industrie. En attendant une satisfaction plus complète, il faut appliquer la même mesure à l'introduction des denrées alimentaires, taxer le plus modérément que l'on pourra, si l'on veut les taxer à toute force, les denrées qui entrent dans l'alimentation du peuple, les grains et farines, le bétail et les salaisons, le sel, le sucre et le café. La réduction portant ainsi, pour les denrées coloniales, pour le sucre indigène, pour les céréales et pour les matières premières, sur plus de 130 millions, n'amènerait un déficit de moitié que dans le cas où la consommation, encouragée par la modération de la taxe, ne recevrait aucun accroissement. Mais l'exemple de l'Angleterre et de la Belgique montre que ce cas est peu probable. La perte pour le Trésor, dans les premières années encore, ne me paraît pas pouvoir excéder 35 à 40 millions. On couvrirait ce déficit et au delà en remplaçant les prohibitions par des droits de 25 à 30 pour 100, qui accroîtraient certainement le produit des douanes de 60 à 80 millions. A ce compte, les intérêts du trésor seraient saufs; quant aux producteurs, ils n'auraient pas à se plaindre : un tarif de 30 pour 100 à la valeur excéderait encore le niveau des taxes admises en Angleterre, en Allemagne et aux États-Unis.

Un décret du gouvernement provisoire prononce la suppression, à partir du 1<sup>er</sup> janvier 1849, de l'impôt établi sur le sel. C'est une pensée généreuse que celle d'affranchir de tout prélèvement au profit du Trésor une denrée nécessaire à l'alimentation du peuple. « Cet article de première nécessité, disait Jefferson, cet article employé sur une grande échelle par le cultivateur, d'un usage étendu dans les classes pauvres et si utile à la santé, doit être exempt au même titre que l'air et l'eau. » Je n'irai pas aussi loin ; mais on peut assimiler, à bon droit, le sel au pain ; car, si le pain est la base de la nourriture, le sel en est l'assaisonnement.

La contribution foncière représente une portion du prix du blé. Tant que les céréales resteront grevées de cette surcharge, toute autre taxe assise sur les denrées alimentaires aura la même raison d'être. Ce qui rend la taxe du sel particulièrement odieuse, ce qui en fait une capitation très-réelle, c'est l'exagération de cet impôt. La Restauration, à cet égard, a dépassé l'Empire. L'impôt du sel a été porté de 2 décimes à 3 ; il s'élève aujourd'hui à trois ou quatre fois la valeur de la denrée. Il en résulte que le peuple ne paye dans aucune contrée de l'Europe, et pas même en Russie, le sel plus cher qu'il ne le paye en France. Tandis que le sel coûte, en moyenne, au consommateur français, 45 francs les 100 kilogrammes, la Suisse, à qui nous le fournissons en grande partie, l'obtient à moins de 20 fr. ; la Belgique le paye 25 à 26 fr. ; la Prusse, 22 à 23 fr., et le duché de Bade, 15 fr.

Le prix élevé du sel en diminue positivement la consommation. Sous l'Empire et avec la taxe de 20 centimes, la consommation excédait 7 kilogrammes 1 dixième par tête ; avec la taxe de 30 centimes, elle n'est pas de 6 kilogrammes aujourd'hui. Quand l'impôt exerce sur la consommation cette influence restrictive, l'intérêt même du Trésor en sollicite la réforme. La taxe du sel a produit, en 1847, 70 millions de francs. Évidemment, l'on ne peut pas, dans l'état du revenu public, sacrifier une recette aussi importante. La chambre des députés, en 1846, me paraît avoir fait avec équité la part du consommateur et celle du Trésor, en décidant que l'impôt serait réduit à 10 centimes par kilogramme. L'opinion, qui se montrait alors satisfaite de cette combinaison, ne saurait être plus exigeante aujourd'hui, en présence des nécessités qui pèsent sur la république. La réduction de l'impôt à 10 centimes accroîtrait probablement la consommation d'un tiers dès la première année, et la taxe du sel rendrait encore 35 à 40 millions.

Le service des postes ne donne pas des résultats aussi importants. A peine, sur une recette d'environ 50 millions, l'État a-t-il 18 millions de bénéfice. La taxe porte annuellement sur 120 millions de lettres ; elle est progressive en raison des distances, et l'échelle de cet impôt s'élève, pour les lettres de bureau à bureau, depuis 20 centimes jusqu'à 1 franc 20 cent. Le tarif agit ici comme une prohibition en matière de douanes ; il met obstacle à la circulation des correspondances, et détourne ainsi vers les voies de la fraude toutes celles qu'il ne supprime pas. En Angleterre, la taxe uniforme de 10 centimes par lettre simple a porté en peu d'années le nombre des lettres qui circulent par la voie de la poste de 75 millions à 300 millions. Ce qui paraît surtout nécessaire pour simplifier le service et pour encourager l'échange des communications épistolaires, c'est l'uniformité de la taxe. Mais le tarif de 20 centimes par lettre simple pourrait être substitué avec avantage au tarif de 10 centimes. On soulagerait ainsi le contribuable sans porter atteinte au revenu. Un accroissement de 100 millions de lettres ou d'environ 100 pour 100 suffirait pour maintenir les produits actuels du service ; et l'on sait qu'en Angleterre le nombre des lettres s'est accru, dès la première année, de 116 pour 100.

L'impôt du sel agit comme une taxe établie sur les nécessités premières de la vie ; l'impôt des postes taxe l'intelligence et les affections. Il appartient à un gouvernement démocratique, sans perdre de temps, de les réformer largement l'un et l'autre.

En résumé, l'assiette de l'impôt, pour se conformer au principe de la justice distributive et à la nature du gouvernement, doit être déterminée de manière à reporter sur l'impôt direct la surcharge de l'impôt de consommation. Dans le système que je viens d'indiquer, le revenu public gardant ou même élevant son niveau, le dégrèvement serait en réalité d'au moins 100 millions pour les classes laborieuses. Un déplacement de 100 millions dans l'impôt entraîne une différence nouvelle de 200 millions entre les charges que supportait le capital et celles qui pesaient sur le salaire. C'est comme si, pour établir un équilibre plus humain entre les divers rangs du peuple, on abandonnait aux ouvriers, tant des campagnes que des villes, un quarantième des revenus annuels du pays. L'organisation du travail, telle que l'entend M. Louis Blanc, promettra peut-être davantage ;

je doute qu'elle présente jamais des résultats aussi po-
sitifs.

## UN DERNIER MOT.

Parvenu au terme de cet écrit, une dernière considération nous frappe. Le socialisme avait vécu jusqu'à
présent relégué dans l'obscurité et dans l'isolement. Aucune de ses conceptions n'avait été au delà de l'enfante-
ment d'un livre, ou n'avait débordé l'horizon étroit d'une
école, d'une secte. Les adeptes côtoyaient la société,
cherchant à y faire pénétrer leurs idées, qui venaient
échouer contre l'indifférence publique ; ils n'obtenaient
ni, comme Luther, le patronage des princes, ni, comme
Calvin, l'appui des populations. Si quelques-uns d'entre
eux, passant hardiment de la prédication à l'exemple,
se jetaient dans des tentatives d'organisation, ils le faisaient à leurs risques et périls, sans autre encouragement que des souscriptions volontaires. C'est ainsi que le
plus entreprenant des socialistes, Owen, fonda successivement plusieurs établissements, sur le plan de la coopé-
ration mutuelle, en Écosse, en Angleterre et aux États-
Unis. Ainsi se forma, pour appliquer le système de Fourier, la colonie de Condé-sur-Vègre. La même pensée
réunit encore les derniers disciples de Saint-Simon dans
le séminaire excentrique de Ménilmontant.

Quand on fait l'histoire de leurs avortements, l'amour-
propre de toutes ces écoles a du moins un refuge. Elles
peuvent se dire méconnues par la société ; elles peuvent
prétendre que le consentement de la nation leur a seul
manqué pour accomplir de grandes choses. Saint-Simon,

annonçant que l'âge d'or était devant nous, présentait à la France les clés du paradis terrestre ; ceux qui ont refusé d'élire Saint-Simon ministre, roi ou pape, ont-ils bien le droit de s'étonner de ce que le paradis ne leur a pas été ouvert?

M. Louis Blanc a eu cette fortune, qui n'était échue, avant lui, à aucun socialiste. A peine avait-il mis son nom à un livre et attaché une enseigne au système, qu'il lui a été donné d'en commencer l'application sur une échelle aussi étendue que son regard pouvait l'embrasser. Une révolution semble être venue, tout exprès pour lui, combler l'intervalle qui sépare toujours la théorie de la pratique. La société lui a été livrée avec un pouvoir sans bornes. Il s'est trouvé en position de commander à la fois par l'espérance et par la terreur : jamais la dictature, à défaut des sympathies de la nation, ne rencontra moins d'obstacles. Les ressources du Trésor, les forces de l'État, l'entraînement d'une révolution, M. Louis Blanc a disposé de tout au profit de son système. Quels résultats a produits cette panacée appliquée aux maux du pays ?

La situation est grave, plus grave peut-être qu'au premier jour. Cependant la commission qui siége au Luxembourg a eu trois mois pour rétablir le commerce, l'industrie et le crédit, le temps qui suffirait pour fonder un empire. Si l'activité de la nation est à la veille de s'éteindre, si l'organisation du travail ne nous a conduits qu'à une suspension à peu près universelle du travail, à qui faut-il s'en prendre? Depuis que M. Louis Blanc préside à nos destinées, il a prononcé quatre ou cinq discours, qui sont autant de nouvelles éditions de son livre,

éditions tantôt augmentées et tantôt diminuées ; il a promulgué un règlement pour embrigader les ouvriers et
pour faire d'eux, selon l'expression fort juste de M. La-
mennais, une machine à élections. Hors de là, je ne vois
pas ce qui a pu sortir du simulacre de délibérations
établi au Luxembourg. La société, après une aussi longue attente, aurait le droit de dire à M. Louis Blanc :
« Ou votre système est impuissant, ou vous n'êtes pas
l'organisateur qui doit faire triompher le système ; choi-
sissez entre la stérilité de la personne et celle de l'idée. »

Mais M. Louis Blanc ne se tient pas pour battu. Il
veut absolument que cette commission du travail, ce prétendu ministère du progrès qui a gêné, par ses empié-
tements, la marche des travaux publics, du commerce
et des finances, ait laissé des monuments durables de
son passage. La société, trompée dans son attente, souffre avec une résignation pleine de grandeur, et ne se
plaint pas ; et M. Louis Blanc, qui n'a pas répondu à
l'attente de la société, l'auteur de ces magnifiques promesses qui se sont évaporées en fumée, croit avoir le
droit de se plaindre !

En admettant l'apologie telle qu'on nous l'a présentée
dans le *Moniteur*, M. Louis Blanc, pour tout résultat
d'une autorité omnipotente, aurait concilié quelques
différends entre les patrons et les ouvriers, et il aurait
fondé un certain nombre d'associations coopératives.
C'était bien la peine de mettre en mouvement toutes les
forces de l'État pour ériger le gouvernement en conseil
de prud'hommes et pour faire, en matière d'association,
moins que Robert Owen, moins que le fondateur d'Icarie !

Si la commission du Luxembourg avait aplani, en effet, en interposant son arbitrage, les difficultés qui s'élevaient entre les ouvriers et les entrepreneurs, elle n'aurait encore réparé que très-incomplétement le mal dont elle était la première cause. Si l'on n'avait pas dit aux ouvriers, dès le lendemain de la révolution : « Vous êtes les maîtres, » ils n'auraient pas songé, dans la situation précaire du travail, à dicter des conditions à des entrepreneurs qui touchaient à leur ruine. Avec le bon sens qui leur est naturel, les ouvriers auraient compris qu'il fallait remettre à des temps meilleurs les plans d'organisation et de réforme.

Mais il n'est pas même certain qu'après avoir allumé l'incendie, la commission du Luxembourg ait sérieusement travaillé à l'éteindre. A quoi se réduisent ces prétendues transactions entre les patrons et les ouvriers ? A faire accepter au patron la loi de l'ouvrier et à imposer une augmentation de salaire. Est-ce bien le moment d'élever les salaires, lorsque la valeur de la marchandise diminue et lorsque les produits restent invendus sur le marché ? On ne concilie pas les intérêts en allant contre la volonté des hommes et contre la force des choses ; on les irrite plutôt. Il n'a pas tenu à M. Louis Blanc de faire du patron et de l'ouvrier des ennemis irréconciliables ; car il a humilié et appauvri le premier sans procurer au second des avantages de quelque durée: il a choisi, pour changer violemment la répartition des produits, le moment où la fécondité de la production allait décroître. Il se peut, puisque M. Louis Blanc le dit, que les procès-verbaux de ces transactions soient conçus dans des termes tels qu'on les prenne pour « les archives de la concorde. » Mais que l'on interroge aujourd'hui les patrons et les ouvriers qui les ont signés ; qu'on leur demande s'ils sont contents des rapports que la commission du Luxembourg a établis entre eux, et je garantis que les réponses recueillies avec impartialité représenteront, sans que l'on puisse s'y tromper, les archives de la discorde.

Un mot maintenant sur ces agglomérations d'hommes que M. Louis Blanc décore du nom d'associations. La commission du Luxembourg a réuni des ouvriers tailleurs dans l'ancienne prison de Clichy et des ouvriers selliers dans la caserne de l'Allée des Veuves ; en leur ouvrant un atelier, elle leur a donné des commandes, du travail. L'Etat charge les uns d'habiller la garde nationale et les autres d'équiper la cavalerie. L'État fournit la matière première, fixe les salaires et garantit l'emploi des forces ; les associés ne mettent pas autre chose en commun que leur temps.

On a élevé de nombreuses critiques sur cette organisation, dont les premiers résultats, de l'aveu de M. Louis Blanc lui-même, n'ont pas été fort remarquables. On a dit, non sans raison, que l'Etat aurait pu payer les tuniques et les selles moins cher et les obtenir plus promptement. Je le crois sans peine ; mais je n'insisterai pas. Il suffit de dire que l'État n'aura pas toujours des tuniques ni des selles à commander ; que des associations, qui ne pourraient se soutenir qu'à la condition d'être alimentées par le gouvernement, ne seraient pas nées viables ; enfin, qu'il n'y a aucune différence entre des travaux exécutés de cette manière et le travail que l'on vient d'abolir dans les dépôts de mendicité, ainsi que dans les prisons.

M. Louis Blanc n'a compris ni l'association ni le travail. La société n'est pas pour lui un ensemble de forces qui conspirent librement au même but ; c'est un mécanisme formé d'instruments passifs et aveugles; c'est un composé d'esclavage et de révolte, l'ouvrier n'étant pas libre pour produire et ne mesurant qu'à ses besoins le droit de consommer. M. Louis Blanc s'est donné beaucoup de peine pour supprimer la liberté et la dignité de l'homme ; on peut dire de lui qu'il a imaginé une chaleur de serre chaude pour remplacer la chaleur du soleil.

# II

## DU DROIT AU TRAVAIL (¹).

Septembre 1848.

Le socialisme est maudit à cette heure. On l'accuse, non sans raison, des haines, des dissensions et des troubles qui déchirent la France. Toute société a ses plaies ; malheur à qui les envenime ! malheur à qui change la

---

(¹) M. Léon Faucher n'avait pu s'inscrire en ordre utile dans la grande discussion sur le *droit au travail* à l'assemblée constituante ; il publia immédiatement son opinion, en la faisant précéder de ces paroles :

« Le droit au travail a été foudroyé du haut de la tribune. Mais le lendemain de cette victoire, comme si l'on avait peur ou honte de la consacrer par un texte législatif, l'Assemblée nationale adoptait, par voie d'amendement à l'article 8 du préambule, une déclaration qui donne gain de cause aux socialistes : le droit à l'existence était substitué au droit au travail. Tout cet appareil de discussion déployé contre un préjugé, dont les événements avaient fait un péril, n'aboutissait qu'à une stérile modification de la formule. Je n'ai pas trouvé place dans ce débat : je viens le reprendre et le continuer devant l'opinion publique. »

Plus tard, il revit ce travail, pour le *Dictionnaire de l'Économie politique*. Nous donnons la dernière rédaction, en conservant le *préambule* de la publication faite au moment du débat.

*(Note de l'éditeur.)*

plainte en cri de guerre! ce n'est pas en les arrosant de sang humain ni en les couvrant de ruines que l'on peut féconder les semences du progrès.

Je distingue cependant entre les organes de ces doctrines, et je ne confonds pas les penseurs avec les agitateurs. Les écrivains, qui vont à la recherche des terres inconnues de l'utopie, ont leur côté utile. Ils nous signalent du moins les écueils contre lesquels ils se brisent; à défaut de leurs leçons, leur exemple avertit la foule, et leurs exagérations mêmes empêchent qu'on ne perde de vue la vérité. J'ajoute qu'en poursuivant l'idéal, ils rencontrent quelquefois le réel. L'école saint-simonienne, à travers les folies de son organisation théocratique, a mis en relief un principe qu'était trop portée à oublier une époque révolutionnaire, celui de l'autorité. Dégageons le système de Fourier de l'attraction passionnelle et de toutes les excentricités de la théorie sociétaire, et nous trouverons qu'il a eu le mérite de faire ressortir ce que vaut et ce que peut l'association, pour un peuple chez lequel la propriété et les capitaux se morcellent au point de tomber en poussière.

Mais il n'en est pas de même des agitateurs du socialisme; et contre ceux-là, l'opinion publique peut, à bon droit, s'armer de toute sa sévérité. Ces hommes, quoi qu'on ait dit, ne sont ni des martyrs ni des apôtres. Ce n'est pas la foi qui les pousse à mettre le feu au monde. L'ambition, qui suppose une certaine élévation d'esprit et de courage, a moins de part à leurs excès que la vanité. Ils veulent être les chefs et les héros de la foule : que leur importe de prêcher le vrai ou le faux, pourvu qu'on les élève sur le pavois? Le christianisme, ce manteau d'emprunt qu'ils cherchent à ramener, pour la couvrir, sur la hideuse nudité de leurs doctrines, est plus loin encore de leur cœur que de leurs lèvres. Leur parole ne respire que l'envie, la haine et la révolte. La première conception qui éclôt dans leur cerveau, avant de l'avoir éprouvée à la pierre de touche des faits, avant même de l'avoir mûrie, ils en font une bannière autour de laquelle ils convoquent et rallient tous les mécontents qui veulent monter à l'assaut du pouvoir d'abord, et bientôt de la société elle-même.

Je sais que la plupart de ces prédicateurs d'anarchie protestent de leurs intentions pacifiques ; mais la logique populaire va droit et vite. Il ne faut pas assembler le peuple dans les clubs pour lui dire que l'ordre social est radicalement mauvais, si l'on veut qu'il laisse les pavés en place et qu'il n'élève pas des barricades ; il ne faut pas présenter tous les jours, dans les journaux et dans les pamphlets, le riche, comme l'ennemi du pauvre, si l'on veut que le pauvre se résigne à respecter la propriété. Les nuances des divers systèmes que le socialisme fait pulluler, échappent à la foule. Les disciples de Saint-Simon et ceux de Fourier ont labouré, depuis 1830, de leurs missions, la capitale et les provinces. Cette propagande active, énergique, a-t-elle porté quelques fruits pour les écoles qui l'entreprenaient? Nullement : les rares adeptes ralliés à grand'peine ne sont que des individualités glanées çà et là, par exception, dans les rangs de la classe moyenne. Quant aux ouvriers admis à ces enseignements, ils n'en rapportent que la haine de toute hiérarchie et qu'un parti pris contre la propriété. Saint-Simon et Fourier, en se manifestant aux rangs inférieurs de la société, n'ont fait que frayer les voies et que fournir des recrues au communisme.

Le socialisme ressemble à ces épidémies qui épargnent les tempéraments robustes et qui ne frappent que les constitutions délabrées. C'est à la faveur des époques calamiteuses qu'il s'infiltre dans les esprits. Pour ne pas repousser cette vision du mal, il faut que l'homme soit plongé dans le désespoir et dans la misère. S'il était plus heureux, s'il jouissait de toute sa raison, il chasserait avec horreur le spectre qui vient l'obséder. Le socialisme ne s'est pas adressé à la population de nos campagnes; comment prêcher, en effet, le partage des biens, avec quelque espoir de succès, à des cultivateurs que la première révolution a presque tous appelés à la possession du sol? Et quel genre d'intérêt peuvent avoir les doctrines de Babœuf pour cette légion sans fin de propriétaires?

C'est au milieu des ouvriers qui habitent les grandes villes ou qui font mouvoir l'industrie manufacturière que le socialisme s'est implanté. Paris et Lyon, gangrenés avant le reste du pays, sont devenus les grands foyers d'où rayonnait cette active et dissolvante propagande. Elle a commencé par les industries de luxe, là où les ouvriers, tout en obtenant des salaires exceptionnels, se trouvaient exposés à de plus fréquents chômages, où l'intermittence de la main-d'œuvre laissait plus de place aux mauvaises passions et à l'oisiveté. Elle s'est étendue plus tard, et de proche en proche, aux puissantes industries de la laine et du coton, à Rouen, à Elbeuf, à Lille, à Roubaix, Saint-Quentin, à Reims, à Troyes, à Mulhouse, pour aller en dernier lieu soulever jusqu'au centre du Limousin une population semi-agricole. On

fanatise tous ces hommes attachés auparavant au travail
et au devoir, en faisant apparaître, à leurs yeux que l'on
éblouit, un monde imaginaire, dans lequel l'égalité des
droits entraîne le partage égal des biens.

Je ne suis pas de ceux qui nient les souffrances du
peuple. Je reconnais que la puissance mécanique, en
développant les ressources de l'industrie, amène de violents déchirements dans l'ordre social. La vapeur fait,
comme le canon, ses trouées dans les masses. Le travail
manufacturier ne peut pas, sans déplacer quelques
existences, envahir l'espace qui semblait réservé sans
partage, il y a un demi-siècle, à la culture des champs.
Tout régime de transition est un régime de malaise.
Nous souffrons de l'encombrement des villes, de l'inégalité et de l'irrégularité des salaires, des chômages et des
abus du travail.

Cependant le mal, au moment où a éclaté la révolution de Février, était loin de s'accroître. Malgré l'inertie
du gouvernement, la prévoyance sociale versait déjà
ses enseignements et ses bénédictions sur les classes laborieuses. Les caisses d'épargne, recueillant jour par
jour les centimes économisés par le pauvre, avaient
placé plus de 350 millions sur l'État. On multipliait les
écoles, les salles d'asile et les crèches. Il ne manquait
guère plus qu'une bonne loi sur le travail des enfants,
que des associations de secours mutuels instituées sur
une plus large échelle, et qu'une caisse de retraite organisée en faveur des vétérans de l'industrie et de l'agriculture, pour faire participer au progrès du bien-être
les derniers rangs de la population comme les premiers.

On a représenté, sous un aspect tantôt trop sombre

et tantôt trop riant, la condition actuelle des salaires. Sans rien exagérer, je crois pouvoir dire que les salaires ont éprouvé une hausse générale, non-seulement, ce qui serait trop évident, depuis le dernier siècle, mais même et surtout depuis vingt ans. A prendre pour terme de comparaison la journée du manœuvre, on trouvera une augmentation moyenne de 20 à 25 pour 100 dans les campagnes ainsi que dans les villes. A ne considérer que l'industrie manufacturière, le nombre des ouvriers qui gagnaient depuis 3 francs jusqu'à 10 francs par jour, est certainement plus que doublé. En même temps que le champ du travail s'étendait, les ressources se multipliaient pour la famille ; au salaire de l'homme fait s'ajoutaient celui de la femme et celui de l'enfant. Le revenu moyen de l'ouvrier assisté des siens, dans les manufactures, excédait de beaucoup le traitement des commis et des employés inférieurs de l'administration. Ainsi, le niveau des conditions s'est élevé ; et la distance, que l'éducation met encore entre les rangs, n'indique déjà plus nécessairement une inégalité de richesse.

Je sais que la concurrence a réduit, dans certains cas, les salaires exceptionnels, ceux des fileurs, par exemple, dans les industries du coton et de la laine. Mais, en revanche, l'industrie métallurgique et celle des machines assurent une haute paie aux ouvriers habiles ; et qu'importe que quelques lignes s'abaissent, si, pour l'ensemble du travail dans le pays, la perspective peut se prendre à un point de vue plus élevé? En général, les blessés et les éclopés, que le progrès de l'industrie a laissés sur sa route ; les malheureux, tels que les tisseurs à la main et les peigneurs de laine, qui voient la rétribution de leur labeur opiniâtre diminuer d'année en année, sont les ouvriers dont les efforts ne se trouvent pas associés à ceux de la puissance mécanique et qui appartiennent à des industries condamnées à se transformer ou à périr. Voilà ce qui fait la misère de la Saxe, des Flandres, de quelques cantons de la Picardie, de l'Alsace et du pays de Caux. Il n'y a rien de plus bienfaisant pour l'homme que le contact des machines et des forces motrices. Leur intervention relève le travail en même temps qu'elle l'enrichit. Pendant que le tisserand, courbé quinze à seize heures par jour sur son métier, ne gagne souvent que 75 c., une femme obtient 1 fr. 25 c. à 1 fr. 50 c. pour une journée de douze heures employée à surveiller presque sans fatigue deux métiers à tisser que la vapeur fait mouvoir. Dans le premier cas, l'ouvrier n'atteint pas au salaire moyen d'une femme; dans le second, la femme reçoit le salaire d'un homme, et gagne autant qu'un journalier des environs de Paris.

Le progrès a même été quelquefois trop rapide : car les ouvriers ne se conduisent pas autrement que les capitalistes, et quand le bien leur vient trop vite, au lieu de le faire servir à l'aisance de la famille, ils le dissipent en folles dépenses ou en orgies. Ainsi, la construction simultanée de plusieurs grandes lignes de chemins de fer, en développant outre mesure les travaux de terrassement, a provoqué une hausse soudaine et considérable de la main-d'œuvre. Un bon terrassier peut aujourd'hui gagner de 3 fr. 50 c. à 5 fr. par jour; et il est presque sans exemple que les ouvriers, que l'on attire de leurs villages en doublant ou même en triplant leurs salaires habituels, comprennent l'utilité, la nécessité de l'épar-

gne. Il sort de là des bandes ou hordes nomades qui
vont chercher fortune d'un bout à l'autre du territoire,
campant pêle-mêle au pied des travaux, et qui ne connaissent plus ni religion, ni mœurs, ni famille, ni patrie.
On en dirait autant des ouvriers mécaniciens, qui cons-
truisent, réparent ou dirigent les machines, ces hommes,
simples forgerons ou chauffeurs la veille, deviennent tout
à coup les privilégiés, les grands seigneurs de l'industrie. Ce qu'il y a d'aléatoire dans leur existence de parvenus les emporte, la plupart se montrent bientôt fai-
néants, dissolus, impatients de toute discipline ; c'est
parmi eux que la révolte va prendre ses chefs.

L'accroissement des salaires depuis vingt ans est donc
un fait général et incontestable. Pendant que les ressources de l'ouvrier s'augmentaient, le prix des objets
de première nécessité tendait à décroître. Le blé ne coûte
pas certainement plus cher aujourd'hui qu'avant la révolution de 1789 ; et les étoffes se vendent à plus bas
prix. Il n'y a guère que la viande et le vin, auxquels nos
lois de douanes et d'octroi attachent une cherté artificielle ; mais la liberté peut effacer, pour peu que l'on
s'y prête, le mal qu'ont fait les taxes excessives et le système protecteur. Au demeurant, les conditions matérielles de l'existence n'ont pas sensiblement changé :
rien ne vient restreindre pour l'ouvrier le bénéfice qui
résulte de l'accroissement du salaire ; il peut obtenir
une plus grande somme de jouissances, avec la même
somme de travail. Le travail, comme la propriété, a
donc acquis une nouvelle valeur : il semble que le progrès du temps ait ajouté un autre capital à celui que représentaient déjà les forces de l'homme.

Le mal tient aujourd'hui à ce que, malgré l'accroissement du salaire, l'équilibre existe rarement entre les salaires et les besoins. Le revenu des classes laborieuses a eu beau s'élever, les besoins ont monté plus vite. Ce qui eût suffi pour répandre l'aisance parmi tous ces ménages dans un temps régulier, s'est trouvé insuffisant pour une époque de révolution. L'ouvrier a voulu être honoré en même temps que rétribué, et il a pris pour la considération les signes extérieurs qui s'y trouvent habituellement joints, une certaine atmosphère de dépense, de *comfort* et même de luxe.

Ajoutez qu'après les exigences de l'estomac sont venues celles de l'esprit. L'ouvrier veut lire, connaître, penser et s'associer à ceux qui pensent comme lui. Il est pour ainsi dire initié à une double existence, et ses prétentions s'étendent avec l'horizon qu'il embrasse. Au reste, il y a bien des degrés dans cette aspiration universelle vers le mieux. Un ouvrier anglais ne pourrait pas vivre en France avec le salaire d'un ouvrier français. La même différence existe chez nous entre l'ouvrier des villes et celui des campagnes, et dans les villes, entre ceux des différentes industries.

C'est ce défaut d'harmonie entre l'ambition de l'ouvrier et ses ressources quotidiennes qui constitue la principale difficulté de notre époque. Voilà le mal que la révolution de Février est venue aggraver, en apprenant à des hommes que l'on mettait en possession de l'égalité réelle des droits, à rêver l'égalité chimérique des conditions. Que dis-je, l'égalité? Les meneurs du peuple ont renversé pour lui la pyramide sociale. La qualité d'ouvrier est devenue un titre de noblesse, dont bien des gens se sont affublés pour surprendre le suffrage du pouvoir ou celui des électeurs. Napoléon décorait Jacquart; l'Angleterre enrichissait Arkwright. Nos républicains de la veille, peu contents d'honorer les hommes utiles, les ont arrachés à ce qu'ils savaient pour les atteler à ce qu'ils ne savaient pas. Ils ont voulu faire de Jacquart un Mirabeau ou un Richelieu. Après avoir mis la société aux pieds de la classe laborieuse, après avoir fait descendre le gouvernement sur la place publique, après avoir donné des armes aux ouvriers, et après avoir organisé la force armée comme une bande de conspirateurs, le tentateur s'est adressé à des passions plus avides et plus grossières. Il a dit aux salariés : « Le salaire est le dernier vestige du servage et doit disparaître à son tour. Plus de patrons, plus de maîtres ! Les entrepreneurs qui possèdent aujourd'hui le capital d'exploitation sont un rouage inutile dans l'industrie. L'État rachètera de leurs mains ces instruments de travail qu'ils seront trop heureux de céder à vil prix dans leur détresse ; puis, tout cela vous sera remis à la condition de vous associer les uns avec les autres, et de faire un partage égal des produits : à votre tour, vous serez les maîtres, vous serez rois. Les biens de ce monde, ces créations de votre activité et de votre intelligence, vont enfin vous appartenir. » Le peuple a cru à ces promesses trompeuses. Il s'est laissé enivrer de cet opium délirant du communisme ; et lorsqu'au réveil il n'a plus trouvé que la faim toute nue à sa porte, il s'est rué de désespoir sur l'ordre social.

La révolte a été comprimée, mais les cœurs demeurent ulcérés, et les intelligences perverties. La difficulté n'existe plus au même degré dans les choses ; mais elle

tient encore aux personnes. Comment substituer la conciliation à la haine, et comment faire succéder le travail
au combat? Au foyer de notre civilisation, l'ouvrier
peut, il est vrai, venir s'asseoir désormais sans renverser
les dieux domestiques. La première révolution, en lui
restituant la liberté du travail, avait rendu accessibles
pour lui la propriété et la richesse ; le mouvement
de Février, en étendant à tous le droit de suffrage,
joint à ces vastes perspectives celle plus vaste encore
du pouvoir. Cela fait, la dette de la société française
envers chacun de ses membres se trouve assurément
acquittée sans réserve. Mais comment faire apprécier à
des hommes, pour lesquels le socialisme dépouillait la
terre en espérance, les avantages plus modestes de la
réalité?

Le socialisme a été vaincu dans les rues, il reste à le
dompter par la controverse. Ce que la force a commencé,
la raison maintenant doit l'achever. L'ennemi, ce n'est
plus la foule ameutée et retranchée derrière les barricades : ce sont les préventions, les sophismes, les préjugés que le mouvement de Février a fait germer dans
les intelligences. Il nous reste encore à confondre les
principes détestables dont les insurgés de juin bourraient
leurs fusils. Parmi ces aberrations révolutionnaires, je
n'en connais pas de plus dangereuse ni de plus subversive, que celle qui se cache sous la bannière, si légitime
en apparence, du *droit au travail*.

Le droit au travail, ce principe fondamental de l'Évangile socialiste, n'est pas la faculté qui appartient à tout
homme, dans un État libre, de faire usage de son indus-

trie. Le droit au travail n'a rien de commun avec la
liberté du travail. Les apôtres de cette doctrine entendent
par là, non pas l'emploi fait sans obstacle par chacun de
ses forces et de ses ressources, mais une action donnée
à l'individu contre la société. Ils prétendent que tout
membre de la société, qui n'aura pas su ou qui n'aura
pas voulu se créer des moyens d'existence, soit fondé à
dire aux magistrats qui la représentent et qui la gouvernent : « Chargez-vous de m'occuper ; car vous êtes tenus
de me nourrir. » C'est ce que M. de Lamartine, croyant
sans doute faire accepter le principe en adoucissant le
mot, a appelé le droit à l'existence.

Avant de passer au creuset de la science, cette question
formidable s'était posée sur le terrain des révolutions.
Elle ne date pas cependant de 1848, et n'a de nouveau
que la forme. C'est la conséquence extrême qui se trouve
attachée à tout système rigoureux de charité publique ;
c'est le danger auquel n'a échappé, après la destruction
des monastères, presque aucun des Etats protestants.
L'acte de la quarante-troisième année du règne d'Élisabeth en a déposé le germe dans la législation anglaise. Il
y est dit que « les administrateurs (*overseers*) des paroisses devront faire travailler les enfants que leurs parents ne pourront pas entretenir, ainsi que toutes les
personnes mariées ou non mariées qui n'auront ni
moyens d'existence ni industrie ; secourir les boiteux, les
infirmes, les vieillards, les aveugles, et tout autre malheureux qui sera hors d'état de travailler ; enfin, mettre
les enfants pauvres en apprentissage. » La même loi
leur confère le pouvoir de lever dans ce but des taxes,
qui devront être supportées par les habitants de la pa-

roisse, et, si cela ne suffit pas, par les habitants du district et même du comté. Une loi d'Henri VIII avait déjà prononcé la peine de l'amende contre les paroisses dans lesquelles les infirmes ne seraient pas secourus. De là naissait évidemment pour le pauvre le droit d'exiger des secours et d'actionner les autorités qui lui auraient refusé l'assistance. La législation anglaise a donc créé une sorte de droit à l'assistance tempéré par l'obligation du travail.

Les exemples abondent aussi dans notre législation révolutionnaire. La constitution de 1791 déclare, au titre I$^{er}$, qui énumère les garanties données aux citoyens, que, « il sera créé et organisé un établissement général de *secours publics* pour élever les enfants abandonnés, soulager les pauvres infirmes, et fournir du travail aux pauvres valides qui n'auraient pas pu s'en procurer. » C'était emprunter à l'Angleterre le système de la taxe des pauvres, y compris l'exutoire obligé des maisons de travail (*workhouses*) ou ateliers ds charité. Mais cette théorie de la loi fondamentale ne reçut pas d'application, et ne figura jamais dans l'arsenal législatif que comme une lettre morte.

La constitution de 1793 fit un pas de plus. L'art. 21 déclare que « les secours publics sont une dette sacrée. La société doit la subsistance aux citoyens malheureux, soit en leur procurant du travail, soit en assurant les moyens d'exister à ceux qui sont hors d'état de travailler. » La constitution de 1793 ne se borne pas, comme celle de 1791, à proclamer que la société doit le travail sous la forme de secours ; elle exige de plus que le travail ainsi donné assure la subsistance. Le droit à l'existence se trouve impliqué dans cette formule, dans le devoir imposé à la société. Avons-nous besoin d'ajouter que la charte radicale de 1793 ayant été suspendue dès sa promulgation, pour faire place au gouvernement révolutionnaire, on ne put pas juger à l'œuvre la nouvelle théorie des secours publics?

Aucune des constitutions qui ont succédé à celle de 1793 n'a reproduit cette formule. Mais toutes les écoles socialistes, qui sont nées dans la transition de l'ancien régime au nouveau, s'en sont inspirées. Babœuf en avait tiré la communauté des biens. Dans ce thème avorté, dans ces tables de la loi brisées au sortir de la fournaise comme un airain impur ou défectueux, les conspirateurs n'ont pas cessé d'aller chercher l'idéal de la république future. La fausse science elle-même a voulu s'y rattacher. C'est en suivant la filière ouverte par Robespierre et par Saint-Just que Fourier a inventé sa formule du droit au travail. Il écrivait, en 1819, dans sa *Théorie de l'unité universelle* : « L'Écriture nous dit que Dieu condamna le premier homme et sa postérité à travailler à la sueur de leur front ; mais il ne nous condamna pas à être privés du travail d'où dépend notre subsistance. Nous pouvons donc, en fait de droits de l'homme, inviter la philosophie et la civilisation à ne pas nous frustrer de la ressource que Dieu nous a laissée comme pis-aller et châtiment, et à nous garantir au moins le *droit au genre de travail* auquel nous avons été élevés. Nous avons donc passé des siècles à ergoter sur les droits de l'homme, sans songer à reconnaître le plus essentiel, celui du travail, sans lequel les autres ne sont rien. Quelle honte pour les peuples qui se croient habiles en politique so-

ciale! Ne doit-on pas insister sur une erreur si ignomi-
nieuse, pour étudier l'esprit humain et le mécanisme
sociétaire qui va rendre à l'homme tous ses droits naturels, dont la civilisation ne peut ni garantir ni admettre
le principal, le *droit au travail*? »

Tout en exhumant et en proclamant ce nouveau droit
de l'homme, Fourier reconnaissait donc qu'il était incompatible avec l'ordre social, tel que la civilisation l'a
fondé et développé, en suivant les voies marquées par la
Providence. Nous verrons plus tard si le réformateur et
ses disciples y parviennent beaucoup mieux dans le mécanisme sociétaire, et sur quels arguments s'appuie ce prétendu droit qui n'est que la négation de tous les autres.
Constatons d'abord que l'impossibilité reconnue par
Fourier était si généralement admise, qu'en dehors de
son école, et sauf une brochure publiée par M. Considérant, dans la *Phalange*, personne, avant 1848, n'avait
relevé le drapeau du droit au travail.

Les deux principaux théoriciens de la république sociale avaient de tout autres projets. Ils absorbaient et
abîmaient cette théorie dans des conceptions plus ambi-
tieuses et plus vastes. M. Cabet, renouvelant les utopies
du quinzième et du seizième siècle, plaçait au delà des
mers l'attrait d'une communauté absolue. M. Louis
Blanc, sous prétexte d'organiser le travail, voulait refaire
la société. La pensée de Fourier était considérée par eux
tout à la fois comme manquant de grandeur et comme
étant sans application possible.

Un seul homme, M. de Lamartine, dans un écrit qui
remonte à 1844, après avoir criblé l'organisation du travail des éclairs de sa parole, admettait, sous certaines

réserves et pour les cas extrêmes, le droit au travail. Il avait dit d'abord, avec une raison éloquente : « Il n'y a d'autre organisation du travail que sa liberté ; il n'y a d'autre distribution des salaires que le travail lui-même, se rétribuant par ses œuvres et se faisant à lui-même une justice que vos systèmes arbitraires ne lui feraient pas. Le libre arbitre du travail, dans le producteur, dans le consommateur, dans l'ouvrier, est aussi sacré que le libre arbitre de la conscience dans l'homme. En touchant à l'une, on tue le mouvement ; en touchant à l'autre, on tue la moralité. Les meilleurs gouvernements sont ceux qui n'y touchent pas. *Chaque fois qu'on y a touché, une catastrophe industrielle a frappé à la fois les gouvernements, les capitalistes et les ouvriers.* La loi qui les gouverne est invisible ; du moment qu'on l'écrit, elle disparaît sous la main. »

Cette loi est très-visible au contraire ; avec un peu d'attention, chacun peut la lire écrite dans les faits en caractères éclatants. C'est le rapport de l'offre à la demande. Le taux du salaire se règle invinciblement sur la rareté ou sur l'abondance du travail. Il n'y a pas de puissance au monde qui ait la vertu d'élever le prix du travail quand les ouvriers inoccupés se font concurrence à la porte des ateliers, de le réduire ou de le déprimer lorsque l'ouvrage presse ou que les ouvriers manquent. Mais, après avoir reconnu cette loi, quoiqu'en la déclarant invisible, M. de Lamartine ajoute : « En résumé, nous voulons que la société reconnaisse le droit au travail pour les cas extrêmes, et dans des conditions définies. » Et, l'économiste-poëte ne s'aperçoit pas que le droit au travail qu'il admet mènera fatale-

ment à l'organisation du travail qu'il vient de combattre !

Les révolutions obligent les hommes à la logique ;
elles ne marchandent pas l'application des théories, et ne
reculent pas devant les conséquences. En dépit d'un
gouvernement qui réunissait des modérés inconséquents
et des tribuns effrayés de leur propre audace, la révolution de février 1848 proclama le droit au travail. Le
26 février, on placardait le décret qui suit sur les murs
de la capitale :

« Le gouvernement provisoire de la république française
s'engage à garantir l'existence de l'ouvrier par le travail ;

« Il s'engage à garantir du travail à tous les citoyens ;

« Il reconnaît que les ouvriers doivent s'associer entre eux
pour jouir du bénéfice légitime de leur travail. »

Ce décret, M. Louis Blanc l'admet lui-même, fut imposé
au gouvernement provisoire. « Entrant brusquement,
dit-il (¹), dans la salle du conseil, et faisant retentir sur
le parquet la crosse de son fusil, un ouvrier à l'œil étin-
celant et au front pâle vint exiger, de par le peuple, la
reconnaissance du droit au travail. » Cet ouvrier, dans la
personne duquel M. Louis Blanc voit l'incarnation du
peuple, n'était, sans lui faire tort, que l'instrument de
quelque membre du gouvernement qui voulait forcer la
main à ses collègues. Il y parut bientôt, à la docilité avec
laquelle cette impulsion extérieure fut acceptée et obéie
jusqu'au bout. En effet, « des milliers de travailleurs,
c'est encore M. Louis Blanc qui parle, encore noirs de la

_____

(¹) *Le socialisme, droit au travail*, par Louis Blanc.

poussière des barricades, ayant envahi la place de Grève avec des étendards sur lesquels vous eussiez lu : *organisation du travail*, » on décréta l'organisation du travail. Le droit au travail produisit ainsi historiquement ses conséquences naturelles.

« Considérant, est-il dit dans le décret du 28 février, que la révolution, faite par le peuple, doit être faite pour lui,

« Qu'il est temps de mettre un terme aux longues et iniques souffrances des travailleurs ;

« Que la question du travail est d'une importance supérieure ;

« Qu'il n'en est pas de plus haute, de plus digne des préoccupations d'un gouvernement républicain ;

« Qu'il appartient surtout à la France d'étudier ardemment et de résoudre un problème posé aujourd'hui chez toutes les nations industrielles de l'Europe ;

« Qu'il faut aviser, sans le moindre retard, à garantir au peuple les fruits légitimes de son travail ;

« Le gouvernement provisoire de la république arrête :

« Une commission permanente, qui s'appellera *commission du gouvernement pour les travailleurs*, va être nommée avec mission expresse et spéciale de s'occuper de leur sort...»

Voilà donc le système du droit au travail mis en demeure de porter tous les fruits qu'il pouvait produire ; le gouvernement provisoire le plaçait sous la garantie de l'État, chargeait un de ses membres de l'organiser, et mettait dans ce but, ou laissait à sa disposition les forces de l'émeute avec celles du pouvoir. M. Louis Blanc était maître absolu, qu'a-t il fait de cette dictature ? Pour donner une organisation nouvelle au travail, il a commencé par battre en brèche l'organisation qui existe depuis les premiers développements de l'industrie. Une rivalité haineuse, semée entre les patrons et les ouvriers par les excitations qui partaient du Luxembourg, a bientôt rendu la discipline dans les ateliers et par conséquent le travail impossibles. Le progrès même de l'industrie avait substitué, dans un grand nombre d'usines, comme mesure des salaires, la tâche à la journée. Les dictateurs de Février ne pouvaient pas faire grâce à cette méthode, dont l'équité convenait à tous les intérêts ; ils abolirent donc la tâche sous le nom de marchandage : il fut interdit au patron et à l'ouvrier de débattre ainsi librement les conditions du salaire. Bientôt l'intervention de l'État fut poussée plus loin ; après avoir dicté aux patrons et aux ouvriers la forme sous laquelle devait être conduit et payé le travail , on voulait en régler la durée. Un décret décida que la journée ne serait plus que de dix heures, dans toutes les industries et dans toute l'étendue de la France. Enfin, après avoir égaré les ouvriers, garrotté les entrepreneurs et effrayé les capitalistes, on parla d'exproprier les usines pour le compte de l'État. « Aux entrepreneurs, dit M. Louis Blanc ([1]), qui, se trouvant aujourd'hui dans des conditions désastreuses, viennent à nous, et nous disent : « Que l'État prenne nos établissements et se substitue à nous ! » nous répondrons : « L'État y consent ; vous serez largement indemnisés. Mais cette indemnité qui vous est due, ne pouvant être prise sur les ressources du présent, lesquelles seraient insuffisantes , sera demandée aux ressources de l'avenir ; l'État vous souscrira des obligations, portant intérêt, hypothéquées sur la valeur même des établissements cédés, et remboursables par annuités ou par amortissement. »

([1]) Exposé du 20 mars 1848.

Les plans de M. Louis Blanc, on ne le sait que trop, ne furent pas une inspiration éphémère. Le gouvernement provisoire en poursuivit l'exécution jusqu'à s'y briser, et jusqu'à mettre l'ordre social en péril. Il voulut réunir au domaine de l'État les grands établissements de crédit et de travail, les banques, les compagnies d'assurances et les chemins de fer. Les uns furent mis sous le séquestre : les autres, frappés d'une dépréciation sans fond, attendirent comme un bienfait une indemnité dérisoire. L'État commençait par se faire transporteur et assureur, pour arriver plus tard à se faire producteur. Mais comme le crédit et l'argent lui manquaient également ment pour payer, même au prix le plus avili, tout ce qu'il avait envie de prendre, il fallait bien laisser fermer les ateliers que l'on avait désorganisés.

Les manufactures s'arrêtant, les ouvriers, dont les bras n'avaient plus d'emploi et à qui l'on avait garanti la subsistance par le travail, demandèrent à grands cris que l'on fît cesser le chômage. Le gouvernement, qui avait désorganisé les travaux ordinaires, se vit dans la nécessité d'organiser des travaux extraordinaires. Les conférences du Luxembourg eurent pour conséquence directe et immédiate l'ouverture des ateliers nationaux. M. Louis Blanc a beau protester, et renvoyer à un autre membre du gouvernement la pensée de cette création monstrueuse. Qu'importe qu'il ait ou qu'il n'ait pas apposé son nom au bas du décret, s'il l'avait rendu inévitable ? Je sais bien que M. Louis Blanc avait imaginé de faire exploiter par les ouvriers de chaque profession les industries dont il exilait le capital et la direction qui en était l'âme. Mais les commandes ne venant pas, le capital se refusant et l'intelligence expérimentée en étant bannie, comment faire marcher les usines? Écarter d'un atelier la direction et le moteur, c'est le fermer. La société ne saurait, dans aucun cas, improviser, pour toutes les industries, des ressources et une administration de rechange.

Le travail cessant dans les usines, et le dictateur du Luxembourg ne pouvant pas le ranimer là où il venait de s'éteindre, il fallut bien, pour acquitter la garantie donnée par le gouvernement provisoire, ouvrir des chantiers utiles ou non qui fussent comme un asile universel pour les bras sans emploi, et, pour parler le langage de M. de Lamartine, l'entrepôt secourable de la population de Paris. Du reste, toutes les théories du communisme officiel s'y trouvaient pratiquées, à commencer par l'égalité des salaires. Toutes les professions y passaient sous le même niveau. Le travail, réclamé comme un droit, n'y était nulle part considéré comme un devoir. Les largesses de l'aumône faite à cette armée de mendiants factieux absorbaient et épuisaient rapidement la substance de la société. Les chantiers, qui rassemblaient à peine 6,000 hommes en mars 1848, en réunissaient, à la veille des événements de juin, 87,942. La reconnaissance du droit au travail avait amené les conférences du Luxembourg; les conférences du Luxembourg avaient amené cette grève immense qui trouva son refuge et son expression dans les ateliers nationaux; les ateliers nationaux devaient amener et amenèrent en effet la guerre sociale.

I.—Voilà le droit au travail dans les faits. Comprend-on qu'une grande assemblée ait éprouvé le besoin de le discuter, après une expérience aussi complète et aussi décisive? L'histoire de cette hérésie, en matière d'économie sociale, n'aurait-elle pas dû être close après les sanglantes journées de juin ? et quelle démonstration pourrait éclairer ceux qui n'ont pas su lire la vérité à la lueur d'une pareille tempête?

Le premier projet de constitution, lu à la tribune par M. Marrast le 20 juin 1848, quelques jours seulement avant que l'insurrection grondât dans les rues de la capitale, consacrait, sous la forme la plus explicite, les décrets du gouvernement provisoire et les doctrines du Luxembourg. On y lisait à l'art. 7 : « Le droit au travail est celui qu'a tout homme de vivre en travaillant. La société doit, par tous les moyens productifs et généraux dont elle dispose, et qui seront organisés ultérieurement, fournir du travail aux hommes valides qui ne peuvent s'en procurer autrement. » Et plus bas, à l'article 9 : « Le droit à l'assistance est celui qui appartient aux enfants abandonnés, aux infirmes et aux vieillards, de recevoir de l'État des moyens d'exister. » Après ces articles qui posaient les principes, l'art. 132 indiquait les mesures d'application. « Les garanties essentielles du droit au travail sont : la liberté même du travail, l'association volontaire, l'égalité des rapports entre le patron et l'ouvrier, l'enseignement gratuit, l'éducation professionnelle, les institutions de prévoyance et de crédit et l'établissement par l'État de grands travaux d'utilité publique, destinés à employer, en cas de chômage, les bras inoccupés. »

La commission de constitution proclamait à la fois le droit à l'instruction, le droit au travail et le droit à l'as-

sistance. La société allait ainsi substituer son action et
sa responsabilité à celles de l'individu et de la famille :
elle prenait l'homme au berceau et le conduisait jusqu'à
la tombe, pourvoyant en chemin à toutes ses nécessités,
depuis l'éducation jusqu'au salaire ; ouvrant, en un mot,
à toutes les existences humaines, selon leur âge, la crè-
che, l'asile, l'école, l'atelier et l'hôpital.

Ces diverses formules, soumises à l'examen des bureaux, après les événements de juin, n'y avaient pas rencontré cette réprobation générale que l'indignation du
pays permettait d'attendre. Huit bureaux sur quinze
avaient admis le droit au travail. La commission de
constitution, avertie par l'opinion publique et vaincue
dans les débats préparatoires qu'engagèrent devant elle
les délégués des bureaux, crut devoir modifier sa première rédaction. Mais en même temps elle expliqua, par
l'organe de son rapporteur, cette retraite forcée comme
une concession de pure forme. « Cette formule (le droit
au travail), dit M. Armand Marrast, a paru équivoque et
périlleuse ; on a craint qu'elle ne fût une prime à la fai-
néantise et à la débauche ; on a craint que des légions de
travailleurs, donnant à ce droit une portée qu'il n'avait
pas, ne s'en armassent comme d'un droit d'insurrection.
A ces objections importantes s'en ajoute une autre plus
considérable : Si l'Etat s'engage à fournir du travail à
tous ceux qui en manquent par une cause ou par une
autre, il devra donc donner à chacun le genre de travail
auquel il est propre. L'État deviendra donc fabricant,
marchand, grand ou petit producteur. Chargé de tous les
besoins, il faudra qu'il ait le monopole de toute industrie.
Telles sont les énormités qu'on a vues dans notre for-

mule du droit au travail ; et, puisqu'elle pouvait prêter
à des interprétations si contraires à notre pensée, nous
avons voulu rendre cette pensée plus claire et plus nette,
en remplaçant le droit de l'individu par le devoir imposé
à la société. La forme est changée; le fond reste le
même. »

M. Marrast avait raison; les changements opérés ne
touchaient pas au fond des choses. La seconde rédaction
donnait, comme la première, une action à l'individu
contre la société. Voici l'art. 8 du préambule, dans
l'édition du 29 août : « La société doit protéger le citoyen dans sa personne, sa famille, sa religion, sa propriété, son travail, et mettre à la portée de chacun l'instruction indispensable à tous les hommes; elle doit la
subsistance aux citoyens nécessiteux, soit en leur procurant du travail dans les limites de ses ressources, soit en
donnant, à défaut de la famille, les moyens d'exister à
ceux qui sont hors d'état de travailler. »

Le débat solennel et brillant, qui s'établit devant l'Assemblée constituante, ne porta pas sur le texte même de
la commission. M. Mathieu (de la Drôme) prit soin de
fournir un champ plus vaste, en proposant l'amendement suivant : « La république reconnaît le droit de tous
les citoyens à l'instruction, au travail et à l'assistance. »
Quand on relit cette discussion, l'on remarque, comme
le trait distinctif qui la caractérise, une certaine timidité
de raisonnement qui ne permettait pas aux orateurs de
conclure. Ainsi, M. Mathieu (de la Drôme) se défend
d'avoir voulu rétablir la rédaction primitive du projet, et
il s'efforce d'atténuer la portée de son amendement, en
expliquant qu'il reconnaît le droit, mais qu'il n'en ga-

rantit pas l'exercice. Comme si la reconnaissance de ce
prétendu droit n'emportait pas la faculté, pour l'individu,
de prendre la société à partie. M. Ledru-Rollin, qui vient
après, fait entendre qu'il s'agit d'une concession de mots,
d'une théorie purement idéale : « Quand vous inscrirez le
droit au travail, vous ne serez pas forcés de l'avoir organisé dès le lendemain. » M. de Lamartine, enfin, réduit
le droit au travail à une question de charité et veut que,
dans la société, la zone morale, selon son expression,
pénètre la zone légale.

Les adversaires du droit au travail, de leur côté, se
bornent à combattre l'amendement de M. Mathieu (de la
Drôme); ils repoussent une forme trop explicite sans
porter leur opposition au delà. M. Duvergier de Hau-
ranne accepte la rédaction de la commission. M. Thiers
veut que l'Etat se fasse, dans certains cas, entrepreneur
de travaux. M. Dufaure, en refusant de reconnaître à
l'individu le droit d'exiger du travail, impose à la société
le devoir de lui fournir de l'ouvrage ou les moyens de
vivre. Tant de raison et d'éloquence déployées pour aboutir à un changement de mots ! La discussion, ainsi conduite des deux parts, devait dégénérer en une vaine passe
d'armes.

Pour mettre à profit cette disposition des esprits,
M. Glais-Bizoin, au dernier moment, atténua, par une
nouvelle rédaction, l'amendement de M. Mathieu (de la
Drôme). Le droit à l'existence remplaça le droit au travail. Le sous-amendement était ainsi conçu : « La république reconnaît le droit de tous les citoyens à l'existence
par le travail et à l'assistance. » Il convient de noter,
dans l'intérêt de l'histoire, que l'Assemblée constituante,

nomméé sous l'influence et pour ainsi dire sous la menace de Février, ne donna que 187 voix sur 783 votants
à la rédaction de M. Glais-Bizoin. Mais aussitôt après et
comme si elle craignait d'en avoir trop fait, elle adopta,
sur la proposition de M. Dufaure lui-même, un amendement qui avait pour objet de « mettre plus en relief cette
idée que la société devait assurer l'existence des citoyens
nécessiteux. » Voici le texte de cette rédaction qui devint le second paragraphe de l'art. 8 du préambule dans
la constitution qui a régi, pendant trois ans, les destinées de la France : « Elle (la république) doit, par une
assistance fraternelle, assurer l'existence des citoyens
nécessiteux, soit en leur procurant du travail dans les
limites de ses ressources, soit en donnant, à défaut de la
famille, des secours à ceux qui sont hors d'état de travailler. »

Nous venons d'indiquer, en traits rapides, la place
que le droit au travail a occupée dans les actes du pouvoir et dans les débats parlementaires. Après cet exposé
historique des faits, il reste à examiner la théorie.

II. — Les théoriciens qui proclament le droit au travail prennent, volontairement ou à leur insu, pour point
de départ le sophisme de Rousseau s'écriant : « Tout est
bien sortant des mains de l'auteur des choses ; tout dégénère entre les mains de l'homme. » Ils supposent un
état de nature préexistant à la société, et un contrat par
lequel les hommes, en fondant l'ordre social, auraient
réservé certains droits inhérents et essentiels à l'existence. Ce contrat est une pure fiction. Il n'y a rien d'antérieur ni de supérieur à la société ; car, en dehors de la
société, l'existence de l'homme est impossible. L'échelle

sociale comprend des degrés infinis, depuis l'état sauvage jusqu'à la civilisation la plus avancée. Mais l'exploration du globe a démontré que, dans aucune contrée, l'homme et la famille ne luttaient isolément pour la satisfaction de leurs besoins ni pour le développement de leurs forces; que les tribus les moins policées et les plus misérables avaient encore un langage, des traditions, des principes et un gouvernement.

L'homme et la société ont la même date, ainsi que la même origine. L'homme ne peut se développer qu'au sein de la société; il n'y apporte rien que dès facultés en germe, et il reçoit tout d'elle; ses droits découlent du même principe que ses devoirs. L'individu trouve dans les droits d'autrui la limite des siens, et leur garantie dans les devoirs qui sont imposés à chacun de ses semblables. Les droits comme les devoirs ne sont que l'expression des rapports que l'état social, que la destinée ici-bas fait naître entre les hommes.

L'individu n'a donc pas pu réserver, au moment où la société le saisit, un prétendu droit à l'existence. Il y entre faible et nu, soutenu par la famille et protégé par l'Etat, jusqu'à ce qu'il ait appris à voler de ses propres ailes. Parvenu à l'âge d'homme, il voit la limite de ses droits se prolonger et ses facultés s'étendre à mesure que le pouvoir de la société elle-même grandit. Les lumières, la liberté, la richesse sont autant de progrès de l'état social auxquels chacun de ses membres participe. Quant à l'existence, elle est d'autant plus assurée aux individus, que la communauté est plus riche, plus éclairée et plus forte.

Prenons pour exemple les peuples chasseurs ou même

les peuples pasteurs, qui ont besoin pour vivre d'immenses espaces, et qui habitent le désert sans l'animer. La famine, contre laquelle ils luttent péniblement tous les jours, emporte souvent des tribus entières. Dans un état de civilisation moins imparfait, au moyen âge en Europe, malgré les largesses des couvents, la difficulté des communications, ainsi que le défaut de commerce et d'industrie, rendaient mortel pour la population des serfs un déficit quelque peu sérieux dans les récoltes. Au dix-huitième siècle, le souvenir de ces effroyables calamités pesait encore si fortement sur l'esprit public, que l'immortel Turgot eut à faire des prodiges de raison et de ténacité pour obtenir que la liberté fût rendue au commerce des grains dans l'intérieur de la France.

De nos jours, au contraire, la prévoyance humaine a d'inépuisables trésors pour réparer ces désastres. Le commerce transporte les céréales de la contrée qui a obtenu des moissons surabondantes dans celles que l'inclémence des saisons a frappées temporairement de stérilité. L'industrie à son tour redouble d'activité pour payer les produits du sol avec les produits des manufactures. En un mot, la famine, qui s'élevait il n'y a pas long-temps chez nous, et qui s'élève encore aujourd'hui dans l'Inde, sous la tutelle des Anglais, aux proportions d'une calamité publique, n'est plus désormais, pour les peuples policés de l'Europe, qu'un accident qui sert à éprouver la force et la bonté des institutions. En 1847, quoique le déficit de la récolte ait été d'un cinquième au moins, et quoique l'hectolitre de blé ait valu jusqu'à 53 fr., c'est-à-dire trois à quatre fois son prix normal, pas un individu n'est mort de faim en France.

Il semble donc assez oiseux de rechercher quels peuvent être les droits de l'individu à l'existence dans la société, quand on voit que les progrès mêmes de cette société ont pour effet d'aplanir les difficultés, de multiplier et de généraliser les moyens de vivre. Que sert d'examiner s'il y a, dans l'arsenal des facultés humaines, quelque chose qui s'appelle le droit au travail, lorsque la liberté du travail est pleinement garantie, et lorsque chacun jouit du fruit de ses labeurs sans contestation ni réserve? Enfin, où est l'intérêt de discuter le droit à l'assistance, autre forme de cette action que les socialistes veulent donner à l'homme contre la société, dans un temps où la prévoyance des pouvoirs publics, plus attentive et plus humaine qu'elle ne l'a jamais été, s'étudie à réparer les accidents de la fortune, sans énerver la prudence et sans éteindre l'activité des individus?

Cependant on insiste, on méconnaît le monde tel qu'il est, afin d'avoir un prétexte pour se réfugier dans un monde idéal ; on divise la société en deux classes : ceux qui n'ont pas et ceux qui possèdent ; à chacune de ces classes on met une arme à la main, comme s'il devait en résulter l'équilibre des forces ; on dresse le droit au travail contre le droit de propriété. L'expression la plus subtile et la plus complète de cette théorie se trouve dans l'écrit de M. Considérant, dont nous avons déjà fait mention, et dont M. Ledru-Rollin a porté les conclusions à la tribune. En voici les principaux traits :

« L'espèce humaine est placée sur la terre pour y vivre et pour s'y développer; l'espèce est donc usufruitière de la surface du globe... Or, sous le régime qui constitue la propriété dans toutes les nations civilisées, le fonds commun, sur lequel l'espèce tout entière a plein droit d'usufruit, a été envahi, il se trouve confisqué par le petit nombre, à l'exclusion du grand nombre. Eh bien ! n'y eût-il, en fait, qu'un seul homme exclu de son droit à l'usufruit du fonds commun par la nature du régime de la propriété, cette exclusion constituerait à elle seule une atteinte au droit, et le régime de la propriété qui la consacrerait serait certainement injuste, illégitime.

« Le sauvage jouit, au milieu des forêts et des savanes, des quatre droits naturels : chasse, pêche, cueillette, pâture. Telle est la première forme du droit.

« Dans toutes les sociétés civilisées, l'homme du peuple, le prolétaire, n'hérite de rien et ne possède rien, est purement et simplement dépouillé de ses droits ; on ne peut donc pas dire que le droit primitif ait ici changé de forme, puisqu'il n'existe plus. La forme a disparu avec le fond.

«Or quelle serait la forme sous laquelle le droit pourrait se concilier avec les conditions d'une société industrieuse? La réponse est facile.

« Dans l'état sauvage, pour user de son droit, l'homme est *obligé d'agir*. Les travaux de la pêche, de la chasse, de la cueillette, de la pâture, sont les conditions de l'exercice de son droit. Le droit primitif n'est donc que le *droit à ces travaux*.

« Eh bien, qu'une société industrieuse, qui a pris possession de la terre et qui enlève à l'homme la faculté d'exercer à l'aventure et en liberté, sur la surface du sol, ses quatre droits naturels; que cette société reconnaisse à l'individu, en compensation de ces droits, dont elle le dépouille, le DROIT AU TRAVAIL : alors, en principe et sauf application convenable, l'individu n'aura plus à se plaindre. En effet, son droit primitif était le *droit au travail* exercé au sein d'un atelier pauvre, au sein de la nature brute ; son droit actuel serait le *même droit* exercé dans un atelier mieux pourvu, plus riche, où l'activité individuelle doit être plus productive.

« La condition *sine quâ non* pour la légitimité de la propriété est donc que la société reconnaisse au prolétaire le DROIT AU TRAVAIL, et qu'elle lui *assure* au moins autant de moyens de

subsistance, pour un exercice d'activité donné, que cet exercice
eût pu lui en procurer dans l'état primitif.

« Or, l'ouvrier, *qui n'a pas de travail*, a-t-il aujourd'hui le
droit d'aller dire au maire de sa commune, au préfet de son département, à un représentant de la société enfin : « Il n'y a plus
pour moi de travail à l'atelier où j'étais engagé ; » ou bien :
« Le salaire est venu tellement bas qu'il n'est plus suffisant
pour assurer ma subsistance ; je viens donc réclamer de vous
du travail, à un taux de salaire tel que mon sort puisse être jugé
*préférable* à celui d'un sauvage, libre dans ses bois ? » Non.

« Non-seulement ce droit n'est pas reconnu, non-seulement
il n'est pas garanti par des institutions sociales ; mais encore la
société dit au prolétaire, spolié par elle du premier, du plus sacré de tous les droits, de son droit de propriété à l'usufruit de
la terre, elle lui dit : « Trouve du travail, SI TU LE PEUX, et si tu
ne le peux pas, meurs de faim, *en respectant la propriété d'autrui*. » La société pousse encore la dérision jusqu'à DÉCLARER
COUPABLE l'homme qui *ne peut pas trouver du travail*, qui ne
peut pas trouver à vivre. Chaque jour, nous jetons en prison
des malheureux *coupables de mendicité*, *de vagabondage*, c'est-
à-dire coupables de n'avoir ni subsistance, ni asile, ni moyen
de s'en procurer.

« Le régime de la propriété, dans toutes les nations civilisées, est donc injuste au premier chef, il est fondé sur la
conquête, sur une prise de possession qui n'est qu'une usurpation permanente, tant qu'un ÉQUIVALENT des droits naturels
n'est pas donné à ceux qui sont exclus, en fait, de l'usage du
sol. Ce régime, en outre, est extrêmement dangereux, attendu
que dans les nations où l'industrie, la richesse et le luxe sont très-
développés, les prolétaires ne peuvent manquer tôt ou tard de
se prévaloir de cette spoliation pour bouleverser la société (¹). »

M. Thiers a fait justice par le ridicule de cette belle
théorie, quand il a demandé si les insurgés de juin, que

---

(¹) *Théorie du droit de propriété et du droit au travail*, par
V. Considérant, 3ᵉ édition.

l'on transporterait à Madagascar ou à la Guyane, dans les contrées en un mot où sont réputés exister encore les quatre prétendus droits primitifs de pêche, de chasse, de cueillette et de pâture, droits qui ont péri, dit-on, dans la société civilisée, s'estimeraient heureux de ce retour à l'état sauvage, et s'ils n'accuseraient pas, au contraire, de barbarie le pouvoir qui leur aurait imposé ainsi l'abandon avec l'exil. On en peut dire autant des ouvriers qui jouissent de leur liberté et qui attendent leur subsistance du travail. Le plus misérable d'entre eux ne voudrait pas échanger son sort contre celui des Ojibbeways ou des Osages. Cela prouve du moins que, si la société a dépouillé l'homme de quelque droit qu'il tenait de la nature, elle lui a donné en revanche des biens d'une plus grande valeur.

Un droit primitif, naturel, est quelque chose qui appartient, non pas à un homme, non pas à une génération, non pas même à un peuple, mais à tous les peuples, à chaque génération et à chaque individu. Il y a plus, les droits vraiment naturels à l'homme sont ceux dont le progrès même de la civilisation facilite et développe l'exercice, tels que la liberté de la pensée et celle de l'industrie. Partout, au contraire, où vous apercevrez une tendance décroissante dans l'individu comme dans l'espèce, tenez pour certain qu'elle vient non d'un droit inhérent à votre nature, mais d'un de ces accidents qui signalent la forme variable des sociétés.

Les générations, dans leur course à travers l'histoire, ne transmettent, à celles qui doivent leur succéder, ni fictions ni chimères. On ne trouve écrit dans aucune tradition ce dédoublement du droit de propriété qu'imagine l'école de Fourier et aux termes duquel tout homme, en naissant, aurait droit à l'usufruit de la terre brute. Et ce n'est pas sans raison que la religion et la philosophie se taisent également sur ce point. La terre, en effet, a-t-elle jamais existé à cet état de capital primitif indépendant de toute valeur créée par le travail de l'homme? N'est-ce pas là une pure abstraction conçue par l'esprit en dehors des données de la raison et des réalités historiques? Qui nous apprendra jusqu'où remonte la civilisation? Y a-t-il, dans les parties du globe habitées, un coin de terre qui ne porte la trace de l'homme et que ses sueurs, dans un âge ou dans un autre, n'aient fécondé?

Pour que tout individu, en naissant, se trouvât virtuellement investi d'un droit utile d'usufruit sur le sol, de ce droit représenté, selon M. Considérant, par la faculté de chasser, de pêcher, de cueillir et de paître, il faudrait que la terre, dans cet état primitif que le disciple de Fourier suppose, pût nourrir, sous la forme de tribus de chasseurs ou de pêcheurs, non pas seulement quelques rares individus dispersés dans d'immenses déserts, comme les Indiens de l'Amérique, mais encore des nations aussi étroitement agglomérées que la France et que l'Angleterre. Or tout le monde sait que, dans l'état nomade, une lieue carrée de terrain est nécessaire pour faire vivre un homme ; tandis que le même espace, dans les contrées qui sont parvenues à un haut degré de culture, suffit pour nourrir quinze cents à deux mille habitants. Qu'est-ce donc qu'une faculté qui ne peut s'exercer qu'au sein du désert, et en vertu de laquelle ce qui suffit à peine à l'existence d'un seul homme serait légué à ses descendants pour être partagé entre mille, deux mille, en autant de parts qu'en pourrait faire, en s'étendant, la fécondité de l'espèce humaine ?

Non, il n'existe pas un droit naturel à la possession de la terre brute. Le sol appartient légitimement à celui qui se l'approprie par le travail. Le travail crée la propriété, il la crée à toujours, en marquant les choses de l'empreinte de l'homme. C'est l'activité humaine appliquée aux forces de la nature qui donne naissance aux capitaux. Voilà, dans l'ordre immobilier, la source vraie de la richesse. La chasse, la pêche et les autres procédés de l'état sauvage, ne sont que des moyens d'appropriation imparfaits et éphémères. Ils supposent déjà une certaine action de l'homme sur la nature ; c'est le début du travail dans la société. Les tribus nomades se partagent le sol : chacune a son territoire, qui appartient ainsi à la communauté, avant de se distribuer entre les familles et entre les individus. Plus tard, la culture naît, et avec la culture les héritages. Plus l'homme met le sol en valeur, plus aussi la propriété, en se développant, jette des racines profondes. C'est entre les mains du cultivateur que la terre devient un capital. L'homme tire en quelque sorte ce capital de lui-même ; car les capitaux ne sont que du travail accumulé. Il possède donc à juste titre ce qu'il a produit et ce qu'ont produit ses pères. Les capitaux immobiliers comme les capitaux mobiliers, tout procède de l'activité humaine ; les rapporter à une autre origine, c'est mettre la fable à la place des faits.

Ce qu'il fallait dire, ce qui est vrai, c'est que l'on ne doit pas considérer la propriété comme un fait purement individuel. L'influence et le pouvoir de la société concourent évidemment à la former, avec l'action, avec le travail de l'homme. La société est, dans les mains de l'individu, comme un levier à l'aide duquel il soulève et déplace des fardeaux dont le poids, sans cela, excéderait ses forces. La puissance publique le protége, lui donne cette sécurité qui est le premier instrument du travail, et sans laquelle le travail serait impossible. Il va puiser au fonds commun des traditions et des lumières. Enfin, il n'a d'intérêt à produire que parce que la société ouvre un marché à ses produits.

Le droit de propriété est donc individuel et social à la fois. La propriété n'est possédée et ne se transmet légitimement qu'à la condition de payer à l'État une redevance, un tribut représenté par l'impôt. En vertu du même titre, dans les contrées où de vastes espaces restent encore à défricher, l'État met un prix à la concession des terres ; car ces terres ont déjà la valeur que leur communiquent le voisinage de la civilisation et la tutelle exercée par le pouvoir.

Au reste, à mesure que la propriété privée se consolide et s'étend, on voit grandir le domaine public, la propriété indivise, le patrimoine du peuple entier, la richesse qui est commune à tous et dont chacun peut jouir à tout instant. Les moyens de communication et de transport se multiplient; la police, les travaux publics, les écoles, les bibliothèques, les monuments, tout concourt à rendre l'existence plus sûre, plus facile et plus agréable. Chacun a véritablement sa part dans ce trésor commun, trésor qui ne s'épuise pas, qui s'accroît plutôt, et dont l'État n'est que le dispensateur pour l'utilité générale. Plus de privilégiés, plus de parias, et, quoi que l'on en dise, plus de prolétaires ; ce qui vaut mieux que le droit de vivre, tout le monde obtient le droit de cité.

Ainsi, la civilisation donne beaucoup plus à l'individu en propriété commune qu'elle ne pourrait lui avoir enlevé en propriété privée. Ajoutons que le propriétaire, dans la société moderne, ne possède pas et ne produit pas pour lui seul. La propriété ressemble à ces arbres dont chaque branche, parvenue au terme de sa croissance, retombe sur le sol, y pénètre et pousse de nouveaux rejetons devant elle. La propriété engendre et multiplie la propriété. Elle rend les capitaux, les instruments de travail de jour en jour plus accessibles. Elle ente l'industrie sur l'agriculture, le commerce sur l'industrie et le crédit sur le commerce. Cette expansion de la richesse fait que l'on n'a plus besoin, pour acquérir et pour posséder, des procédés barbares de la confiscation, de la spoliation et de la guerre. Le salaire attend le travail ; du salaire naît l'épargne, et l'épargne trouve le marché de la propriété toujours ouvert.

Dans le système de M. Considérant et de Fourier, la propriété foncière aurait seule des obligations, et se trouverait exclusivement grevée du droit à l'usufruit du sol ; car cette théorie laisse en dehors la propriété mobilière, monde nouveau qui égale, s'il ne l'excède pas, la valeur de la propriété immobilière. Le capital mobilier obtiendrait ainsi un privilége inexplicable, et ne devrait rien à la société dont il reçoit la même protection. Des principes qui admettent de pareilles exceptions ne sont pas des principes. Non, la société n'a pas à espérer ni à racheter des individus la propriété qui est la condition même de l'ordre ; le droit de propriété ne saurait avoir pour corollaire, pour contre-poids, ni pour compensation le droit au travail.

III. — Il reste à démontrer que le droit au travail est la négation du droit de propriété, et que l'on ne saurait reconnaître le premier sans détruire le second, ainsi que M. Proudhon l'a confessé lui-même. On sait que l'auteur des *Contradictions économiques*, l'homme qui a inventé ou renouvelé cet odieux paradoxe : « La propriété, c'est le vol, » dit un jour au comité des finances de 1848, dans un accès de franchise : « Donnez-moi le droit au travail, et je vous abandonne le droit de propriété. »

Le droit au travail diffère essentiellement, comme M. Dufaure l'a fait remarquer, des droits divers dont les constitutions de tous les pays ont pour objet de protéger et de garantir le libre exercice. Toutes ces facultés, en effet, sont inhérentes à l'homme ; chaque individu peut les exercer et les développer dans la sphère de son action personnelle ; c'est une puissance qu'il n'emprunte pas, qu'il tire au contraire de lui-même et qu'il demande seulement à la société de faire respecter en lui. La liberté de penser, la liberté d'écrire, la liberté de travailler et de posséder sont dans ce cas.

Il ne faut pas confondre le droit au travail, cette prétention des socialistes, avec le droit de travailler, cette propriété de tout homme, dont Turgot a dit avec raison « qu'elle était la première, la plus sacrée et la plus imprescriptible de toutes. » Le droit de travailler n'est pas autre chose que la liberté qui appartient à chaque individu de faire de son intelligence, de ses bras et de son temps, l'emploi qu'il juge le plus profitable ; tandis que le droit au travail, comme nous l'avons indiqué déjà,

est une action que l'on donne à l'individu contre la
société toute entière ou contre une partie de cette société.
Par le droit au travail on crée en même temps, suivant
l'expression de M. Dufaure, un droit et une obligation.
On suppose, entre l'individu et la société, un contrat aux
termes duquel la société devrait l'existence à chacun de
ses membres, contrat non synallagmatique et qui n'enga-
gerait qu'une des parties. Car tandis que l'État devrait
fournir aux individus, sur leur demande, les moyens de
travailler et de vivre en travaillant, il ne serait pas armé
du pouvoir de les contraindre à chercher dans le travail
leur subsistance habituelle. On proclamerait ainsi la supériorité de la force, du droit personnel sur le droit social.
L'individu deviendrait le maître, le tyran ; et la société,
le serviteur, l'esclave.

M. Dufaure n'a rien dit de trop, le droit au travail est
une servitude que l'on impose à la communauté toute entière dans l'intérêt de quelques-uns ou de plusieurs de
ceux qui pourraient être tentés de s'en prévaloir. En
admettant cette action de l'individu contre la société, on
place nécessairement deux intérêts en présence et on les
expose à la lutte. Supposez que la société résiste ; le procès alors se change en combat. C'est, de part et d'autre,
un appel aux armes : on a recours à la force pour interpréter le droit. Les insurgés de Lyon, en 1832, avaient
arboré sur leur bannière cette devise du désespoir : « Vivre en travaillant ou mourir en combattant. » L'article 8
du projet de constitution ne reproduisait que la première moitié du *Credo* populaire ; les événements ont
remis en lumière l'autre moitié : ni la logique ni la force
des choses ne permettent de les séparer. Quand on

donne un droit, une action aux individus contre la société, on prépare et même on justifie la révolte. On relève, suivant une parole qui ne visait pas apparemment à être aussi prophétique, l'étendard de Spartacus ; on le relève au sein d'un peuple qui ne connaissait plus ni séparation de castes ni différence de rangs ; on proclame la guerre civile entre des membres de la même famille politique, entre des égaux, entre des frères.

Supposons, au contraire, que la société se résigne, et qu'acceptant le droit au travail elle soit prête à épuiser toutes les conséquences pratiques du principe. Il faut voir où cela conduit.

Décréter le droit au travail, c'est constituer l'Etat en pourvoyeur de toutes les existences, en assureur de toutes les fortunes, et en entrepreneur de toutes les industries. Le droit au travail, c'est le droit au capital, c'est le droit au salaire, c'est le droit à l'aisance ; c'est, en un mot, la créance la plus étendue dont on puisse armer les individus contre le trésor public. Quand on descend au fond d'un pareil système, le partage des biens paraît mille fois préférable ; car la communauté des biens met du moins celui qui possède sur la même ligne que celui qui ne possède pas : elle ne prélève la part du pauvre que sur celle du riche, et se borne à faire une répartition nouvelle des capitaux ainsi que des revenus existants. Le droit au travail va bien au delà ; c'est une mainmise non-seulement sur ce qui est, mais encore sur ce qui peut être ; c'est la communauté non-seulement de la richesse acquise, mais des forces qui produisent, une servitude perpétuelle imposée aux chefs de la société dans l'intérêt des prolétaires nombreux que la société prend à sa solde.

« Le droit au travail, je l'ai dit ailleurs [1], suppose l'existence permanente, la puissance indéfinie de la production, quelles que soient les circonstances et quelle que puisse être l'organisation de la société. Quelle valeur aurait en effet un principe que l'on placerait en dehors des régions du possible? Or il n'existe pas d'état social qui assure la permanence ni la régularité de la production. Qu'une crise commerciale survienne, ou qu'un ralentissement quelconque dans la consommation rende l'offre supérieure à la demande, et vous verrez un certain nombre d'ateliers suspendre ou diminuer leur activité. L'industrie, comme l'année solaire, a ses saisons ; et la moisson du travail, comme celle des fruits de la terre, a ses années de stérilité ainsi que ses années d'abondance.

« La prévoyance de l'homme tient en réserve, pour ces moments difficiles, les capitaux accumulés par l'épargne, mais elle ne rend pas à volonté l'impulsion à la puissance qui produit, et elle ne crée pas le travail d'un coup de sa baguette. L'homme peut toujours employer son intelligence et ses bras ; mais le mouvement est autre chose que le travail...

« Le travail, c'est l'emploi utile des forces ; on le reconnaît à ses produits...

« Pour créer à volonté la production, il faudrait être en mesure de développer la consommation et d'en reculer devant soi les limites ; car les produits les plus nécessaires n'ont de valeur que par l'usage que l'on en fait. Que servirait, par exemple, d'entasser des montagnes de

[1] *Du système de M. Louis Blanc.*

blé ou des troupeaux de bœufs dans une ville déserte, et à quoi bon les richesses du Mexique dans des circonstances où un kilogramme d'argent ne procurerait pas une once de pain? Si les difficultés devaient cesser, quand on a dit que l'ouvrier a droit au travail, la recette serait bien simple; l'Etat n'aurait qu'à fournir des fonds aux ateliers qui seraient au moment de s'arrêter et qu'à ordonner aux fabricants de produire. Mais ce n'est pas tout de fabriquer, il faut vendre, il faut trouver des acheteurs pour les marchandises que l'on crée, et non ajouter à l'encombrement stérile des dépôts; il ne faut pas que la production augmente précisément lorsque le marché se ferme ou se restreint. Ajouter, en pareil cas, à la masse des produits, c'est les avilir. Pour soulager les souffrances du présent, on lègue ainsi de nouveaux embarras à un avenir très-prochain. L'on retarde enfin l'heure où, après avoir liquidé leurs désastres passés, le commerce et l'industrie vont se remettre en marche. »

Les socialistes partent encore d'une autre supposition qui n'est pas moins extravagante que la première. Ils établissent un dualisme entre l'individu et la société : au lieu de considérer la société comme la réunion de toutes les forces et comme l'ensemble de toutes les intelligences, ils en font un être de raison, une puissance à part, une personne fantastique, une espèce de fée qui aurait des trésors cachés et des facultés sans limites. Chacun alors lui demande autre chose et plus que ce qu'il apporte lui-même dans la communauté. Dans l'idéal socialiste, l'État donne toujours et ne reçoit jamais. On ne veut pas comprendre qu'il n'est riche que par la richesse individuelle, qu'il ne produit que par le travail de tous et de chacun, enfin que sa puissance est le résultat du nombre et du concert des volontés. En un mot, on oublie que, si l'arbre social peut porter des feuilles et des fruits, c'est à condition de plonger ses racines dans le sol et d'y puiser la séve nourricière.

Prenons cependant le droit au travail comme la dot naturelle de tout homme qui ne possède rien. Admettons pour un instant la fiction qui investit l'État d'une chimérique omnipotence. Comment va-t-il remplir les obligations que l'on fait peser sur lui?

Ce système veut que tout individu, qui ne trouvera pas l'emploi de son intelligence ou de ses bras, ou bien à qui l'emploi qu'il en aura trouvé ne fournira pas les moyens de vivre, soit fondé à s'adresser au gouvernement pour obtenir le travail qui lui manque ou même une occupation lucrative à la place d'un travail peu productif. Ainsi l'État devra employer tous les ouvriers inoccupés et combler l'insuffisance du salaire. Il faudra qu'il supplée aux lacunes de la demande, et qu'il se charge de fournir les instruments du travail.

Dans notre organisation sociale, lorsqu'un chômage prolongé vient arrêter les manufactures, ou quand l'agriculture est surchargée de bras, alors, et seulement dans les cas extrêmes, l'État, les départements et les communes ouvrent des ateliers de charité. On appelle les indigents à faire des terrassements ou à empierrer les routes. Tous ceux qui possèdent se saignent des quatre veines pour fournir, au moyen de leurs contributions accumulées, cette demi-solde telle quelle aux ouvriers licenciés par l'industrie. Mais sous le régime du droit au travail, les choses ne pourraient pas se passer de la sorte. L'ouvrier, armé d'un titre absolu, ne se contenterait pas du travail que la société aurait choisi et préparé pour lui ; il exigerait le travail auquel il se croirait propre et qui lui promettrait une rémunération plus abondante ; il voudrait suivre sa profession et dans les conditions les plus favorables ; en déterminant le genre d'emploi, il en fixerait aussi la rétribution. Il ne s'informerait ni de la situation du marché ni de celle du trésor. Le salaire, devenant pour lui comme une créance, une rente sur l'État, garderait un niveau invariable. Le droit au travail s'exercerait ainsi jusqu'à l'épuisement complet de la propriété. La servitude n'aurait de terme que la ruine.

Dans son admirable discours sur le droit au travail, M. Thiers a exprimé incidemment une opinion dont les socialistes pourraient s'armer contre lui, et qui étonne, venant d'un esprit aussi éminemment pratique. Il admet que l'État tienne en réserve, pour les moments de chômage, pour les temps de crise, indépendamment des grands travaux d'ordre public, une certaine somme de commandes à distribuer à l'industrie. Cela ne serait pas bon et ne paraît guère possible. L'État, comme tous les autres consommateurs, n'achète et ne produit qu'à mesure que les besoins de la consommation se révèlent ; ses dépenses sont annuelles comme ses revenus, et il les proportionne aux nécessités politiques. Dans le système indiqué par M. Thiers, on réserverait l'activité des travaux et la masse des approvisionnements pour des temps calamiteux qui ne coïncideraient peut-être pas avec les plus grandes exigences du service. On commanderait, par exemple, du drap et de la toile pour habiller un million de soldats, quand on n'aurait pas trois cent mille hommes sous les armes. On entasserait ainsi dans les dépôts de l'État des marchandises qui représenteraient des capitaux considérables, et l'on s'exposerait à perdre l'intérêt de ces capitaux pendant de longues années. Il en serait de même des travaux publics. Pour être en mesure de les développer en temps de crise, on devrait entretenir, pendant les époques de prospérité, un état-major nombreux, doubler et tripler l'étendue de tous les cadres. Il faudrait créer d'abord une multitude de sinécures, pour en tirer ensuite, dans les moments difficiles, les éléments d'un service actif. Je ne connais pas de système moins rationnel, ni, en tout cas, plus mortel aux finances publiques.

Mais le côté le plus grave de cet expédient, c'est que l'on appellerait l'État à faire les plus grands efforts et les plus grands sacrifices dans les circonstances où ses ressources diminueraient avec celles de tout le monde. On le mettrait dans l'obligation d'ajouter quatre ou cinq cents millions aux dépenses publiques, précisément lorsque l'impôt direct s'affaiblirait de non-valeurs sans nombre, que les revenus indirects iraient se réduisant, et que, même en payant 8 à 10 pour 100 d'intérêt, il ne trouverait pas à emprunter. En un mot, et pour me servir d'une expression que M. Thiers a fait accepter, on demanderait les largesses du riche à un trésor qui ne serait plus que le trésor du pauvre.

Avec l'organisation actuelle de la société, l'État n'a qu'un moyen de donner du travail aux ouvriers nécessiteux et valides : c'est d'improviser, sur certains points

du territoire, des ateliers de terrassement. Quelle que
soit la profession des travailleurs sans emploi, il ne peut
leur offrir que ce refuge; c'est le seul expédient qui lui
permette d'imprimer encore quelque moralité à l'aumône. Mais le nombre des hommes qui y trouveront une
occupation réellement profitable n'est-il pas limité? ce
système ne consacre-t-il pas la plus effrayante irrégularité dans la distribution des secours publics? ne semble-t-il pas avoir été inventé uniquement dans l'intérêt
des journaliers habitués à manier la pioche et à remuer
la terre? n'est-il pas à peu près stérile pour les ouvriers
des professions sédentaires, tels que les tailleurs, les
cordonniers et les bijoutiers; et ne devient-il pas un sup-
plice pour les ouvriers de l'intelligence, pour ceux que
nous avons vus inscrits en grand nombre sur les con-
trôles des ateliers nationaux?

On affronte volontairement le plus redoutable péril
toutes les fois que l'on forme de grandes agglomérations
d'ouvriers, sans avoir la certitude de pouvoir leur offrir
un régime et un prix de travail qui les satisfassent. La
difficulté de discipliner les hommes rassemblés s'accroît
alors du mécontentement qui fermente dans leurs rangs.
La France et l'Angleterre en ont fait presque simultané-
ment la plus triste expérience. On sait que le gouvernement britannique, après avoir réuni jusqu'à 800,000 ouvriers sur les chantiers destinés aux travaux des routes
en Irlande, se vit contraint de dissoudre ces brigades de
mendiants qui refusaient tout travail et qui chassaient
les ingénieurs à coups de pierres. De ce côté du détroit,
il n'y a pas d'ateliers communaux, depuis la proclamation de la république, qui n'aient engendré au moins

une émeute, et cela en épuisant, sans utilité, jusqu'au dernier centime, les ressources produites par les contributions tant volontaires que forcées. Que dire des *ateliers nationaux* de la capitale qui ne soit contenu dans la sanglante leçon de juin ?

IV. — Le droit au travail entraîne l'organisation du travail. Il n'y a pas de place, dans une société libre et qui s'appartient, pour l'aristocratie des prolétaires. Tant que le capital et la propriété compteront pour quelque chose, ils protesteront contre les chaînes dont le socialisme prétend les charger. Il faut donc démolir les remparts de la civilisation, pour y introduire cette machine de guerre ; il faut transformer l'ordre social ; il faut remplacer la liberté par le monopole, et l'action des individus par celle de l'État. Plus de propriété, plus d'héritage ; l'État doit tout posséder, tout produire, tout distribuer : c'est lui qui donnera le travail et qui répartira la richesse. La théocratie industrielle, que prêchaient les disciples de Saint-Simon, voilà le rêve à réaliser. Nous remontons à l'Inde et à l'Égypte.

Le droit au travail n'a pas de sens ni de valeur, s'il ne veut pas dire que tout individu s'adressant à l'État pour obtenir de l'emploi aura droit au genre d'emploi auquel il est propre ; que le laboureur pourra demander qu'on lui confie une charrue à conduire et des terres à cultiver ; que le tailleur recevra une commande de vêtements ; que l'on donnera au mécanicien une locomotive à construire ; que le peintre sera chargé de décorer les palais ou les églises ; que l'historien trouvera des auditeurs pour ses leçons ou des lecteurs pour ses écrits. Cela suppose évidemment que l'État confond en lui tous les droits et tous les pouvoirs ; cela signifie que le gouvernement est le maître de régler, comme il l'entend, ou comme la foule l'entend pour lui, la production et la consommation, le loyer du capital, la durée du travail et le taux des salaires ; qu'il n'y a pas d'autre propriétaire, d'autre capitaliste, d'autre entrepreneur d'industrie et de commerce que lui dans la société.

Avoir droit au travail, c'est avoir droit au salaire, à un salaire qui assure l'existence de l'ouvrier ; et comme les besoins de l'existence (à chacun selon ses besoins, a dit Louis Blanc) varient avec les situations , avec les individus, c'est avoir droit à un salaire que l'ouvrier déterminerait lui-même. Sous le régime de la liberté industrielle, il n'appartient à personne de fixer le taux des salaires, qui suivent alors les fluctuations du marché et qui obéissent à une loi supérieure à la volonté du patron comme à celle de l'ouvrier. Il faut donc que la liberté soit supprimée et que la concurrence cesse, pour faire naître cette possibilité d'un *minimum* à déterminer dans le prix du travail. Evidemment il n'y a que le monopole dans les mains de l'État qui donne le moyen de mettre ainsi aux voix le taux des salaires.

Avoir droit au salaire c'est avoir droit aux instruments de travail, au capital et au crédit ; l'armée des travailleurs, pas plus que celle des soldats, ne peut se passer d'officiers qui la conduisent. Ces officiers se produisent et se forment eux-mêmes avec la liberté de l'industrie ; ce sont les capitalistes, les manufacturiers, les ingénieurs, les administrateurs, les commis et les contre-maîtres. On n'arrive que par le mérite, par les services rendus, par

l'expérience, à ces postes enviés et disputés du commandement. Mais du moment où l'individu aurait le droit
absolu d'exiger qu'on l'employât dans la sphère de son
aptitude, il pourrait demander aussi qu'on le plaçât dans
les conditions les plus favorables pour tirer parti de son
intelligence et de ses forces. Si l'Etat commandite simplement l'industrie, le candidat voudra recevoir sa part,
une part qu'il déterminera lui-même, de cette rosée fé-
condante du capital ; et si l'Etat a converti la société en
un vaste atelier dont il se réserve la direction, le candidat aura la prétention d'être rangé, non parmi les plus
humbles agents du travail, mais parmi les hauts ou tout
au moins parmi les moyens fonctionnaires.

On le voit, le droit au travail dans les individus suppose nécessairement le monopole du travail dans les
mains de l'Etat. Nous remontons à l'enfance des sociétés. Ce système traite l'homme émancipé, parvenu
à l'âge de la liberté, de la force et des lumières, comme
les peuples encore ignorants consentaient à être traités
par le pouvoir qui les mettait en tutelle. Il s'agit de
renverser tous les procédés à l'aide desquels la civilisation a marché jusqu'à présent dans le monde.

Cette conséquence nécessaire du système, admise par
les défenseurs les plus francs du droit au travail, a été
contestée par ceux que j'appellerai les néophytes hon-
teux du socialisme. Ils ont soutenu que la société inter-
venait déjà dans les questions de travail, que cette intervention était légitime, et que, se chargeant déjà de
garantir à un certain degré les profits du capitaliste, le
gouvernement pouvait bien à plus forte raison garantir
le salaire de l'ouvrier.

« Je ne vous parle pas seulement, disait M. Billault dans la
séance du 15 septembre 1848, de ces interventions irrégulières,
transitoires, qui, dans des moments difficiles, pèsent sur le trésor, sur le gouvernement, et se résolvent en ateliers nationaux,
en émeutes ou en secours plus ou moins heureusement distribués. C'est quelque chose de plus normal, de plus permanent
que je veux vous faire remarquer : l'autorité de la société est
tellement engagée dans toutes les combinaisons du travail national, qu'il n'est pas un seul point sur lequel elle ne le touche.
Portez vos regards sur nos tarifs de douanes ; par leurs prohibitions, leurs taxes différentielles, leurs primes, leurs combinaisons de tout genre, c'est la société qui aide, qui soutient, qui
retarde ou qui avance toutes les combinaisons du travail national. Elle ne tient pas seulement la balance entre le travail
français qu'elle protége et le travail étranger ; mais sur le sol de
la patrie, les diverses industries la voient encore et sans cesse
intervenir entre elles. Entendez devant son tribunal les réclamations perpétuelles des unes contre les autres ; voyez, par
exemple, les industries qui emploient le fer se plaignant de la
protection accordée au fer français contre le fer étranger ; celles
qui emploient le lin ou le coton filé protestant contre la protection accordée au fil français contre l'introduction du fil
étranger, et ainsi des autres. La société se trouve donc mêlée
forcément à toutes les luttes, à tous les embarras du travail ;
elle y intervient activement tous les jours, directement, indirectement ; et la première fois que vous aurez des questions
de douanes, vous le verrez, vous serez, bon gré, mal gré, forcés
de prendre fait et cause, et de faire par vous-mêmes la part de
tous les intérêts... »

M. Billault n'a pas complétement tort. Oui, les tarifs
protecteurs, les lois qui limitent la durée du travail dans
les manufactures, et la commandite de l'Etat donnée à
l'association des ouvriers, toutes ces mesures sont en
quelque sorte la monnaie du droit au travail. Si elles
dataient de 1848, on pourrait même soutenir à bon droit

que l'organisation du travail est commencée et que nous entrons dans l'ère de la république sociale. Mais les tarifs protecteurs, par exemple, sont un legs des temps passés. Il faut y voir une dernière trace du servage à l'intérieur, et à l'extérieur un dernier vestige de l'état de guerre qui fut longtemps l'état normal des relations entre les peuples.

M. Bastiat a signalé l'identité de tendance qui existe entre le système protecteur et le communisme. En effet, la protection au moyen des tarifs est une garantie que l'Etat, au nom de la société, donne à certaines industries contre les industries similaires de l'étranger. Du moment où le principe est admis, toutes les branches du travail national peuvent réclamer la même assistance. Si l'Etat garantit un minimum de profit au capitaliste, on ne voit pas pourquoi il refuserait de garantir un minimum de salaire à l'ouvrier. La protection doit s'étendre à tous les producteurs, sous peine de dégénérer en injustice. Même dans cette hypothèse, elle sacrifie les consommateurs aux producteurs. L'Etat fait la fortune ou assure le bien-être d'une classe de citoyens aux dépens des autres : on prend ce que l'on donne à quelques-uns dans la poche de tous. C'est le droit au travail reconnu par voie de garantie ; c'est l'organisation du travail sous la forme de commandite, c'est le communisme indirect, mais enfin c'est le communisme.

Les avocats de la protection n'ont rien à objecter à la théorie du droit au travail. Tous les priviléges s'engendrent l'un de l'autre, de même que toutes les libertés se tiennent. Ceux-là seuls sont en position de combattre les arguments des socialistes, qui tiennent le système

protecteur pour une hérésie économique et le privilége
industriel pour un mal. N'exagérons rien cependant. La
protection n'est pas un phénomène nouveau ni ascendant : c'est une tendance décroissante dans le monde
moderne. L'Angleterre en a déjà fait justice. L'Allemagne et les États-Unis ont modéré leurs tarifs de douanes.
En France, on ne peut manquer, un peu plus tôt, un
peu plus tard, de s'éclairer à la lumière de ces exemples
et d'entrer résolûment dans la même voie. La protection
est un argument de fait que les socialistes n'invoqueront
pas longtemps ; car ils l'ont ruiné dans les esprits par la
dangereuse affinité de leurs doctrines.

V. — En dehors de l'organisation du travail, qui est
l'absurde et qui serait l'impossible en tout cas, le droit
au travail se convertit en un simple droit à l'assistance.
Sous cette forme atténuée et pourtant déraisonnable encore, un vote solennel l'avait reconnu. La constitution
de 1848 ne fait plus autorité dans le pays. Mais les erreurs, qu'elle avait accréditées et sanctionnées, subsis-
tent. Invoquons les principes de la science pour nous
prémunir contre l'entraînement des lois.

Le droit est une chose certaine, et le pouvoir une
chose incertaine : il y a de la témérité à établir un rapport direct entre ces deux termes dans l'ordre social. La
société ne fera pas ce que la Providence n'a pas voulu
faire. Dieu a permis ici-bas la souffrance et la misère ;
l'État le mieux ordonné ne parviendra pas à les supprimer. Le progrès de l'aisance générale est incontestable ;
il s'est accru, il s'accroîtra, et nos efforts doivent tendre
à l'augmenter encore ; mais n'allons pas rêver l'âge d'or.

La société doit, dans la mesure de ses ressources et

dans les limites que la sagesse autorise, venir au secours des malheurs individuels ; car la prévoyance de chacun n'exclut pas la prévoyance commune. Gardons-nous cependant de convertir le devoir de la société en un droit pour l'individu. Quand on pose dans ces termes une question de droit, l'on pose une question de violence. Si vous dites que tous ceux qui ont à se plaindre de leur sort ont le droit de puiser au fonds commun de l'assistance, vous reconnaissez qu'ils peuvent prendre la société à partie. Vous légitimez, vous prêchez la révolte.

Le droit à l'assistance doit infailliblement amener à la longue la démoralisation des individus, l'affaiblissement et la ruine de l'État.

Une loi d'Élisabeth le proclama, ainsi que nous l'avons indiqué déjà, une loi qui a donné naissance à la taxe des pauvres. La taxe des pauvres en Angleterre se conçoit. Elle représente *à priori* l'équivalent de la spoliation exercée par le riche contre le pauvre, par le Normand contre le Saxon, et cela sur la plus grande échelle.

L'aristocratie s'est partagé le sol par droit de conquête; elle a confisqué à son profit exclusif les biens communaux et les biens des églises; enfin elle se décharge du poids de l'impôt sur les classes laborieuses et se réserve le patronage ainsi que les positions lucratives du gouvernement. Ne devait-elle pas une compensation, un dédommagement au peuple qu'elle avait exclu de tous les biens de ce monde? La taxe des pauvres a été cette indemnité.

On connaît les mauvais résultats du système.

En 1832, au moment où l'excès du mal détermina une tentative de réforme, l'entretien des pauvres coûtait à l'Angleterre proprement dite et au pays de Galles plus de 7 millions sterling (environ 176 millions de francs) par année. C'était à peu près, eu égard au nombre des habitants, deux fois et demie la charge que représente le principal de l'impôt foncier en France. Encore quelques accroissements dans la taxe, et le revenu du propriétaire, la rente du sol y aurait passé. Cependant les pauvres ne s'enrichissaient pas en ruinant, en dévorant les riches ; car la misère et la dégradation s'étendaient insensiblement au pays tout entier. On donnait l'assistance à la place du travail ou pour servir de supplément au salaire. Quand les paroisses employaient elles-mêmes les pauvres, le travail n'était qu'une dérision. Il en résultait, d'une part, que les ouvriers assistés par les paroisses tombaient dans l'indolence et dans la débauche, se reposant sur la société du soin de les nourrir, et considérant l'aumône qu'ils recevaient comme l'acquit d'une dette ; de l'autre, que les ouvriers libres et qui voulaient ne devoir qu'au travail leur existence ainsi que celle de leur famille, ayant à subir la concurrence des travailleurs soudoyés par la charité publique, voyaient le taux des salaires baisser, et qu'ils se trouvaient ainsi amenés malgré eux, par l'insuffisance de la rémunération qu'obtenait leur labeur quotidien, à solliciter l'assistance de la paroisse. En outre, comme les secours étaient proportionnés au nombre des personnes dans chaque famille inscrite, les pauvres avaient intérêt à contracter des mariages prématurés et irréfléchis ; car leur revenu ou plutôt la prime offerte à leur inaction s'accroissait avec le nombre de leurs enfants. L'immoralité n'avait plus de frein, car tous les enfants nés hors mariage tombaient à la charge de la société.

La réforme de 1834 mit un terme provisoire à ces abus de l'aumône officielle. On donna pour correctif au droit à l'assistance le devoir du travail. L'administration des secours publics fut autorisée à retenir dans les dépôts de mendicité et à mettre à la tâche toute personne valide qui demanderait des secours. Les maisons de charité ou de travail devinrent autant de maisons de force. La femme fut séparée du mari, et la mère de l'enfant. Pour rendre aux pauvres le goût du travail, on s'efforça de les dégoûter de l'aumône. La prospérité du pays et l'activité de l'industrie venant en aide, on obtint ainsi en peu d'années une économie considérable dans le service des secours publics : en 1837, l'entretien des pauvres, malgré l'accroissement de la population, ne coûtait guère plus de 4 millions sterling (100 millions de francs). Une épargne annuelle de 3 millions avait été le résultat immédiat de la réforme.

Mais, depuis quelques années, le paupérisme a repris en Angleterre une marche ascendante. La dépense s'est accrue d'environ 1 million sterling (25 millions de francs). Le nombre des pauvres secourus présente un accroissement encore plus considérable. En effet, si l'on tient compte du progrès de la population, l'on trouvera que la proportion qui était, en 1840, de 7 pauvres 7/10 sur 100 habitants, représentait, en 1847, 10 pauvres 1/10. Les maisons de travail ne renfermaient pas alors moins de 265,037 mendiants. Mais la recrudescence de cette épidémie se manifeste principalement par les progrès effrayants du vagabondage : une seule maison de charité dans la ville de Londres, qui n'avait admis que 767 pauvres non domiciliés en 1837, en a reçu 1,376 en

1840, 6,300 en 1846, et 11,574 en 1847. L'Angleterre, cette nation à laquelle Byron faisait honneur d'avoir poussé plus loin qu'aucun autre peuple le culte du foyer domestique, est envahie maintenant par une tribu de bohémiens sans asile, qui, le jour, importunent les passants de leur détresse effrontée dans les rues des grandes villes, et qui, la nuit, vont frapper par bandes à la porte des maisons de charité.

Depuis deux ans, grâce à l'abondance du travail, au taux élevé des salaires, et à l'émigration qui débarrasse désormais le Royaume-Uni de l'excédant de sa population, à raison de 300,000 personnes par année (¹), les maisons de charité se remplissent moins vite. La dépense, en 1850, a diminué de 10 pour 100. Mais cette amélioration n'a que le caractère d'un accident heureux, qui est dû à la prospérité du pays.

Le paupérisme naît de la taxe des pauvres.

La misère, quand on met à côté d'elle le droit aux secours publics, cesse d'être un accident pour passer à l'état chronique. C'est un ulcère que l'on entretient. L'Angleterre en a fait et en fait encore chaque jour la triste expérience. N'importons pas en France un système qui, dans un pays moins riche et moins aristocratique que la Grande-Bretagne, aurait encore de plus funestes résultats. La division des fortunes nous a épargné jusqu'à présent ces contrastes affligeants entre l'extrême pauvreté et l'extrême richesse. Il ne faut dispenser per-

(¹) De 1846 à 1850 inclusivement, dans l'espace de cinq années, l'émigration a fait sortir du Royaume-Uni1, 216,557 personnes.

sonne de l'économie et de la prévoyance, là où aucun homme ne peut se dispenser du travail.

VI. — C'est un axiome reçu en Angleterre, sous un gouvernement dont la propriété est la base essentielle, que « la propriété a des devoirs aussi bien que des droits. » Jusqu'où vont ces devoirs et quelle en est la nature ? Celui qui possède doit-il nourrir, entretenir, en un mot prendre à sa charge celui qui ne possède pas ? Est-ce là une obligation de droit naturel, une servitude attachée à la richesse ? La propriété y périrait. L'on conçoit que, dans un gouvernement despotique, le maître soit responsable de l'esclave, et que le seigneur féodal ait à nourrir les serfs qui relèvent du manoir ; car il y a là une sorte d'obligation réciproque : le serf a le droit de recevoir des aliments du propriétaire, parce que le propriétaire a droit au travail du serf. Mais émanciper les travailleurs de la glèbe d'abord, du privilége plus tard, et hypothéquer en même temps la propriété à leur subsistance, cela impliquerait contradiction. Ce serait confondre les conditions de la liberté avec celles de l'esclavage.

Le lien social unit les hommes entre eux par une dépendance mutuelle. Mais en rendant cette dépendance trop étroite, en tendant la chaîne outre mesure, on risquerait fort de la briser. Il ne faut pas immoler l'individu à la société ni, à plus forte raison, la société à l'individu. Écartons, avec une égale vigilance, avec un égal empressement, le communisme et l'égoïsme. Que la charité ne cesse pas d'être un devoir moral, mais n'en faisons pas une obligation légale. Que personne, en France, ne puisse mourir ni ne meure de faim, en pré-

sence de la richesse dont le niveau s'élève chaque jour,
et de la production qui déborde ; mais que cette humanité secourable, que cette providence sociale soit le fait
des mœurs plutôt que des lois. Laissons au riche son
mérite qui consiste à soulager à propos la souffrance,
et au pauvre sa dignité qui est de supporter le malheur :
tout système de gouvernement et d'administration est
mauvais, qui tend à supprimer la vertu dans ce monde.

M. Thiers a démontré que le droit au travail, une fois reconnu, détruirait l'émulation entre les travailleurs, c'est-
à-dire le principe qui porte un homme à faire mieux que
d'autres, et qui est la cause du progrès pour la société,
de la richesse pour les individus. M. Dufaure a établi
que le droit à l'assistance annihilait la prévoyance humaine, c'est-à-dire le principe sur lequel repose l'avenir
de chaque individu aussi bien que l'avenir de la société.
« Quand l'ouvrier, a dit l'éloquent orateur, aura pris
une fois l'habitude de travailler, comme on travaille
pour l'État, avec un salaire assuré, infaillible; quand il
aura pris cette habitude, le goût du travail s'en ira peu
à peu. Il tombera dans l'indolence, dans l'oisiveté et dans
tous les vices qui en sont la conséquence. Il y a plus, il
donnera cet exemple à ses enfants; vous aurez dans le
pays une aristocratie de familles indolentes, que l'État
salariera, qui augmentera chaque jour, qui ira en croissant; qui, d'un côté, ruinera la société, et qui, d'un autre
côté, verra peu à peu amortir son courage, énerver
toutes ses forces viriles, corrompre ses meilleurs instincts, en un mot, qui cessera bientôt d'être digne de
porter ce beau nom de Français, qu'il vaut mieux lui
laisser avec tout son honneur. »

Le droit au travail et le droit à l'assistance ne sont, dans la pensée des socialistes qui mettent ces grands mots en avant, que des moyens de changer la distribution des fortunes. L'État n'a pas qualité pour cela ; les lois qui règlent la répartition de la richesse dans le monde social sont, comme celles du mouvement dans le monde physique, supérieures à l'action des pouvoirs publics. C'est la gravitation qui entraîne insensiblement toutes les volontés et toutes les intelligences. L'État doit veiller à ce que les charges de la société soient également réparties entre tous ses membres, dans la proportion des fortunes ; et il lui appartient de lever les obstacles qui arrêtent ou qui gênent le développement des lumières ou de la production. Mais il ne doit jamais oublier que, s'il est la force collective, et s'il représente l'association des individus, il n'en est pas l'absorption.

Et, après tout, quel est le but ? que veut-on faire ? Quand on proclame le droit au travail et à l'assistance, on espère sans doute, au moyen de cette mainmise sur les résultats accumulés de la production, sur les capitaux de toute nature, détruire, extirper et rendre à jamais impossible la pauvreté... Passe encore pour en diminuer l'étendue et pour en atténuer les effets ; mais porter ses vues au delà, c'est en quelque sorte condamner la Providence. Le mal existe sur la terre : il est la conséquence de la liberté humaine. L'homme peut se tromper dans ses calculs, négliger ses devoirs, se relâcher de ses efforts, méconnaître ses intérêts véritables ; il faut qu'au bout de toutes ces fautes apparaisse le châtiment. Et ce châtiment, dans ce monde, c'est matériellement la perte de la richesse ; c'est, au moral, la perte de l'estime de ses concitoyens. La crainte de perdre des biens aussi précieux est le seul frein humain qui retienne l'homme sur la pente ; le désir de les acquérir est le véritable stimulant qui éveille et qui développe son énergie. Le progrès naît des difficultés ; la civilisation est sortie, comme la Hollande, du sein des flots. En retranchant la pauvreté de ce monde, on retrancherait le travail ; et la loi du travail est la loi même de l'existence.

# III

## DURÉE DU TRAVAIL.

DISCOURS PRONONCÉS DANS LA DISCUSSION DU PROJET DE
LOI TENDANT A ABROGER LE DÉCRET DU 2 MARS 1848, RELATIF A LA
FIXATION DES HEURES DE TRAVAIL.

(Séance du 31 août 1848.)

M. Léon Faucher. Je ne m'attendais pas à rencontrer
M. le ministre de l'intérieur sur le même terrain que
M. Pierre Leroux.

M. Sénard, *ministre de l'intérieur.* Vous me trouverez
toujours sur le même terrain que les hommes qui appellent ici des pensées utiles, qui sont dans l'intérêt de
ceux qui souffrent. Quant aux théories, je ne les accepte
pas complétement, mais je ne les abdique pas non
plus au point de repousser quelque chose d'utile et de
vrai.

M. Léon Faucher. Nous avons tous ici la même pensée qui préoccupe M. le ministre de l'intérieur; nous
sommes touchés au même degré des souffrances des
classes laborieuses ; nous ne différons que sur les moyens
de porter remède à ces souffrances. M. Pierre Leroux
est entré dans un système complétement restrictif de la

liberté humaine ; M. le ministre diminue la restriction, mais il l'admet dans d'autres limites.

J'ai donc raison de dire qu'il se place sur le même terrain. Et ici, qu'on me permette de le dire : il y a sans doute un esprit de conciliation louable dans la tentative que vient de faire à cette tribune l'honorable M. Sénard; mais, si je comprends la conciliation entre les personnes, je ne la comprends pas entre les principes. Je ne sais pas, quant à moi, ce que c'est que le juste milieu entre l'ordre et le désordre, entre l'erreur et la vérité. Ce juste milieu-là, ce n'est pas du gouvernement, c'est un système d'administration romantique, en dehors des principes et des faits.

On nous dit : La limite posée par le gouvernement provisoire, la limite de dix heures pour Paris et de onze heures pour les départements était trop absolue; nous la reculons, nous l'étendons ; nous la portons partout à douze heures. Maintenant, je le demande, de quel droit plutôt douze heures que onze et que dix ? Qui a donné à M. le ministre de l'intérieur, qui a donné à qui que ce soit dans cette enceinte le droit de dire que les forces de l'homme, que ses intérêts comporteront douze heures de travail plutôt que onze et plutôt que treize ?

Dès que vous essayez de poser la limite, vous rencontrez l'arbitraire. La limite est sans base. Il n'y a ici de bornes naturelles que le droit, la vigueur et l'activité de chacun, c'est-à-dire la liberté.

Quand vous essayez de déterminer la durée du travail, savez-vous ce que vous faites ? Vous vous placez dans la nécessité de déterminer, et jusqu'à un certain point de fournir le salaire ; car s'il arrive, et cela arriverait in-

failliblement, que le salaire ne suffise pas à l'ouvrier
dont vous aurez restreint les facultés, à qui vous aurez
dit : « Tu travailleras douze heures, et pas davantage, »
alors vous aurez contracté l'obligation de lui donner le
supplément nécessaire pour subvenir à son entretien et
à celui de sa famille. Décréter une limite à la journée du
travail, c'est décréter en même temps le taux des salaires,
c'est décréter une base fixe au salaire, c'est contracter
l'obligation de payer, des deniers de l'État, le supplément à ce salaire qui sera requis par les besoins de l'ouvrier. C'est faire autre chose encore; c'est demander,
c'est embrasser l'impossible.

En effet, vous parviendrez peut-être, à l'aide d'une
armée d'inspecteurs, à limiter la journée du travail dans
les grandes manufactures; mais je vous défie de faire
observer une limite, quelle qu'elle soit, hors de ces lieux
en quelque sorte publics.

Je vous défie d'interdire à l'homme qui travaille chez
lui ou dans un petit atelier de prolonger sa journée au
delà du terme que vous aurez assigné.

La limitation, messieurs, tout le monde le reconnaî-
tra, ne serait possible qu'à la condition d'être équitable,
et elle ne serait équitable qu'à la condition d'être universelle. Il est clair que si vous restreignez la durée du
travail dans une industrie, sans la restreindre en même
temps et au même degré dans les autres, vous commet-
tez une injustice. Vous ne voulez pas le faire, et j'ajoute
que vous ne le pouvez pas.

Eh bien, Messieurs, c'est là que vous allez vous briser
contre la réalité; vous ne pouvez pas, je le répète, interdire à l'ouvrier de travailler le nombre d'heures qu'il lui

plaît, quand il n'est pas placé sous la surveillance de ses concitoyens. Et savez-vous ce que vous feriez en le tentant ? Vous donneriez une prime à telle industrie sur telle autre, vous intéresseriez l'ouvrier à émigrer des grandes manufactures pour se livrer au travail domestique, vous réglementeriez l'industrie centralisée en laissant libre l'industrie parcellaire.

Puisqu'on parle, et l'on a raison de parler d'humanité, je vous prie de remarquer ceci : il n'y a pas de travail qui ait une plus longue durée, il n'y a pas de travail plus pénible que celui qui s'accomplit dans la solitude du foyer domestique ; c'est là que l'on prolonge les veilles et que l'on devance le jour. Sachez, Messieurs, que l'ouvrier le plus maltraité, celui dont la santé est la plus affaiblie, c'est le tisserand, et le tisserand travaille chez lui. Le tisserand se livr e à un travail de seize et dix-sept heures par jour, pendant que l'ouvrier fileur dans les manufactures n'est pas occupé plus de treize et quatorze heures.

L'ouvrière employée au tissage mécanique travaille douze ou treize heures dans les grands ateliers ; mais l'ouvrière employée aux travaux d'aiguille, l'ouvrière à domicile, travaille seize ou dix-sept heures par jour. Vous ne pouvez pas l'empêcher.

Je voudrais bien, pour ma part, empêcher des excès de travail, qui sont des malheurs déplorables ; mais il faut ici se borner à des vœux d'amélioration. Allez-vous envoyer des inspecteurs à domicile chez tous les citoyens qui travaillent en France, pour vous assurer que le travail ne dépasse pas la durée fixée par la loi ? Allez-vous sonner partout le couvre-feu, car c'est cela ? Non ; vous ne le pouvez pas. Le gouvernement français est cité pour la multiplicité infinie de ses agents ; il exagère la machine administrative. Eh bien, quel que soit le nombre de ses commis et de ses inspecteurs, il ne peut pas embrasser une telle tâche ; il n'y a pas de gouvernement, il n'y a pas de force humaine qui y suffise.

Je reprends mon argumentation, et je dis que la limitation des heures de travail tend à ceci : donner une prime à certaines industries au détriment de certaines autres. J'ajoute qu'en voulant restreindre la durée de la journée effective, vous poussez les travailleurs à se jeter dans les industries où précisément la durée du travail a été exagérée ; vous allez donc contre le but que vous voulez atteindre.

On vous a fait une peinture fidèle, je le sais, car je ne crois pas qu'il y ait dans cette enceinte un homme ayant consacré à l'étude du sort des classes ouvrières plus d'attention et de temps que je n'y en ai donné en France et à l'étranger.

Vous pouvez différer d'opinion avec moi ; mais je ne permets à personne de penser et de dire qu'il éprouve pour les souffrances des ouvriers une sympathie plus vraie, plus sincère et plus profonde que la mienne.

Eh bien, je vous dis que cette dégradation physique dans laquelle vivent les classes laborieuses est due, en grande partie, non au labeur excessif de l'homme, mais à l'exploitation de l'enfant.

Si la race dépérit, ce n'est pas parce que les hommes faits travaillent trop longtemps, et je voudrais pouvoir abréger les heures de travail pour tout le monde, mais j'attends ce progrès du progrès de la richesse, je ne l'attends pas de vos lois coercitives. Je dis que si la race dépérit, ce n'est pas par le travail de l'homme, c'est par le travail prématuré et exorbitant de l'enfant ; c'est parce que vous permettez aux enfants d'aller de trop bonne heure dans les manufactures, de s'y épuiser de travail avant l'âge ; d'y passer un temps qu'ils devraient consacrer à leur instruction d'abord, et au développement de leurs organes ensuite ; c'est pour cela que l'enfant arrive à l'âge, mais qu'il n'arrive jamais à la taille et à la force de l'homme. C'est pour cela, Messieurs, que la race qui recrute vos armées, la race qui doit contribuer à la défense du territoire, cette race s'énerve ; et tandis qu'il vous reste la valeur et le courage, la force, qui en est comme la trame, diminue tous les jours.

Nous vous proposons, pour parer à cet inconvénient, pour faire cesser cette horrible consommation de chair humaine, de venir au secours de l'enfance, de reprendre une partie de cette tutelle que la famille n'exerce pas comme elle le devrait.

Je vous propose d'appeler la société au secours de la famille. Voilà l'œuvre d'humanité que vous avez à accomplir, et vous ne reculerez pas devant cette œuvre. Vous avez conscience de votre devoir, et vous aurez les lumières nécessaires pour l'accomplir. Mais, au nom du ciel, n'allez pas plus loin ; ne traitez pas l'homme fait, l'ouvrier, comme un mineur, car il ne l'est pas ! Tous les hommes sont libres sur cette terre de France. Qu'est-ce que la liberté ? N'est-ce pas le droit d'exercer toutes les facultés dans toute leur latitude ? est-ce seulement le droit d'exprimer et de publier ses opinions ?

La liberté est le droit qu'a l'homme d'exercer ses facultés dans l'ordre social en se conformant aux lois ; et la première de ces facultés doit être apparemment celle de pourvoir à sa subsistance et à celle de sa famille. Et vous iriez restreindre ce droit ! Et comment le pouvez-vous ? Y a-t-il quelque chose de supérieur à ce droit qui tient à l'instinct de conservation ? Est-ce à vous de le limiter ? Est-ce que la société connaît les intentions, les intérêts, les forces et les ressources de chacun ? Est-ce qu'elle peut faire une règle générale ? Non, messieurs, elle n'en a pas plus le pouvoir que le droit. Il y a tel ouvrier qui a dix enfants à nourrir ; irez-vous lui dire de se restreindre au salaire qui suffit à celui qui n'a pas de famille ou qui n'a que deux ou trois enfants ? Cela serait inique et insensé.

Ne vous placez pas dans des chimères ; qu'un sentiment d'humanité très-fondé, mais qui s'égare dans son application, ne vous pousse pas à sortir de la limite du possible. Non, vous n'adopterez pas l'amendement qui vous est proposé. Vous abrogerez une loi faite à bonne intention, je le reconnais, mais faite dans une méconnaissance complète de la situation générale, et même de la situation particulière de notre société ; vous abrogerez cette loi, et vous ne la remplacerez pas par une loi qui méconnaîtrait pareillement le principe, et qui, dans certains cas, serait également funeste.

(Séance du 4 septembre 1848.)

M. Léon Faucher. Le comité du travail, auquel vous avez renvoyé les divers amendements, qu'avait fait naître la proposition de M. Wolowski, renonce à sa pre-

mière décision, qui était l'abrogation pure et simple du
décret du 2 mars, et il vient vous proposer d'adopter la
disposition nouvelle, qui fixe à douze heures la durée
normale du travail sur toute l'étendue du territoire, et
dans toutes les industries.

A côté de cette limite, il admet la possibilité de donner
des dispenses, d'augmenter, dans certains cas, le maximum des heures de travail, et il laisse à l'autorité publique le pouvoir de délivrer ces dispenses ; en un mot,
ce que vous propose votre comité de travail, c'est un
maximum pour la durée du travail, avec l'arbitraire
pour interpréter le décret.

Permettez-moi de le dire, votre comité du travail
ne s'est pas mis en frais de logique. Il y a quelques
jours, une réunion de manufacturiers, de l'opinion des
quels on se prévaut devant vous, s'était assemblée
dans une ville importante pour délibérer sur la même
question. Cette réunion avait été d'avis de limiter aussi
la durée du travail, mais elle avait poussé plus loin ses
résolutions ; elle en avait embrassé toutes les conséquences ; en même temps qu'elle proposait de réduire
les heures de travail, elle proposait de fixer un minimum
des salaires ; et en même temps qu'elle fixait un minimum des salaires, elle proposait aussi d'établir des tarifs
de façons pour les manufacturiers, d'étouffer entre eux
la concurrence.

Ainsi, c'était tout un ordre nouveau que l'on demandait à créer pour l'industrie. Et en cela l'on était conséquent ; car si vous réduisez la durée des heures de travail, vous êtes obligés de fixer les salaires, et si vous fixez
les salaires, il faut déterminer le prix des façons, et par

suite la valeur de la marchandise. En assurant la subsistance à l'ouvrier, vous êtes dans l'obligation d'assurer aussi des profits au manufacturier, et un revenu au capital.

Tout se lie, et ce qu'on vous demande en résultat, ce n'est ni plus ni moins que de revenir au delà de l'ordre de choses qui avait été établi par Colbert

Ce qu'on vous demande, c'est de faire de l'État un pouvoir chargé de réglementer, de soutenir l'industrie. En un mot, si vous adoptiez le décret qui vous est proposé, vous tendriez à faire de la France quelque chose de semblable au régime qui pèse aujourd'hui sur l'Egypte.

J'ai voulu vous donner un aperçu général des conséquences de la proposition, et vous montrer que les manufacturiers, de l'opinion desquels on se prévaut, sont bien plus logiques que le comité du travail, et qu'ils vont tout de suite aux résultats nécessaires du système qu'ils ont embrassé.

Maintenant je vous demande la permission d'examiner la proposition dans ses détails et de vous en indiquer les conséquences une à une.

J'ai déjà eu l'honneur de vous le dire, et vous me permettrez de le répéter, le décret qu'on vous propose n'est pas autre chose qu'une prime donnée à l'industrie parcellaire au détriment de la grande industrie. Les interruptions dont cette opinion a été l'objet dans votre avant-dernière séance me prouvent que l'assemblée elle-même comprend qu'il n'est pas possible de réglementer le travail domestique.

Or, s'il n'est pas possible de réglementer le travail

domestique, votre loi, qui a la prétention d'être générale, ne tombe que sur des cas particuliers ; elle ne régit
que des exceptions, et elle commet autant d'injustices ;
elle chasse l'ouvrier de l'industrie que vous pouvez surveiller, dans laquelle vous pouvez faire exécuter la loi,
pour le reléguer dans celle où l'exécution de la loi est
impossible, au moins à l'autorité légale.

Ainsi, l'on interdirait à l'ouvrier l'industrie la plus
lucrative pour le condamner à l'exercice de l'industrie
la moins lucrative ; on lui interdirait l'industrie la
moins pénible pour le condamner à l'industrie la plus
pénible. On atteindrait ainsi un but complétement différent de celui que l'on se proposait d'atteindre.

Ce n'est jamais impunément qu'on gêne la liberté
de l'industrie. Dans les premiers temps où l'Angleterre avait limité la durée du travail pour les enfants
dans les manufactures, savez-vous ce que firent les manufacturiers qui ne voulaient pas se soumettre à la loi,
ou ne croyaient pas pouvoir s'y soumettre? Ils inventè-
rent des machines qui les dispensaient, à quelques
égards, du travail des enfants. Et quel en fut le résultat?
Les enfants se trouvèrent privés de travail, et la famille
des ressources que ce travail lui procurait. Vous arrive-
rez à une conséquence bien autrement grave. En limitant la durée du travail pour les adultes, dont le nombre
est bien plus grand dans les manufactures, vous amène-
rez le manufacturier à augmenter son capital fixe, son
capital-machines au détriment de la somme qu'il consacrait au salaire; par conséquent vous diminuerez la
somme des salaires à répartir entre les ouvriers; vous
ferez qu'un certain nombre d'ouvriers restera sans

emploi. Vous ne voulez réduire que la durée du travail, et vous réduirez, contre votre intention, le nombre des ouvriers employés par l'industrie ; vous créerez une calamité publique.

Et dans quel temps venez-vous nous proposer une mesure qui entraîne ces funestes conséquences? Au moment où l'industrie languit, où les commandes manquent, où les bénéfices sont quelque chose que l'on ne connaît plus, où le nombre des ouvriers sans emploi augmente partout dans une proportion affligeante ! Vous adopteriez dans ce moment une proposition dont la conséquence serait de réduire encore le nombre des ouvriers employés ! Assurément une pareille résolution serait inopportune ; elle ne serait pas humaine. Ainsi que j'avais l'honneur de le dire tout à l'heure, elle serait marquée au coin d'une calamité publique.

Lorsque les ouvriers demandent la réduction des heures du travail, ne vous y trompez pas, ils désirent moins abréger ce travail en lui-même qu'arriver à une augmentation de salaire ; ou bien, ce qui est le même idéal sous une autre forme, ils poursuivent le but de rendre le salaire permanent.

Je ne blâme pas les ouvriers ; la préoccupation qui les agite est générale dans la société ; qui doute que les industries et les emplois, dans lesquels on a la certitude d'un revenu quelconque, ne soient communément préférés, même aux industries qui offrent la chance d'un bénéfice plus grand, mais dans lesquelles ce bénéfice est plus incertain? Pourquoi les classes moyennes recherchent-elles les emplois publics? Évidemment parce que le revenu qu'ils procurent est quelque chose d'assuré ;

parce que les emplois publics sont une carrière dans laquelle il n'y a pas de chômage et dans laquelle le salaire de chaque jour est aussi le salaire de l'année. Les ouvriers visent à ce résultat, ils visent à rendre le salaire permanent, et c'est parce qu'ils croient que la prolongation du travail au delà d'une certaine durée tend à supprimer le travail dans certaines saisons, c'est pour égaliser le travail, comme ils le disent eux-mêmes, qu'ils demandent la réduction des heures pendant lesquelles ils sont employés.

Ce calcul, parfaitement légitime, procède d'une grande erreur; il suppose que le travail industriel n'a pas ses saisons comme l'agriculture. Or, le travail industriel est soumis à toutes les chances de l'offre et de la demande; il a bien réellement, je le répète, ses saisons comme le travail agricole. Lorsque les commandes se développent, il y a des moments où le manufacturier est obligé de chauffer ses machines pendant vingt-quatre heures; il y a des moments où il devient nécessaire d'imprimer une grande accélération au mouvement de l'industrie. Pendant ces époques, le manufacturier n'est pas libre d'adopter une journée uniforme, il faut qu'il suive l'impulsion du commerce, qui suit lui-même celle de la consommation.

Eh bien, si vous défendez à l'ouvrier de travailler plus de douze heures, vous le privez précisément du bénéfice de cette augmentation de travail et du salaire qui est la conséquence d'un retour de prospérité; je ne crois pas que vous puissiez faire quelque chose de plus funeste aux travailleurs dont vous voulez cependant améliorer le sort.

Tendre à l'égalité des heures de travail, tendre à l'égalité des salaires, c'est vouloir supprimer le principe de l'offre et de la demande, qui règle à la fois le prix des marchandises, et le taux des salaires.

Permettez-moi encore de vous signaler une autre conséquence du décret que votre comité vous propose. Adopter pour la journée du travail une durée uniforme, c'est tendre à substituer le travail à la journée au travail à la tâche, c'est renoncer au progrès qu'a amené le mouvement naturel de la richesse et de l'industrie.

Le travail à la tâche est un progrès sur le travail à la journée ! Pourquoi? Parce qu'il proportionne le salaire obtenu par chacun à la somme de force et d'expérience que chacun peut dépenser ; parce qu'il rémunère l'ouvrier habile selon son habileté ; parce qu'il rémunère l'ouvrier qui manque d'habileté selon son inexpérience.

Le travail à la tâche, c'est l'introduction de l'équité, d'une mesure équitable dans l'industrie. Le travail à la journée, c'est le rétablissement d'une mesure inégale, d'une mesure inexacte, et par conséquent inique. Et cependant, Messieurs, si vous limitez la durée du travail, il en résultera forcément que vous transformerez le travail à la tâche en travail à la journée ; car les ouvriers, tout en réclamant l'abréviation de la journée, prétendent bien conserver le même salaire. Et comment pourraient-ils conserver le même salaire, si l'on persiste à les payer à la pièce au lieu de les payer à la journée?

Enfin, il est une dernière conséquence qui me paraît la plus fâcheuse de toutes.

On vous a dit que le salaire était la principale base des frais de production, et les frais de production déter-

II.

16

minent le prix de la marchandise. Si donc vous augmentez le salaire sous une autre forme, en réduisant les
heures de travail et en prétendant que ces heures de
travail réduites produisent le même salaire, vous aug-
menterez le prix de la marchandise, vous ajouterez aux
difficultés de la concurrence, vous ferez que les manufacturiers français, arrivant sur le marché étranger, s'y
rencontreront dans des conditions d'infériorité avec les
produits étrangers.

Eh bien, Messieurs, il existe une conviction générale
dans ce pays, conviction que je ne partage pas au même
degré, mais que je trouve établie, c'est que l'industrie en
France n'atteint pas un degré de perfection suffisant
pour que nos manufacturiers puissent lutter à armes
égales sur les marchés du dehors et du dedans avec
leurs concurrents étrangers, Anglais, Allemands ou
Belges. Si vous augmentez les frais de production, il est
sensible que vous allez ajouter à ce désavantage, et que
vous réduirez nos fabricants à l'impuissance. Vous abais-
serez donc l'industrie nationale, en lui enlevant ses débouchés ; vous retrancherez de notre production annuelle
une valeur de 8 à 900 millions. Il suffit, je le crois de
vous montrer ce résultat pour que vous refusiez de vous
y laisser conduire.

On vous disait, Messieurs, dans une des séances pré-
cédentes, qu'en limitant le travail de l'ouvrier vous le
feriez descendre au rang de l'esclave.

Ce n'est pas dire assez. Vous iriez plus loin encore,
vous réduiriez l'ouvrier au rôle passif de la machine ;
vous le traiteriez comme ces moteurs aveugles que les
manufacturiers emploient dans l'industrie ; car vous lui

défendriez de stipuler dans son intérêt et d'employer ses forces dans la mesure qui lui convient. Comment! vous avez émancipé l'ouvrier dans l'ordre politique, vous lui avez accordé le suffrage universel, vous avez déclaré qu'il était digne, qu'il était capable de prendre part à la direction des affaires du pays; et aujourd'hui vous déclareriez qu'il n'est pas digne, qu'il n'est pas capable de diriger ses propres affaires, vous lui enlèveriez la direction de ses intérêts! Messieurs, ce serait là une grossière inconséquence. Vous déclareriez en même temps que l'ouvrier doit être libre en ce qui touche les affaires publiques, et libre de la plus grande somme de liberté, car vous lui donnez une part du pouvoir, et qu'il ne doit pas être libre dans la gestion de ses affaires privées, qu'il ne peut pas disposer de son travail, qui est son capital, sa propriété!

Messieurs, je ne puis pas m'empêcher de voir dans la résolution que vous propose votre comité du travail, une conséquence de ces idées socialistes qui malheureusement sont aujourd'hui trop répandues en France.

Je ne crains pas, quant à moi, le socialisme qui marche ouvertement à son but, celui qui dit : « Je ne veux pas de la famille, je ne veux pas de la propriété. »

Celui-là, je ne le crains pas; ce que je crains, ce que je redoute, c'est le socialisme indirect, le socialisme inconséquent, bâtard, qui vous mènerait sur la pente et qui vous cacherait l'abîme. A celui-là, je dirais volontiers ce que j'avais l'honneur de dire à un membre du Gouvernement provisoire qui s'écriait dans une conversation : «Le socialisme, c'est la peste. » A quoi, je faisais cette réponse à mon tour : « Oui, vous avez raison, le socialisme, c'est la peste ; mais vous êtes tous malades de la peste. »

Messieurs, il faut regarder en face, avec sympathie, mais avec courage, les plaies du travail. Il ne faut pas que l'émotion nous fasse perdre de vue les données de la raison et de la science. Venons au secours des misères de la société sans troubler l'ordre social. Ne posons pas des règles inexécutables, et ne faisons pas des promesses vaines. Souvenons-nous que le décret qui proclama le droit au travail n'a pas été étranger à l'insurrection de juin.

# IV

## COALITIONS

DISCUSSION SUR LA LOI RELATIVE AUX COALITIONS.

(Séance du 3 janvier 1849.)

M. Léon Faucher, ministre de l'intérieur.— Je crois la tentative qui est faite pour modifier la législation pénale, en matière de travail, tout à fait prématurée.

Le principal but que paraît se proposer le comité de législation, l'esprit du projet sur lequel porte l'effort du débat, est celui-ci : Supprimer le mot *coalition* du dictionnaire de la pénalité, et, en même temps, punir le fait de coalition toutes les fois qu'il aboutit à la violence ou à la fraude.

Je ne voudrais pas faire la guerre aux mots; cependant les mots ont une très-grande influence. Il est certain que, si vous effacez de la loi le mot *coalition*, si vous ne punissez pas le fait de coalition, indépendamment des conséquences violentes ou frauduleuses que la coalition peut entraîner, il est certain, dis-je, que les ouvriers et les maîtres considéreront les coalitions comme des faits permis; et la conséquence de cette opinion sera, qu'en entrant dans une coalition, ils iront fatalement à la violence ou à la fraude.

Il faut les arrêter sur le seuil du mal, et il n'y a pas

16.

d'autre moyen de les arrêter que de proscrire la coalition en elle-même, en montrant qu'elle entraîne nécessairement des faits de violence ou de fraude.

Comment se forment les coalitions entre ouvriers? Est-ce de leur part le désir de débattre librement le prix du travail avec les fabricants? Non ; toutes les fois qu'il y a coalition, le but de cette coalition est de forcer un certain nombre d'ouvriers qui résistent aux projets des meneurs à s'associer à eux pour imposer un prix aux chefs d'industrie. Et quand il arrive aux fabricants de se coaliser, quel est le but de cette coalition ? C'est d'amener un certain nombre de fabricants qui résistent, qui voudraient s'isoler ou se renfermer dans des conditions spéciales de fabrication, à s'associer à eux pour imposer aux ouvriers des conditions de salaire ou de travail que les ouvriers n'auraient pas subies sans ce concert, et que je regarde comme étant toujours entachées d'une plus ou moins grande culpabilité.

Je sais très-bien que dans tous les pays les lois rendues contre les coalitions ne les ont pas toujours empêchées d'une manière absolue; je sais qu'il y a là inévitablement une certaine impuissance de la loi. Dans un pays voisin, cette impuissance s'est manifestée avec beaucoup plus d'éclat et beaucoup plus de danger que chez nous. Ainsi l'on voit en Angleterre des millions d'ouvriers se coaliser pour interdire le travail à un jour donné dans toute l'étendue du territoire ; et cet ordre, communiqué, par le moyen des affiliations, d'un bout à l'autre du royaume, est obéi sans résistance.

L'Angleterre a fait des lois très-sévères contre les coalitions, mais ces lois n'ont pas été très-efficaces.

Je suis disposé à croire qu'une pénalité sévère n'aurait pas plus d'effet en France, et je ne viens pas ici demander de changer, en les fortifiant, les conditions du code pénal ; mais je crois que nous sommes placés entre deux écueils : ou bien chercher à faire des lois draconiennes qui ne seront pas obéies, ou bien effacer entièrement la loi, et alors exciter à la coalition les ouvriers et les maîtres par la perspective de l'impunité.

Eh bien, pour mon compte, voilà ce que je croirais déplorable. Il faut que les ouvriers et les maîtres comprennent bien que, s'il leur est permis de s'associer pour la défense, pour le succès de leurs intérêts, il ne leur est pas permis de se coaliser, que cela n'est permis ni aux uns ni aux autres, car le fait seul de coalition implique une idée de fraude et de violence. Sans entrer dans de plus grands développements, je voudrais que l'Assemblée s'arrêtât à cette considération, que la question se présente devant elle sans avoir été, à mon avis, suffisamment élaborée ; qu'on lui demande une innovation qui aurait les conséquences les plus graves.

Et permettez que je prenne dans la législation actuelle un fait établi et respecté avec lequel je trouve que le fait de coalition a une complète analogie.

Aux termes de la loi, les autorités municipales doivent fixer le prix moyen de la journée de travail et régler, d'après ce prix moyen, les différends, les contestations qui peuvent s'élever entre ouvriers et maîtres. Est-ce que par hasard, en donnant au pouvoir municipal cette faculté, la loi aurait entendu l'armer du droit de régler le prix du travail ? Pas le moins du monde.

Le pouvoir municipal a ce droit, parce qu'il y a des

cas où le prix n'a pas été fixé à l'avance ; il faut alors qu'il y ait une mesure commune, et cette mesure est fixée par le pouvoir municipal, d'après les circonstances du marché.

Eh bien, dans l'anathème que le code pénal prononce contre les faits de coalition, faits qu'on ne peut pas empêcher d'une manière absolue, mais qu'on doit toujours déplorer et que la loi ne doit jamais sanctionner par son aveu, je trouve un résultat analogue qui tient aux mêmes nécessités.

Je vous demande donc de ne pas détruire ce qui est établi et consacré par l'usage, ce qui est de principe et de bonne pratique ; en un mot, je m'oppose au projet de loi qui vous est présenté par le comité de législation.

## RÉPONSE A M. MORIN.

L'honorable orateur qui descend de cette tribune a invoqué l'exemple de l'Angleterre, pour nous décider à renoncer à toutes les lois qui frappent les coalitions. Il est très-vrai que ces lois ont été supprimées dans la Grande-Bretagne.

Il est très-vrai que les ouvriers font souvent de ces tristes expériences, qui consistent dans des grèves de cinq mois, au bout desquels l'ouvrier a dévoré toutes ses ressources et reste livré à la charité publique, ou bien aux suggestions de la révolte. Il est très-vrai qu'on s'éclaire par ses propres fautes ; mais il vaudrait bien mieux n'avoir pas à s'éclairer ainsi ; il vaudrait bien mieux ne pas constituer chez nous l'industrie à l'état de guerre comme elle est dans la Grande-Bretagne ; il vaudrait bien mieux que les ouvriers, d'un côté, et les maîtres de l'autre ne formassent pas deux grandes armées se regardant d'un air hostile jusqu'à ce qu'elles mettent l'épée à la main. Il vaudrait bien mieux qu'on ne rentrât pas dans l'ordre après que, sur un champ de carnage, on a ramassé les morts et les blessés.

Ce que je demande pour le pays, c'est un ordre régulier, un ordre qui ne procède pas par soubresauts, dans lequel on n'aille pas jusqu'à l'abus pour revenir ensuite jusqu'au droit; j'aime mieux qu'on reste toujours dans le droit. Je dis que les lois ne sont pas seulement des moyens de réprimer, mais qu'elles sont aussi des moyens de prévenir. La loi doit contenir des préceptes; la loi est un enseignement. Je ne veux pas, quant à moi, rayer du Code pénal la flétrissure imprimée aux coalitions, parce qu'en l'insérant dans son texte, en frappant le fait, en déclarant que le fait est punissable, la loi l'anathématise. La loi enseigne aux ouvriers que ce n'est pas là l'ordre régulier; que ce n'est pas dans les coalitions que les ouvriers doivent chercher le moyen de réglementer le travail ni la source de leur subsistance.

Permettez-moi de vous présenter une dernière considération. Je comprends, jusqu'à un certain point, que l'Angleterre, où la liberté en toutes choses est absolue, adopte ce système de table rase, de *laisser-passer* complet en matière de coalition; mais il faut voir à quel prix, et je doute que M. Morin acceptât pour la France les conditions auxquelles cette concurrence effrénée, cette concurrence dans la coalition et non pas dans la liberté, se produit.

En effet, quelles sont ces conditions? Les voici : c'est

que les ports de l'Angleterre soient entièrement ouverts à l'industrie étrangère, et que, quand une coalition a frappé de stérilité les ateliers nationaux, quand il n'y a plus d'ouvriers pour remuer les machines, les ouvriers étrangers produisent des marchandises qui viennent encombrer les marchés de l'Angleterre ; c'est là une ressource, une compensation pour le consommateur. Mais chez nous, nous avons un régime prohibitif, un régime protecteur, si vous voulez que j'atténue l'expression, et ce régime interdit l'accès de nos marchés aux produits étrangers.

Eh bien, si vous admettez les coalitions, et qu'il en résulte que l'industrie nationale soit frappée pendant huit jours, quinze jours, un mois, cinq mois de stérilité ; alors, qui remplira vos marchés, qui les approvisionnera ?

Je ne fais que tirer la conséquence rigoureuse de votre système légal, en demandant que, lorsque vous établissez le système protecteur, vous n'organisiez pas l'insurrection dans les ateliers. Vous organisez l'insurrection dans les ateliers, vous établissez la guerre, du moment que le principe même de cette guerre est établi par la loi ; c'est ce principe fatal que je vous engage à ne pas admettre. Je vous engage à ne pas commettre une faute qui vous mènerait droit à l'anarchie ; je demande encore une fois, l'ajournement du projet.

# V

## ASSOCIATIONS D'OUVRIERS

RAPPORT FAIT AU NOM DE LA COMMISSION (¹) CHARGÉE D'EXAMINER LA
PROPOSITION DE MM. NADAUD, MORELLET, BERTHOLON, ETC.
RELATIVE AUX TRAVAUX PUBLICS.

(Séance du 18 décembre 1848).

Les auteurs de la proposition que vous avez déférée à
notre examen ne se bornent pas à demander l'extension
du décret du 15 juillet 1848, que l'Assemblée constituante n'avait voté qu'à titre d'essai et pour donner une
marque de sympathie aux classes laborieuses ; leur ambition semble être beaucoup plus vaste, et les termes du
projet vont bien autrement loin. Ils aspirent évidemment
à changer l'organisation des travaux publics et la constitution même du travail dans la société. Substituer les
agrégations d'ouvriers aux chefs qui font mouvoir l'industrie, transformer le salarié en associé, déterminer
d'autorité le taux des salaires, remplacer par une direction élective la hiérarchie naturelle des positions ainsi
que des capacités, dispenser enfin les travailleurs du ca-

---

(¹) Cette commission était composée de MM. Faucher (Léon),
*Président*, Blavoyer, *secrétaire*, Bertrand (Yonne), Bréhier, Flan-
din, Faure, Latrade, Lafayette (Oscar), Leroux (Emile), Lemu-
lier, Lebeuf, d'Olivier, Pervinquiere, Pidoux, Vernhette.

pital, en attendant apparemment que l'État le fournisse ;
voilà les tendances en présence desquelles nous nous
sommes trouvés placés.

Ces doctrines, la société les a combattues et répudiées,
à ses risques et périls, dans les moments les plus difficiles de la République. Nous serions inexcusables, en admettant ce que la proposition peut avoir de légitime et
de pratique, de ne pas montrer en même temps les illusions qu'elle encourage et les erreurs funestes dont elle
est entachée.

Les auteurs ou plutôt les organes de ce système dans
l'Assemblée, si l'on en juge par la proposition qu'ils ont
présentée le 6 août dernier, prétendent appliquer les associations d'ouvriers, non-seulement à l'entreprise des
travaux publics, mais encore à l'exploitation des industries manufacturières, et à la mise en culture du sol. Où
l'on n'a vu qu'une expérience jusqu'à présent, c'est une
révolution qu'ils veulent faire..

Les travaux publics ne figurent dans cet immense
plan que comme un premier point d'attaque. Nous le
reconnaissons, le système qui est en usage a porté quelques mauvais fruits. Est-ce une raison pour le détruire ?
où en trouver un qui n'ait pas ses côtés faibles et qui
n'engendre pas d'abus ? On veut supprimer les entrepreneurs dans les travaux d'ordre public, absolument
comme les docteurs du Luxembourg tendaient à supprimer les entrepreneurs d'usines et d'ateliers, les patrons,
que l'on considérait alors dans l'industrie comme un
rouage inutile. C'est toujours la même manière d'entendre la démocratie : on vise à une égalité chimérique des
conditions, au lieu de s'arrêter à l'égalité réelle des droits.

Que reprochent les ouvriers au système de l'entreprise ? D'amener la nécessité de divers intermédiaires, dont chacun prélève son bénéfice et surcharge ainsi le prix des travaux, ou réduit d'autant la part de la main-d'œuvre. M. Morellet, qui s'est expliqué devant nous sur la portée de la proposition, pour lui et pour ses collègues, nous a tenu, sur ce point, le même langage que M. Brunet, qui disait, dans la séance du 14 juillet 1848 : « Un seul individu, qu'on appelle entrepreneur général, vient soumissionner, à des rabais souvent scandaleux, la confection de tous les travaux. Or, la plupart du temps, cet individu est ignorant en matière de travaux publics ; ce n'est qu'un prête-nom, un intermédiaire qui souvent même ne possède pas les capitaux nécessaires et qui est obligé de les emprunter à un taux onéreux. Par suite, pour exécuter les travaux, cet entrepreneur général est obligé d'admettre des sous-entrepreneurs pour chacune des spécialités qui constituent le projet général ; et ces sous-entrepreneurs, étant dans une position semblable à celle de l'entrepreneur général, ont besoin de ce qu'on appelle des tâcherons ; de sorte, qu'en réalité, les travaux publics sont exécutés sous la direction d'hommes peu capables, peu moraux, et qui absorbent, aux dépens des ouvriers, la plus grande partie des bénéfices. »

Il y a du vrai, et beaucoup de vrai dans cette peinture ; mais ceux qui la font, élèvent mal à propos à la hauteur d'une théorie ce qui ne peut être considéré que comme un régime provisoire et comme un accident de croissance. Le développement des travaux publics est d'une date assez récente en France et même en Europe. Il a fallu tout créer à la fois, les capitaux, les méthodes et le personnel d'exécution. De même que les premiers ingénieurs qui ont exécuté des chemins de fer n'ont pas toujours choisi les meilleurs tracés et se sont livrés à des dépenses souvent inutiles, la première génération des entrepreneurs, se formant un peu au hasard, a pu manquer d'argent, de moralité et de lumières. C'étaient, comme on l'a fait remarquer à la tribune, de simples ouvriers plus hardis que d'autres, mais rarement plus éclairés, qui se voyaient conduits à spéculer trop souvent sur les travaux, faute d'aptitude pour les conduire.

Cet état de choses commence à s'améliorer. Les entrepreneurs sérieux ne sont déjà plus aussi rares. L'entreprise des travaux publics devient une carrière qu'abordent aujourd'hui des hommes recommandables, après l'étude réfléchie des devis, avec une clientèle d'ouvriers, et avec un matériel suffisant d'exécution. Des entrepreneurs étrangers sont même accourus, nous apportant les enseignements de leur expérience et la contagion salutaire de leur exemple. Le même progrès a été observé en Angleterre, où une génération nouvelle d'entrepreneurs plus instruite, plus morale et plus riche remplace peu à peu les instruments grossiers à l'aide desquels s'était d'abord établi et avait grandi ensuite le système des travaux publics.

Le régime de l'entreprise n'entraîne pas la nécessité de tous les rouages dont on l'a souvent compliqué. On peut diviser les adjudications par nature de travaux et par lots, de telle façon que l'adjudicataire n'ait aucun intérêt à sous-traiter, et que l'atelier à diriger n'excède pas la mesure de son action personnelle. Même dans une entreprise générale, l'entrepreneur, quand il est sérieux,

garde habituellement la conduite de l'affaire, sur laquelle
il étend sa surveillance par des agents salariés ou intéressés, sans admettre d'autres intermédiaires entre lui et
les tâcherons ou les ouvriers marchandeurs.

Les grandes entreprises conduites ainsi directement,
gagnent du terrain en France. Les ingénieurs chargés
d'exécuter un canal ou un chemin de fer préfèrent adjuger ou concéder des lots de travaux d'une certaine
étendue, parce que l'entrepreneur, y appliquant un
matériel puissant, peut conduire l'ouvrage avec plus de
célérité et avec plus d'économie. Quant aux entrepreneurs sérieux, leur intérêt manifeste est de ne soumissionner que des travaux assez importants pour que le
bénéfice possible sur quelques détails compense la perte
assurée sur quelques autres, et que les côtés faibles du
devis disparaissent dans l'ensemble des évaluations.

Ceux qui parlent de supprimer les entrepreneurs dans
le mécanisme des travaux publics, oublient que le système de l'entreprise est universellement adopté en Europe. De l'autre côté du détroit, dans un pays où l'esprit
d'association a reçu tous les développements et s'est
prêté à toutes les applications possibles ; où les ouvriers,
plus instruits, plus expérimentés et plus exercés dans le
calcul de leurs intérêts que partout ailleurs, correspon-
dent entre eux et tiennent les uns aux autres par des
liens tellement étroits qu'à un jour donné sept à huit
cent mille hommes peuvent prendre une résolution commune, personne n'a imaginé de substituer des associations d'ouvriers aux entrepreneurs pour l'exécution des
travaux publics. Un entrepreneur général (*contractor,*)
des tâcherons (*gangers*), et des ouvriers qui travaillent

à la journée ou à la tâche, voilà l'organisation au moyen de laquelle s'exécutent ces magnifiques voies de communication qui font l'admiration du monde civilisé. Environ trois cent mille terrassiers sont employés en Angleterre à la construction des chemins de fer. Quand le laboureur gagne 10 à 12 shillings par semaine, le terrassier en gagne 20 à 25. Aussi ne songe-t-il pas à déserter ni à transformer une condition qui lui vaut de tels salaires.

Ce n'est pas non plus l'infériorité des salaires qui a pu amener en France les réclamations que l'on élève au nom des ouvriers occupés par les travaux publics. Il s'en faut que le régime actuel ait déprimé la condition des classes laborieuses. Partout en effet, où l'État, les départements, les communes, les compagnies exécutent de grands ouvrages, une hausse considérable et soudaine de la main-d'œuvre se fait aussitôt sentir. Non-seulement cette hausse agit pour le temps de la construction, mais elle reflue encore dans les usines, dans les ateliers et jusque dans les travaux de l'agriculture. Sans doute, elle n'enrichit pas toujours les travailleurs, qui se hâtent bien souvent de dissiper une prospérité à laquelle ils n'étaient pas assez préparés : le bien est venu trop vite pour profiter à celui qui le recevait ; mais, à coup sûr, elle ne leur laisse pas de prétexte pour se plaindre de leur sort, ni d'un mouvement qui, après tout, les relève.

Le système de l'entreprise n'est pas certes à l'abri des critiques, et ne nous paraît pas l'idéal en matière de travaux publics ; mais, comparé à cette ébauche informe d'organisation que l'on appelle aujourd'hui l'association des ouvriers, il présente plusieurs avantages.

L'entreprise donne seule des garanties à l'État ; car l'entrepreneur est responsable dans sa fortune, dans son crédit, dans sa considération. L'État peut lui demander compte à toute heure de ce qu'il fait et de ce qu'il ne fait pas. S'il n'exécute pas ou s'il exécute mal le contrat d'adjudication, le recours est prompt et facile. Les travaux marchent avec ensemble, grâce à l'unité d'impulsion qui y préside. L'État n'a plus qu'à indiquer la distribution et la durée des travaux; car il y a quelqu'un qui appelle, rassemble et choisit les ouvriers, qui répond du complet et de la bonne tenue des chantiers, qui fournit et répare le matériel, qui commande et dirige les officiers de cette armée industrielle, qui anime tout de son intérêt et de sa présence.

On reconnaît que les associations d'ouvriers ont un champ d'opération très-limité, qu'elles ne peuvent aborder que des travaux dans lesquels la main-d'œuvre est facile, sans mélange, et qui ne sont pas trop étendus. Il convient d'ajouter que, même dans ces circonstances, en faisant aux associations d'ouvriers un traitement de faveur, en mesurant le vent à ces nouveaux nés de l'industrie, on n'obtiendra pas encore une solution très-satisfaisante. Les travaux manqueront toujours de direction ; l'exécution et la durée de l'exécution seront également incertaines. L'État n'aura pas de garanties, car la responsabilité, en se divisant, s'efface. La mobilité du personnel, à laquelle l'entrepreneur doit parer dans le système ordinaire, troublera directement l'organisation des travaux, compliquera la comptabilité des ingénieurs, et établira l'anarchie en permanence sur les chantiers. Ce défaut de lien, d'intelligence et d'expérience se fera sentir à chaque coup de pioche. L'État subira tous les inconvénients et n'aura pas les avantages des travaux exécutés en régie.

Le véritable progrès pour l'ouvrier, dans les travaux publics, c'est le marchandage. Lorsqu'il se rencontre des terrassiers éprouvés, des maçons habiles, ou des charpentiers intelligents, ils peuvent se concerter à dix ou à vingt pour entreprendre à forfait un lot d'une faible importance. Dans ces cas-là, qui ne sont pas rares, un groupe d'ouvriers fait office de tâcheron. L'ouvrier qui réussit et qui épargne, peut, avec le temps, et s'il a l'esprit organisateur, monter plus haut, et se classer parmi les instructeurs du travail. Voilà le chemin naturel que suivent la bonne conduite et l'intelligence. Une bonne organisation du travail ne supprimera pas les degrés intermédiaires, elle se bornera à les simplifier et à les rendre accessibles; c'est à chacun ensuite à conquérir le rang auquel il a droit.

Lorsqu'une idée vraie ou fausse, prudente ou exagérée, s'est emparée de l'attention publique, il peut être utile d'en faire l'essai, de l'éprouver au creuset de la pratique. L'Assemblée constituante a soumis les associations d'ouvriers à une double expérience. Par le décret du 5 juillet 1848, elle a ouvert un crédit de 3 millions destiné à encourager, disons mieux, à commanditer les associations qui se formeraient soit entre patrons et ouvriers, soit entre ouvriers seulement, dans l'agriculture comme dans les constructions et dans l'industrie. Par le décret du 15 juillet, elle a admis les ouvriers, qui s'associeraient entre eux, à l'adjudication et même à la concession directe des travaux publics. Quels sont jusqu'à présent les résultats connus de ces mesures?

Nous avons demandé des renseignements à M. le ministre du commerce sur les effets du décret du 5 juillet. On nous répond que là où d'anciens patrons sont associés à des ouvriers, il y a chance de succès; et qu'il y aura beaucoup d'insuccès, là où les ouvriers seulement sont associés entre eux. Encore faut-il ajouter que les résultats eussent été plus déplorables, que plusieurs associations auraient péri, les unes par l'insuffisance du capital prêté, les autres par l'incapacité des patrons improvisés, ou par suite de leurs dissensions intestines, si l'administration n'était intervenue, tantôt pour augmenter le secours, tantôt pour rétablir l'harmonie, tantôt pour éclairer les gérants sur la marche qu'ils auraient dû suivre; en sorte que l'État, après avoir donné son argent, doit encore se constituer le patron de ces entreprises, l'arbitre de leurs différends, et s'immiscer dans la gestion. Est-ce là le rôle qui lui appartient? Ne va-t-il pas s'ériger ainsi en entrepreneur d'industrie, et convertir la tutelle, qu'il accorde aux uns, en moyen de concurrence contre les autres?

Quant aux associations d'ouvriers qui se sont formées pour mettre à profit les prescriptions du décret du 15 juillet, nous allons en exposer les premiers résultats.

Le décret, en décidant que le ministre des travaux publics pourrait concéder directement ou adjuger des travaux à ces associations, avait laissé à un règlement d'administration publique le soin de déterminer les ouvrages qui pouvaient leur être confiés, et les conditions ainsi que les garanties qui devaient être stipulées. Ce rè-

glement, promulgué le 18 août 1848, ouvre à l'émulation des associés une large carrière. La nomenclature
des travaux comprend : « les terrassements à exécuter à
la pelle, à la brouette ou au tombereau ; les extractions
de rochers ; les exploitations de carrières ouvertes par
l'État ; les percements de puits et de galeries ; les draga-
ges ; les fournitures de matériaux pour construction ou
entretien de chaussées pavées ou empierrées ; les maçon-
neries à pierres sèches pour perrés et murs de soutene-
ment ; les sculptures d'ornement ; les ouvrages de maçonnerie, de charpente, de menuiserie, de serrurerie,
de couverture, de pavage, etc., quand il n'y aura pas de
matériaux à fournir par l'association pour l'exécution
des ouvrages. »

Ainsi, le domaine des adjudications que le règlement
permettait aux associations d'aborder, s'étendait à tous
les travaux de routes, de rivières, de canaux, de chemins de fer. Il y avait de quoi occuper plus de cent mille
ouvriers par jour, et de quoi distribuer plus de 100 millions par année en salaires. Quant aux concessions
directes, elles ne s'appliquaient qu'aux travaux dont
l'importance n'excédait pas 20,000 francs. Mais en
divisant les lots, on pouvait aisément multiplier à
l'infini les applications de ce système.

Pour mettre les associations en mesure de lutter vic-
torieusement avec les entrepreneurs dans les adjudications publiques, on les dispensait de fournir un cautionnement, et on ne les soumettait qu'à la retenue du dixième
qui est la garantie constamment exigée pour la bonne
exécution des travaux. Ce n'est pas tout. L'administration, dans une sollicitude assurément paternelle, mais

qui constituait une entrave à la liberté des transactions et qui entraînait pour sa propre responsabilité les conséquences les plus graves, avait voulu que, dans toutes les adjudications auxquelles les associations d'ouvriers seraient appelées à concourir, un maximum de rabais fût fixé par le préfet, sur l'avis de l'ingénieur ou de l'architecte. On a même interprété quelquefois le règlement en ce sens qu'un maximum de rabais était déterminé pour les associations seules, tandis que les entrepreneurs demeuraient libres de pousser le rabais aux limites les plus extrêmes. Enfin, l'on a écarté de fait les entrepreneurs, en statuant qu'à égalité de rabais entre une soumission d'entrepreneurs et une soumission d'ouvriers associés, celle-ci serait toujours préférée.

Malgré ces encouragements tout à fait exceptionnels, les associations d'ouvriers n'ont pris, jusqu'à ce jour, que des développements sans importance ; et parmi celles qui se sont formées pour exécuter des travaux publics, dans les conditions très-favorables que nous venons d'indiquer, bien peu ont obtenu un succès qui puisse être invoqué comme un argument ou comme un exemple.

Voici au surplus le résumé textuel des renseignements que nous a fournis M. le ministre des travaux publics.

« La loi qui autorise la concession de travaux aux associations d'ouvriers a reçu jusqu'à présent un très-petit nombre d'applications.

« Indépendamment de ces constitutions régulières de société, plusieurs ingénieurs ont tenté de réunir de fait ces associations des ouvriers employés par voie de régie.

« Une seule association a réussi, c'est celle qui a entrepris des travaux de pavage à Paris.

« En général, les prix concédés aux ouvriers ont été inférieurs aux prix des adjudications ; mais il faut observer que les ingénieurs avaient pris le soin de faire diriger par leurs conducteurs l'exécution des travaux et même la comptabilité, et que les frais de ces diverses opérations sont ainsi restés à la charge de l'administration.

« Les observations suivantes dérivent des rapports présentés par MM. les ingénieurs.

« 1° L'égalité de salaire, condition nécessaire d'une association entre ouvriers, a presque toujours été une cause de discorde et de désunion parmi les associés.

« 2° La discipline des ateliers est presque impossible.

« 3° Les associations qui ont le plus approché du succès sont celles où le nombre des ouvriers ne dépassait pas 12 ou 15.

« 4° Les travaux exécutés par ce mode d'association laissent souvent à désirer sous le rapport de la perfection ; et il est difficile d'exercer un recours utile contre les ouvriers, ceux-ci se dispersant aussitôt que les ouvrages sont terminés.

« Les ingénieurs s'accordent à penser que, dans l'intérêt de l'État comme dans celui des ouvriers, l'ancien système d'entreprise est préférable au système des associations, sauf à corriger, dans les cahiers des charges, les clauses qui laissent trop l'ouvrier à la merci de l'entrepreneur. Quelques-uns regardent comme incomplètes les expériences qui viennent d'être tentées ; ils font remarquer que les premières associations ont été formées dans des moments d'agitation où les ouvriers, égarés par de détestables maximes, n'obéissaient plus aux lois de l'ordre et de la discipline ; ils concluent en conséquence à la continuation des essais. »

Les travaux auxquels fait allusion M. le ministre des travaux publics ont été exécutés dans les sept départements de l'Aube, de l'Aisne, de la Nièvre, du Rhône, de la Seine, de Seine-et-Marne et de Vaucluse. Si l'on excepte le pavage de Paris, une tranchée près de Lyon, et la construction de onze maisons de garde sur le chemin de Strasbourg, nous ne rencontrons pas ici d'associations proprement dites ; ce sont bien plutôt des groupes d'ouvriers que les ingénieurs de l'État ont embrigadés et mis à la tâche pour tirer un meilleur parti des rassemblements qui étaient expédiés de Paris et qui allaient former en province autant d'annexes des ateliers nationaux. L'État leur fournissait les outils, le matériel de construction, et quelquefois des moyens de campement. Ces réunions n'avaient d'autre raison d'être que l'appui des ingénieurs de l'État qui les avaient organisées, qui les soutenaient et qui les protégeaient contre des éléments de dissolution presque sans nombre.

En dehors des résultats que nous venons d'indiquer, M. le ministre des travaux publics nous a fait connaître ceux qui ont été obtenus à Limoges dans les travaux du chemin de fer. Entre Limoges et le Palais, sur une étendue de huit kilomètres, les ingénieurs de l'État avaient à exécuter 29 ouvrages d'art ordinaires et 800,000 mètres cubes de terrassement. Ces travaux, conduits en régie et à la tâche, ont occupé les ouvriers en chômage de la ville, répartis entre 79 brigades de

20 à 50 ouvriers chacune. Le chef de chaque brigade entreprenait un lot conformément à la série de prix dressée par l'ingénieur et approuvée par le préfet ; il recevait seul les instructions, s'obligeait pour lui et pour ses coassociés à les suivre, et recevait, pour en faire le décompte, le prix de leur travail.

M. l'ingénieur en chef de la Haute-Vienne a obtenu ainsi de notables économies sur les évaluations primitives. Les 29 ouvrages d'art n'ont coûté que 140,295 fr., au lieu de 375,790 fr. ; le mètre cube de terrassement a été exécuté au prix moyen de 1 fr. 42 c., au lieu de 2 fr. 09 c., ce qui représenterait, pour les 800,000 mètres cubes, une économie de 536,020 fr. (¹). Le salaire des ouvriers a varié entre 1 fr. et 2 fr. 50 c. par jour ; c'est à peu près la journée ordinaire des terrassiers du pays.

M. l'ingénieur en chef rapporte une bonne partie de l'économie qui a été réalisée, pour les travaux de maçonnerie, à l'emploi de matériaux inférieurs et à la découverte, en cours d'exécution, de matériaux plus rapprochés ainsi que moins coûteux ; pour les terrassements, à l'emploi de wagons inventés par l'ingénieur ordinaire M. Deleffe, et acquis pour le compte de l'État. Mais on doit l'attribuer aussi au système d'exécution qui a été adopté, système qui demande, pour réussir, des conditions exceptionnelles. Il faut, en effet, que l'Etat convertisse les ingénieurs, qui sont chargés de diriger et de surveiller les travaux, en véritables entrepreneurs de ces travaux ; que ceux-ci soient en même temps des

(¹) 300,000 mètres cubes ont déjà été exécutés.

praticiens habiles, des administrateurs consommés et des hommes d'affaires actifs ; qu'ils fassent les frais d'un matériel, qu'ils fournissent les outils, qu'ils appareillent et associent les ouvriers ; en un mot, chaque expérience de ce genre pose un problème à résoudre, dans des circonstances où l'on ne doit rien donner à l'inconnu. Ce système, c'est l'exécution en régie, ce n'est pas l'exécution par voie d'entreprise, la seule pourtant à laquelle s'adresse la proposition de MM. Nadaud et Morellet.

L'expérience qui a été faite des associations d'ouvriers dans le pavage de Paris présente des résultats qui semblent au premier abord plus directs et par conséquent plus décisifs.

Les ouvriers paveurs, au nombre de 240, s'étaient associés pour soumissionner le pavage ; ils ont obtenu deux lots, dont l'importance excédait 200,000 fr., et ils en auraient obtenu deux autres, si leurs soumissions n'avaient pas dépassé le maximum de rabais fixé pour eux par M. le préfet de la Seine.

Mais l'influence de l'association s'est étendue au delà des travaux qu'elle s'était chargée d'exécuter. La concurrence de ces nouveaux entrepreneurs a, de fait, soustrait l'administration municipale à la domination des anciens. En 1841, les rabais obtenus avaient représenté une moyenne de 2 70/100 pour 100. En 1849, la moyenne des rabais s'est élevée à 19 pour 100, et l'économie pour la ville a été d'environ 125,000 fr.

Les associés y ont également trouvé leur compte ; ils ont pu élever uniformément à 4 fr. 50 c. la journée de travail fixée auparavant à 4 fr. Ce n'est pas tout : un inventaire dressé le 1er octobre évaluait à 161,083 fr. 50 c., le montant approximatif des travaux exécutés jusqu'à cette époque. Les dépenses s'élevant à 158,577 fr., il restait un bénéfice net de 12,506 fr. à partager après la révision des travaux, entre les 70 ouvriers auxquels l'association s'était réduite, ce qui représente une quote-part d'environ 178 fr. pour chacun. Enfin, les travaux ont été exécutés avec le plus grand soin ; la discipline la plus sévère et une moralité parfaite ont régné sur les chantiers ; les ordres de l'administration ont été partout obéis sans hésitation, ses agents n'ont rencontré que déférence et respect, et l'association a constamment résisté aux suggestions insensées qui ont égaré tant d'ouvriers dans les jours de troubles.

Pourquoi l'association des ouvriers paveurs a-t-elle réussi là où bien d'autres ont échoué ; et comment a-t-elle pu rendre des services réels, là où d'autres n'étaient pour l'administration qu'un embarras et une charge ?

Le succès tient ici à des conditions véritablement anormales. Notons d'abord qu'il s'agissait d'un travail de main-d'œuvre, avec lequel les ouvriers qui l'entreprenaient étaient de longue main familiarisés, et qui n'exigeait qu'un matériel sans importance. Remarquons ensuite que ces ouvriers formaient une sorte de classe d'élite, qu'ils avaient déjà franchi quelques-uns des degrés intermédiaires qui séparent l'entrepreneur du manœuvre ; qu'ils pouvaient réaliser un capital d'exploitation, et qu'ils ont figuré plutôt des entrepreneurs que des ouvriers associés. On les voit, en effet, ce qui semble contraire au principe sur lequel reposent les associations de ce genre, employer d'autres ouvriers non associés, et distribuer des salaires aux uns de 4 fr. 50 c., aux autres

de 2 fr. 50 c. par jour. Ajoutons que le principe de l'é-
galité des salaires et du partage égal des dividendes, introduit dans l'acte d'association, est une clause immo-
rale qui peut bien convenir à des capitalistes mettant
leurs ressources en commun, mais qui répugne à tout
principe d'équité lorsqu'il s'agit de rétribuer, dans l'ordre du travail, chaque travailleur selon ses œuvres.

Nous venons, Messieurs, de placer les faits sous les
yeux de l'Assemblée. Cette espèce d'enquête nous a paru
nécessaire pour apprécier la valeur de la proposition qui
vous est présentée, et pour vous mettre ensuite en mesure
de juger s'il y a lieu d'étendre ou de restreindre la portée du décret rendu le 15 juillet 1848 par l'Assemblée
constituante.

L'article 1ᵉʳ de la proposition donne à l'État, aux
départements, aux communes, aux hospices et aux établissements charitables, l'autorisation de traiter de gré à
gré avec les associations de patrons et d'ouvriers, ou
d'ouvriers seulement, pour tous les travaux dont l'importance ne dépassera pas 30,000 francs. La commission a été presque unanime dans la pensée de rejeter
cet article. Il lui a paru que l'on ne pouvait pas, sans
faire peser sur les administrateurs des deniers publics
une responsabilité que bien peu seraient disposés à accepter et sans leur laisser en tout cas une latitude qui
aurait des dangers, leur permettre de traiter de gré à
gré pour l'exécution de travaux dont la valeur serait aussi
considérable. Mais en même temps, la majorité de la
commission a pensé qu'il était utile, et que le moment
était venu d'étendre aux travaux des localités l'expérience que l'on a voulu faire en admettant les associations

d'ouvriers à concourir à l'exécution des travaux qui relèvent directement de l'État. Si l'intervention des ouvriers associés peut amener une économie appréciable dans les frais de construction, et s'il peut en résulter pour eux-mêmes une amélioration de leur sort, c'est en effet dans les ouvrages d'une médiocre étendue qui consistent principalement en main-d'œuvre. L'association devient en outre plus facilement réalisable, quand elle se forme entre des habitants de la même localité, pour une opération à l'intelligence de laquelle tout le monde s'élève sans effort et sur laquelle la surveillance du public s'exerce en même temps que celle des magistrats. Nous vous proposons donc, Messieurs, d'étendre aux communes et aux établissements publics, les dispositions du décret du 5 juillet. Mais nous devons vous prévenir que cette disposition nouvelle n'a pas obtenu l'assentiment de M. le ministre de l'intérieur, dans les attributions duquel les communes ainsi que la plupart des établissements publics se trouvent placés ; et qu'une forte minorité de la commission la repousse (¹).

---

(¹) Voici l'extrait de l'ordonnance du 4 décembre 1836, portant règlement des marchés passés au nom de l'État :

« Art. 1ᵉʳ. — Tous les marchés au nom de l'État seront faits avec concurrence et publicité, sauf les exceptions mentionnées en l'article suivant :

« Art. 2. — Il pourra être traité de gré à gré :

« 1° Pour les fournitures, transports et travaux dont la dépense totale n'excédera pas 10,000 fr., ou, s'il s'agit d'un marché passé pour plusieurs années dont la dépense annuelle n'excédera pas 3,000 fr. ;

« 2° Pour toute espèce de fournitures, de transports ou de

L'art. 2 de la proposition est une espèce de code en matière de travaux publics. Il décide d'abord, que les cahiers des charges de tout ordre, dressés pour les adjudications publiques, fixeront un maximum limitatif de rabais pour chaque nature et pour chaque lot de travail. Les auteurs de la proposition voudraient généraliser, ainsi, d'une manière absolue, une condition déjà inscrite dans le règlement d'administration publique, et qui est ainsi exprimée : « Toutes les fois que des associations d'ouvriers sont admises à concourir, un maximum de rabais est fixé par le préfet, sur l'avis de l'ingénieur en chef ou de l'architecte. » Non-seulement nous ne pensons pas que l'on doive étendre cette règle, ni la consacrer par l'autorité de la loi, mais il nous semble que

travaux, lorsque les circonstances exigeront que les opérations du Gouvernement soient tenues secrètes, ces marchés devront être préalablement autorisés par nous sur un rapport spécial ;

« 9° Pour les fournitures, transports et travaux qui, dans les cas d'une urgence évidente, amenée par des circonstances imprévues, ne pourront pas subir les délais des adjudications ;

« 8° Pour les fournitures, transports ou travaux qui n'auraient été l'objet d'aucune offre aux adjudications ou à l'égard desquels il n'aurait été proposé que des prix inacceptables ; toutefois, lorsque l'administration aura cru devoir arrêter et faire connaître un maximum de prix, elle ne devra pas dépasser ce *maximum*.

« Art. 5. — Les cahiers des charges détermineront la nature et l'importance des garanties que les fournisseurs ou entrepreneurs auront à produire, soit pour être admis aux adjudications, soit pour répondre de l'exécution de leurs engagements. Ils détermineront aussi l'action que l'administration exercera sur ces garanties en cas d'inexécution de ces engagements.

« Art. 8. — Dans le cas où plusieurs soumissionnaires aul'administration n'aurait pas dû l'admettre, et que l'effet jusqu'à présent n'en a pas été très-heureux.

Nous comprenons le sentiment qui a déterminé l'administration à défendre les ouvriers associés des entraînements de la concurrence. Quand les ouvriers font fonction d'entrepreneurs, ce n'est plus un capital, comme ceux-ci, c'est leur salaire qu'ils apportent pour enjeu dans la lutte. Que l'entreprise rencontre des chances mauvaises, ou qu'elle soit mal conduite, et l'existence de familles laborieuses peut se trouver compromise ; il y a là un péril bien fait pour intéresser la prévoyance et pour émouvoir la pitié. Mais ces éventualités sont l'inévitable conséquence du système ; il faut s'y résigner en

raient offert le même prix, et où ce prix serait le plus bas de ceux portés dans les soumissions, il sera procédé, séance tenante, à une adjudication, soit sur de nouvelles soumissions, soit à extinction des feux, *entre* ces soumissionnaires seulement. »

Voici un extrait de l'ordonnance du 14 novembre 1837, portant règlement sur les entreprises pour travaux et fournitures au nom des communes et des établissements de bienfaisance.

Art. 1er. — Toutes les entreprises et fournitures au nom des communes et des établissements de bienfaisance seront données avec concurrence et publicité, sauf les exceptions ci-après.

« Art. 2. — Il pourra être traité de gré à gré, sauf approbation par le préfet, pour les travaux et fournitures dont la valeur n'excédera pas 3,000 fr.

« Il pourra être également traité de gré à gré, à quelque somme que s'élèvent les travaux et fournitures, mais avec l'approbation du Ministre de l'intérieur...

« 6° Pour les fournitures et travaux qui n'auraient été l'objet d'aucune offre aux adjudications, et à l'égard desquels il n'aurait été proposé que des prix inacceptables. Toutefois l'administration ne devra pas dépasser le maximum arrêté.

l'admettant. Ajoutons que la liberté dans l'industrie est non-seulement le droit commun, mais la plus sûre garantie pour tout le monde. Quand on concède directement l'exécution d'un travail, on peut choisir entre les concurrents qui se présentent et préférer, par telle ou telle considération, un rabais médiocre à un rabais exagéré sur les devis. Mais quand une adjudication est annoncée, celui qui adjuge ouvre l'enchère au rabais. Il n'est plus maître du choix entre ceux qui ont été admis à soumissionner, et il ne peut plus modifier les conditions posées dans le cahier des charges ; il subit la loi du sort dont il a invoqué la décision ; et cette loi veut que celui qui a soumissionné au plus bas prix soit déclaré adjudicataire.

Il y a plus : les devis dressés par les ingénieurs, avec quelque soin qu'on les ait établis, ne présentent pas, dans leurs évaluations, le caractère de la certitude. L'autorité qui ouvre une adjudication, en les prenant pour bases, ne sait pas de combien ils s'éloignent des prix vrais et justes. Comment pourrait-elle donc déterminer un maximum de rabais ? Et de quel droit s'exposerait-elle à sacrifier l'intérêt général à un intérêt privé, si respectable qu'il fût ? L'adjudication des travaux de pavage dans le département de la Seine a permis d'apprécier les inconvénients du maximum de rabais au point de vue de la fortune publique. L'association des ouvriers paveurs ayant excédé le maximum de rabais pour deux lots, il a fallu les adjuger aux entrepreneurs qui avaient concouru en offrant une réduction moins considérable, et imposer, par conséquent, le sacrifice de la différence à la ville de Paris.

M. le ministre des travaux publics est d'accord avec la commission pour repousser la clause du maximum de rabais, qui figure cependant, comme on l'a vu, dans le règlement d'administration publique.

L'article 2 de la proposition exige encore que les adjudicataires exécutent eux-mêmes les travaux. Cette disposition est inutile. Les cahiers des charges, dans tous les travaux que l'administration exécute, imposent cette obligation aux entrepreneurs, qui n'ont pas le droit de céder leurs marchés.

Enfin et dans le même article, MM. Nadaud et Morellet proposent de déterminer un *minimum* pour les prix à la tâche. Cette clause est inadmissible à tous les points de vue. L'administration peut bien fixer, en traitant avec les entrepreneurs, la dépense d'un ouvrage. Mais elle ne peut pas imposer aux entrepreneurs un tarif de façon pour les ouvriers qui seront employés. C'est aux ouvriers à faire leur marché, et à stipuler leurs intérêts en hommes libres. Ce que conseillent à l'Etat MM. Nadaud et Morellet, ce n'est ni plus ni moins qu'une tentative pour fixer législativement ou administrativement le taux des salaires, tentative tout à fait vaine et qui, dans un siècle comme le nôtre, avec la liberté qui existe pour tous de travailler et de produire, serait une innovation antisociale. Il n'y a, vous le savez, Messieurs, ni maximum ni minimum possible pour les éléments du salaire. Le travail se vend, sur le marché commun, ce qu'il peut se vendre, très-cher s'il est demandé, à vil prix s'il est trop offert. Le capital de l'ouvrier gagne ainsi en valeur dans les temps de prospérité, et perd de la valeur dans les époques de souffrances. Aucun artifice législatif ne peut soustraire les travailleurs à cette nécessité qui est la règle inflexible des faits humains.

L'article 3 a pour objet de décider que, dans le cas où un entrepreneur et une association d'ouvriers auraient soumissionné au même prix, la préférence devra être donnée à l'association. Le règlement d'administration publique a résolu la difficulté dans ce sens. Nous n'avons pas compris l'intérêt qui pourrait s'attacher à ce que l'on en fît une disposition législative. Dans le cas où plusieurs associations auraient présenté des soumissions égales, le même article veut que l'on partage les travaux proportionnellement au nombre des associés ; cependant la bonne exécution des travaux publics ne s'accommode pas d'une direction parcellaire. Nous considérons comme moins dangereux sinon comme plus satisfaisant l'expédient adopté dans le règlement d'administration publique, et qui consiste à tirer au sort la préférence entre les associations.

L'article 4 présente un nouveau système de garanties pour remplacer celles qui sont en usage dans les travaux publics. Ces garanties, on le sait, répondent à une double nécessité. D'une part, l'administration exige des entrepreneurs un cautionnement dont la valeur égale, en général, le trentième des travaux, et qui répond de l'exécution des engagements qu'ils contractent envers l'État. L'administration retient en outre, au fur et à mesure des paiements, le dixième du prix qui est dû pour les travaux exécutés, afin de couvrir les chances qui pourraient résulter d'une exécution défectueuse ou imparfaite. Le règlement d'administration publique a dispensé les associations d'ouvriers de fournir un cautionnement ; mais il maintient à leur égard l'obligation de supporter une retenue d'un dixième sur le prix des travaux, pendant le temps d'épreuve qui est jugé nécessaire. Les auteurs de la proposition voudraient réduire cette retenue au vingtième ; et, par forme de compensation, ils prélèveraient cinq centimes par jour sur le salaire de chaque ouvrier, associé ou non, pour composer un fonds de réserve ou de retraite. La commission n'a pas cru devoir s'arrêter à cette combinaison ; elle a considéré que le dixième de retenue était une garantie nécessaire, garantie que l'administration se réserve d'ailleurs la faculté de réduire toutes les fois que cela peut se faire sans danger. La durée essentiellement temporaire de ces associations exclut du reste la pensée d'instituer dans leur sein des caisses de retraite. Il faut se borner, comme le prescrit le règlement d'administration publique, à prélever sur les salaires un fonds de secours destiné aux ouvriers malades ou blessés. Les liens de la mutualité ne sauraient être resserrés plus étroitement dans de telles circonstances.

Les articles 6 et 7 de la proposition ont pour objet de compléter les garanties que donne aux ouvriers le décret du 26 pluviôse an XI [1]. Cette loi porte que les sommes

[1] Voici le texte du décret du 26 pluviôse an XI.

« La Convention Nationale, après avoir entendu le rapport de ses comités de législation, d'agriculture, de commerce, des ponts et chaussées et de navigation intérieure, réunis, décrète :

« Art. 1er. — Les créanciers particuliers des entrepreneurs et adjudicataires des ouvrages faits ou à faire pour le compte de la nation, ne pourront, jusqu'à l'organisation définitive des travaux publics, faire aucune saisie-arrêt, ou opposition sur les

dues par l'État aux entrepreneurs ne pourront pas être saisies, pendant l'exécution des travaux, par leurs créanciers particuliers ; elle ne stipule et ne maintient le droit de saisie-arrêt qu'en faveur des ouvriers et des fournisseurs de l'entreprise. La pensée de la loi est manifeste ; elle n'a pas voulu accorder aux entrepreneurs un privilége, ni les dispenser de payer leurs dettes ; elle a voulu seulement, et cela dans un intérêt général, que les crédits affectés à l'exécution des travaux publics ne fussent pas détournés de leur destination. En effet, lorsque les travaux ont donné lieu à une réception définitive, les sommes qui pourraient encore être dues à l'entrepreneur deviennent saisissables par tous les créanciers. Si donc l'article 7 de la proposition se bornait à demander qu'aucune saisie-arrêt ne fût exercée sur les sommes dues par l'administration aux adjudicataires, jusqu'à l'achèvement complet et jusqu'à la réception des travaux, il ne ferait que reproduire la pensée et presque les termes

fonds déposés dans les caisses des receveurs de district, pour être délivrés auxdits entrepreneurs et adjudicataires.

« Art. 2. — Les saisies-arrêts ou oppositions qui auraient été faites jusqu'à ce jour par les créanciers particuliers desdits entrepreneurs ou adjudicataires sont déclarées nulles et comme non avenues.

« Art. 3. Ne sont point comprises dans les dispositions des articles précédents, les créances provenant du salaire des ouvriers employés par lesdits entrepreneurs, et les sommes dues pour fournitures de matériaux et autres objets servant à la construction des ouvrages.

« Art. 4. — Néanmoins les sommes qui resteront dues aux entrepreneurs ou adjudicataires après la réception des ouvrages pourront être saisies par leurs créanciers particuliers, lorsque les dettes mentionnées en l'art. 3 auront été acquittées.

de la loi du 26 pluviôse an XI. Mais cet article ajoute :
« jusqu'à l'entier paiement du salaire de tous les ouvriers; » c'est-à-dire, dans certains cas, de tous les associés; ce qui revient, dans ces cas-là, à donner une prime
à la faillite. L'innovation n'aurait, certes, rien de moral;
et votre commission se refuse à la consacrer. S'il ne
s'agit que du salaire des ouvriers employés par les entrepreneurs, l'administration y a déjà pourvu, et une loi
n'est pas nécessaire.

M. le ministre des travaux publics, qui n'admet pas
plus que nous que l'on touche à cette difficile et délicate
matière des priviléges du salaire, par des dispositions
accessoires et en quelque sorte accidentelles, nous a déclaré que, pour les entreprises ordinaires, les instructions des ingénieurs étaient conformes aux prescriptions
de la loi de l'an XI. Il reconnaît cependant avec nous que
cette loi est incomplète. Lorsque les entrepreneurs né-
gligent de pourvoir à la paie régulière des ouvriers, il
faut que les ingénieurs puissent les y obliger par des
retenues opérées d'office sur les sommes qui leur sont
dues. C'est ce qui se pratique déjà dans les travaux de
chemins de fer exécutés par des compagnies. L'article 14
du nouveau règlement que M. le ministre des travaux
publics a soumis à l'examen du conseil d'État arme les
ingénieurs de ce droit et les érige ainsi en tuteurs des
ouvriers, en protecteurs du salaire. Sous le bénéfice des
loi et règlements que nous venons de rappeler, la commission écarte les articles 6 et 7 de la proposition.

Il nous reste, Messieurs, à vous expliquer une disposition que la Commission a cru devoir introduire dans le
projet qui vous est soumis. Aucune loi n'impose aux

soumissionnaires qui se présentent pour concourir à une adjudication publique, l'obligation de fournir un cautionnement. Cette garantie n'est pas même formellement stipulée dans l'ordonnance réglementaire du 4 décembre 1836 ; c'est un règlement d'administration publique qui l'a consacrée dans l'intérêt de l'État et des pouvoirs locaux. Il suit de là qu'une loi n'est pas nécessaire pour dispenser du cautionnement dans certains cas telle ou telle catégorie d'adjudicataires. Aussi le décret du 15 juillet 1848 n'en fait-il pas mention ; c'est le règlement d'administration publique du 18 août suivant qui admet les associations d'ouvriers à soumissionner les travaux, que l'Etat adjuge, sans les assujettir à l'obligation de présenter une garantie pécuniaire.

Malgré ces précédents, votre commission, à la simple majorité, a cru devoir vous proposer de consacrer dans la loi le principe de la dispense du cautionnement en faveur des associations ouvrières. Elle ne s'est pas arrêtée à l'objection que l'on tirait de l'exemple de l'Assemblée constituante. Elle a pensé que les encouragements à donner aux associations ouvrières devaient, pour être compris partout et pour avoir une sérieuse efficacité, émaner directement de la puissance législative.

C'est également à la simple majorité que votre commission vous propose, dans tous les cas où des ouvriers associés seront dispensés de fournir un cautionnement, d'étendre cette dispense aux entrepreneurs qui se présenteront pour soumissionner concurremment les mêmes travaux. On a dit, pour combattre l'assimilation, que les ouvriers étaient des mineurs qui avaient besoin d'une protection spéciale, et que la loi écarterait de fait les associations, en les plaçant sur la même ligne que les entrepreneurs ; mais cette objection ne nous paraît pas fondée. La formalité du cautionnement éloignait des adjudications publiques des ouvriers associés, qui n'avaient pas de garantie pécuniaire à fournir. En les affranchissant de cette garantie, l'État les admet, et leur ouvre la carrière. Mais il ne leur doit pas de les admettre seuls ni sur un pied de faveur ; car il blesserait ainsi l'égalité devant la loi, et annulerait la concurrence, sans laquelle il n'y a pas d'adjudication publique. Ce serait faire aux associations d'ouvriers une concession directe déguisée. Dans le système de l'adjudication, tous les concurrents doivent se présenter au même titre. Les garanties que l'on exige sont destinées à sauvegarder l'intérêt public ; il faut les exiger de tous, ou ne les demander à personne. En ce qui touche l'exécution des travaux, une association ne donne pas certainement plus de sécurité à l'État qu'un entrepreneur ne peut lui en offrir. Le personnel des sociétés de cette nature est essentiellement mobile, et une responsabilité à plusieurs têtes n'est saisissable nulle part.

Maintenant, Messieurs, convient-il de faire une loi pour ajouter au décret du 15 juillet les dispositions que ce décret avait renvoyées au règlement d'administration publique et pour étendre le champ d'une expérience qui s'est réduite jusqu'à ce jour à quelques efforts isolés ? La minorité de votre commission ne le pense pas : il lui paraît que le moment n'en est pas venu, que l'on ne doit pas, pour si peu de chose, mettre en mouvement un aussi puissant levier, et que vous avez, dans les circonstances critiques où se trouve le pays, un meilleur emploi de votre temps et de vos forces. La majorité au contraire est d'avis que vous devez cette preuve de votre sollicitude aux classes laborieuses. Elle vous propose de compléter l'œuvre que l'Assemblée constituante a commencée.

---

DISCOURS PRONONCÉ DANS LA DISCUSSION RELATIVE AUX ASSOCIATIONS
D'OUVRIERS DANS LES TRAVAUX PUBLICS.

(Séance du 15 février 1850.)

L'honorable M. Latrade a supposé qu'en écrivant le rapport que la commission m'a fait l'honneur d'adopter comme son œuvre, j'avais subi, à mon insu, l'influence des événements de Février, que j'étais apparemment un de ces désespérés qui, voyant crou.er le vieux monde sous leurs pas, se perdent et s'abîment dans leurs regrets.

Je comprendrais encore, Messieurs, que l'on nous gratifiât de cette allusion rétrospective à titre politique; mais je ne comprends pas que, pénétrant dans le domaine de l'économie politique, s'adressant à des principes qui sont l'expression éternelle et immuable des sociétés, on suppose que nous sommes ici comme les Juifs pleurant sur les ruines de Jérusalem. Pour mon compte, telle n'est pas la situation dans laquelle je me place.

J'ai vu avec douleur, en février, de mauvaises passions, des illusions regrettables, soulever les couches de la société, et en faire sortir le désordre; j'ai vu avec douleur des doctrines perverses et ridicules agiter les esprits des classes laborieuses. Mais, Messieurs, au milieu de cette douleur, j'ai éprouvé, et vous avez tous éprouvé une grande consolation : c'est celle d'avoir vu disparaître et se dissiper, une à une, toutes les erreurs que le désordre avait entassées en quelques jours.

J'ai vu descendre du Luxembourg les doctrines les plus funestes ; j'ai vu ces doctrines soulever les masses et amener l'insurrection de juin. Mais, à la suite de l'insurrection, j'ai vu aussi la société s'éloigner avec horreur de ces théories, et ceux qui les avaient prêchées être cent fois plus loin d'atteindre leur but qu'ils ne l'étaient au moment où la révolution de Février s'est déclarée.

En un mot, l'expérience a tourné contre ces doctrines ; le socialisme n'est pas aujourd'hui en voie de succès, il est, au contraire, en voie de décadence.

Les ouvriers qu'il avait un moment détournés de leurs travaux et de l'ordre rentrent peu à peu dans les ateliers et se montrent désenchantés de leurs prophètes.

C'est donc, Messieurs, sans aucune préoccupation douloureuse, c'est, au contraire, dans une situation d'esprit parfaitement calme et impartiale, que j'ai abordé la proposition qui vous est soumise aujourd'hui.

Cette proposition, Messieurs, est un dernier reflet du socialisme ; elle en est la forme, en apparence, la plus pratique ; elle ne semble pas avoir la prétention de faire brèche à l'ordre social tout entier ; elle se présente humblement, vous demandant le droit de cité, cherchant à pénétrer dans nos lois par un petit côté, et se prévalant de la sanction déjà partielle et provisoire que vos prédécesseurs lui ont donnée.

Messieurs, l'association telle qu'on vous la propose

n'est pas ce principe de l'association religieuse qui a fait des merveilles en défrichant l'Europe et en défrichant la science ; elle n'est pas non plus ce principe de l'association commerciale qui a ouvert et conquis des mondes ; elle n'est pas ce principe de l'association industrielle qui a couvert l'Europe de magnifiques voies de communication ; elle n'est pas ce principe de l'association financière qui a ouvert de nouvelles voies à la circulation et au crédit.

Elle se présente comme un moyen d'introduire un peu plus d'aisance au foyer de l'ouvrier. Sur ce point et à ce titre je suis loin d'en dédaigner l'importance et de chercher à la rabaisser à vos yeux ; mais voyons maintenant ce qu'elle renferme.

Les associations ouvrières, comme on les appelle par un néologisme qui est aussi une corruption de langage (mais ce sont là des choses auxquelles nous n'avons pas le droit de nous arrêter par le temps qui court), les associations ouvrières qui ont eu déjà un commencement d'exécution n'ont pas obtenu en même temps un commencement de succès. Avant d'entrer dans les détails, je voudrais examiner pourquoi.

Plusieurs causes s'y sont opposées. La première, Messieurs, c'est que les associations d'ouvriers ne s'établissaient pas librement, spontanément, ni par leur propre force ; qu'elles venaient, au contraire, s'adresser à l'Etat, lui demander son aide et son concours.

Une association qui vient demander à l'Etat son concours trahit par là un vice d'origine ; elle révèle sa faiblesse.

M. Jules Favre. Et le chemin de fer de Lyon !

M. Léon Faucher. Je ne dédaignerai pas l'argument que me suggère cette interruption. Je prie seulement qu'on ait la patience de m'entendre et qu'on veuille bien me laisser suivre le fil de mes idées.

Je disais tout à l'heure à l'Assemblée que les associations qui s'adressent à l'Etat trahissent leur faiblesse. On m'objecte que d'autres associations, de grandes associations, des associations de capitalistes se sont adressées à l'Etat, ont eu besoin de son concours et se sont bien trouvées de ce concours. Je conteste la similitude, et je vais signaler la différence. Il est naturel que des hommes qui veulent entreprendre une œuvre d'utilité publique avec toutes les chances qui s'attachent à ces monuments de la civilisation, qui veulent faire fonction de l'Etat à quelque degré, lorsque leurs forces ne suffisent pas, lorsqu'ils n'ont pas un levier assez puissant pour soulever le fardeau d'une telle entreprise, s'adressent à l'Etat, qui est la réunion de toutes les forces. Je trouve très-légitime que, lorsqu'il s'agit d'établir dans le pays une grande voie de communication, telle qu'un chemin de fer ou un canal, qui ne doit pas rendre ou qui n'est pas censé devoir rendre l'intérêt du capital qui y est engagé, et qui cependant produira pour le pays tout entier des services qui ne sont pas en proportion avec les capitaux dépensés, avec l'intérêt qu'on peut en retirer dans l'avenir, je trouve légitime que l'Etat vienne suppléer à ce défaut et qu'il comble, dans les mains des capitalistes, la lacune qui ressort des circonstances. Si l'Etat veut recueillir, au nom du pays tout entier, dans l'avenir, le bénéfice de ces magnifiques entreprises, il doit contribuer à leur exécution.

Mais ici de quoi s'agit-il? Non pas certes d'une grande entreprise, conçue dans l'intérêt de tous; il ne s'agit que d'un travail privé : il s'agit de savoir qui, des individus ou des associations, exécutera les travaux que l'Etat, que les départements, que les particuliers peuvent donner, et qu'ils donnent, entendez-vous, en vertu de devis qui représentent le prix exact de ces travaux, plus un bénéfice, sans courir aucune chance, d'après des calculs faciles et généralement exacts.

Eh bien, il me paraît très-naturel que les personnes qui entreprendront ces travaux n'aient pas le droit de s'adresser à l'Etat, qui en paye le prix et qui n'en retirera, lui, aucun bénéfice; et je trouverais étrange qu'on leur reconnût ce droit; car il s'agit d'une spéculation privée, d'un intérêt certain, et vous n'avez pas le droit d'appeler l'Etat à partager des chances qui n'ont rien d'éventuel.

J'ajoute, Messieurs, une autre raison.

Je n'aperçois pas dans les associations ouvrières ce qui détermine, ce qui doit déterminer, ce qui caractérise les véritables associations.

Qu'est-ce que l'association? Apparemment l'association est destinée à faire ce que l'individu ne peut pas faire lui-même. En réunissant les hommes entre eux, elle veut créer une force qui n'existe pas dans chaque homme isolé.

Il faut que l'association soit une force autre que celle des individus qui la composent; il faut que la résultante soit autre chose que ce qui est dans chacun d'eux.

Je trouve ce caractère dans une association dans laquelle le talent se joint au capital, ou le capital au travail, qui réunit des hommes qui peuvent mesurer et combiner leurs aptitudes ensemble; mais je ne trouve pas ce caractère dans les associations qui se forment entre des hommes relativement ignorants, qui ne mettent en commun que leur travail, c'est-à-dire une chose absolument individuelle, absolument relative, et qui n'est pas susceptible d'un calcul exact quand on la met en commun.

Je dis que de ces associations ainsi formées, formées pour quelque chose de durable, pour une entreprise, il ne peut pas résulter une force qui ne soit déjà dans les individus et au même degré. Je dis que ces associations n'ajoutent rien à la valeur des individus qui les composent, et que dès lors ce ne sont pas de véritables associations, qu'elles n'ont pas ce caractère d'utilité auquel l'association doit se faire reconnaître.

Enfin, il m'est impossible de comprendre le but que se proposent les auteurs de ce projet qu'on appelle les associations ouvrières. Ils nous ont déclaré ici, et cela court dans tous leurs journaux, que l'on voulait supprimer les intermédiaires qui aggravent la condition du travail.

Supprimer les intermédiaires, cela est une tentative ardue, en thèse générale. Entre les producteurs et les consommateurs, entre le capital et le travail, les intermédiaires sont souvent infinis; ils sont nécessaires en tout cas. Ne faut-il pas rapprocher le capital et le travail l'un de l'autre? Il y a un grand intermédiaire, qui est destiné à mettre en rapport les producteurs de tous les pays avec les consommateurs de tous les pays;

cet intermédiaire s'appelle le commerce. Voulez-vous donc le supprimer?

Je suis prêt à accorder que, dans l'ordre commercial, les intermédiaires sont beaucoup trop multipliés ; j'accorde surtout cela en présence d'une nation qu'on a pu appeler avec raison un peuple de petits boutiquiers, et où la manie de lever commerce pour la moindre chose, avec le moindre capital et les moindres débouchés, est, pour ainsi dire, endémique.

Mais d'où viendra la réforme? Est-ce qu'elle peut venir de la loi? Empêcherez-vous tout citoyen de se livrer au commerce qu'il lui plaira d'entreprendre? Restreindrez-vous la liberté humaine? Vous chargerez-vous de prévoir pour les individus? Cela n'est pas évidemment possible ; la réforme doit venir ici des mœurs. Lorsque tous ces hommes, qui font le commerce sans capitaux et sans débouchés, auront reçu la dure leçon de l'expérience, lorsque les profits qu'ils espéraient se seront changés en pertes, alors vous verrez les mœurs publiques se modifier et les intermédiaires diminuer. Alors la plaie que vous sondez et que vous trouvez trop profonde, cette plaie pourra se fermer ou se rétrécir, et il ne restera que ce qui est légitime, que ce qui est l'essence de tout commerce et de toute industrie.

Voilà pour le commerce. Et, pour l'industrie, quels sont donc les intermédiaires que l'on veut supprimer? Ce sont les patrons. Les patrons sont-ils donc des intermédiaires? Mais on oublie le rôle qu'ils jouent dans l'industrie ; on oublie que les patrons sont un rouage essentiel de la production. Prenez un atelier. Qu'est-ce que c'est que le patron? Le patron c'est le capital, le patron c'est l'intelligence, le patron c'est la direction.

Voulez-vous supprimer tout cela? Alors vous supprimerez l'industrie elle-même, car vous la réduirez à des bras et à des jambes épars, à des instruments sans direction, à des outils sans emploi ; vous en ferez le chaos, le néant, la stérilité !

N'interrompez pas, je vous prie, Messieurs ; vous aurez le champ libre pour répondre. Cette discussion est aride et abstraite ; pourquoi voulez-vous me troubler? J'ai besoin de toute mon intelligence, de toute la lucidité de mon esprit, de tout mon calme, pour aborder ces difficiles problèmes. Veuillez donc écouter !

Je rends justice à mes adversaires ; ils ne veulent pas supprimer purement et simplement les patrons, ils veulent plutôt les remplacer ; mais par qui? par des agrégations d'ouvriers, c'est-à-dire par des hommes qui ont été élevés dans l'exécution, et qui n'ont pas été élevés dans la conception des plans, qui n'ont pas appris à embrasser l'ensemble d'une entreprise, à se rendre compte des dépenses et des ressources; qui ne connaissent pas les moyens d'acheter et de vendre. Et l'on veut que ces hommes soient appelés de plein saut à la pratique la plus élevée de l'industrie; on veut en faire des patrons ! On veut mettre en commun ce qui n'est pas divisible, ce qui est unitaire de sa nature, l'impulsion et l'ordre intelligent ! On fait, comme l'a très-bien dit dans son excellent rapport l'honorable M. Lefebvre-Duruflé, un patron à plusieurs têtes. Eh bien, un patron à plusieurs têtes, ce n'est rien, car c'est l'anarchie. J'ajoute que cette combinaison nouvelle repose sur la plus complète des illusions.

On a vu un certain nombre de patrons réussir dans l'industrie ; on a compté les succès, on n'a pas compté les échecs ni les ruines, car il n'y a pas de revers de médaille pour les faiseurs d'utopies. Et alors on s'est dit : Les patrons font de gros bénéfices, et ces gros bénéfices sont pris sur les ouvriers, il faut les leur rendre, il faut mettre les ouvriers à la place des patrons.

Mais, en remplaçant les patrons par les ouvriers, vous ne supprimerez pas la direction d'une industrie, cela n'est pas possible. Aucun atelier ne peut se passer d'être dirigé ; aucune industrie ne peut se passer de prévoyance ni de calcul. Eh bien, les ouvriers choisiront, par voie d'élection, quelqu'un qui remplace le patron ; ils nommeront un gérant. Ce gérant n'aura pas la liberté d'esprit, la puissance de combinaison qu'on ne trouve que dans l'intérêt personnel, il n'agira qu'avec gêne dans le cas où il faut agir avec la plus grande liberté.

De plus, comme ce gérant ne gouvernera pas sa chose, comme il gouvernera la chose d'autrui, ce qui appartient aux ouvriers, et qu'il peut être soupçonné de ne pas prendre les intérêts des ouvriers comme les siens propres, on lui donnera un conseil de surveillance.

Voilà déjà un second rouage qu'il faut établir à côté du gérant pour le dominer et pour rendre compte de sa conduite. Et puis enfin, comme le conseil de surveillance a principalement une responsabilité morale et qu'il faudra des agents actifs, on nommera des inspecteurs et des commis.

Voilà donc toute une armée industrielle nommée par les ouvriers pour tenir lieu du patron et des agents du

patron. Cette armée, il faudra la salarier, il faudra répartir en salaires ce que vous considérez comme le bénéfice du patron, et ce qui n'est que le salaire de son industrie et l'intérêt de son capital.

De plus, il faudra que les ouvriers empruntent un capital, car ils ne peuvent pas s'en passer, à moins que
l'État ne le leur fournisse. A ce compte, je vous le demande, où passeront les bénéfices du patron? Ils seront
répartis entre les remplaçants du patron, et alors les
ouvriers n'en toucheront rien. C'est donc une folie que
d'imaginer la substitution d'un patron à plusieurs têtes
au patron à une seule tête. Vous ne changeriez pas ainsi
la condition des ouvriers ; ou si vous la changiez, ce ne
serait pas en bien ; ce serait bien plutôt en mal, car vous
accroîtriez les chances de pertes, et vous diminueriez les
chances de bénéfices. Or, les chances de pertes, dans la
situation présente, ne pèsent pas sur les ouvriers. Que
les patrons réussissent ou ne réussissent pas, le salaire est
privilégié.

Le salaire ! mais c'est la part de l'ouvrier que le patron lui assure. Cette forme actuelle est la plus avanta-
geuse sous laquelle la rétribution du travail puisse être
donnée ; car le patron prélève, avant tout bénéfice, avant
de connaître le résultat d'une opération, comme par une
espèce d'assurance, je ne dis pas mutuelle, mais pré-
voyante, bienfaisante et providentielle dans la société, il
prélève la part de l'ouvrier ; et quant à lui, s'il a des revers, il les supporte dans son établissement, dans son
capital, dans sa fortune.

Maintenant, supposez la nouvelle combinaison appliquée : voilà les ouvriers prenant une usine et formant

une entreprise. Qui supportera les pertes ? Les ouvriers, sans doute ; ce sont eux qui en pâtiront. Sur quoi portera la réduction du salaire ? Sur leur pain quotidien. Ah ! vous dites que vous voulez améliorer la situation des ouvriers, mais voyez donc à quel point vous l'empirez !

Toutes ces belles combinaisons se décorent des maximes les plus magnifiques. On veut abolir le salaire, on veut abolir l'exploitation de l'homme par l'homme. Voilà le mobile, le mobile philanthropique qui anime tous ces grands faiseurs de projets.

Abolir le salaire ! Y a-t-on pensé ? Mais le salaire, c'est le progrès même de la société moderne ; mais le salaire, c'est la condition de tout le monde.

Dans une société dont le travail est la base, le salaire est la condition de tous les citoyens. Nous ne vivons pas sous ce régime de l'exploitation de l'homme par l'homme, quoi que vous en ayez dit, où la guerre était le privilége et le droit de quiconque s'arrogeait une supériorité sur l'espèce humaine et traitait les autres en esclaves et en vaincus ; non, la richesse, le pouvoir, tout vient du travail. Tout vient du travail : l'intelligence d'abord, cette force qui est la plus grande dans toute la société, et puis le pouvoir, l'autorité sur ses semblables ; tout cela, messieurs, est le fruit d'un labeur persévérant et bien réglé. Il n'y a pas un homme qui ne soit fonctionnaire à quelque degré dans la société, fonctionnaire de l'ordre privé ou de l'ordre public ; il n'y a pas un homme qui, sous une forme ou sous une autre, ne reçoive un salaire de quelqu'un. Et vous voulez abolir le salariat ! Mais abolissez donc les conditions essentielles de la société ;

abolissez le travail ; renoncez aux lumières ; abdiquez l'intelligence !

Quand on parle encore aujourd'hui, par une réminiscence mal appliquée, par une illusion d'optique, en remontant de vingt siècles en arrière, quand on nous parle de l'exploitation de l'homme par l'homme, ce qu'on veut dire, ce que M. Latrade précisait davantage tout à l'heure, c'est que le capital exploite le travail. On pose ces deux termes dans la société comme deux ennemis.

A ce compte, Messieurs, on méconnaît l'expérience la plus récente, celle des trente années qui viennent de s'écouler. Quel est le phénomène le plus saillant de la société industrielle ? N'est-ce pas ce fait de la baisse progressive de l'intérêt du capital et de la hausse progressive du salaire ?...

Nous vivons dans une ère qui a vu s'accomplir la plus merveilleuse expansion du capital, où la richesse a plus gagné depuis trente ans qu'elle n'avait gagné en deux siècles. Eh bien, je le demande, le loyer du capital, l'intérêt de l'argent, avant la révolution de Février, n'était-il pas infiniment plus modéré qu'il ne l'était il y a trente ans ? Et pour comparer ensemble des pays qui sont entre eux dans des relations pareilles à celles où se trouve un pays par rapport à lui-même, en le comparant à deux époques différentes, le capital ne porte-t-il pas en Angleterre un moindre intérêt qu'en France ? Le loyer du capital, en un mot, n'est-il pas le plus bas dans les pays où il y a le plus de richesse et de civilisation ?

J'ai donc raison de vous dire que le phénomène qui caractérise les sociétés modernes, c'est l'abaissement du loyer du capital, c'est ce qui rend accessible à tout le monde ce domaine privilégié que vous voulez représenter comme celui d'un enchanteur dont on ne peut pas approcher.

Je dis que le capital est devenu accessible non-seulement pour les gens riches, mais pour les pauvres, pour les hommes intelligents dans les situations les plus humbles.

Messieurs, permettez ! Dans une matière aussi difficile, je ne voudrais pas être réduit à faire, comme M. Pierre Leroux tout à l'heure, un monologue avec accompagnement de chœurs. (On rit.) Permettez-moi donc de développer ma pensée ; vous me répondrez.

Je dis que, dans les pays les plus riches, ceux où le capital abonde le plus, c'est là qu'un homme intelligent, sans autre ressource que son intelligence, est le plus assuré de trouver l'argent qui lui est nécessaire pour faire valoir une invention dont il est l'auteur. Je dis que ce phénomène se manifeste surtout en Angleterre, où l'on trouve des capitaux pour tout, et qu'il commence à se manifester en France, parce que le capital devient plus abondant, et qu'à mesure qu'il abonde davantage il exige moins de ceux sur lesquels il répand ses flots ; il devient moins tyrannique. De sorte que, quand vous parlez de la domination du capital appliquée à ce temps-ci, vous oubliez la vérité la plus essentielle, la plus évidente; vous oubliez que, plus vous avancez dans la civilisation et dans la richesse, moins le capital exploite le travail, car moins sa part est grande.

Maintenant, je prends l'autre terme de la comparaison; je laisse de côté le prétendu exploitant, et j'arrive au prétendu exploité ; j'arrive au travail.

Je le demande, dans quels temps la condition du travail a-t-elle été plus prospère, plus libre, plus florissante,
plus indépendante qu'aujourd'hui ? Est-ce que le marché n'est pas ouvert à tous ?

On disait tout à l'heure que le travail n'était pas libre, qu'il succombait sous le faix de la nécessité, que le
capitaliste lui imposait des conditions, que les manufacturiers rançonnaient les ouvriers, qu'ils les avaient pour
un morceau de pain. Eh bien, moi, je le déclare bien
haut, tout cela, c'est le contraire de la vérité.

Je dis qu'au contraire jamais le travailleur n'a été
plus libre, que jamais la demande du travail n'a été plus
considérable, que jamais l'offre n'a été moins supérieure
à la demande.

Je dis que le fait normal, le fait général, le fait presque universel et dont on ne me détournera pas en m'opposant des accidents partiels, c'est l'élévation du taux des
salaires. Je prendrai mon exemple dans les travaux publics, qui, assurément, sont la partie de l'industrie qui a
reçu depuis quelques années le plus grand développement.

Qu'est-il arrivé ? Vous l'avez vu, Messieurs, les ouvriers manquaient partout. La conséquence en a été une
élévation considérable, et que j'appellerai désordonnée,
des salaires.

Et enfin, Messieurs, si vous voulez un exemple frappant traduit en millions, je prendrai les caisses d'épargne. Est-ce que les ouvriers épargneraient, si leurs salaires n'étaient pas considérables ? Est-ce que l'épargne de
l'ouvrier ne suppose pas qu'il a son pain quotidien, que
sa famille est en repos ? Eh bien, vous aurez beau dire,
la révolution de Février, qui a trouvé 380 millions dé-

posés par les ouvriers dans les caisses d'épargne, a prouvé de la manière la plus irréfragable la prospérité et l'indépendance du travailleur.

Maintenant que je crois avoir examiné sous une forme générale les objections présentées par les auteurs de la proposition qui est sous vos yeux, j'entrerai dans le détail même de la spécialité industrielle à laquelle ils prétendent l'appliquer.

J'examine ce qui se passe dans les travaux publics.

Tout à l'heure, en s'élevant contre quelques passages du rapport, M. Latrade faisait du système actuel une critique que, pour mon compte, je trouve très-exagérée, très-inexacte et entièrement contraire aux faits. Sans doute, le système actuel n'est pas parfait, il n'y a pas de système parfait : l'industrie manufacturière et l'industrie agricole ont aussi leurs lacunes et leurs imperfections ; je ne m'étonne pas d'en trouver dans l'organisation des travaux publics. Mais je maintiens que le système qu'on veut remplacer est infiniment supérieur au système qu'on veut lui substituer.

Qu'est-ce qui se passe dans les travaux publics ? Les travaux publics sont donnés ou par l'Etat, ou par les autorités locales, ou par les compagnies ; quand ce sont les compagnies qui exécutent, les compagnies qui n'ont pas cette espèce de responsabilité jalouse qui pèse sur les pouvoirs publics, elles sont libres de traiter directement avec les entrepreneurs, et généralement elles le font. Pour mon compte, j'ai fait partie d'une compagnie qui a eu de grands travaux à donner à l'entreprise, et cette compagnie a toujours traité directement. Mais, quand il s'agit des pouvoirs publics, comme chaque administrateur a une responsabilité étroite qui ne lui permet pas de s'exposer au soupçon d'avoir agi en vertu d'une préférence personnelle, dans cette situation, l'on a recours à l'adjudication, c'est-à-dire qu'on charge le sort de décider ce que, dans une situation plus libre, le jugement des hommes décide.

On ouvre donc une adjudication ; tous les concurrents sont tenus de déposer un cautionnement. Ce cautionnement est destiné à répondre, non pas de la bonne exécution des travaux, mais de l'exécution même, de la volonté, de la puissance de l'entrepreneur à exécuter ces travaux. Puis, quand les travaux commencent, l'Etat, à mesure de l'avancement de ces travaux, réduit, sur le prix des travaux qu'il doit compter à l'entrepreneur, le dixième de ce prix, pour répondre de la bonne exécution des ouvrages. Voilà le système tout entier.

Maintenant on vous demande, et déjà il y a une décision partielle de la précédente assemblée, on vous demande de dispenser les ouvriers qui s'associeront de fournir un cautionnement, et, dans le cas de soumissions égales, l'on vous demande encore de les admettre de préférence aux entrepreneurs.

Pourquoi veut-on substituer un système à un autre ?

On en donne deux raisons : l'une, que les entrepreneurs trompent les ouvriers, et qu'on frustre ceux-ci de leurs salaires ; l'autre, que les entrepreneurs font des bénéfices illicites qui devraient revenir aux ouvriers.

A la première objection, je ne vous arrêterai pas longtemps.

Il est très-vrai que, dans l'origine des travaux, avant que l'administration publique eût acquis l'expérience qui lui est nécessaire, il pouvait arriver que des entrepreneurs fissent banqueroute aux ouvriers et les privassent du prix de leurs sueurs. Mais cela n'arrive pas aujourd'hui, cela ne peut pas arriver.

Les instructions adressées par l'administration aux ingénieurs leur prescrivent, dans le cas où l'entrepreneur n'aurait pas payé lui-même l'ouvrier, de retenir le salaire des ouvriers sur le prix du travail. Il n'y a pas une grande compagnie de chemin de fer ou de canal qui n'emploie les mêmes précautions. La sollicitude paternelle du gouvernement et des compagnies s'étend, comme elle le doit, à tous les ouvriers qui concourent à leur œuvre.

Maintenant est-il vrai que les entrepreneurs aient fait des fortunes scandaleuses? Est-il vrai, selon d'autres versions, qu'ils se soient trop souvent ruinés?

Je n'admets ni l'une ni l'autre de ces interprétations. Les entrepreneurs ont commencé par être ce qu'ont débuté par être aussi tous les chefs d'industrie dans ce pays. Il ne faut pas oublier que l'industrie est récente en France, qu'elle date à peine de l'empire. Les premiers industriels étaient des hommes qui n'avaient pas été habitués à ce métier. Il y a telle ville en France où l'on pourrait dire que les chefs d'industrie n'étaient d'abord que de simples manœuvres ou des valets de charrue.

Je mentionne ce fait, non pas à titre de reproche, à Dieu ne plaise! au contraire, je les en honore : mais enfin, comme l'expérience ne s'improvise pas, comme la science ne descend pas du ciel en un jour, il tombe sous le sens que nos premiers entrepreneurs, nos premiers chefs d'industrie n'étaient pas très-habiles, qu'ils n'é-

taient pas parfaits, qu'ils ont fait beaucoup d'écoles,
qu'ils en ont fait souvent à leurs dépens, quelquefois aux
dépens des ouvriers et du pays lui-même. Aujourd'hui
cette expérience est à moitié accomplie. Les chefs de
manufactures, les directeurs d'usines, les entrepreneurs
de travaux publics appartiennent à une génération déjà
plus instruite et plus capable, j'ajouterai aussi plus riche.
Il est infiniment plus rare de voir des chefs d'industrie
qui aient besoin d'emprunter leur capital ; au contraire,
il est très-fréquent de rencontrer des chefs d'industrie
qui agissent sur un capital qui leur appartient.

Eh bien, les conditions ayant changé, changé pour
l'industrie tout entière, changé pour les travaux publics,
il arrive que les entrepreneurs qui viennent soumissionner aujourd'hui sont des gens très-sérieux, très-capables,
qui peuvent répondre de l'exécution des travaux, et qui
ont produit ces magnifiques ouvrages dont vous êtes
entourés.

Assurément, vous parcourriez l'Angleterre, la Belgique et l'Allemagne, et vous ne rencontreriez nulle part
des chemins de fer dont l'exécution fût plus parfaite de
tous points que celle des nôtres. A quoi cela est-il dû?
Non-seulement à la science des ingénieurs, non-seulement à des plans rédigés avec intelligence et savoir,
mais aussi à l'expérience, à l'attention, à la vigilance, à la loyauté des entrepreneurs chargés de les
exécuter.

A un système qui a porté de tels fruits on veut substituer les associations. Que dis-je? la substitution est
déjà commencée. Je demande à faire passer sous vos
yeux les résultats que l'on a dès à présent constatés.

Évidemment, si l'expérience a mal tourné, vous ne serez pas encouragés à persister ; si, au contraire, les résultats déjà obtenus étaient manifestes, s'ils étaient très-avantageux, alors nous serions très-mal venus à dire que c'est une illusion que l'on vous propose de consacrer.

Messieurs, l'Assemblée constituante a rendu deux lois : par la première elle a donné de l'argent aux associations d'ouvriers ; par la seconde elle leur a conféré certains priviléges.

L'État, en vertu de la première loi, a crédité des associations d'ouvriers. Quel a été le résultat ? L'honorable M. Lefebvre-Duruflé, rapporteur de la loi que vous venez de voter, et avec elle un crédit qui n'était que le moyen d'acquitter des engagements déjà contractés, et qui n'implique de la part de cette assemblée aucune opinion favorable au système, l'honorable M. Lefebvre-Duruflé vous signalait les faits les plus graves.

Ce rapport est resté sans contradiction ; personne n'est monté à la tribune pour venir dire à l'organe de la commission, comme M. Latrade le faisait tout à l'heure, que ses assertions n'étaient pas l'exacte traduction des faits.

Cette assemblée n'a pas coutume d'être intolérante ; elle écoute les discussions avec une grande patience, souvent au delà de la nécessité ; on n'a pas interdit aux orateurs qui auraient à protester contre les assertions du rapport de M. Lefebvre-Duruflé, même sans entrer dans l'examen du système, de venir signaler ces prétendues inexactitudes à la tribune. Ils ne l'ont pas fait ; ils ont donc passé condamnation.

Eh bien, voulez-vous les discuter aujourd'hui ces faits que vous n'avez pas discutés? Je suis prêt, pour mon compte, et je vais en mettre quelques-uns sous les yeux de l'assemblée.

Que dit l'honorable M. Lefebvre-Duruflé? Et les témoignages que la commission dont j'ai l'honneur d'être l'organe avait recueillis avant le rapport de l'honorable M. Lefebvre-Duruflé concordent avec les siens. D'abord il constate que les associations qui ont reçu les secours de l'État n'étaient pas, à proprement parler, à quelques exceptions près, des associations d'ouvriers; c'étaient, le plus souvent, des associations de patrons et d'ouvriers, associations que, pour mon compte, je trouve plus naturelles et rentrant bien autrement dans le domaine du possible. Je pourrais même dire qu'il est telle de ces associations, et M. Lefebvre-Duruflé l'indique, qui n'a reçu de secours que lorsqu'il s'agissait de sauver une usine dans laquelle beaucoup d'ouvriers étaient employés. On a donné alors une subvention au patron pour continuer à occuper les ouvriers; le patron a admis les ouvriers à participer aux bénéfices; mais c'est dans ce but, dans ce sens qu'il a reçu plusieurs centaines de mille francs, c'est-à-dire en qualité de patron et à titre de secours.

L'honorable M. Duruflé constate encore que, sur cinquante associations secourues ou créditées par l'État, il n'y en a que dix qui méritent, à proprement parler, le nom d'associations ouvrières; il faut remarquer que, sur ces dix, il y en a quatre qui sont dans une détestable situation, ou en déconfiture complète ou en voie de déconfiture.

Enfin, il est déclaré dans le rapport que onze de ces associations sont en bénéfice, que seize ne présentent que des pertes, que trois sont en état de déconfiture complète, que onze gérants ont déjà été remplacés, que le personnel des ouvriers associés se renouvelle sans cesse, et que le résultat qui plane sur le tout, c'est que, sans l'intervention de l'Etat, sans son intervention active et constante, ces associations n'auraient pas pu marcher.

En effet, Messieurs, l'Etat a été obligé d'intervenir dans leur gestion. Il a établi un conseil de perfectionnement qui s'est fait le tuteur de ces associations; il a nommé des inspecteurs, avec d'assez gros appointements, qui vont vérifier leur situation, et qui s'immiscent de fait dans leurs opérations quotidiennes. Dans les départements, enfin, les préfets et des inspecteurs tirés des chambres de commerce remplissent le même office; en sorte que, nulle part dans l'industrie, ces associations (je parle de celles qui ont reçu de l'argent, qui ont été créditées par l'État) ne se sont présentées dans une situation simple, spontanée, naturelle. Outre le crédit de l'Etat, il a fallu qu'elles reçussent les conseils, la surveillance et les encouragements de l'État. Elles n'ont pu marcher qu'à la lisière, constamment menées par la main de l'État; on pourrait dire que c'est l'État qui a administré, et que c'est lui qui a été le véritable industriel.

Est-ce là ce que l'Assemblée constituante a voulu? Je ne le crois pas; quant à moi, je ne m'associerai jamais à cette interprétation de la loi.

Voilà pour les associations créditées; parlons maintenant de celles qui ont obtenu des priviléges, entre autres ceux d'être dispensées du cautionnement dans les travaux publics, et d'être préférées, à soumission égale, à tout entrepreneur.

Il tombe sous le sens que ces clauses détruisent la liberté de l'industrie et sont contraires à l'équitable tutelle que l'Etat doit étendre sur tous les citoyens ; préférer une classe de la société à une autre, entrer dans l'examen d'une qualité, n'est ni dans le droit ni dans le devoir de l'Etat ; c'est une première dérogation aux principes du droit public ; j'ajoute que cette dérogation n'a pas même pour compensation le succès de la méthode à laquelle on a eu recours.

En effet, les rapports officiels que M. le ministre des travaux publics nous a transmis constatent d'abord que ces associations, imaginées par un certain nombre d'hommes qui se portent les organes, les interprètes des ouvriers, et qui ne sont que les organes de leurs propres idées, de leurs propres utopies ; les rapports, dis-je, constatent que ces associations n'étaient pas demandées par les ouvriers ; qu'elles n'étaient pas nées spontanément ; qu'il s'est présenté très-peu d'ouvriers voulant s'associer ; qu'à deux ou trois exceptions près, ces associations ne se sont pas formées dans les conditions que la Constituante avait supposées en votant la loi.

Mais, Messieurs, même avec toutes ces irrégularités, même avec toutes ces anomalies, les associations, en matière de travaux publics, n'ont eu aucun succès.

Partout où des agglomérations d'ouvriers se sont présentées, à très-peu d'exceptions près que je signalerai tout à l'heure, l'indiscipline a régné sur les chantiers, ou du moins il a été très-difficile d'y établir le bon ordre ; souvent les ouvriers se sont dispersés, après des malfaçons, sans laisser de recours possible contre eux.

Enfin les deux seuls exemples de succès que le rapport de votre commission a cités avec une bonne foi dont on a cherché à tirer parti, et dans des circonstances dont on a négligé de tenir compte, je vais vous les rappeler : c'est celui qui a trait aux ouvriers paveurs de la ville de Paris, et celui qui concerne les ouvriers terrassiers des environs de Limoges.

Parlons d'abord des ouvriers paveurs.

Les ouvriers paveurs de Paris, au nombre de 240 environ, se sont organisés pour soumissionner les travaux de pavage adjugés, chaque année, par la ville de Paris. Ils ont obtenu deux lots ; ils les ont obtenus avec un rabais considérable, et leur intervention dans une industrie qui n'était qu'un monopole a épargné à la ville de Paris une somme évaluée à 125,000 fr. environ.

C'est là un résultat considérable que je ne prétends ni contester ni affaiblir ; mais il faut examiner dans quelles conditions il a été obtenu.

D'abord, je ferai observer que ces ouvriers sont des ouvriers d'élite, qu'ils n'ont à faire qu'un travail de pure main-d'œuvre, qu'ils ont une expérience ancienne, qu'ils sont autant patrons qu'ils sont ouvriers. J'ajoute qu'ils opèrent sur une entreprise qui n'exige qu'une mise de fonds insignifiante ; que, par conséquent, n'ayant pas besoin de capital, ils ne se trouvent pas dans cette situation défavorable où des ouvriers, n'ayant que leurs bras, se trouveraient vis-à-vis d'entrepreneurs pourvus d'un capital déjà réalisé et d'une expérience consommée. Enfin ces ouvriers se sont placés dans une situation que, pour mon compte, je ne trouve pas régulière, par-dessus laquelle il a convenu à l'administration de passer, par des raisons d'indulgence que je n'examine pas, mais que je ne trouve pas conforme à l'esprit dans lequel la loi qui autorise à adjuger sans cautionnement des travaux publics à des ouvriers avait été rendue.

En effet, ces ouvriers étaient associés entre eux pour le partage des bénéfices ; mais ils avaient à côté d'eux d'autres ouvriers, ils employaient des ouvriers à l'égard desquels ils faisaient fonction de patrons, lesquels n'étaient pas associés aux bénéfices, lesquels étaient employés à des salaires inégaux.

En sorte que l'association des ouvriers paveurs, au lieu de prouver pour le système des associations ouvrières, prouve plutôt contre ce système ; car cette association est rentrée, à l'égard des autres ouvriers, dans les conditions dans lesquelles les entrepreneurs sont placés vis-à-vis des ouvriers dans les contrats ordinaires.

Il faut remarquer encore que cette association a introduit dans ses statuts des clauses profondément immorales, des clauses qui, si elles étaient de l'essence des associations ouvrières, suffiraient, aux yeux de tous les hommes sensés et amis de l'équité, pour les vicier profondément. Ces clauses, les voici : c'est l'égalité des salaires, c'est aussi l'égalité des bénéfices. Comment ! on réunit des hommes forts à des hommes faibles, des hommes qui ont l'expérience du travail à des hommes qui ont une moindre expérience, et on leur donne un salaire égal ! Mais, en vérité, font-ils le même travail ? Est-ce bien obéir au principe que l'homme doit être rétribué suivant ses œuvres, que d'attribuer un salaire à qui ne l'a pas gagné, et d'enlever à qui l'a gagné une portion de ce salaire? Vous ne pouvez pas attribuer aux ouvriers forts le même salaire qu'aux ouvriers faibles, sans avantager les ouvriers faibles aux dépens des ouvriers forts. C'est faire quelque chose qui est contraire à l'équité. Ajoutons qu'en décidant que les bénéfices seraient partagés dans la même proportion que le salaire, c'est-à-dire par égales parts, on a doublé l'injustice. En sorte qu'il n'y a rien de proportionnel dans cette association, qu'elle n'est pas fraternelle, et qu'elle est, au contraire, antifraternelle. Cette association fait exploiter, non pas, il est vrai, les faibles par les forts, mais les forts par les faibles ; il n'y a pas moins exploitation ; elle n'est pas plus morale dans un cas que dans l'autre.

M. NADAUD. Alors, vaudrait autant dire tout de suite que Dieu a donné l'intelligence à l'homme pour lui permettre d'exploiter son semblable !

M. LÉON FAUCHER. Messieurs, j'entends une objection qui me confond. Je croyais, je l'avoue, que la théorie de l'égalité des salaires avait été enterrée au Luxembourg.

A gauche. C'était absurde ; nous le reconnaissons avec vous.

M. LÉON FAUCHER. Eh bien, alors je laisse le débat entre vous ; réfutez l'objection que je viens d'entendre ; je m'en rapporte à vous.

Une voix à gauche. Bien, si elle est obligatoire ; mais si elle est volontaire, c'est de la fraternité.

M. LÉON FAUCHER. Messieurs, j'ai envie d'insister. On réclame, au nom de la fraternité, en faveur de la théorie que l'association des ouvriers paveurs a mise en prati-

que. On dit que le fort est libre de faire l'aumône de ce
qui lui appartient au faible, de partager avec le faible
une partie de ce qui lui revient. Pour mon compte, je
suis loin de le contester, assurément l'aumône est un
droit, elle est louable, elle est dans les principes du christianisme et dans ceux de la civilisation ; mais il ne faut
pas que l'aumône soit forcée, car alors ce ne serait plus
une aumône. Lorsque vous établissez un contrat entre
les ouvriers pour partager également le résultat d'un
travail entre des hommes qui ont travaillé inégalement,
alors ce n'est plus le principe de la fraternité, c'est l'injustice qui le domine ; c'est d'autorité que vous exigez le
partage ; et j'ajoute qu'en supposant le consentement librement donné par toutes les parties contractantes, il y a
là un résultat que je n'admettrais pas davantage. Evidemment, la plupart des ouvriers qui stipulent ont une
famille, une famille qui vit de leur travail, dont leur
travail est aussi la propriété ; or ils ne sont pas libres,
tant que cette famille pèse sur eux, de faire largesse de
la propriété de leurs enfants à des individus qui souvent
ne leur sont rien. Non, les libéralités, dans ce cas-là,
ne sont pas le résultat libre de la spontanéité, de la charité humaine.

J'arrive à l'exemple tiré des ouvriers de Limoges.

La révolution de Février avait suspendu les travaux
des fabriques de porcelaine qui sont l'honneur de cette
ville. Les ouvriers manquaient de travail et de pain ;
l'administration imagina de devancer l'époque à laquelle
les travaux du chemin de fer qui doit joindre Paris et
Limoges devaient commencer. On entama les terrassements ; l'administration, n'ayant pas ou ne voulant pas

prendre d'entrepreneur, les exécuta en régie. Pour mettre quelque ordre dans ces travaux, elle partagea les ouvriers en brigades, et adjugea à chaque brigade un lot de travaux à exécuter. Le rapport des ingénieurs constate, en tenant compte de plusieurs circonstances accidentelles, telles que la découverte de carrières qui ont diminué la valeur des matériaux, de véritables économies obtenues par cette méthode. A quel prix? C'est ce qu'il faut examiner.

Y a-t-il là quelque chose qui ressemble aux conditions qui résultent de la loi sur les associations ouvrières? Y a-t-il là de véritables associations ouvrières dans toute l'acception du mot, selon les théories que l'on est venu porter à cette tribune? Pas le moins du monde. Je vais vous dire ce qu'il y a. Il y a ce que nous avons approuvé dans tous les temps, ce que nous avons prêché de nos paroles, appuyé de nos vœux ; il y a ce que l'on a proscrit au Luxembourg : le marchandage.

Ah! le marchandage, voilà le véritable progrès de l'industrie dans les travaux publics! Le marchandage, voilà l'échelon par lequel l'ouvrier, quoi qu'on en dise, peut s'élever à la condition du maître.

Le progrès naturel de la civilisation fortifie ces étapes de l'humanité dans sa route. Les mauvaises révolutions ont la prétention de les supprimer et d'improviser pour les hommes une capacité d'intelligence, de richesse, de savoir, qu'ils ne peuvent obtenir que par une application soutenue et avec le temps.

Le marchandage, je l'ai toujours voulu, parce que le progrès sous cette forme n'est que ce que doit être tout progrès, lent, sage et moral.

Nous vous disons que vos associations ouvrières sont des conceptions chimériques, et que le marchandage c'est la réalité, c'est le progrès.

On citait hier à cette tribune, à l'appui de la théorie des associations ouvrières, l'exemple du chemin de fer du Nord. Je suis bien aise que l'on me fournisse une occasion de faire comprendre une fois à cette Assemblée à l'aide de quelle confusion de mots on cherche à appuyer les théories les plus extravagantes de l'autorité des exemples les plus simples, mais qui prouvent tout autre chose, qui prouvent en faveur de la pratique ordinaire suivie par toutes les nations.

Le chemin de fer du Nord a eu longtemps à souffrir de ses ouvriers, lorsque ces ouvriers étaient embrigadés en associations politiques, lorsqu'ils avaient la prétention de s'emparer d'une part des bénéfices, de détruire ce qu'ils appelaient une exploitation de l'ouvrier par le capital; lorsqu'ils voulaient régner en maîtres là où ils doivent être les auxiliaires et les instruments du travail. En ce temps-là, la compagnie du Nord avait à souffrir de ses ouvriers; ils tournaient à l'oisiveté, à la débauche, ils se faisaient les pourvoyeurs de l'émeute. Cependant, l'ordre est rentré dans les ateliers. Savez-vous comment? C'est parce qu'à un système absurde et immoral, on a substitué, quoi? la résurrection du marchandage. Oui, les ouvriers attachés au chemin de fer du Nord font maintenant de véritables bénéfices; oui, ces bénéfices ont concouru à élever le prix de la journée, et le salaire s'est notablement accru; ils sont dans une condition excellente, eux et leurs familles; ces ouvriers tendent à devenir capitalistes. Pourquoi, messieurs? Tout simplement parce qu'on a mis en pratique au chemin de fer du Nord le principe du marchandage.

Le marchandage, vous le savez, c'est l'entreprise d'une tâche à plusieurs. Les ouvriers du chemin de fer du Nord se réunissent par groupes, et ils entreprennent en marchandant à la compagnie du Nord, qui reste patron pour son compte, qui fournit l'atelier.

*A gauche.* Ce n'est pas cela !

M. Léon Faucher. Je n'aurais pas voulu fatiguer l'assemblée de détails qui ne me paraissaient pas nécessaires; mais les contradictions que j'entends de ce côté m'obligent à insister et à demander pardon à l'assemblée de venir jusqu'aux choses qui sont connues de tout le monde. Sans doute, il y a deux espèces de marchandage...

Il y a le marchandage par une personne et le marchandage par plusieurs personnes...

L'un et l'autre sont un progrès. Quant à moi, je crois que toutes les fois que l'on peut grouper des hommes ensemble et leur donner une tâche commune, les associer de cette manière, et c'est là la véritable association possible pour les ouvriers, les associer pour une tâche déterminée, pour une œuvre peu durable, dont ils n'ont pas le temps de se dégoûter, qui ne fait pas peser sur eux une responsabilité qu'ils ne pourraient pas supporter, ce système est celui que je crois le bon système, le système qui est déjà réalisé, le système que j'appuie ; le vôtre, c'est celui que je combats.

Précisons la différence entre les deux systèmes, précisons-la pour les intelligences les plus rebelles.

Dans le système du marchandage par association, les

marchandeurs, les ouvriers réunis ne fournissent rien
que leur travail. Ils exécutent une tâche déterminée
avec les outils, avec les matériaux qu'on leur fournit...

Les patrons restent les entrepreneurs du travail, les
propriétaires du capital, des matériaux, des outils, des
ateliers dans lesquels les ouvriers travaillent. Le système
de l'entreprise des travaux publics par ce qu'on appelle
les associations ouvrières, c'est tout autre chose. Ce n'est
pas seulement une tâche à plusieurs, limitée à une durée
de quelques jours, celle que la responsabilité d'un ouvrier, son intelligence peut embrasser ; c'est une tâche
dont l'exécution peut s'étendre souvent à plusieurs années, c'est une entreprise dans laquelle il faut apporter
souvent les matériaux, toujours les outils, toujours aussi
le capital d'exécution. Eh bien, c'est celle-là qui me paraît, pour le simple ouvrier, absolument impraticable ;
c'est celle-là qui ne me paraît pas bonne pour lui. Ai-je
besoin de dire que, dans les travaux publics, la véritable
amélioration pour l'exécution des routes, des chemins
de fer, des canaux, ce sont les grandes entreprises ?
Pourquoi cela ? C'est parce que tout système dans les travaux publics qui entraîne une économie considérable
dans la main-d'œuvre est un perfectionnement très-réel.
Eh bien , dans les grands travaux d'intérêt public,
comme ceux d'un chemin de fer ou d'un canal, lorsque
vous avez un puissant matériel, plusieurs centaines de
chevaux ou plusieurs locomotives entraînant plusieurs
centaines de wagons sur les terrassements, le travail se
fait avec une grande économie et avec célérité, ce qui est
encore une économie. Cela est impossible dans le système
des associations ouvrières, qui morcelleront nécessaire-

ment les lots. J'ajoute que, dans l'exécution en grand, les ouvriers sont infiniment mieux traités, et qu'ils finissent par former de grandes compagnies pour lesquelles les travaux publics sont une carrière, comme l'ébénisterie et la menuiserie pour l'ouvrier sédentaire et domestique.

Alors, Messieurs, les ouvriers ainsi employés forment une espèce de nation; on en a vu en Angleterre jusqu'à 300,000. On a vu des ouvriers qui gagnaient jusqu'à 30 schellings par semaine, lorsque les ouvriers de l'agriculture n'en gagnent que 10 à 12.

Mais ai-je besoin de prendre des exemples au dehors ? N'ai-je pas vu, sous mes yeux, de ces ouvriers qui gagnaient de 6 à 7 fr. par jour? Et quand on compare ce salaire à celui des ouvriers de l'agriculture, il y aurait plutôt de quoi en être jaloux, si ce n'était pas toujours un bienfait que la prospérité de l'ouvrier. Et l'on vient vous présenter un système qu'on suppose être uniquement en faveur de ces ouvriers, c'est-à-dire de la classe la plus favorisée, qui gagne les salaires les plus élevés, et cela en présence de millions d'hommes employés à l'agriculture avec des salaires que je trouve, quant à moi, trop réduits, et que, je l'espère, le progrès du temps élèvera.

Messieurs, comme tous les hommes qui aiment leur pays et leurs semblables, je désire, moi aussi, l'élévation des salaires ; mais je la veux lente, progressive, universelle. Je ne veux pas qu'il y ait dans un pays des classes déshéritées à côté de classes qui prospèrent ; je veux que la prospérité s'étende à tous, et je m'oppose à tous ces systèmes partiels qui feraient refluer d'un côté de la société, souvent au détriment de l'autre, la prospérité de la nation.

Un dernier mot, messieurs. Si les associations d'ouvriers dans les entreprises de travaux publics ou dans l'industrie, si ces associations, telles qu'on les entend, sont une bonne chose, alors qu'elles fassent leur chemin toutes seules. Si elles sont naturelles, si elles sortent des entrailles des faits, si elles viennent de la disposition même des ouvriers, si elles trouvent leur place légitime dans l'ordre social, qu'elles la conquièrent librement. Nous ne sommes pas des mineurs ; cette nation ne se compose pas d'esclaves, tout le monde connaît les voies du travail. Quand les ouvriers s'associeront librement pour obtenir une rémunération légitime de leur travail, qu'ils le fassent sans s'adresser à l'État, sans s'adresser aux assemblées législatives ; alors nous applaudirons à leur succès s'ils l'obtiennent. Mais, quand ils viennent s'adresser à la puissance publique et qu'ils lui demandent des priviléges, du crédit, c'est-à-dire de l'argent, alors nous avons le droit d'examiner qui ils sont, d'où ils viennent, ce qu'ils veulent faire, et de leur dire que l'argent de l'Etat ne doit pas être employé à cette œuvre-là ; que, lorsque certains hommes viennent demander à l'Etat de les créditer avec l'argent de tous, ces hommes entraînent l'Etat à se faire entrepreneur de tous les travaux publics, et à substituer l'industrie publique à l'industrie privée, dans tous les détails, dans tous les ordres de travaux. Voilà ce que nous ne voulons pas. On a beau dire que le vieux système a fait son temps ; le système actuel est un progrès parce qu'il est le résumé de tous les progrès accomplis dans le passé, qu'il tient aux racines mêmes de la société ; il ne périra pas tant que la société vivra, et moi je la crois impérissable.

# CRÉDIT

---

## I

### COMPTOIRS D'ESCOMPTE

DÉVELOPPEMENTS PRÉSENTÉS AU COMITÉ DES FINANCES PAR M. LÉON
FAUCHER, SUR SA PROPOSITION RELATIVE AUX COMPTOIRS
D'ESCOMPTE.

(Juillet 1848.)

Le chef du pouvoir exécutif, en vous proposant d'accorder la garantie de l'Etat à l'industrie des bâtiments, annonçait que d'autres industries se préparaient à vous adresser des demandes semblables. Les demandes, en effet, n'ont pas manqué. Elles affluent sous toutes les formes. Garanties de capital ou d'intérêt, prêts directs, primes d'encouragement, rien n'est oublié dans ces requêtes, qui témoignent à la fois de la détresse universelle et du peu de foi que les intérêts individuels ou collectifs ont dans leurs propres ressources.

Depuis le 24 février, la France s'est appauvrie de tout ce qu'elle n'a pas produit. On ne saurait évaluer à moins de quelques milliards l'énorme lacune qui se manifeste ainsi dans la richesse nationale. Mais le mal le plus grand, le moins aisément réparable, vient de cette défiance que les circonstances ont fait naître, qu'une déplorable politique a trop longtemps entretenue, et qui a détruit le crédit. Que l'on se représente une société dans laquelle toute négociation à terme cesse et où les opérations ne s'opèrent plus qu'au comptant. La demande, au lieu de porter sur les produits, sur les objets de l'échange, s'adresse à l'instrument d'échange lui-même. Il n'y a plus qu'une marchandise qui ait cours, c'est l'argent, c'est la monnaie ; et ce concours de demandes la raréfie. La valeur des choses tend à s'annuler, pendant que la valeur de l'argent s'élève.

Cette société est la nôtre depuis quatre mois ; le crédit s'arrêtant, les banquiers devaient succomber les premiers. La plupart ont suspendu leurs paiements ou liquident volontairement leurs affaires ; les cultivateurs ne trouvent pas à vendre leurs récoltes, et le prix du blé s'est avili par les mêmes causes que la rente. Les fermages et les loyers ne se paient pas ; les manufacturiers ont ralenti ou interrompu leurs travaux ; le commerce est anéanti et se borne au détail des aliments les plus essentiels à l'existence. L'Etat, participant à cet affaiblissement général des ressources, perçoit à peine, sur les marchandises importées, la moitié de ce qu'il avait perçu en 1846 (¹).

Dans une époque où les grandes agrégations de capitaux succombent, et où toute association n'a plus de point d'appui, l'Etat, qui représente l'association des forces nationales, doit intervenir pour rendre l'impulsion à l'atelier de la richesse. Le crédit public, le seul

(¹) Les droits à l'importation, qui avaient produit 62 millions pendant les cinq premiers mois de 1846, n'ont donné que 32 millions dans la même période en 1848.

qui ait un reste de vie, doit venir en aide au crédit privé. Ce n'est pas la théorie qui le dit ; c'est la raison d'Etat qui le veut, c'est l'expérience des nécessités révolutionnaires.

Mais sous quelle forme cette assistance indispensable sera-t-elle donnée ? Le prêt direct, tout le monde le reconnaît, aurait plus d'inconvénients que d'avantages. Le gouvernement ne peut pas commanditer l'industrie : un trésor abondamment pourvu n'y suffirait pas ; un trésor obéré se viderait tout à fait à la première saignée de ce genre. On l'entreprit en 1830, et vous savez ce que devint le prêt de 30 millions : l'Etat facilita quelques liquidations ; mais il ne provoqua ainsi ni la reprise ni le développement du travail sur aucun point du territoire. Le système des primes ne vaut guère mieux. Appliqué à l'exportation, il peut déterminer, de la part des gouvernements étrangers, des représailles qui rendent la dépense inutile. Qu'est-ce encore que les marchés du dehors comparés au marché du dedans ? Enfin, convient-il de diriger artificiellement le travail de la nation dans certains canaux, à l'exclusion de certains autres ; et ne doit-on pas se défier d'un mode d'encouragement qui procède nécessairement par catégories ?

La meilleure forme de secours est sans contredit celle qui procède par les voies les moins directes et les plus générales. Pour la reconnaître, on n'a qu'à jeter un regard attentif sur l'état du commerce et de l'industrie. Quelle est la ressource la plus nécessaire au travail, et qui se dissipe le plus promptement dans les temps de crise? C'est, à n'en pas douter, le fonds de roulement, le fonds qui sert à payer les salaires et à renouveler les approvisionnements, en un mot le moteur-argent de cette immense machine. Le capital industriel n'est pas détruit, il n'est que déprécié ; mais le fonds de roulement, atteint le premier, disparaît de la manière la plus complète. En France, il était généralement fourni par le crédit ; le crédit n'existant plus, le travail, faute d'aliment, s'arrête.

Si l'on veut secourir ou plutôt ranimer l'industrie, il faut lui restituer ce fonds de roulement qui lui manque ; il faut que le crédit public, le seul qui ait survécu à la tourmente, quoique bien affaibli et bien limité aujourd'hui, vienne en aide au crédit privé. Le gouvernement provisoire avait entrevu cette nécessité, le jour où il fonda les comptoirs nationaux d'escompte. Mais l'institution est restée informe, incomplète et inefficace dans ses mains.

On jugera de l'effroyable vide qui s'est fait dans la circulation des valeurs commerciales, et par suite dans la production, en songeant que la Banque de France est depuis quatre mois le seul établissement qui ait continué l'escompte, et que la moyenne de son portefeuille a baissé de 77 millions, ou d'environ 23 pour 100 ([1]). Mais si le portefeuille de la Banque est moins rempli, celui des banquiers et escompteurs de profession est fermé. Le calcul le plus hardi embrasserait difficilement l'étendue de ce déficit, qui paralyse aujourd'hui nos forces productives.

Certains empiriques imaginent qu'il est possible de relever l'industrie et le commerce en inondant la société

---

([1]) Suivant le dernier compte rendu, le portefeuille de la Banque et de ses succursales représentait une moyenne de 259 millions. La moyenne de 1847 était de 336 millions.

de papier-monnaie. Sans doute, l'agent de la circulation ne paraît plus sur le marché avec la même abondance. Les particuliers tiennent en réserve, par défiance ou pour des besoins imprévus, de grandes quantités de numéraire. Le papier de banque n'a plus la même expansion, parce que la somme des transactions qu'il défrayait se trouve infiniment réduite. Malgré la suspension des paiements en espèces, les billets de banque en circulation, qui pourraient s'élever légalement à 452 millions, n'excèdent pas 373 millions. La marge qui reste est encore de 77 millions, mais c'est à la confiance publique de détendre ces ressorts du crédit. Il y aurait de la folie à développer une circulation de billets que la production ne sollicite pas, qui d'elle-même, et sous l'empire de la nécessité, se resserre.

La valeur des produits que crée incessamment l'activité sociale est représentée, dans l'intervalle qui s'écoule entre le moment de la production et celui de la consommation, par des lettres de change et par des billets à ordre. Les lettres de change et les billets à ordre ne circulent qu'au moyen de la monnaie métallique et de la monnaie de papier. Il suit de là que la somme des valeurs commerciales en circulation excède constamment, et dans une proportion considérable, celle du papier de banque et des espèces. En Angleterre, à une époque où le papier de banque circulant s'élevait à 34 millions sterling (858 millions de francs), la circulation des lettres de change était évaluée à plus de 132 millions sterling (3,336,000,000 fr.), mais il y a d'autres moyens d'économiser l'usage de la monnaie; ce sont les paiements qui se font au moyen des bons donnés sur les banquiers,

bons qui se transmettent de main en main. Les banquiers
de la Cité, qui composent le *Clearing house*, à l'exclusion
des autres banquiers de Londres et des établissements
de banque par actions, en échangent entre eux pour la
somme de 24 à 25 milliards de francs par année ; et ce
n'est là qu'une partie du mouvement de l'Angleterre.

La Banque de France, en 1847, avec une circulation
moyenne de 240 millions, a escompté des effets qui représentaient une somme de 1,808 millions ; et la somme
des virements opérés par elle a excédé 8 milliards.
Par les opérations de la Banque, on peut juger de ce qui
se passe dans le pays.

Je suis entré dans ces détails pour montrer l'importance du rôle que jouent dans la circulation les effets de
commerce. Voilà le vide que nous avons à combler. Les
magasins et les dépôts ne sont plus approvisionnés qu'à
moitié. La confiance tend à renaître, et avec la confiance
la consommation. L'industrie va être sollicitée à produire ; mais pour qu'elle puisse mettre à profit ce retour
salutaire, il faut lui rendre ou plutôt mettre à sa portée
ce qu'elle n'a plus : les instruments du travail. Déjà plusieurs manufacturiers ont refusé les commandes venues
de l'étranger, soit parce que les ouvriers, à demi insurgés, leur faisaient des conditions impossibles, soit parce
qu'ils ne pouvaient pas obtenir les fonds nécessaires à la
mise en train. L'ordre se rétablit, et les esprits s'apaisent ;
mais il reste encore à rétablir le crédit.

Les comptoirs nationaux d'escompte en offrent le
moyen ; mais il faut les doter sérieusement et en élargir le principe.

Le gouvernement, en les fondant, avait trop présumé

des forces de l'industrie ; il l'obligeait à fournir le tiers du capital, à le fournir en argent ou par des retenues sur les bordereaux d'escompte, et ce capital devait être la seule ressource immédiatement réalisable. Le contingent de l'Etat n'étant fourni que sous la forme de bons du trésor, dans un moment où l'on suspendait le remboursement de ces bons, cessait d'être un capital et ne représentait plus qu'une garantie.

Plus tard, le gouvernement comprit la nécessité d'affecter aux comptoirs d'escompte une ressource plus réelle. Le décret du 16 mars leur attribue une dotation de 60 millions à prélever sur le produit de la contribution extraordinaire des 45 centimes. Mais ce décret est resté une lettre morte, comme celui du 7 mars. L'exécution partielle qu'il a reçue ne saurait, dans aucun cas, passer pour un encouragement sérieux donné au crédit.

Il résulte d'un document qui nous est communiqué par M. le ministre des finances, qu'à la date du 2 juin, cinquante-sept comptoirs d'escompte avaient été fondés. Le capital nominal de ces comptoirs s'élevait à 120 millions ; et l'on peut juger par là de l'émulation que le décret du 7 mars avait excitée, de l'empressement que les villes avaient mis à se prévaloir de la chance de salut qui leur était offerte ; mais les moyens disponibles n'égalaient pas la bonne volonté. Sur ce capital de 120 millions, les souscriptions recueillies représentaient environ 23 millions. L'Etat est resté en arrière des souscripteurs eux-mêmes; sur le crédit de 60 millions, il n'a versé que 7,373,000 fr., dont 4,475,000 fr. imputables sur les 45 centimes.

Avec ces faibles ressources, et grâce aux facilités que la Banque de France a libéralement données, les comptoirs d'escompte ont rendu quelques services. Le comptoir de Paris a escompté pour 50 millions de valeurs ; celui de Reims, pour 1,850,006 fr. ; celui de Marseille, plus fortement doté, a mis cette place à l'abri des catastrophes qui ont désolé les autres centres commerciaux.

Mais quelle disproportion entre les besoins et les ressources ! Le comptoir de Paris, institué au capital de 20 millions, n'a reçu qu'un million de l'Etat ; celui de Lille, créé au capital de 6 millions, n'a obtenu que 200,000 fr. Le lot de Montpellier a été encore plus insignifiant... Pour un capital de 4,500,000 fr., le trésor ne lui a attribué que 50,000 fr. Enfin, 500,000 fr., envoyés au comptoir de Lyon, ont été détournés de leur destination par le commissaire de la république et consacrés à l'œuvre stérile des ateliers nationaux.

Malgré les vices d'organisation que présentent les comptoirs d'escompte, je n'aurais pas fait la proposition que l'assemblée nationale a renvoyée à l'examen du comité des finances, si la pensée qui a présidé à l'institution n'était aujourd'hui à peu près abandonnée. J'ai voulu rendre la vie à cette création, et en modifier les bases afin de la mettre en rapport avec les nécessités de la crise actuelle. Je n'innove pas, je réforme.

Le crédit de 100 millions que je propose d'ouvrir au ministre des finances, pour servir à la dotation des comptoirs, a effrayé quelques personnes. Je l'aurais augmenté, si je ne m'étais préoccupé que des besoins et si je n'avais craint d'excéder la limite des ressources. Au reste, je prends les chiffres admis par le gouvernement lui-même, et je me borne à concilier entre eux, à régulariser des décrets rendus sans suite et pour ainsi dire au hasard.

Aux termes du décret du 7 mars, l'Etat devait aux comptoirs, dès le 2 juin, une subvention de 40 millions en bons du trésor. Le décret du 16 mars accroît cette dotation de 60 millions en argent à prélever sur le produit des 45 centimes. Il résulte de ces deux mesures combinées que la contribution de l'Etat au capital des comptoirs d'escompte se trouve portée éventuellement à 100 millions. On peut en induire encore que le gouvernement, après avoir mis les deux tiers du capital à la charge des villes et des particuliers, a jugé cette proportion trop rigoureuse, puisqu'il se détermine à des encouragements, à des sacrifices nouveaux.

La véritable différence entre ma proposition et le système établi, c'est que, dans l'esprit du décret rendu le 16 mars, le gouvernement, qui doit aux comptoirs un tiers du capital en bons du trésor, reste maître de fixer la somme qu'il affectera à chacun sur le produit des 45 centimes, tandis que je ne veux rien laisser à l'arbitraire ministériel, et que je proportionne la contribution du trésor, tant en argent qu'en bons, aux efforts tentés par chaque association locale pour relever le crédit. En cela, j'ai cru prendre conseil à la fois de l'équité et de la prudence.

En ouvrant un crédit de 100 millions, j'ai admis que les associations locales et les villes fourniraient une somme égale. C'est donc un capital de 200 millions qui me paraît nécessaire pour doter les comptoirs d'escompte ; soit une moyenne de 2,325,580 francs par département. Qui voudrait affirmer qu'il y a là un excès de ressources, quand il s'agit de remplacer tous les agents, tous les intermédiaires du crédit ?

Au surplus, de ce capital de 200 millions, la moitié consistant en bons du trésor et en obligations des villes formera le fonds de garantie ; 100 millions seulement constitueront le capital argent qui est destiné à alimenter les premières opérations. Au moyen du fonds de garantie, qui pourrait être déposé à la Banque de France, les comptoirs puiseront dans les caisses de la Banque les ressources qui leur permettront de renouveler et d'étendre leurs escomptes.

D'où vient que les escomptes de la Banque elle-même se sont réduits dans une proportion aussi forte depuis quatre mois ? Ce n'est pas seulement à cause de la stagnation de l'industrie et du commerce, c'est encore parce que les grands établissements d'escompte et les banquiers qui prenaient le papier à deux signatures pour y apposer la troisième signature , en échange d'une prime variable, et qui servaient ainsi d'assureurs à la Banque, ont cessé de fonctionner. Les comptoirs d'escompte vont donner cette troisième signature et ramener ainsi le papier de commerce dans le portefeuille de la Banque. En fortifiant l'institution, l'on ne rendra pas moins de services à la Banque de France qu'aux nombreuses industries qui languissent dans le pays.

Pour imprimer aux opérations des comptoirs toute l'énergie, toute l'efficacité qui leur appartient, quelques modifications dans les statuts me semblent nécessaires. Je voudrais d'abord que leur rayon d'action ne fût pas

borné à la ville qui en est le siége, mais qu'il pût s'étendre au département ; les industries les plus intéressantes
ne sont pas toujours placées au centre des populations
urbaines, et il faut faire quelque chose pour les établissements tels que les forges, les filatures et même les
fermes, qui agglomèrent souvent, à une certaine distance du chef-lieu politique, de nombreux et laborieux
ouvriers. Il me paraîtrait utile encore d'assimiler les statuts des comptoirs à ceux des sous-comptoirs ou annexes
qui ne sont pas possibles partout, en les autorisant à accepter du papier à une seule signature, pourvu que la
seconde signature fût remplacée par des garanties hypothécaires ou autres. On ne fera rien de sérieux tant
que les escomptes opérés par les comptoirs ne seront
pas, en quelque sorte, pour les industries en souffrance,
des ouvertures de crédit.

Aux termes de ma proposition, le capital d'opération,
le capital-argent des comptoirs doit être fourni moitié
par les souscripteurs et moitié par l'Etat. On a demandé
à savoir où l'Etat prendrait les 50 millions qui le con-
cernent. Je pourrais répondre que je n'ai pas à établir
une imputation nouvelle, et que j'adopte celle qui avait
été indiquée par le gouvernement lui-même quand il a
ouvert, par le décret du 16 mars, un crédit de 60 millions à prélever sur le crédit des 45 centimes. J'ajoute-
rais encore que l'emprunt de 130 millions, contracté
avec la Banque, augmente les ressources disponibles du
trésor, et que c'est là le fonds auquel doivent puiser les
comptoirs d'escompte ; mais il ne s'agit pas ici d'une
dépense, il s'agit d'une simple avance de fonds, d'un
crédit ; et ce crédit est ouvert dans l'intérêt du trésor lui-

même. En secondant la reprise du travail, le gouvernement développera la consommation, et le développement de la consommation est l'unique moyen de faire affluer les contributions dans les caisses de l'Etat. Nous sommes menacés d'un déficit de 150 à 200 millions dans le produit des contributions indirectes. Quand les comptoirs d'escompte, en ranimant l'industrie, ne réduiraient ce déficit que de 50 millions pour le reste de l'année, quel meilleur placement l'Etat pourrait-il trouver de ses ressources, et quel meilleur emploi pourrait-il faire de son crédit?

Ne fermons pas les yeux au péril ni l'oreille aux souffrances. Toutes les industries implorent aujourd'hui l'assistance de l'Etat. Une révolution les a privées de mouvement et presque de vie ; il appartient à l'Etat de leur rendre l'impulsion sous une forme ou sous une autre ; car ce n'est pas un gouvernement fondé sur l'universalité du suffrage qui peut résister à un vœu peu s'en faut unanime. J'ai insisté sur la combinaison qui me paraît la plus pratique et la plus sage. Qu'on la repousse, et il s'en présentera de plus dangereuses, avec l'argument de la nécessité, argument que chaque jour de retard fortifie. Vous avez encore le choix des moyens ; n'attendez pas, pour décider, que la décision s'impose. Concourez à des mesures désormais inévitables, si vous ne voulez pas qu'on les prenne sans vous, malgré vous et peut-être contre vous.

---

Voici le texte de la proposition qu'avait éprsentée M. Léon Faucher :

J'ai l'honneur de soumettre à l'assemblée nationale la proposition suivante, qui est destinée à modifier et à remplacer le décret du 7 mars 1848.

L'assemblée nationale décrète :

Art. 1er. — Dans chaque ville industrielle ou commerçante de la France, il sera créé un comptoir national d'escompte, destiné à relever, à répandre le crédit, et à l'étendre à toutes les branches de la production.

Art. 2. — Ces comptoirs auront un capital dont le chiffre variera suivant les besoins des localités. Le capital des comptoirs déjà établis en vertu du décret du 7 mars devra être accru.

Art. 5. — Le capital des comptoirs sera formé dans les proportions suivantes :

25 pour 100 en argent par les souscripteurs ;

25 pour 100 en obligations par les villes ;

50 pour 100 par l'État, dont moitié en argent et moitié en bons du trésor à 3 et 6 mois d'échéance.

Art. 4. — Un crédit de 100 millions est ouvert au ministre des finances, sur les ressources extraordinaires de l'exercice 1848, pour la contribution de l'État aux comptoirs nationaux d'escompte.

Art. 5. — Les propositions relatives à la création de ces comptoirs seront adressées au ministre des finances, qui, après avoir vérifié les versements faits et les engagements pris par les souscripteurs, assurera la part de contribution des villes et du trésor.

Le ministre des finances est chargé de l'exécution du présent décret.

# II

## EMPRUNT FORCÉ.

RAPPORT FAIT AU NOM DU COMITÉ DES FINANCES, SUR LA PROPOSITION
DU CITOYEN POUGEARD, TENDANT A REMPLACER L'IMPOT EXTRAORDINAIRE
DE 45 CENTIMES, L'IMPOT SUR LES CRÉANCES HYPOTHÉCAIRES ET L'IMPOT
SUR LES SUCCESSIONS PAR UN |EMPRUNT FORCÉ DE 200 MILLIONS,
PAYABLE SOIT EN ARGENT, SOIT EN EFFETS AYANT COURS DE MONNAIE.

(Séance du 29 août 1848.)

Vous avez renvoyé à votre comité des finances une
proposition du citoyen Pougeard qui touche aux problèmes les plus élevés de l'économie publique. Il s'agit des
bases mêmes du crédit et de l'impôt. Le comité des
finances a cru devoir en faire un examen attentif, moins
encore par égard pour les termes de la proposition que
dans l'intérêt des principes que ce projet tend à ébranler, et pour combattre, puisque l'occasion s'en présente naturellement, des doctrines qu'il juge dangereuses.

L'auteur de cette combinaison l'a placée sous l'invocation des motifs les plus respectables. Il veut faciliter la
rentrée de l'impôt, faire cesser les embarras des propriétaires et apaiser l'irritation des esprits. C'est une sorte
de traité de paix qu'il entend proposer entre les contri-

buables et l'État. Ayant remarqué, comme tout le monde,
que la contribution extraordinaire de 45 centimes pesait
durement sur l'industrie et sur la propriété foncière,
que l'impôt des créances hypothécaires, retiré depuis,
soulevait les difficultés les plus graves, enfin que le tarif
progressif, proposé pour les droits à percevoir sur les
successions, trouvait peu de faveur dans l'assemblée nationale, il demande à remplacer ces diverses taxes par un
emprunt de 200 millions dont les mêmes contribuables
feraient les frais.

Cet emprunt serait une sorte d'impôt transitoire sur
le revenu, tempéré par un remboursement incomplet en
rentes 5 pour 100 au pair. La rentrée des versements
s'opérerait par voie de répartition entre toutes les communes de la France, et, dans chaque commune, entre les
habitants qui posséderaient au moins 500 francs de revenu net, en proportionnant le contingent de chaque
commune à la masse des revenus individuels, le contingent de chaque contribuable à l'importance de son revenu.

Si l'on admet la limite de 25 pour 100 posée par
M. Pougeard lui-même, il devient très-difficile de croire
que l'emprunt puisse fournir les 200 millions sur lesquels il compte. En effet, la contribution foncière produit annuellement 280 millions, dont la moitié au moins,
soit 140 millions, est prélevée sur les contribuables qui
ne retirent pas de leurs propriétés un revenu net de
500 francs. Et nous ne dirons rien de trop en affirmant
que, dans les temps calamiteux où nous vivons, l'impôt
ordinaire représente le quart et souvent même le tiers
du produit disponible. La propriété foncière acquittera

péniblement les 160 millions que l'on attend des 45 centimes; elle ne pourrait certainement pas payer, pas plus sous forme d'emprunt que sous forme d'impôt, les 200 millions que demande M. Pougeard.

Le mécanisme, à l'aide duquel on prétend mettre en œuvre cette combinaison, est tout ce qu'il y a de plus compliqué et semble, à quelques égards, impraticable. Pour trouver une base certaine à l'emprunt, il faudrait d'abord, suivant le plan de M. Pougeard, établir le revenu net de chaque contribuable en considérant l'impôt foncier comme la sixième partie de ce revenu, ce qui est déjà une hypothèse. On aurait ensuite à ajouter ou à retrancher l'intérêt des créances hypothécaires, selon que le contribuable se trouverait créancier ou débiteur, ce qui entraînerait une véritable enquête, et l'enquête la plus difficile comme la plus énorme, celle qui porte individuellement sur l'état des fortunes, considérées dans ce qu'elles ont de plus mobile, le revenu.

Mais la proposition tend peut-être moins encore à fournir une ressource à l'État qu'à créer un moyen nouveau de circulation, un effet qui se substitue à l'argent, un véritable papier-monnaie. Cette création d'un papier de circulation nous paraît être le trait saillant et le résultat nécessaire de la combinaison introduite devant vous par M. Pougeard. Comment se fera le paiement de l'emprunt? « En argent, » dit d'abord le texte. Mais cette réponse n'est évidemment pas sérieuse, car on ajoute aussitôt : « A défaut d'argent, le montant sera délivré en effets qui produiront intérêt à 5 pour 100 et qui *auront cours légal de monnaie en France.* » Nous le demandons, quel propriétaire, ayant la faculté de payer en papier, à une année de terme, voudra, dans des circonstances aussi critiques, effectuer le paiement en argent? L'impuissance lui ferait une loi de l'emploi du papier, quand il n'y serait pas conduit par ses convenances personnelles.

Pour garantir le paiement de ces effets, la proposition statue que les immeubles y demeureront affectés par privilége, *sans qu'il soit besoin d'inscription*. Voilà donc une hypothèque légale établie sur certains immeubles au profit de l'État, qui vient s'ajouter à toutes celles dont la propriété se trouve déjà grevée dans l'intérêt des familles. C'est une entrave de plus qui rendra les emprunts hypothécaires et les ventes immobilières très-difficiles. On enchaînera ainsi les transactions, et l'on dépréciera les seules valeurs qui aient conservé encore quelque solidité.

N'oublions pas qu'en donnant pour garantie au nouveau papier la propriété foncière, on va créer de véritables assignats. Seulement ces assignats, au lieu d'être émis par l'État, le seront par les propriétaires eux-mêmes. Chacun pourra battre monnaie de son fonds, jusqu'à concurrence du contingent qui lui est assigné ; la circulation, au lieu de découler du pouvoir social, remontera vers sa source. La proposition a donc une portée plus grande que celle que semblent indiquer les termes de ses dix-huit articles ; et si vous devez la rejeter, il devient nécessaire de motiver fortement le rejet que nous avons l'honneur de conseiller à l'assemblée nationale.

Votre comité des finances a considéré séparément les deux éléments de cette combinaison : l'emprunt forcé, et les émissions destinées à faire les fonds de l'emprunt.

Mais, avant tout, il s'est demandé si la proposition, indépendamment de ses mérites et de ses défauts, était opportune. Nous aurions compris, à la rigueur, la démarche de M. Pougeard, au moment où l'assemblée venait de se réunir et où le recouvrement des 45 centimes, non encore sanctionné par vous, pouvait faire question. Mais depuis que l'autorité législative a dénoncé au pays la nécessité de ce pénible sacrifice, depuis que l'impôt se perçoit régulièrement, toute tentative pour en arrêter ou pour en transformer la perception ne serait qu'une cause de trouble. L'honorable M. Pougeard a déposé sa proposition le 18 juillet. Le 31 juillet, le Trésor, qui attend 160 millions de la contribution extraordinaire des 45 centimes, en avait recouvré 96,231,777 francs, soit un peu plus de 60 pour 100. La nécessité de chercher des ressources dans une autre forme d'impôt n'existe donc plus. Cependant il ne faudrait pas encourager les contribuables en retard, en leur donnant de fausses espérances de réduction ou de réforme.

L'emprunt que l'on vous propose, Messieurs, n'émanerait pas librement de la volonté du prêteur. M. Pougeard laisse, il est vrai, pendant huit jours, à tout citoyen qui possède un revenu de 500 francs, la faculté de souscrire, si mieux il n'aime que les répartiteurs déterminent son contingent. Mais qui ne voit que l'option est ici purement illusoire? Elle ressemble à ce délai que l'on accorde à une ville en danger d'être emportée d'assaut pour faire sa soumission au vainqueur. C'est la liberté avec la contrainte en perspective. Certes, un propriétaire ou un capitaliste ne s'engagera pas volontairement à recevoir de la rente 5 pour 100 au pair, dans un moment où elle est cotée à 74 francs sur le marché. Si l'on en doutait, que l'on demande à M. le ministre des finances ce qu'a produit de ressources, en dehors de la conversion obligée des bons du Trésor, la souscription à l'emprunt national.

Considérée comme un impôt, comme un prélèvement sur le revenu des contribuables, la combinaison manque d'équité. En exemptant de payer tribut au fisc les revenus fonciers inférieurs à 500 francs, M. Pougeard oublie que l'impôt devient infailliblement partial et improductif dès qu'il cesse d'être universel, dès que l'on procède par exceptions et par catégories. En traçant une ligne de démarcation qui rejette d'un côté la richesse et de l'autre la pauvreté, on fait, quelque limite qui soit adoptée, l'acte le plus arbitraire. L'on surcharge en réalité les frais de production pour certains domaines, comme si les produits similaires pouvaient, selon leur origine, obtenir un prix plus ou moins élevé sur le marché. Ajoutons que, dans une contribution destinée à frapper le revenu, M. Pougeard ne demande rien aux revenus mobiliers, qui ont été sans doute les plus maltraités par la crise actuelle, mais qui doivent aussi, dans la mesure de leur importance, subvenir aux nécessités du trésor public.

Au point de vue du crédit, la proposition de M. Pougeard soulève des objections bien autrement graves. En principe, il est vrai, un État doit demander à l'emprunt plutôt qu'à l'impôt les ressources dont il a besoin pour faire face à des dépenses extraordinaires ; mais le crédit ne se commande pas. On emprunte au taux que l'on peut obtenir, et ce taux est naturellement proportionné à la

23.

confiance que l'on inspire. L'Angleterre trouvait des prêteurs à 3 pour 100, quand la Russie offrait en vain 5 et même 6 pour 100. La France elle-même, qui avait émis du 5 pour 100 à 57 fr. 51 c., en 1817 ([1]), n'a-t-elle pas émis du 3 pour 100 à 84 fr. 75 c. en 1844 ([2]) ?

Un emprunt forcé est tout autre chose qu'un emprunt : c'est, si l'on veut, un impôt, une contribution de guerre, mais ce n'est pas une opération de crédit. L'emprunt forcé ne rend jamais aux prêteurs ou plutôt aux contribuables l'équivalent de ce qu'il leur prend ; il ne convient qu'aux États qui n'ont ni crédit ni finances, et encore peut-il passer à bon droit pour un expédient de désespoir. La Prusse et la Belgique y ont recours en ce moment, la Prusse pour une somme de 15 millions de thalers, la Belgique pour 34,500,000 francs à percevoir en 1848 sur les contribuables à l'impôt foncier et à la taxe personnelle et mobilière. Mais on sait que le gouvernement prussien n'a pas de crédit ; et quant au gouvernement belge, qui a déjà usé et abusé de cette ressource, il ne pouvait pas, dans les circonstances présentes, faire appel aux prêteurs étrangers, les seuls à peu près qui depuis 1830 lui aient ouvert leur bourse. L'emprunt forcé est, au reste, de tradition en Belgique. En 1830 et en 1831, le trésor belge s'était déjà procuré, par cette voie irrégulière, la somme, considérable pour le pays, de 47 millions.

Mais, dans un pays comme la France, où le crédit avait pris, avant les événements de Février, des développe-

[1] Soit 8,69 pour 100.
[2] Soit 3,54 pour 100.

ments presque égaux à ceux qu'il a reçus en Angleterre, et où il n'attend pour renaître que cette confiance qui s'attache chaque jour davantage à un gouvernement régulier, l'emprunt forcé serait un non-sens,
une négation funeste. Un emprunt forcé aurait bientôt
tari la source des emprunts volontaires. Les capitaux
émigreraient, voyant qu'on veut leur faire violence ;
toute valeur industrielle ou commerciale serait dépréciée ; en détruisant le crédit de l'État, on porterait la
même atteinte au crédit privé.

Il faut bien que l'honorable M. Pougeard lui-même ait
peu de confiance dans l'efficacité de l'emprunt forcé ; car
il accumule les garanties dans l'intérêt de cette combinaison, et il multiplie les gages. L'opération, telle qu'il la
conçoit, consiste à donner aux prêteurs, contre du papier-
monnaie à un an d'échéance, dont la valeur est hypothéquée sur le sol, des rentes qu'ils vendront tôt ou tard
pour acquitter ces obligations. Voilà certes une année de
terme payée bien cher par tout le monde. Il y aurait,
dans les garanties que cette combinaison paralyse, de
quoi servir de base à deux ou trois emprunts de
200 millions. En effet, le propriétaire, comme nous
l'avons déjà fait remarquer, ne pourra plus emprunter
que très-difficilement pour améliorer son exploitation,
la propriété se trouvant hypothéquée à l'État ; l'État lui-
même ne pourra pas vendre des rentes, tant que celles
de l'emprunt forcé pèseront éventuellement sur la place ;
enfin, une émission nouvelle de papier de banque deviendra impossible, à moins d'une dépréciation dont
toutes les valeurs essuieraient le contre-coup, après cette
inondation, non sollicitée par le mouvement des affaires,

de 200 millions d'effets ayant cours légal. Trois ressources importantes se trouveront donc paralysées du même coup : le crédit foncier, le crédit de l'État, et le crédit dont jouit la banque d'émission. On aura gaspillé ainsi, comme à plaisir, la fortune publique dans son germe.

Il nous reste, Messieurs, à insister sur la partie du projet qui a trait à l'émission d'effets portant intérêt et ayant cours légal de monnaie.

M. le ministre des finances et son honorable prédécesseur vous ont déclaré, à plusieurs reprises, qu'ils repoussaient le papier-monnaie de toute la puissance de leur conviction et avec l'autorité de leur position officielle. Votre comité des finances croit devoir saisir la première occasion qui lui est offerte de s'associer à cette déclaration avec la plus grande énergie ; et comme nous avons à combattre un préjugé qui, à la faveur de la détresse commerciale, a gagné du terrain depuis quelque temps, il m'a prescrit d'entrer dans les développements que le sujet comporte.

M. Pougeard vous propose de créer, jusqu'à concurrence de 200 millions, un papier portant intérêt à 5 pour 100 et ayant cours légal de monnaie. Cette combinaison n'a rien de nouveau pour les hommes qui ont suivi, avec quelque attention, la polémique des journaux en matière de finances. Dès l'année 1831, MM. Pereire avaient indiqué, comme une ressource pour l'État, l'émission de billets portant un intérêt de 1 centime par jour ou de 3 fr. 65 c. par an, pour un capital de 100 fr. Depuis, le gouvernement prussien a émis des bons de chemins de fer, bons à intérêt hypothéqués sur le revenu de ces grandes voies de transport, et dont l'imitation vous est recommandée par certains économistes. Enfin, des publicistes qui ont observé imparfaitement le système et les effets du crédit foncier établi en Allemagne et en Pologne veulent, à toute force, inonder la circulation de bons ou billets hypothécaires. Les plus modestes en proposent pour 2 milliards ; mais d'autres en demandent pour 10, 12 et même 14 milliards, pour une valeur supérieure à la somme d'espèces métalliques et de billets de banque répandus sur la surface entière du monde civilisé.

Veut-on jeter ces effets, ces billets hypothécaires dans la circulation, concurremment avec les billets de la Banque de France, une monnaie portant intérêt, concurremment avec une monnaie sans intérêt, un papier non remboursable à présentation, avec un papier échangeable à vue contre espèces ? En ce cas, l'une des deux monnaies de papier obtiendra évidemment, dans les habitudes du public, une plus grande faveur que l'autre, qui se trouvera, par cela même, dépréciée. Elles ne garderont pas longtemps la même valeur par rapport à l'argent, ni le même rapport entre elles. L'une deviendra bientôt le moyen de rembourser l'autre, et tendra, par conséquent, à perdre le caractère de monnaie. Ou bien, le public préférera le papier non remboursable à vue, à cause de l'intérêt qu'il portera entre les mains du détenteur, et comme offrant un placement en même temps qu'un moyen de circulation ; ou il s'attachera au papier qui est toujours échangeable contre des espèces, parce que celui-ci représente une valeur plus certaine, et parce qu'il s'incorpore, en quelque sorte, les qualités qui font rechercher les métaux précieux. Mais, en résultat, les deux effets ne peuvent pas garder le même niveau ; et celui des deux qui perdra de sa valeur, étendra cette dépréciation à toutes les valeurs dont il est la mesure. Une perturbation profonde se communiquera du crédit au commerce et du commerce à l'industrie. Au moment où la Banque de France a suspendu ses payements en espèces, l'on a vu la prime des espèces métalliques, en d'autres termes, la dépréciation du papier de banque portée à 5 ou 6 pour 100, quoique cette suspension eût un caractère transitoire. Mais le trouble serait bien autrement grave, si l'on devait saturer la circulation de deux papiers différents qui finiraient par n'être pas plus l'un que l'autre échangeables contre de l'argent.

Le gouvernement provisoire, en réunissant les banques départementales à la Banque de France, a établi l'unité du papier de banque. Par ce dernier progrès dans la circulation fiduciaire, on a complété l'assimilation des billets aux espèces ; on leur a donné toutes les qualités de la monnaie. Détruirez-vous, Messieurs, ce que le gouvernement provisoire a fait, en obéissant à la nécessité et en consacrant les principes les plus avancés de la science ? L'unité, c'est l'ordre dans la circulation ; vous ne pouvez pas plus admettre la dualité ou la diversité du papier de banque, qu'accorder à plusieurs autorités le droit de frapper des espèces métalliques : ce serait revenir à l'anarchie.

Veut-on faire un pas de plus ? Veut-on remplacer définitivement les billets de banque par un papier-monnaie non remboursable à présentation et portant intérêt ? Alors, c'est un changement radical dans notre système de circulation ; c'est la destruction de l'étalon métallique; c'est l'exclusion absolue de la monnaie d'or et d'argent; c'est l'abolition de cette suprématie nécessaire des métaux précieux pris pour moyen universel d'échange, que le socialisme croit discréditer et battre en brèche, en l'appelant « la royauté de l'or. »

Vous savez, Messieurs, que la valeur des billets de banque tient à ce qu'ils sont toujours et à toute heure convertibles en espèces. Comme ils représentent l'or et l'argent, ils peuvent légitimement en prendre la place et faire office d'intermédiaires dans le maniement des échanges commerciaux. Mais, que l'on substitue au papier de banque un papier-monnaie, c'est-à-dire un papier non convertible, et il faudra bientôt, par voie de conséquence, supprimer l'usage des espèces; car ce papier ne soutiendrait pas, dans la circulation, la concurrence des métaux précieux. Or, en supprimant la monnaie métallique, on séparera, on isolera la France du reste de l'Europe. On fera, sans le vouloir et sans le savoir, au XIX$^e$ siècle, ce que fit volontairement dans l'antiquité le législateur de Sparte, en donnant à cette république pour instrument exclusif des échanges, une vile monnaie de plomb.

On se prévaut de l'opinion de Ricardo qui a dit que « la monnaie arriverait à l'état le plus parfait, lorsqu'elle serait à l'état de papier. » Mais Ricardo n'a entendu parler que d'un papier convertible en lingots ou en espèces. Il voulait que les métaux précieux devinssent la réserve de la circulation et que le papier en fût l'instrument habituel. Mais il n'eût certainement pas compris un papier non remboursable à vue et qui, au lieu de représenter une valeur métallique, valeur certaine et universelle, valeur de circulation, aurait représenté la propriété du sol ou des marchandises, c'est-à-dire des valeurs incertaines, variables, locales et arbitraires.

Tous les systèmes qui consistent à doubler les billets de banque d'un gage hypothécaire partent d'une donnée fausse. Ils supposent d'abord que l'obligation, la cédule hypothécaire, représente la valeur du sol engagé ; tandis qu'elle ne représente, comme on l'a dit, que la somme d'argent prêtée sur le sol, somme dont la valeur du sol garantit le remboursement. L'argent se retrouve ainsi comme base d'opération et comme point de départ au fond du système qui le rejette et qui le nie : c'est un acte de foi dans un blasphème. Ils supposent ensuite que le crédit, au lieu d'être personnel, au lieu de se mesurer à la confiance qu'inspirent les institutions, les gouvernements, les grandes associations, les individus, peut devenir quelque chose de matériel et figurer ce que l'école de Saint-Simon appelait la mobilisation du sol. C'est là une erreur manifeste. On remonterait ainsi à l'enfance du crédit : on prendrait pour type du crédit le prêt sur gage; on annulerait tous les progrès qu'ont marqués successivement l'invention de la lettre de change et celle du billet de banque, cette lettre de change universelle, réalisable à toute heure et partout où elle a cours.

Les propagateurs du billet hypothécaire s'imaginent qu'en imprimant cette forme inusitée au crédit, ils le rendront plus exact et plus solide. Les faits démentent une aussi étrange illusion. Qu'y a-t-il de plus ordinaire et de plus commun que de voir des propriétaires, en offrant pour gage des immeubles également libres, obtenir des conditions d'intérêt très-différentes et proportionnées au degré d'habileté, de solvabilité, que l'on reconnaît dans chacun d'eux? Albuquerque n'empruntait-il pas sur sa moustache plus aisément que l'empereur de Russie n'emprunterait aujourd'hui sur les domaines de la couronne et sur les mines de l'Oural?

Ce qui prouve que le crédit est personnel de sa nature, c'est que le même État, dans des situations différentes, n'emprunte pas au même taux; c'est que tel ministre obtiendra des capitalistes des sommes qu'ils refuseront à tel autre ministre, et cela quoique la richesse du pays n'ait subi aucune altération dans l'intervalle, quoique le pays renferme, dans les deux cas, les mêmes capitaux mobiliers et les mêmes immeubles. L'Angleterre, la France et l'Autriche, en faisant appel aux prêteurs, peuvent fournir une garantie égale en propriétés foncières, ou hypothéquer une somme égale de leurs revenus. Pourquoi cependant, sur le même gage, ces Etats emprunteront-ils à des taux différents? Pourquoi le crédit de l'Angleterre, de l'Angleterre qu'une dette énorme surcharge déjà, est-il habituellement supérieur à celui de la France, et le crédit de la France supérieur à celui de l'Autriche? C'est parce que les capitalistes ont une meilleure opinion du gouvernement anglais que du gouvernement français, et de celui-ci que du gouvernement impérial; c'est parce que le prêteur considère comme le principal avantage d'un placement de fonds, comme un avantage supérieur à l'élévation de l'intérêt et à la certitude du remboursement en fin de compte, la facilité de vendre en tout temps la rente qu'il a reçue en échange, et la certitude de la vendre au moins ce qu'elle a coûté. Plus cette facilité est grande et plus le taux de l'intérêt s'abaisse, plus aussi s'améliore et se consolide le crédit public. Les billets de banque, remboursables à toute heure en espèces, en sont la plus haute expression; et voilà pourquoi ils circulent, sans porter intérêt, au même titre que la monnaie métallique.

On a défini, avec raison, le crédit, « une anticipation sur l'avenir. » Quand un État emprunte un capital contre une émission de rentes, il stipule, au profit des porteurs et jusqu'à l'amortissement de ces rentes, un prélèvement annuel sur le revenu public, un impôt sur les futurs contribuables; et, qu'on nous permette de le dire, il devient parfaitement inutile, dans ce cas, de consolider la rente, c'est-à-dire d'y affecter en gage certains revenus ou certaines propriétés; car le paiement en est garanti par le plus sûr et le plus général des gages, par la fortune publique, qui se trouve implicitement hypothéquée toute entière. La rente a pour garantie la richesse et la bonne foi de la nation; il n'y a rien au-dessus ni au delà.

Quand une banque met en circulation des billets qu'elle promet de rembourser à vue, qui circulent sur la foi de cette promesse, et qui excèdent, dans une proportion quelconque, la somme des espèces d'or ou d'argent qu'elle tient en réserve pour parer aux demandes de remboursement, elle calcule sur une certaine somme de billets qui ne lui seront pas présentés et qui formeront le fonds, en quelque sorte permanent, de la monnaie fiduciaire : elle spécule sur le degré de confiance qu'elle peut inspirer au public. Les valeurs qui existent dans le pays, et auxquelles l'argent sert de signe dans la circulation, l'argent représenté à son tour par le billet de banque, se dilatent ainsi, en quelque sorte, sous l'influence du crédit ; il y a là une expansion qui augmente les forces naturelles de la société et qui ajoute à ses ressources.

La circulation s'opère ainsi avec le fonds de roulement de la société, augmenté de la confiance que la banque d'émission inspire. On ne fait refluer dans ces canaux aucun autre capital que le capital espèces qui est destiné à former l'intermédiaire essentiel, le premier intermédiaire des échanges, et de cette manière la circulation ne peut pas s'engorger ; la limite des émissions est donnée par les besoins ; les billets qu'une banque laisse sans nécessité sur la place lui rentrent bientôt et viennent s'échanger contre des espèces ; l'équilibre se rétablit spontanément en quelque sorte.

Il en serait autrement dans le système des billets hypothécaires : d'une part, on n'apercevrait pas de limite imposée à la faculté d'émission, car, les billets étant censés représenter la valeur du sol, et chaque propriétaire ayant le droit d'en demander une somme proportionnée à l'hypothèque qu'il donnerait sur ses biens, il pourrait en exister dans la circulation dix milliards aussi bien qu'un milliard, et la dépréciation de ce papier-monnaie serait alors inévitable. Il arriverait ce qui est arrivé déjà pour les assignats et pour les mandats territoriaux, dont 100 francs avaient fini par ne plus représenter que 50 centimes. D'autre part, on n'ajouterait rien à la richesse du pays, car c'est la valeur territoriale que l'on ferait circuler : on convertirait les obligations hypothécaires en bons à rentes ; mais le crédit, sous cette forme, ne multiplierait pas les valeurs et bornerait son action à les mobiliser, à les monnayer. Le seul avantage

de l'expédient proposé consisterait à réaliser, par la réduction de l'intérêt, une économie qu'il est possible d'obtenir également, sans aller au delà du système de crédit
foncier adopté en Silésie dans le cours du dernier siècle.

Partout où l'on a donné aux billets émis soit par des
banques, soit par l'État, le caractère d'un papier non
remboursable à vue, cette émission n'a plus connu de
limites. On a fait avec le papier-monnaie ce que firent au
moyen âge les souverains de l'Europe, ce que font encore les despotes orientaux avec la monnaie d'or et d'argent. On n'a pas craint d'altérer la valeur pour multiplier le signe; en inondant de billets la circulation, on
a déprécié le papier-monnaie. C'est ainsi qu'en Russie la
valeur du rouble en papier était tombée, en trente ans,
de 100 copecks à 25, et que le florin de papier, en Autriche, avait fini par ne plus représenter, en 1810, que
la treizième partie du florin d'argent. On remarquera
que les assignats émis par Catherine II furent prêtés en
partie sur hypothèque aux propriétaires de terres et de
maisons, et que la garantie hypothécaire se trouva sans
puissance, à cette époque, pour arrêter ou pour diminuer
la dépréciation du papier-monnaie. Il en a été de même
aux Etats-Unis, en 1837, avant la suspension des payements en espèces. Les banques de l'Union, par des émissions désordonnées, avaient rendu l'échange de leurs billets contre des espèces, le remboursement à présentation
tellement difficile, que ces billets, dans certains Etats,
perdirent jusqu'à 50 pour 100 de leur valeur [1].

Nous pensons avoir démontré que la création des

[1] Les émissions des banques, qui étaient, en 1835, de 553
millions de francs, s'élevèrent, en 1837, à 796 millions.

billets à rentes, des bons hypothécaires, du papier-monnaie, en un mot, exercerait une influence désastreuse sur la circulation et sur la richesse. Mais d'où vient que l'on y songe encore, et que l'honorable M. Pougeard propose aujourd'hui cet expédient, après l'expérience que nous en avons déjà faite dans la ferveur de notre première révolution, en face des enseignements que nous fournit encore l'exemple de la Russie, de l'Autriche, des États-Unis, et jusqu'à un certain point celui de l'Angleterre elle-même? Disons-le nettement, une véritable maladie s'est emparée de quelques esprits. Dans la détresse qui accable le commerce et l'industrie, le capital et le travail, les salariés et les propriétaires, en présence de l'effroyable déroute qui a dissipé les forces du crédit, préoccupés de trouver un prompt remède à une situation presque désespérée, ces plagiaires du passé l'ont malheureusement cherché dans des régions qui ne sont ni le terrain des faits ni celui des principes ; ils ont cru qu'il suffisait d'augmenter les moyens de circulation pour rendre le mouvement au travail, ils ont pris les rouages pour le moteur et les instruments du crédit pour le crédit lui-même. Lorsque le pays manquait de confiance, ils se sont dit : « Le pays manque d'argent. » De là cette émulation de systèmes qui tous aboutissent à un débordement de papier-monnaie sous des formes diverses.

Non, le capital circulant de la société n'a pas disparu dans la tourmente révolutionnaire. Nous sommes aujourd'hui à peu près aussi riches en métaux précieux que nous l'étions avant le 24 février, les espèces d'or et d'argent ne se sont pas dissipées en fumée et elles n'ont pas été changées en feuilles de chêne. Celles que chacun avait retenues par devers lui pour augmenter, en vue d'une catastrophe possible, sa réserve disponible, commencent à refluer dans les dépôts publics. La Banque de France, qui n'avait le 27 avril que 88 millions d'espèces, en compte aujourd'hui près de 200 millions ; quant à la circulation des billets de banque, elle s'est réduite dans une proportion considérable ; mais il faut voir pourquoi. Lorsque vers la fin d'avril, la circulation des banques d'émission en France s'élevait encore à 400 millions, elle n'est plus aujourd'hui que de 367 millions, et la Banque reste ainsi de 85 millions au-dessous de la limite extrême (452 millions) que lui avait marquée le gouvernement provisoire. Ce qui prouve que ce ralentissement dans la circulation est la conséquence forcée de notre situation commerciale, c'est que, la Banque ayant élevé un moment la somme des billets émis à 385 millions, chiffre du 20 juillet, 20 millions de billets lui sont rentrés en vingt jours.

L'étendue de la circulation se proportionne, dans toutes les contrées, à la masse des affaires. Lorsque l'industrie est en pleine activité, et que le commerce trouve, au dehors comme au dedans, de vastes débouchés, il est naturel que les banques se livrent à une grande expansion ; mais lorsque la consommation est à peu près nulle, que la production languit, que chaque jour amène quelque désastre nouveau, que les fortunes s'écroulent, que le crédit s'abîme, et que les rares transactions qui se font encore ne s'opèrent plus qu'au comptant, il y aurait de la folie à développer une circulation qui serait sans emploi, à créer des moyens d'échange au moment où il n'y a plus d'échanges.

L'argent et les billets de banque sont les signes universels des valeurs; mais ces valeurs sont aussi représentées par des signes, par des titres spéciaux, tels que les titres de rentes, les bons du Trésor, les actions industrielles, les obligations hypothécaires, les lettres de change, les traites et les billets à ordre. Voilà la sphère dans laquelle existe et s'aggrave le mal : de ces titres, les uns sont aujourd'hui fortement dépréciés, au point de présenter une perte de plusieurs milliards dans la richesse nationale ; les autres se raréfient de jour en jour : il n'y a plus de marché pour les uns, il n'y a plus d'escompte pour les autres. En 1847, la moyenne du portefeuille de la Banque de France et des banques départementales était de 355 millions ; le 27 avril 1848, le portefeuille de la Banque ne renfermait plus que pour 265 millions d'effets ; et le 24 août, il était réduit à 214 millions, différence 141 millions ou 40 pour 100. En même temps, le portefeuille des banquiers et des escompteurs de profession s'est complétement fermé. Le calcul le plus hardi embrasserait difficilement l'étendue de ce déficit qui atteste une décroissance inouïe dans nos forces productives.

Quand ce phénomène se manifeste dans une société, quand la production et la consommation se réduisent, les moyens d'échange doivent diminuer dans une proportion égale, sans quoi l'équilibre serait bientôt rompu. Dans les gouvernements bien ordonnés, toute réduction des affaires a pour conséquence immédiate un resserrement de la circulation. Supposez que l'on fasse le contraire; on versera sur le marché une marchandise qui n'est pas demandée, on dépréciera, on avilira les instruments d'échange qui circulaient déjà, et, comme les billets de banque servent de mesure à toutes les valeurs, on amènera une dépréciation générale des capitaux et de la richesse. Les relations qui s'étaient établies entre les créanciers et les débiteurs seront violemment altérées, on fera gagner aux uns ce que l'on fera perdre aux autres ; ce sera une véritable banqueroute partielle, qui troublera tous les contrats. Voilà ce qui est arrivé en Angleterre en 1819 et aux États-Unis en 1837. Voudrait-on amener un pareil état de choses en France ? Votre comité des finances a pensé que l'assemblée nationale devait s'opposer à cette tentative au nom de la foi publique et dans l'intérêt du crédit.

Nous venons, Messieurs, d'exposer les raisons de droit et de fait qui militent contre le système auquel nous paraît se rattacher la proposition de M. Pougeard. A la suite de la discussion préparatoire dont elle a été l'objet dans le comité des finances, l'orateur a cru devoir abandonner la pensée de donner à son emprunt le caractère d'un emprunt forcé et renoncer à l'émission de papier-monnaie qui en était la conséquence. Réduite à ces termes simples de la substitution d'un emprunt volontaire à un impôt, la proposition ne nous paraîtrait pas plus acceptable ; elle serait évidemment sans objet et sans effet. Au reste, le comité des finances n'était saisi par vous que de la conception primitive ; il a cru devoir en mettre sous vos yeux toutes les conséquences : c'est à vous de prononcer maintenant. Votre comité des finances m'a chargé de vous proposer de ne pas prendre en considération le projet de l'honorable M. Pougeard.

# III

## CRÉDIT FONCIER

DISCOURS PRONONCÉ DANS LA DISCUSSION DES PROPOSITIONS RELATIVES
A L'ÉTABLISSEMENT DU CRÉDIT FONCIER.

(Séance du 10 octobre 1848.)

Je viens combattre le projet que vous a présenté votre
comité du crédit foncier ; mais je n'ai pas la prétention
de m'opposer à tout système de réforme. Il est temps,
je le reconnais, que l'agriculture, comme l'industrie et
le commerce, obtienne ses institutions de crédit. L'usure
dévore nos campagnes : le propriétaire qui retire un revenu de 2, 3 ou 4 pour 100 de son fonds est souvent
obligé de payer 5, 6, 8 et jusqu'à 12 pour 100 aux prêteurs. La dette hypothécaire s'élève en réalité à 8 ou 9
milliards sur 14 milliards d'hypothèques inscrites, et l'on
peut dire qu'elle absorbe le quart ou le cinquième du
revenu foncier. Cette situation déplorable ne peut pas se
prolonger ; il est temps d'arriver à une liquidation, ou
à un dégrèvement. Si vous n'en donnez pas les moyens,
si vous ne procurez pas à l'agriculture des capitaux à un
prix modéré, la propriété foncière marchera infailliblement à la banqueroute. Mais le moment de la réforme
est-il bien choisi, et votre comité vous propose-t-il le

meilleur système à suivre? Un mot sur la question d'opportunité.

Fonder des institutions de crédit dans un moment où le crédit n'existe pas, lorsque le banquier est devenu un mythe, lorsque le portefeuille de la Banque de France elle-même est dégarni, lorsqu'il n'y a plus d'affaires dans ce pays, c'est se poser un problème que je considère comme insoluble. Rétablissez d'abord la confiance, rendez le mouvement au travail, vous songerez ensuite à fonder des institutions de crédit.

Remarquez, Messieurs, que, dans ce moment, l'État, qui est le premier des emprunteurs, ne trouve de l'argent qu'à 7 et à 8 pour 100; si vous allez lui faire concurrence par l'émission de bons hypothécaires, vous aggraverez la situation du trésor, et, en déprimant le crédit de l'Etat, vous déprimerez le crédit de tout le monde.

Mais en supposant que le moment soit venu, que l'opportunité ne se déclare pas contre le projet de votre commission, que vous propose-t-elle? Tout autre chose que l'établissement d'un crédit foncier. En effet, quel est le principal obstacle qui fait que le propriétaire ne peut pas emprunter à bas intérêt? C'est notre législation hypothécaire. Le mal vient de ce que la terre, dans l'état actuel, ne présente pas un gage certain; de ce que notre système d'hypothèques n'ordonne pas l'inscription de toutes les hypothèques; de ce que toutes les dettes de la propriété foncière ne sont pas au soleil; de ce qu'il n'y a pas de publicité.

L'hypothèque inscrite ne saisit pas suffisamment le prêteur; le gage qu'on lui a donné peut être revendiqué par d'autres. La situation de l'emprunteur n'est pas connue, et à la faveur de cette obscurité, la mauvaise foi devient possible. Evidemment, le premier pas de la réforme, le premier moyen de crédit pour la propriété, c'est un changement radical dans notre système hypothécaire ; c'est la suppression de l'hypothèque latente ou légale. Est-ce là ce que vous propose votre comité? Pas le moins du monde ; il s'abstient, au contraire, d'y toucher.

Votre comité se montre pénétré de respect pour le Code civil, monument élevé par le génie, qui résume le bon sens de la nation, et auquel on ne doit pas, selon lui, légèrement porter atteinte. Nous sommes d'accord jusque-là.

Cependant il ne faut pas croire qu'il soit donné au législateur de prévoir toutes les éventualités de l'avenir ; le temps amène des progrès dont on doit tenir compte. Evidemment, au bout d'un certain nombre d'années, d'un demi-siècle, par exemple, et nous en sommes à peu près là, les mœurs, les idées, les intérêts ont éprouvé des modifications qui nécessitent des changements dans la législation. Supposer le contraire, c'est montrer, non pas du respect pour les lois, mais une superstition véritable. Au reste, cette superstition que votre comité du crédit foncier laisse percer dans le rapport ne s'étend pas jusqu'aux articles du projet. En effet, il ordonne que tous les propriétaires qui voudront emprunter à l'Etat fassent inscrire les hypothèques légales. Quant à ceux qui emprunteront ailleurs, il ne s'en occupe pas. Il s'agit donc de créer deux systèmes de législation : un système pour les emprunteurs qui s'adresseront à l'Etat, et un autre système pour les emprunteurs qui s'adresseront au public. Cela n'est pas tolérable. Est-ce là, messieurs, une pensée législative? et le premier principe en matière de loi n'est-il pas l'égalité?

En limitant à 2 milliards l'émission de ces bons hypothécaires, le comité s'expose encore à commettre la même injustice sous une autre forme.

Les 2 milliards seront en effet distribués au marc le franc, entre les départements ; mais on propose de ne faire cette répartition qu'entre les propriétaires qui pourront présenter des immeubles libres d'hypothèques, c'est-à-dire que l'on prêtera précisément aux riches, à ceux qui n'ont pas besoin d'emprunter. Croyez-vous, Messieurs, que l'on remédie ainsi au mal de la situation? De cette manière assure-t-on une liquidation du passé? Permet-on à ceux qui ont emprunté à gros intérêts de diminuer le poids de leur dette, et, finalement, de l'amortir? Non, certes ; l'on prête à ceux qui n'avaient pas emprunté jusqu'à présent. Je ne saurais voir là une réforme ni une amélioration ; évidemment, ce n'est pas fonder le crédit foncier que de refuser le crédit aux détenteurs de propriétés foncières qui en ont le plus grand besoin.

Si l'on voulait sérieusement venir au secours de la propriété foncière, on ne nous parlerait pas d'une émission de 2 milliards ; on aurait la prétention d'égaler les émissions à l'étendue de la dette ; on entrerait dans la voie qu'ouvrent les amendements de M. Hamard et de M. Langlois ; on voudrait que tous ceux qui ont grevé leurs biens d'hypothèques, en payant un intérêt de 5, 6, 7, 8 pour 100, et sans pouvoir éteindre le capital de la dette, eussent la faculté de s'adresser aux nouveaux prêteurs, soit à l'Etat, soit à une association, et de transformer leur dette en mettant l'Etat ou l'association à la place de leurs innombrables créanciers.

Or ce n'est pas ce que fait le comité du crédit foncier; il laisse subsister la dette et la gêne. Que reste-t-il donc de ce grand projet d'amélioration? Il ne reste effectivement que le papier-monnaie.

Ici je ne peux pas m'empêcher, au début de cette discussion, de faire une remarque qui est pour moi un sujet d'étonnement et presque d'affliction. Je vois, dans le rapport, que votre comité a consacré deux ou trois mois à élaborer le projet qui nous occupe; je vois qu'il a eu sous les yeux cinq ou six propositions, qu'il dit, et je le crois, avoir étudiées avec le plus grand soin; qu'il a entendu tout le monde. Certes, s'il l'a fait, comme je le crois encore, il a dû être inondé d'avis, de projets, d'inventions de toute espèce. Eh bien, après cette étude approfondie de trois mois, après l'examen de tous ces systèmes, après tous ces faiseurs de projets entendus, il arrive qu'on présente un rapport dans lequel on ne distingue pas les deux choses qui sont le fondement de tout système de crédit foncier.

Je lis dans le rapport cette assertion incroyable, qu'il y a en Prusse et en Pologne des *lettres de gage*, qui sont des bons de circulation, et qui ont cours forcé. Si l'honorable rapporteur s'était adressé à l'un de ses voisins, à l'honorable M. Wolowski, auteur d'un des projets, et qui a vu le système en pratique sur les lieux, il saurait que les lettres de gage ne sont pas des bons de circulation, et qu'elles n'ont pas un cours forcé.

Une pareille inexactitude dans un document distribué

à une grande assemblée et soumis aux méditations de la France a de quoi nous surprendre.

Mais il y a plus, Méssieurs; de cette confusion découlent toutes les énormités du projet. C'est pour avoir cru que les lettres de gage étaient des bons de circulation, que l'on prétend opérer par l'émission de billets hypothécaires, d'un papier-monnaie, ce qui se fait ailleurs par de simples obligations hypothécaires, par des contrats de rente, fondés sur le produit du sol.

On vous dit : Nous allons ouvrir le grand-livre de la dette foncière ; or ce grand-livre, je le cherche dans le projet et je ne le trouve pas. Le grand-livre de la dette publique, vous le savez, est en quelque sorte le cadastre des rentes sur l'État. C'est un registre où figurent, à leur place, les dettes de l'État avec les noms de ses créanciers.

Il en est de même pour la dette du sol en Pologne et en Prusse ; sur ces grands-livres, tenus par les banques ou associations territoriales, sont inscrites les rentes foncières. Les obligations qu'émettent ces associations territoriales sont de véritables contrats à rente : le propriétaire se présente devant la banque ; il contracte l'engagement de payer 4 p. 100, plus 1 p. 100 d'amortissement ; en Pologne, c'est 2 p. 100 (mais je vous fais grâce de la différence des systèmes, ce sont là de pures nuances). En échange de cette obligation, la banque délivre au propriétaire, qui laisse prendre hypothèque sur son fonds, une obligation qui porte un intérêt, une rente de 4 p. 100. Cette obligation, le propriétaire la vend sur le marché public ; il en fait de l'argent, et réalise ainsi l'emprunt que la banque lui a ouvert. Les contrats à rente se vendent sur les marchés des fonds publics de la Prusse et de la Pologne comme les rentes sur l'Etat se vendent ici; et, pour compléter la similitude, elles ont un cours qui varie comme celui des rentes sur l'État.

Est-ce là, Messieurs, ce que fait votre comité de crédit foncier?

Le comité délivre aux emprunteurs des bons hypothécaires qui sont de véritables billets de banque. Il stipule un intérêt pour le prêt qu'il leur fait, mais il met en circulation non pas des obligations représentant une dette foncière, non pas des contrats de rente, mais des billets de banque non remboursables, du papier–monnaie.

Ainsi, Messieurs, en dernière analyse le papier-monnaie, voilà ce que propose le comité.

Il faut voir maintenant quelle est l'étendue, quelle est la portée de ce projet. Je demande pardon à l'assemblée d'occuper son attention pendant quelques instants encore.

Le sujet est très-grave ; il est très-difficile de traiter à la tribune des questions d'économie politique dans lesquelles chaque raisonnement doit être un axiome et avoir la rigueur d'un chiffre. Je sollicite donc toute son indulgence.

Le papier-monnaie, Messieurs, je le dirai d'un mot, sans hésitation et avec toute l'autorité que donnent les exemples fournis par une histoire encore récente, le papier-monnaie, c'est la fausse monnaie.

A diverses époques, l'on a eu recours à des expédients de ce genre. Toutes les fois que l'Etat a éprouvé des embarras et qu'il a eu besoin de créer des ressources, que

ses revenus ne se sont pas élevés à la hauteur de ses dépenses, il a songé à ces expédients ruineux.

Au moyen âge, cela se faisait sous une autre forme,
car on ne connaissait pas alors le papier ; on altérait les
monnaies au moyen d'un alliage, on étendait la matière,
on versait de l'eau dans le vin, on faisait un liquide adul-
tère.

Cette altération des monnaies n'était pas autre chose
qu'une dépréciation générale de la fortune publique et
des fortunes privées. L'expédient est encore en usage en
Orient.

A mesure que la civilisation fait des progrès, le signe
monétaire acquiert de la fixité, de la constance ; il devient en quelque sorte invariable. Mais là où le signe
monétaire est variable, là où il est permis de l'altérer,
tenez pour certain que l'on vit encore dans la barbarie.

Depuis le dix-huitième siècle, depuis même le dix-
septième, on n'altère plus les monnaies en Europe. L'expérience avait été trop décisive pour qu'on fût tenté de
la renouveler. Mais, en changeant de procédés, la politique est restée la même. On altère aujourd'hui le papier comme on altérait les espèces sous Philippe le Long;
on convertit le papier de banque en papier-monnaie.
Vous en avez eu un exemple au commencement du dix-
huitième siècle, dans la tentative de Law. L'exemple
s'est reproduit sur une plus grande échelle par la création des assignats à la fin du dernier siècle ; enfin l'Angleterre elle-même l'a imité.

Je veux aller au-devant d'une objection que je trouve
écrite dans votre rapport ; ce mot d'*assignats* paraît
désagréable au comité. Il proteste, il déclare qu'il y a

une injustice très-grande à assimiler aux assignats le papier-monnaie qu'il veut faire créer par l'Etat, en un mot, les bons hypothécaires. Si j'avais recours à cette comparaison, je dirais tout de suite qu'elle ne peut pas tourner à l'avantage de la création que propose la commission du crédit foncier.

Il est évident que la combinaison des bons hypothécaires, loin d'être un progrès sur les assignats, est, au contraire, un pas rétrograde.

Je considère les assignats comme une dégradation des billets de Law, et le papier-monnaie du comité comme une dégradation des assignats. Je vais le prouver.

Lorsque Law émit ses billets, il leur donna deux caractères : il leur attribua d'abord une prime ; ses billets portaient intérêt et avaient ainsi une prime sur la monnaie ordinaire ; de plus, ils étaient remboursables à présentation et prenaient par conséquent la forme des billets de banque.

Cela les fit rechercher dans les premiers temps ; mais, comme l'on abusa de la faculté d'en créer, et comme Law sentit la nécessité, en forçant son système, de supprimer le remboursement en espèces, les billets se déprécièrent bientôt, et la catastrophe éclata.

Les assignats portaient intérêt comme les billets de Law, mais ils n'étaient pas remboursables. Seulement, comme on sentait bien dès lors qu'un papier de banque non remboursable n'est pas une monnaie, on avait voulu leur imprimer un caractère qui ressemblât à cet avantage, et voilà pourquoi Mirabeau, dans son enthousiasme pour la création des assignats, s'écriait : « Nos assignats ne sont pas un papier-monnaie ! » Et pourquoi les assi-

gnats n'étaient-ils pas un papier-monnaie dans la pensée
de Mirabeau ? C'est parce qu'ils avaient un emploi immédiatement possible, parce que, si l'assignat n'était pas
un billet de banque qui pût se convertir immédiatement
en espèces, c'était un billet de banque qui pouvait immédiatement se convertir en propriétés foncières : c'est
qu'avec les assignats on pouvait se présenter au marché
des domaines publics et acheter un fonds de terre : voilà
l'avantage spécial et primitif des assignats.

Quant au papier-monnaie que l'on nous présente, il
n'a ni le double caractère du papier de Law ni les avantages des assignats : d'une part, il ne porte pas intérêt,
et, second désavantage, il n'est convertible ni en espèces
ni en fonds de terre ; c'est, en fait de papier-monnaie,
quelque chose qu'on n'avait pas encore vu en France,
et j'ose dire que ce qu'on n'a pas vu vaut beaucoup
moins que ce qu'on avait déjà vu.

Sur quel expédient le comité a-t-il compté pour faire
adopter son papier-monnaie ? Le voici : il a bien senti
que si l'Etat venait dire au public : « Voilà un papier,
prenez-le pour argent comptant, » le public répondrait :
« Je refuse ; ce papier est du papier-monnaie, ce n'est
pas de l'argent, » et alors il a imaginé de doubler ce papier d'un gage, de prétendre que le papier hypothécaire représentait la terre, et que la terre était la meilleure des garanties. Non, la terre n'est pas le meilleur
des gages ; la terre, à elle seule, n'est pas même un gage.
Cela était bon à dire dans un temps où l'on ne connaissait pas l'origine de la valeur, où l'on ne savait pas ce
que c'est que la production ; mais aujourd'hui, et je le
dis pour les intelligences les moins cultivées comme

pour les économistes de profession, qui est-ce qui produit? Est-ce la terre? Non, c'est le travail; et qu'est-ce que le travail? C'est l'action de l'homme sur les choses.

Messieurs, je disais que la terre à elle seule, prise isolément, n'était pas un gage suffisant; que ce n'était pas le meilleur des gages. Je vois, aux murmures que j'entends, qu'il est nécessaire d'entrer dans quelques développements. Supposez qu'un propriétaire qui donne hypothèque sur sa terre n'ait pas les moyens nécessaires pour la mettre en culture, pour la mettre en plein rapport; supposez que la terre, au lieu de donner des profits, présente de la perte, que deviendra le gage dans ce cas? Evidemment, la valeur du gage hypothécaire consiste dans la bonté de la culture; et qu'est-ce que la culture? c'est le travail. Tant vaut l'homme, tant vaut la terre.

Continuons :

D'où vient que tel propriétaire peut, avec une terre d'égale valeur, emprunter à des conditions meilleures que tel autre propriétaire? Cela se voit; il y a des propriétaires qui empruntent à 4 1/2, il y en a qui empruntent à 7 et à 8 : pourquoi cela? c'est parce que le prêteur fait la différence entre celui qui administre mieux et celui qui administre moins bien.

J'avais l'honneur d'exposer à l'assemblée que le crédit, quoi qu'on fasse, est toujours personnel, que toute tentative pour le rendre purement réel, pour le matérialiser, pour l'attacher à un gage, est une illusion et une peine perdue. Je citais en exemple la différence de crédit qui existe entre tel propriétaire et tel autre propriétaire, selon l'habileté, la moralité, la solvabilité de l'emprunteur.

J'ajoute que cela me paraît incontestable ; mais ce que je dis des particuliers, nous pouvons le dire des Etats, Je vais prendre un exemple très-saillant, un exemple qui nous est personnel, et vous faire cette simple question : La France a-t-elle jamais emprunté à un taux aussi bas, aussi modéré que l'Angleterre ? Evidemment, non. Et cependant notre dette est bien moins considérable que la dette anglaise, dont l'intérêt absorbe la moitié du revenu public ; elle pèse bien moins lourdement sur nos finances ; nous sommes parfaitement solvables, et depuis que ce pays-ci est majeur, depuis qu'il administre ses intérêts, depuis que nous avons un gouvernement représentatif, il n'a pas manqué à la confiance que les prêteurs avaient mise en lui.

Vous le voyez, la France est certainement un emprunteur aussi solide que l'Angleterre, et cependant elle emprunte plus chèrement. D'où vient cela ? De ce que, malgré toutes les garanties qu'elle offre, la France n'inspire pas la même confiance aux prêteurs.

Eh ! mon Dieu, le crédit est européen, il ne se confine pas dans les limites d'un pays seulement... De ce que la France, dis-je, inspire aux prêteurs moins de confiance que l'Angleterre ; sans cette raison le fait serait inexplicable. Concluons donc que le crédit est personnel aux États, personnel aux individus, et que l'on chercherait vainement à le matérialiser.

Encore un exemple, Messieurs, et celui-ci est pris dans les entrailles du sujet. La Prusse et la Pologne ont l'une et l'autre le même système de crédit foncier ; dans les deux contrées, la dette que les propriétaires contractent envers la banque foncière, envers l'association territoriale, est payée avec la même exactitude ; chez les deux peuples la propriété a les mêmes garanties ; car vous savez parfaitement que cet autocrate de toutes les Russies, dans les royaumes duquel la confiscation n'est point abolie, respecte, quand il vient à confisquer une propriété, les créances qui se trouvent inscrites. Ainsi, la garantie est la même dans les deux pays ; et cependant les obligations foncières souscrites en Pologne se vendent sur le marché à 6 ou 8 p. 100 de perte, tandis que les obligations souscrites en Prusse, dans les mêmes conditions, gagnent 2 et 3 p. 100 de prime sur les marchés. Cela veut dire que la Prusse a plus de crédit que la Pologne. J'y vois une preuve nouvelle à l'appui du principe d'économie politique que j'ai avancé, et que tout le monde reconnaît, à savoir, que le crédit tient aux personnes et qu'il ne s'attache pas aux choses, qu'il est personnel et non pas réel.

Le comité du crédit foncier ne s'est pas dissimulé une partie au moins des objections que j'ai l'honneur d'exposer devant vous, Messieurs ; et c'est probablement ce qui l'a amené à dire qu'il ne se proposait pas de remplacer dans la circulation le papier fiduciaire, en d'autres termes, que les bons à émettre ne devaient pas envahir toute l'étendue de la circulation, et qu'ils devaient, au contraire, laisser place à d'autres moyens d'échange. Si je ne me trompe, telle est la pensée du comité ; cela revient à dire que plusieurs espèces de monnaies peuvent coexister dans la circulation.

Eh bien, pour mon compte, c'est ce que je nie. Sans doute, le billet de banque peut parfaitement desservir la circulation en concurrence avec la monnaie métal-

lique. Mais pourquoi cela? C'est parce qu'il est remboursable en espèces, c'est parce qu'il rentre, pour ainsi dire,
dans la monnaie métallique, c'est parce qu'il n'est qu'un
auxiliaire de la monnaie métallique, et qu'on peut, en
les échangeant l'un contre l'autre, les confondre l'un
avec l'autre.

Mais quand vous établirez un papier-monnaie, c'est-à-
dire des billets de banque non remboursables à présentation, c'est-à-dire des billets de banque qui ne s'absorbe-
ront que par un amortissement problématique, je dis un
amortissement problématique et je le démontrerai tout
à l'heure, car lorsqu'on est entré dans la voie du papier-monnaie on ne s'arrête plus...

Quand on émet du papier-monnaie non remboursable
à présentation, ce papier-monnaie fait concurrence au
papier remboursable, et par conséquent aux espèces ; et
il arrive nécessairement, ou bien que le public le refuse,
si on le lui permet, et alors, j'en conviens, il n'y a pas
grand mal, ou bien que le public le prend, et alors les
espèces métalliques disparaissent de la circulation. Il ne
peut pas y avoir deux monnaies différentes se faisant concurrence, sans que l'une prime l'autre, et celle qui
est primée disparaît de la circulation, car évidemment le
public ne se sert pas d'une monnaie dépréciée quand il
peut en avoir une meilleure.

Maintenant avez-vous réfléchi, messieurs, que toutes
les habitudes de ce pays sont de la manière la plus invé-
térée attachées à la circulation métallique; que, de tous
les pays de l'Europe, la France est celui qui résiste le
plus à la circulation des billets de banque, et que la priver de sa monnaie métallique, supprimer l'or et l'ar-

gent, c'est vouloir changer en un jour des usages sécu-
laires, c'est entreprendre une révolution, c'est amener la
terreur.

Messieurs, rassurez-vous, je ne parle que de la terreur
financière.

Je vous mets en présence de ces cultivateurs, si nombreux en France, qui ne connaissent que l'usage de l'argent, et à qui l'on viendra tout d'un coup dire que ces
espèces n'ont plus cours et qu'elles sont remplacées par
du papier ; je vous mets en présence de la stupeur qui
s'emparera de ces esprits, et je vous demande si la conséquence de ce changement ne sera pas une émotion
profonde qui amènera à cacher les espèces, à refuser le
papier, et qui jettera dans toutes les transactions une
perturbation profonde !

Mais un autre mal va se produire, Quel est l'avantage de la monnaie métallique ? Qu'est-ce qui fait que
les métaux précieux doivent être le fond de toute
circulation ? C'est que l'intermédiaire des échanges, le
signe de la richesse, le signe de toutes les valeurs, doit
être constant, invariable, autant que quelque chose peut
l'être dans ce monde.

Les métaux précieux, possédant une valeur intrinsèque, étant admis par tous les peuples civilisés, et s'alté-
rant peu dans l'usage, ont cette valeur constante, ou du
moins leur valeur ne varie que comme la valeur de l'argent et de l'or ; tandis que, si vous admettez un papier-
monnaie, c'est-à-dire une monnaie qui ne soit pas le
signe de l'argent, d'une valeur constante, si vous faites
de cette monnaie le signe de toutes les autres valeurs, de
toutes les marchandises, elle variera, non-seulement

comme la monnaie métallique, comme les métaux précieux, mais encore comme la valeur de toutes les marchandises, comme la valeur des rentes, comme la valeur
des propriétés. Enfin, au lieu d'un signe constant, vous
aurez le signe le plus mobile, le plus variable, le plus
changeant ; vous n'aurez pas de signe réel, vous n'aurez
pas de monnaie.

Il y a sans doute deux moyens, mais deux moyens ar-
tificiels, pour faire pénétrer le papier-monnaie dans les
habitudes d'une population.

Le premier, je l'ai déjà indiqué, tout le monde le
connaît, c'est celui qui consiste à créer un papier de circulation portant intérêt ; c'est une prime donnée au
porteur de ce papier. Ce moyen a constamment échoué.
Quant à moi, je n'en ai pas peur ; qu'on l'essaye, qu'on
laisse la population libre, et ce papier ne sera pas accepté.

L'autre moyen, c'est le cours forcé.

Ah ! cela est bien autrement grave ; le cours forcé ne
tend à rien moins qu'à faire décréter la confiance et qu'à
faire fixer par l'État la valeur de toutes choses.

Du cours forcé au maximum, il n'y a qu'un pas.

Je disais tout à l'heure que le cours forcé était un appui artificiel donné au papier qu'on veut répandre dans
la circulation.

Et, en effet, si ce papier, qui repose, dites-vous, sur
le meilleur des gages, est une innovation utile, s'il doit
remplacer la monnaie métallique avec avantage dans la
circulation, quel besoin avez-vous de décréter le cours
forcé? Le public le prendra de lui-même, sans cette coac-
tion très-réelle que vous allez exercer sur lui.

Si, au contraire, le papier-monnaie n'est pas un bienfait, si cette monnaie, que vous allez introduire, vaut moins que celle que vous allez expulser, alors, je vous le demande, de quel droit emploierez-vous la puissance de l'Etat pour contraindre les citoyens à recevoir une monnaie qui ne représente pas exactement la valeur dont vous dites qu'elle est le signe? C'est évidemment une injustice, un abus de pouvoir, une monstruosité.

Prenons garde, Messieurs ; ce mot de monnaie est un grand mot avec lequel il ne faut pas jouer. La monnaie est le signe de tout ; la dépréciation de la monnaie, c'est la dépréciation de la richesse. Quand on a pris les métaux précieux pour intermédiaire des échanges, c'est parce que ce signe était évident, incontestable. La monnaie, c'est la vérité ; la monnaie, c'est l'évidence ; et, si ce n'est pas cela, ce n'est rien. La monnaie doit être claire, doit être certaine, précisément parce qu'elle est l'intermédiaire des échanges, parce qu'elle représente dans la circulation les valeurs incertaines, les valeurs obscures, les valeurs qui ne peuvent pas se traduire autrement que par ce signe général. Et quand vous créez un papier-monnaie, c'est-à-dire une monnaie qui n'est pas évidente, que tout le monde ne croit pas vraie, et que vous voulez en faire le signe des valeurs obscures et des valeurs incertaines, vous ajoutez une obscurité nouvelle à l'obscurité.

M. le rapporteur a prévu cette objection, et je dirai en quelques mots comment il y répond, ou plutôt, si l'on veut bien me le permettre, je lirai un passage du rapport qui explique de la manière la plus sincère, la plus complète, je dirai presque la plus naïve, l'opinion du comité sur ce point.

Le voici :

« Le cours des bons est déclaré obligatoire ; il a paru impolitique d'exposer le nouveau numéraire national à des résistances hostiles, intéressées ou seulement capricieuses... »

Ici je serais bien tenté de reproduire mon objection, et de dire que, si ce nouveau numéraire a tous les avantages que lui attribue le comité foncier, je ne vois pas pourquoi il rencontrerait des résistances hostiles, intéressées, ou même capricieuses. L'intérêt personnel n'est jamais capricieux ; si le public trouve son intérêt à accepter cette monnaie, pourquoi la refuserait-il ? pourquoi lui supposer des caprices ?

M. le rapporteur continue ainsi :

« Lorsque le législateur édicte une mesure de salut public, il doit parler avec autorité ; chargé de la responsabilité du vaisseau de l'État, le pouvoir, qui en est le pilote, donne des ordres et non pas seulement des conseils. »

Ainsi voilà une monnaie qui sera monnaie par autorité, par ordre.

Je me souviens d'avoir lu dans Blackstone, que le parlement britannique pouvait tout ; mais le commentateur ajoute aussitôt : « Tout, excepté de faire un homme d'une femme ! »

Eh bien, je suis prêt à concéder à M. le rapporteur et au comité, que l'autorité républicaine aura le même pouvoir. Je suis prêt à reconnaître que le gouvernement peut tout, excepté de faire un homme d'une femme, c'est-à-dire, apparemment, de faire l'impossible, c'est-à-dire, apparemment, d'aller contre la nature des choses.

Eh bien, oui, le gouvernement peut tout faire, excepté d'aller contre la vérité, excepté d'aller contre la nécessité, excepté d'aller contre la nature, et vous allez contre la nature. Comment! vous voulez faire une monnaie par ordre, et vous dites que ce n'est pas de la violence! Vous voulez créer des valeurs, vous dites au public, qui croit que le papier-monnaie ne représente pas les espèces, et qu'il n'en a ni l'efficacité ni la valeur, vous lui dites : Prenez ce papier pour des espèces; et vous appelez cela le persuader!

Et remarquez jusqu'où s'emporte le système.

L'honorable rapporteur, naturellement, dans l'enthousiasme de la paternité, va si loin, qu'il s'écrie, dans un autre passage, à la page 4 : « Nous avons trouvé des mines d'or; il n'y a plus qu'à les répandre sur la France. »

S'il en était ainsi, nous serions trop heureux; il ne faudrait plus nous plaindre de la détresse publique. Comment! nous aurions à notre portée, nous aurions sous nos mains des mines d'or, et il suffirait pour cela d'émettre deux milliards de papier-monnaie; nous ferions la fortune de tout le monde, nous enrichirions tous les pauvres; il n'y aurait plus à craindre le communisme, il n'y aurait plus à craindre le partage des biens, il n'y aurait plus de difficultés entre nous!

Ces mines d'or, Messieurs, ne sont qu'une illusion; elles ressemblent tout à fait à ces trésors cachés vers lesquels le nécromancien du moyen âge menait le pauvre crédule qui venait le consulter, et qui, au moment où le néophyte s'approchait, se changeaient en feuilles de chêne.

Messieurs, à quoi tient la valeur du signe monétaire?

Elle ne tient pas seulement à ses qualités intrinsèques. Il est évident que, dans la monnaie métallique, par exemple, il y a d'abord la valeur de l'argent ; dans le billet de banque, qui représente la monnaie métallique, qui est échangeable contre espèces, il y a encore la valeur de l'argent ; mais, outre cette qualité, il faut tenir compte aussi de la quantité. La valeur de la monnaie dépend de ces deux choses : la qualité et la quantité, c'est-à-dire le rapport, la proportion dans laquelle se trouve la monnaie avec les besoins de la circulation. Eh bien, c'est ici que se montre le côté faible du papier-monnaie, son côté le plus faible entre tant de côtés faibles.

Pour la monnaie métallique, en ce qui touche la quantité, la proportion s'établit d'elle-même.

Voyons en effet : supposons que les mines du Mexique, au lieu de répandre dans la circulation, année commune, 200 ou 300 millions, sur lesquels nous en monnayons à peu près 100 millions par an, supposons que ces mines nous en envoient tout à coup 500 millions ; que notre circulation métallique se trouve tout à coup augmentée de 400 millions, il est évident qu'il y aura dépréciation de la monnaie, ou, ce qui est la même chose, que le prix des marchandises haussera.

Mais où est le remède ? Il est tout près ; c'est l'exportation. Il est évident que, si vous avez un trop plein de monnaie métallique, vous l'exporterez, et la France ne fait pas autre chose. La France est le grand atelier où viennent se monnayer les espèces d'argent, de même que l'Angleterre est le grand atelier où viennent se monnayer les espèces d'or. La monnaie d'argent frappée en France se répand sur tout le continent : allez en Suisse, en Italie, en Belgique, même en Allemagne, et partout vous trouverez la monnaie française.

Le remède est donc dans l'exportation. Vous avez un trop-plein de métaux précieux, vous l'échangez contre des marchandises.

De même, dans les billets de banque, dans l'émission des billets de banque remboursables en argent, le niveau se rétablit de lui-même. Supposez une banque qui excède dans ses émissions la proportion des besoins ; qu'arrive-t-il? C'est qu'aussitôt le change hausse; l'or et l'argent renchérissent, et la banque se voit alors dans la nécessité de resserrer ses émissions; ou bien, les billets qu'elle émet lui rentrent sur-le-champ et viennent s'échanger contre des espèces. Alors les espèces se raréfient dans ses caisses, elle est avertie de modérer ses émissions. Je ne veux pas vous citer de grands exemples, vous parler des crises qui se sont manifestées, à cinq ou six reprises, depuis dix ans, en Angleterre; mais je dirai simplement qu'il y a un mois la banque avait tout à coup porté ses émissions de 357 millions à 385 : en quelques jours il lui rentra 20 millions. Pourquoi cela? C'est parce que la circulation ne comportait pas cette émission supplémentaire; mais le remède, vous le voyez, fut très-voisin de l'abus.

Au contraire, supposez un papier-monnaie non remboursable. Eh bien, là il n'y a pas de remède ; ou plutôt il n'y a de remède que dans l'excès du mal, c'est-à-dire dans la catastrophe. Pour revenir à la circulation métallique, il faut passer par l'avilissement du papier-monnaie.

Quand vous êtes entrés dans les émissions de papier-monnaie, vous ne pouvez plus vous arrêter, il faut aller jusqu'au bout, et l'extrémité, savez-vous ce que c'est? Vous le savez par l'exemple de la France, triste exemple que je ne voudrais pas rappeler, que je voudrais oublier plutôt; c'est la banqueroute.

Partout où a régné le papier-monnaie, les émissions n'ont pas connu de limites.

Je ne ferai point devant vous l'énumération de toutes les contrées où ce vice de la circulation s'est produit; je ne vous parlerai ni de la Russie, ni de l'Autriche, ni des Etats-Unis; je ne veux vous parler (je vous demande pardon de revenir à la comparaison, les meilleures sont celles qui sont le plus près de nous), je ne veux vous parler que de la France et de l'Angleterre.

Et ceci m'amène à faire une distinction dans les émissions de papier-monnaie, distinction qui n'est pas le moins du monde à l'avantage du système prêché par le comité du crédit foncier.

Dans les pays où le papier-monnaie a reposé sur un gage hypothécaire, les émissions ont été plus désordonnées, et les résultats plus funestes que dans les pays où le papier-monnaie n'avait pas ce gage, mais où il reposait à la vérité sur le gage le plus puissant que nous ayons quand on le ménage, la confiance publique.

Je veux faire la comparaison, en peu de mots, et par quelques chiffres, de ce qui est arrivé en Angleterre de 1797 à 1814, et en France, de 1790 jusque vers le commencement de ce siècle, jusqu'au moment où il fallut mettre un terme au désordre des assignats.

En avril 1790 l'émission des assignats se borne à 400 millions de francs.

Je crois être exact. Cette émission de 400 millions produisit les résultats que voici : les assignats éprouvèrent dans la circulation une dépréciation de 3 à 5 pour 100.

Bientôt, dans la même année, l'émission fut portée à 1,200 millions de francs, et la dépréciation s'accrut.

En janvier 1793, l'émission s'élevait déjà à 3 milliards 626 millions, valeur nominale, et la dépréciation continuait.

En septembre 1794, l'émission s'élevait à 8 milliards 800 millions, la dépréciation augmentait toujours.

Enfin, le 7 septembre 1795, elle allait à 19 milliards 1/2, et à la même date de l'année 1796, elle s'élevait à 45 milliards. Mais il faut dire qu'à cette époque l'assignat ne représentait plus que 1/2 p. 100 de sa valeur nominale.

Maintenant voyez l'Angleterre !

C'est en 1797 que la banque d'Angleterre suspendit ses payements en espèces. A cette époque, la circulation s'élevait à près de 10 millions sterling, ou 250 millions de francs à peu près.

En 1810, les émissions s'élevaient à 21 millions ; elles avaient doublé en treize ans, et la dépréciation à cette époque était de 15 1/2 p. 100.

En 1814, les émissions s'élevèrent à plus de 24 millions sterling ; elles approchèrent même un moment de 29 millions sterling. A cette époque, la dépréciation était de 39 p. 100.

C'était, Messieurs, un grand désordre dans la circulation, c'était une cause de ruine pour toutes les fortunes. Cependant voyez la différence : l'Angleterre, au plus fort de ses émissions, n'avait guère fait que doubler les émissions ordinaires de la Banque, et il faut noter que les affaires, que toutes les transactions avaient subi un accroissement prodigieux pendant ce temps-là ; que la manufacture anglaise avait rempli le continent de ses produits, que la richesse en Angleterre s'était plus que doublée, de sorte que les émissions de papier n'avaient guère excédé le développement naturel de la fortune publique.

Aussi vous ne trouvez qu'une dépréciation de 39 p. 100, tandis qu'en France, où les émissions avaient un gage hypothécaire, on est arrivé à une émission de 45 milliards, et l'on a vu la valeur de l'assignat tomber à 1/2 p. 100.

Messieurs, je crois avoir démontré qu'il était de l'essence du papier-monnaie de ne pas connaître de limite aux émissions.

Maintenant je voudrais rechercher, en peu de mots, quel est le prétexte de la proposition que l'on vous fait ; car, quant à une cause sérieuse, quant à un motif que la politique et la science puissent avouer, il est possible que ce motif existe, mais je ne le vois pas.

On vous dit : Le numéraire manque, et c'est pour combler cette lacune supposée du numéraire que l'on vous apporte une inondation de papier.

Le numéraire manque ! Mais, en vérité, je ne le vois pas. Je vous demande de vous reporter au dernier compte rendu de la banque. Ce compte rendu montre qu'il y a eu un moment (c'était au mois d'avril) où la banque n'avait que 88 millions d'espèces dans ses caisses ; mais au 5 octobre elle comptait une réserve métallique de 230 millions.

C'est même cette richesse en métaux précieux qui soutient les billets de la Banque. Quand la Banque n'avait que 88 millions dans ses caisses, quand on pouvait la croire éloignée du moment où elle reprendrait ses payements en espèces, ses billets perdaient jusqu'à 3 p. 100.

Aujourd'hui qu'on voit 230 millions d'espèces dans ses caisses, et quand la reprise des payements en espèces ne serait plus qu'une formalité, car l'argent ne manque pas, et les payements sont, en quelque sorte, repris dans la réalité ; aujourd'hui les billets de banque ne perdent que 1 fr. 50 c.

A côté de cela, vous voyez les émissions de la Banque, la circulation fiduciaire, ne pas dépasser le chiffre de 389 millions ; c'est le dernier chiffre.

Or la limite que lui a marquée le gouvernement provisoire est 452 millions ; par conséquent, pour atteindre la limite de ses émissions, la Banque aurait encore 63 millions à émettre. Si elle ne les émet pas, c'est apparemment que cette émission n'est pas nécessaire, c'est apparemment qu'il se trouve dans la circulation une quantité suffisante de papier et d'argent. Ajoutez à cela que les comptes courants de la Banque présentent le chiffre de 103 millions.

Qu'est-ce que cela veut dire? Cela veut dire que les capitalistes ont apporté à la Banque 103 millions d'argent qui n'avaient pas d'emploi.

Ce n'est donc pas l'argent qui manque, il abonde au contraire ; les espèces ne manquent pas, et le papier, vous ne pouvez en émettre plus que la circulation n'en reçoit.

Qu'est-ce qui manque donc ? Ce n'est pas le numéraire, ce n'est pas l'argent ; je vais vous dire ce qui manque et ce que le papier-monnaie ne donnera pas, car il donnerait tout le contraire ; ce qui manque, c'est la confiance.

Je ne fais pas de la politique, je n'ai aucune envie de passionner le débat ; je constate des faits, je cherche à ne pas heurter les opinions, je me borne à essayer de faire avec vous de la science pratique.

Eh bien, les faits, les voici ; les faits, c'est que la confiance manque, c'est qu'il n'y a pas d'affaires.

Je sais bien qu'une reprise s'est manifestée depuis quelques jours ; mais cette reprise était déjà plus forte avant les élections, et les dernières élections l'ont un peu arrêtée ; en un mot, vous ne voyez pas dans le pays ce développement de production, et cette mesure de consommation qui sont sa règle habituelle ; la production et la consommation sont en déficit.

Ce n'est donc pas l'argent qui manque aux affaires, ce sont bien plutôt les affaires qui manquent à l'argent.

Le portefeuille de la Banque, en ce moment-ci, est descendu, chose presque sans exemple, à 186 millions ; il est de 169 millions au-dessous de la moyenne du premier trimestre de 1847. 169 millions représentent 47 1/2 p. 100. Ainsi, en prenant la Banque pour signe du mouvement commercial, on ne fait aujourd'hui que la moitié des affaires que l'on faisait en temps régulier.

Étonnez-vous maintenant de la détresse qui se manifeste ; étonnez-vous que les ouvriers soient sans travail ; étonnez-vous que les capitaux disparaissent ! Non, ce n'est pas l'argent qui manque, ce sont les affaires ; et, pour rétablir les affaires, que faut-il ? la confiance, encore une fois.

C'est la confiance qui permet de faire ces calculs au moyen desquels le producteur s'engage dans des opérations à long terme ; ce sont ces espérances qui rendent le mouvement au travail.

C'est la confiance seule qui permet aux producteurs de s'engager dans des opérations de long cours. Ces opérations de long cours, reposant sur la certitude de trouver un marché pour les produits, et qui constituent le fait même de l'industrie et du commerce, ces opérations n'existent plus. Les marchés se font au comptant ; on ne produit que pour les besoins courants. Ni la consommation, ni la production ne se font sur une grande échelle. Jusqu'à ce que cela se fasse, le pays souffrira ; jusqu'à ce que la confiance s'établisse, le pays vivra dans la gêne. Le rétablissement de la confiance sera l'œuvre du concours de l'assemblée et du pouvoir, mais ce ne sera pas l'œuvre du papier-monnaie.

Messieurs, je dis plus ; je dis que la perspective du papier-monnaie, la crainte du papier-monnaie pèse en ce moment sur le pays d'une façon déplorable. Je dis que c'est un élément de plus ajouté à tous les éléments funestes dont la crise se compose. Faut-il s'en étonner ? Vous avez vu le commerce et l'industrie ébranlés jusque dans leurs fondements ; vous avez été obligés de prendre vous-mêmes une mesure qui donne des attermoiements aux débiteurs, c'est-à-dire qui suspend pour les créanciers le remboursement de leurs créances. Vous avez ainsi enrayé, sous l'empire de la nécessité, une partie du mouvement industriel et commercial.

Lorsque tant d'éléments de perturbation existent déjà, ajouter à la crise commerciale une crise financière, croyez-moi, ce serait trop !

Eh bien, voilà ce que le papier-monnaie fait craindre. Le papier-monnaie fait craindre que les créanciers ne soient remboursés par leurs débiteurs en une mauvaise valeur, en une mauvaise monnaie ; il laisse craindre aux créanciers que leurs débiteurs ne leur fassent banqueroute d'une partie de leurs créances : et si cela arrivait, que verriez-vous ? Vous verriez, à toutes les pertes produites par le mouvement des affaires, s'ajouter des pertes qui seraient le résultat même des combinaisons des hommes ; vous verriez, messieurs, s'ajouter au discrédit la ruine universelle et immédiate. Je ne m'étonne donc pas que le commerce de Paris ait protesté avec une grande énergie contre les projets que l'on vous apporte ; je ne m'étonne pas que les provinces se soient émues, car, si je ne me trompe, un conseil général, le conseil général des Deux-Sèvres, a tout récemment protesté contre la pensée qu'on prêtait à l'assemblée de décréter l'usage de papier-monnaie en France. Il s'est souvenu de ce qui s'était passé en 1793 et en 1795, et il a conjuré l'assemblée actuelle, comme je la conjure moi-même, de ne pas rentrer dans cette voie funeste, au bout de laquelle, comme je l'ai déjà dit, se trouve la hideuse banqueroute.

# IMPOTS

## I

### IMPOT SUR LES BOISSONS

DISCOURS PRONONCÉ DANS LA DISCUSSION DU PROJET DE LOI
SUR L'IMPOT DES BOISSONS.

(Séance du 14 décembre 1849.)

MESSIEURS,

L'orateur qui descend de la tribune m'oblige à débuter ici par une explication personnelle.

L'honorable M. Pascal Duprat, faisant allusion à un écrit que j'ai publié pour combattre les doctrines professées par ses amis au mois d'avril 1848, alors que la chaire du Luxembourg était encore debout, a rappelé que j'avais reconnu que l'impôt des boissons n'était pas populaire. Il aurait pu compléter la citation et ajouter que, dans le même écrit, à la même page, quelques lignes plus bas, j'ai dit en même temps que le produit de cet impôt était une des ressources les plus précieuses et les plus indispensables au trésor. Dès lors, Messieurs, je déclarais encore que la suppression de cet impôt était une chose impossible, et qu'au moyen des réformes qu'il devenait nécessaire d'apporter à l'assiette des taxes, on le rendrait aisément supportable pour le pays. C'est l'opinion que je soutiens aujourd'hui.

L'honorable M. Pascal Duprat se défend pour lui et pour ses amis de faire la guerre aux impôts ; il ne veut pas passer pour un agitateur ; il veut qu'on reconnaisse à l'opinion de nos adversaires le caractère qui s'attache aux projets des réformateurs. Eh bien, je lui en demande pardon, mais, entre ces deux rôles, il y a une grande différence, qu'il est bon surtout de signaler aujourd'hui.

En matière d'impôt, comme en matière politique, il faut, sans doute, admettre des réformes ; l'impôt, c'est l'expression de l'état social ; quand l'état social change, fait des progrès, il faut reviser l'assiette de l'impôt et l'accommoder à ces progrès. Mais l'esprit de réforme se reconnaît à sa prudence et à sa mesure. Les réformateurs en matière d'impôt ne viennent pas vous demander de faire table rase ; ils se bornent à proposer l'allégement des charges que supportent les populations, et à diminuer ou à retrancher les obstacles que rencontrent la perception ainsi que le développement des produits.

Les agitateurs, au contraire, n'y mettent pas tant de scrupule ; c'est l'impôt même qui les gêne, ce n'est pas la forme de l'impôt : ils procèdent par voie de suppression absolue.

J'ajouterai que les réformateurs choisissent des temps calmes et réguliers, car les époques de révolution ne sont pas bonnes pour ces grandes expériences ; ce n'est pas quand les fortunes privées sont en souffrance et que la fortune publique périclite par contre-coup, qu'on peut venir d'un trait de plume retrancher une grande partie de ses ressources.

Il y a, Messieurs, un autre caractère auquel on reconnaît les réformes : c'est que les auteurs de ces mesures, quand il leur arrive de changer le mode de l'impôt ou de supprimer une taxe, la remplacent aussitôt par une nouvelle.

Voyez ce qu'a fait notre première assemblée constituante. Elle a trouvé un système d'impôts illusoire pour la fortune publique et oppressif pour le pays ; elle a supprimé le vingtième, les gabelles, tout ce cortége d'impôts qui pressuraient le peuple et qui étaient entrés pour beaucoup dans la révolution de 1789. Mais en même temps elle les a remplacés par l'impôt direct, et par l'impôt foncier qui en est la base.

Et Napoléon, quand il a vu croître la richesse mobilière, quand il a eu donné l'essor au travail dans ce pays, qu'a-t-il fait? A côté de cet admirable système d'impositions directes, il a placé les impôts indirects.

En Angleterre, de nos jours, sir Robert Peel, obligé de pourvoir à un déficit et de reporter sur les épaules de l'aristocratie une partie du fardeau que les classes laborieuses trouvaient, à bon droit, trop pesant, qu'a-t-il fait encore? A côté de ce système de taxes indirectes qui sont les éléments trop exclusifs du revenu public de l'Angleterre, il a créé un impôt direct, un impôt sur le revenu.

Peut-on en dire autant de ceux qui prétendent aujourd'hui au titre de réformateurs? Voyez la conduite de l'assemblée constituante dont on faisait tout à l'heure l'apologie à cette tribune.

Je le reconnais avec l'honorable M. de Montalembert, il y a deux époques dans l'assemblée constituante ; je n'en parlerai ici que sous le rapport financier : dans la première époque, l'assemblée constituante trouve l'impôt en péril, la fortune publique en souffrance ; elle rétablit l'impôt d'une main hardie et prudente en même temps.

Dans les taxes établies sur les boissons, quelle était la partie qu'avait supprimée le gouvernement provisoire ? Ce n'était pas l'impôt tout entier, avec son mélange de bien et de mal ; c'était la partie de l'impôt la plus impopulaire, à tort ou à raison : c'était l'exercice. Qu'a fait l'assemblée constituante, non pas pour recouvrer une recette de 100 millions, qui n'avait pas été compromise, mais pour recouvrer une recette de 30 millions, une partie de l'impôt ? Elle a rétabli hardiment l'exercice, elle l'a rétabli malgré le gouvernement lui-même, au moment où un ministre des finances s'écriait : « Vous allez braver les coups de fusil. » Oui, Messieurs, elle a bravé les coups de fusil ; elle a compté sur le patriotisme de la France, et ce patriotisme ne lui a pas fait défaut.

Voilà pour la première partie de cette histoire, pour la partie glorieuse, pour cette époque où le comité des finances était l'interprète de l'assemblée, interprète avancé, je me hâte de le reconnaître, mais interprète vrai, sauvant avec les finances l'honneur du pays.

Quant à l'autre partie, je crains qu'elle ne prête beaucoup plus à la critique qu'à l'éloge.

On vous l'a dit. C'étaient les derniers moments de l'assemblée constituante ; c'était l'époque où l'esprit de gouvernement qui l'avait animée pendant longtemps, qui l'avait fait triompher dans la crise de juin, où cet esprit de gouvernement avait fait place à une espèce d'esprit d'insurrection...

A ce moment, Messieurs, quoique l'ordre ne fût pas rétabli complétement dans la société, quoique la prospérité ne coulât pas à pleins bords, quoique nos revenus fussent encore affaiblis, quoique l'assemblée constituante elle-même eût fort ajouté à nos dépenses, à ce moment, elle ne craignit pas de porter la hache dans notre système d'impôts. Elle affaiblit par une réforme nécessaire, il est vrai, le produit des postes ; elle enleva 40 millions à la taxe du sel, qu'il était possible d'améliorer sans demander un sacrifice aussi grand au trésor ; enfin elle supprima, après une discussion que je ne trouve pas sérieuse, les 100 millions qui étaient le produit de l'impôt sur les boissons.

On dit qu'en supprimant ces 100 millions qui portaient à 150 millions la brèche faite aux revenus publics, l'assemblée constituante voulut donner le stimulant de la nécessité à l'esprit de réforme ; qu'elle légua au gouvernement et à l'assemblée qui suivrait le soin de retrancher sur les dépenses, une somme équivalente à celle dont elle affaiblissait le revenu.

Messieurs, je m'étonne qu'en aspirant à la popularité qui s'attache à la suppression de certains impôts, l'assemblée constituante n'ait pas ambitionné une autre gloire, qui est celle d'opérer l'économie dans les dépenses. Puisqu'elle croyait l'économie possible, qui l'empêchait de l'opérer ?

N'avait-elle pas nommé une commission du budget qui a scrupuleusement examiné les dépenses qu'il était

27.

possible de restreindre, qui vous a apporté ici des projets de réduction s'élevant à peu près au chiffre de
43 millions, projets dont une partie du moins était
bien téméraire, car il a fallu, par des crédits supplémentaires, reprendre quelque chose de ce qui avait été
enlevé ?

Pourquoi cette commission du budget n'est-elle pas
venue en même temps retrancher des charges publiques
les 100 ou les 150 millions qui formaient l'équivalent
des suppressions que l'assemblée voulait opérer sur le
revenu ? Et ce que l'assemblée constituante, dans son
omnipotence, dans sa ferveur révolutionnaire, n'a pas
cru possible de faire, elle aurait eu le droit de le léguer
à ses successeurs ! Eh bien, je dis qu'elle leur a légué un
embarras et un péril, ce qui n'est jamais digne d'une
grande assemblée.

J'ajoute que c'était un devoir impérieux pour l'assemblée constituante, du moment où elle ne jugeait pas
possible d'opérer sur les dépenses une réduction équivalente, de créer tout au moins de nouveaux impôts.

Pourquoi ne l'a-t-elle pas fait?

L'assemblée constituante a poussé l'incurie à ce point
qu'elle a négligé de voter 18 millions d'impôt addition-
nel sur le timbre et l'enregistrement qui avaient été pro-
posés et inscrits au budget.

Je me borne à dire qu'on avait présenté en même
temps une grande innovation, innovation que, pour mon
compte, je crois funeste, mais qui était dans les opinions
d'une grande partie de la majorité de cette assemblée.
On avait proposé l'impôt sur le revenu. Pourquoi l'assemblée constituante ne l'a-t-elle pas voté?

Je dirais, si je ne craignais d'interpréter un vote, je dirais qu'après avoir brigué la popularité qui s'attache à la suppression d'un impôt, elle n'a pas voulu braver l'impopularité qui s'attache à la création d'un nouvel impôt.

Ainsi, Messieurs, qu'on ne nous parle plus de l'assemblée constituante, quand il s'agira de l'impôt des boissons; qu'on ne nous en parle plus, ni pour faire l'apologie de ce vote, ni pour chercher derrière ce vote une autorité.

Non, ce n'est pas une autorité. J'oppose, quant à moi, à l'assemblée constituante détruisant notre revenu, l'autorité de l'assemblée constituante qui, encore inspirée du suffrage populaire, et vibrant des sentiments généreux qu'il lui avait communiqués, eut le courage de rétablir l'exercice dans un pays troublé.

Maintenant, Messieurs, quelle est notre situation? Aux termes de la loi rendue par l'assemblée constituante, l'impôt des boissons expire au 1er janvier de l'année prochaine.

Le gouvernement nous demande de le maintenir encore une année et d'employer cette année à une enquête qui aura pour objet à la fois la révision et l'affermissement de l'impôt. Je partage cette opinion et je viens la défendre.

Pour l'année 1850, l'impôt est nécessaire; cette nécessité est reconnue à moitié par les orateurs qui combattent l'impôt. Je crois qu'il importe de la démontrer, et je demande à l'assemblée d'arrêter un instant son attention sur des chiffres qui sont les éléments de ce débat.

Quel est l'état de vos finances? Il faut bien le voir. Vous allez aborder l'année 1850 avec une dette flottante représentant l'arriéré des exercices antérieurs, et qui s'élève environ à 600 millions. C'est l'évaluation de M. le ministre des finances lui-même.

Vous avez, pour faciliter le service de cette dette flottante, un traité avec la Banque, qui vous permet, en outre des 100 millions que vous avez déjà empruntés, d'emprunter encore 100 millions, ce qui réduit ainsi la dette flottante, celle qui s'adresse au public directement, au chiffre normal de 400 millions.

L'emprunt fait à la Banque est un emprunt temporaire, destiné à donner le temps de faire un emprunt direct sur la place. Cet emprunt de 200 millions épuisera, pour tous les hommes qui connaissent l'état du pays, à peu de chose près, les facultés contributives des capitalistes.

Eh bien, voyons maintenant ce que peut ajouter d'embarras à cette situation le budget de 1850.

Les dépenses de 1850 étaient évaluées à 1,408 millions. M. le ministre des finances, dans l'exposé que vous avez entendu il y a deux jours, annonce 20 millions de réductions opérées principalement sur la guerre et sur la marine. Restent 1,388 millions.

Les travaux extraordinaires qui étaient portés au budget pour une somme de 103 millions, n'exigeront plus, suivant les prévisions de M. le ministre des finances, que 65 millions ; mais ces prévisions seraient bien largement trompées, si l'on adoptait la résolution que vient de prendre la commission du budget, aujourd'hui même. Cette résolution, qu'appelait de tous ses vœux l'honorable M. Pascal Duprat, et qui mettrait encore à la charge du budget, en 1850, 29 millions de plus, n'ajoutera pas aux économies. Mais enfin, en ne comptant que 65 millions de travaux extraordinaires, vous avez encore le chiffre de 1,453 millions pour les dépenses de 1850.

Maintenant faites la part de l'imprévu, ne l'évaluez qu'à 27 millions, quoique les crédits supplémentaires s'élèvent, année commune, à 40 ou 50 millions, et vous trouverez un total de 1,480 millions. C'est de ces chiffres qu'il faut partir pour se rendre un compte exact de la situation de l'exercice.

Vous connaissez les dépenses, quelles seront vos recettes? Les recettes de 1850 étaient évaluées par l'honorable M. Passy à 1,415 millions, en y comprenant l'impôt du revenu pour 60 millions. Cet impôt a été retiré, restent 1,355 millions.

Voulez-vous maintenant retrancher de ces 1,355 millions les 100 et quelques millions que représente l'impôt des boissons? Alors vous arrivez à un déficit de 225 à 250 millions; et en supposant que les choses restent ce qu'elles sont, que la part de l'imprévu soit ce qu'elle est ordinairement, que vous n'ayez pas de guerre, que vous n'ayez aucune expédition à faire en Europe, ni aucun trouble sur la place publique, que vous n'ayez pas à pourvoir à la détresse des classes ouvrières comme en 1848, eh bien, en prenant les circonstances les plus favorables, vous avez devant vous un déficit de 225 ou 250 millions si vous supprimez l'impôt des boissons. Ce déficit, ainsi que vous l'indiquait, il y a deux jours, l'honorable M. Fould, établit le découvert à l'état normal et progressif.

En effet, vous avez eu en 1848, par le fait de la révolution de Février, 154 millions d'augmentation dans les
dépenses et 158 millions de diminution dans les recettes.
Total : plus de 300 millions.

Vous avez en 1849, par la nécessité de maintenir un
effectif considérable, entre autres causes, un déficit de
300 millions. Et vous auriez encore un déficit qui appro-
cherait de 300 millions en 1850! Oh ! Messieurs, il n'est
pas possible de gouverner ainsi. Aucune assemblée ne
voudrait léguer une situation pareille au pays, et celle-ci
ne le fera pas.

Je crois avoir prouvé que vous ne pouviez pas vous
passer de l'impôt des boissons. Vous ne pouvez pas vous
en passer sous peine de faire banqueroute, sous peine de
manquer à vos engagements, sous peine de faire ce que
l'assemblée constituante n'a pas voulu faire. L'assemblée
constituante, au prix des plus grands sacrifices, en inscrivant 66 millions de rentes au budget, a racheté la foi
publique. Vous ne la compromettrez pas.

Je vais aborder, Messieurs, les objections que l'on
adresse à l'impôt.

Mais, d'abord, on prétend qu'il n'est pas si difficile que
nous le pensons de diminuer les dépenses du pays. Je
voudrais, Messieurs, que l'on se rendît compte, quand on
émet une pareille doctrine, des éléments qui composent
le budget. Si l'on daignait se livrer à cette étude, on ne
viendrait pas dire à cette tribune que 1,500 millions sont
dévorés annuellement par les fonctionnaires; vous allez
voir qui dévore le budget.

Les dépenses de l'État s'élèvent à peu près à 1,400 millions. Savez-vous, Messieurs, que là-dessus, et nous ve-

nons de constater tout à l'heure qu'il y avait 66 millions de rentes imputables à la révolution de Février, savez-vous que là-dessus la dette publique se monte à 402 millions? Qui dévore cette partie du budget? Les rentiers, Messieurs, les capitalistes, auxquels vous avez pris leur argent, et auxquels il faut bien en payer l'intérêt. Viennent ensuite les frais de perception et de régie des impôts qui s'élèvent à 150 et quelques millions. Ceci, Messieurs, est un article que personne ne conteste. Si vous voulez des revenus, il faut bien accorder les moyens de les percevoir. Vous avez des monopoles très-lucratifs qui constituent des impôts très-bien assis; il faut bien qu'il en coûte quelque chose pour les exploiter.

En troisième lieu, je rencontre les restitutions. Savez-vous ce que c'est que ces restitutions, qui s'élèvent à près de 100 millions ? Plus de la moitié sont des fonds que l'État perçoit pour le compte des communes et qu'il leur rend pour être employés en travaux.

La partie du budget afférente aux services publics excède à peine 700 millions. Et quand on fait des comparaisons, quand on fait des retours sur les budgets de l'Empire et de la Restauration, je suis obligé de dire qu'on n'y apporte pas toute l'exactitude désirable.

Le budget actuel des services publics n'excède pas ceux de l'empire ; il est peut-être inférieur. Le budget des services publics, sous l'Empire, s'élevait à près de 700 millions, et on ne comprenait pas dans ce total, savez-vous quoi? Ce qui est compris dans les 700 millions d'aujourd'hui pour plus de 100 millions, un impôt prélevé par les départements, sur eux-mêmes, pour des travaux à exécuter dans les départements; en sorte que la partie de l'impôt dévorée par les fonctionnaires publics, au nombre desquels il faut compter 400,000 soldats, se réduit à 600 millions.

Pour ma part, Messieurs, quand je me trouve en présence de ce résultat, je suis bien moins tenté de maudire mon siècle, et je serais bien plus tenté de venger la démocratie des dédains mêmes dont elle a pu être l'objet.

Quant à l'impôt, Messieurs, est-ce que votre système de taxes est mauvais ?

Mon Dieu ! je ne viens pas faire ici profession d'optimisme ; je ne vous dis pas que l'assiette de l'impôt n'ait pas besoin d'être revisée ; je ne dis pas qu'elle soit sans défauts ; mais je prétends que vous avez, à l'heure qu'il est, le système d'impôts le plus perfectionné et le meilleur qui existe en Europe ; je prétends surtout que, quand on affirme que l'impôt pèse en France principalement sur les pauvres, que ce sont les classes laborieuses qui supportent le fardeau, l'on se trompe complétement, car c'est l'inverse qui est vrai.

Votre système de taxes, Messieurs, repose sur un mélange habile de l'impôt direct et de l'impôt de consommation. L'impôt foncier, l'impôt mobilier, les portes et fenêtres, les patentes, c'est-à-dire ce que vous demandez à la propriété, à l'industrie, au capital, à la fortune mobilière, en y ajoutant les droits de timbre et d'enregistrement qui sont prélevés sur la propriété apparemment et sur les transactions, tout cela représente, dans les 1,331 millions de recettes de 1847, le dernier compte normal que j'ai sous les yeux, un total de 694 millions, c'est-à-dire 52 p. 100.

Maintenant vous avez les douanes, le sucre, la taxe des

lettres, qui s'adressent apparemment bien plus à la portion riche de la société, à celle qui est dans l'aisance, qu'à la portion qui souffre; ces taxes rendent 247 millions, soit 18 1/2 pour 100 du revenu. Vous avez ensuite les monopoles qui sont des taxes de luxe; les tabacs et les poudres qui rendent 224 millions, environ 9 pour 100.

Vous avez les domaines, les ventes de bois qui sont la propriété de l'État; elles donnent 77 millions, environ 6 pour 100. Enfin, que reste-t-il pour la part de l'impôt qui est principalement supportée par les classes laborieuses? Il reste les boissons et le sel. Les boissons et le sel, en y joignant le dixième des octrois, avaient rapporté, en 1847, 182 millions, c'est-à-dire 13 1/2 pour 100 du budget.

Et maintenant que vous avez retranché 40 millions de l'impôt du sel, l'impôt du sel et l'impôt des boissons réunis représentent 10 pour 100 du revenu. Ainsi donc, c'est pour alléger un poids qui représente 10 pour 100 des contributions de la République; c'est pour alléger ce fardeau que, j'ose le dire, les classes laborieuses sentent bien moins que vous ne pensez, que vous créez une agitation formidable dans le pays, que vous voulez faire une révolution dans l'impôt. En vérité, cela n'est pas sage, cela n'est pas sensé, c'est compromettre la fortune publique pour une satisfaction qui risque fort de n'être qu'une illusion de parti.

Messieurs, si je voulais établir des rapprochements avec ce qui se passe dans un pays voisin qu'on nous a fort cité, surtout lorsqu'il s'agissait d'établir la taxe du revenu, je vous montrerais bien autre chose.

II. 28

Le budget public de l'Angleterre se rapproche du nôtre par la somme qui est levée sur les contribuables ; c'est aussi un total d'environ 1,400 millions, qui est demandé à l'impôt, et quel impôt! Il se compose, à 225 millions près, entièrement de taxes indirectes, de taxes de consommation ; et sur quoi portent ces taxes ? Sur les objets de la consommation la plus vulgaire, sur ceux qui sont le plus nécessaires à l'alimentation du peuple, sur le sucre, qui n'est pas, en Angleterre, comme ici, une denrée à moitié de luxe, qui est de consommation générale ; sur le thé, qui est la boisson du peuple tout entier, et sur la bière, sur les esprits; oh ! ici l'impôt dépasse toute proportion. Quand vous blâmez comme excessif un impôt qui rapporte 100 millions en France, que diriez-vous, si on vous révélait, comme le fait le rapport si remarquable de votre commission, qu'en Angleterre, l'impôt sur les boissons produit plus de 400 millions, et que la drêche seule, qui est la matière première de la boisson la plus populaire, et l'aliment le plus nécessaire, peut-être, après la viande et le pain, la drêche supporte un impôt de 137 millions?

Ainsi, la préparation de la bière, à elle seule, dans un pays composé de 28 millions d'hommes, supporte un impôt beaucoup plus fort que toutes les boissons réunies dans un pays de 36 millions d'hommes, comme la France.

Si nous prenions un à un tous les impôts dont se compose notre système de taxes, quelque bien assis qu'il soit, je n'en connais pas un seul auquel on ne puisse adresser quelques reproches. L'impôt foncier, depuis surtout que les départements, livrant les travaux des localités à un développement excessif, ont abusé des centimes additionnels, l'impôt foncier surcharge les propriétés rurales. Que diriez-vous de l'impôt des portes et fenêtres? Ne l'a-t-on pas accusé de taxer l'air que le pauvre respire? Et quel reproche ferez-vous à l'impôt des boissons que vous ne puissiez élever contre tous les impôts de consommation?

Mais, pour me borner aux limites mêmes de la question, je vais examiner les reproches que l'on adresse à l'impôt des boissons.

On dit que cet impôt n'est pas proportionnel. Je ne veux pas m'arrêter à l'objection qui représente cette taxe comme étant contraire à la constitution ; car, en vérité, je ne la crois pas sérieuse, et j'espère que l'on n'y insistera pas.

La constitution peut bien poser des règles générales; elle peut bien vous dire en principe que l'impôt doit se rapprocher autant que possible de la proportionnalité.

La constitution, quoique, à mon avis, il ait été téméraire d'écrire cette règle dans une charte...

La constitution, si vous le voulez, peut poser des règles générales, mais à quelle condition? A la condition à laquelle toutes les règles générales sont écrites dans ce monde, en tenant compte des exceptions inévitables, en admettant que la pratique se rapproche le plus qu'on pourra de l'idéal, mais qu'elle ne l'atteindra jamais.

Ceci posé, j'examine la valeur de l'objection que l'on élève contre l'impôt des boissons quand on l'accuse de n'être pas proportionnel. Ce reproche n'est pas fondé. Oui, sans doute, il y a un défaut dans l'impôt, c'est l'accumulation des taxes. Il n'est pas bien que le même consommateur paye plusieurs taxes, lorsque son voisin n'en paye qu'une ; que le droit de détail et le droit d'entrée s'accumulent sur le vin vendu au délail, pendant que le vin vendu en gros ne supporte que le droit d'entrée. Mais, à part ce défaut, qu'une révision attentive de l'impôt fera disparaître, je l'espère, je me demande si le principe qui ménage le consommateur dans la proportion de ses ressources, si le principe qui élève l'impôt dans la proportion de l'aisance du consommateur, n'est pas un bon principe. Et voilà justement la règle de l'impôt des boissons. En effet, la taxe des boissons ménage d'abord le producteur, afin qu'on ne puisse pas dire que le même contribuable est taxé deux fois pour le même produit. Elle ménage encore le consommateur des campagnes, qui n'est pas producteur, parce qu'on suppose avec raison que l'aisance dans les campagnes ne s'élève pas au même degré que dans les villes. C'est là, dans les villes, où sont concentrées les richesses, où sont concentrés tous les progrès de la civilisation, c'est là que l'impôt s'élève et vient demander une part plus grande au contribuable dont la fortune s'élève aussi.

Voilà, selon moi, en quoi consiste la véritable proportionnalité de l'impôt. Ainsi réglée, je trouve la perception très-juste et je ne voudrais pas qu'on la détruisît. Je serais fâché qu'on aggravât d'une manière sensible l'impôt de circulation qui pèse principalement sur les campagnes, et je verrais avec peine qu'on réduisît, jusqu'à les détruire ou jusqu'à en altérer l'économie, les droits d'entrée et de détail qui pèsent sur les consommateurs des villes. C'est le droit de détail principalement qui a soulevé une opposition violente. Le droit de détail a subi

principalement les réductions opérées en 1830. Eh bien,
le droit de détail est le droit le plus juste, le plus moral.
Il y a sans doute une réserve à garder en cette matière.
On doit faciliter la consommation des boissons quand
elle ne se fait pas au cabaret, et je pense qu'avec quelques modifications dans la loi, par exemple en diminuant
les quantités auxquelles s'applique le droit de circulation,
en le fractionnant, en donnant plus de facilités au propriétaire pour détailler son vin au petit consommateur,
on remédierait aux vices principaux de l'impôt; mais
quant à réduire le droit sur le vin qui se consomme au
cabaret, ah ! je m'y opposerai de toutes mes forces.

Il y a là une consommation que nous ne devons pas
encourager, que nous devons plutôt décourager ; car ce
n'est pas la consommation de la famille ; c'est au contraire la consommation qui se fait au détriment de la
famille.

Savez-vous ce que fait le cabaret ? Il détruit la moralité de l'ouvrier en le rendant égoïste ; il lui apprend à
dissiper d'une manière improductive la plus grande partie de son salaire. Il fait qu'au lieu de rechercher les
joies du foyer domestique, le travailleur va consommer
son temps dans la débauche.

Et maintenant j'avoue que je suis peu disposé à
plaindre l'ouvrier qui, en suivant cette voie, se trouve
surtaxé ; mais il est à propos d'examiner, en retour
nant un argument dont on a fait un usage peu fondé à
cette tribune, si l'élévation du prix des vins consommés au cabaret tient, comme on l'a prétendu, à l'excès
des droits établis sur la vente au détail. La plus simple inspection des tableaux qu'a publiés votre com-

mission suffira, pour vous convaincre du contraire.

Quelle est la différence entre le vin vendu en gros et le vin vendu en détail ? Elle est partout du simple au double ; elle s'élève, dans un grand nombre de départements, au triple, au quadruple, et même au quintuple de la valeur du vin vendu en gros, même sur les lieux de production.

Dans des départements comme celui du Rhône, par exemple, où il y a beaucoup de consommateurs parce qu'il y a beaucoup d'ouvriers, je trouve que la différence entre le vin vendu en gros et le vin vendu en détail s'élève du simple au quintuple.

D'où vient cela ? Cela ne tient pas à l'impôt apparemment. De combien, en effet, l'impôt surcharge-t-il la denrée ? D'un dixième. Si vous ajoutez le droit de détail au prix du vin vendu en gros, le prix ne s'élèvera donc que d'un dixième : toute la différence représente le profit du vendeur au détail.

Il y aurait peut-être à rechercher si l'organisation de ce commerce n'est pas la véritable cause de l'exagération des prix. Comment ! dans un pays comme la France on compte plus de 300,000 cabarets, et il est tel de ces cabarets qui ne paye pas au fisc 20 fr. par an, ce qui, rapproché du dixième de la valeur vendue, suppose une consommation annuelle de 200 fr. !

Je ne m'étonne plus que l'ouvrier qui va dans les cabarets paye le vin un prix qui n'est pas en proportion avec sa valeur. Lorsque le débit est ainsi fractionné, lorsqu'il faut que le commerçant retrouve sur une vente aussi limitée ses frais généraux, la nourriture de sa famille, la location d'un magasin, je ne m'étonne pas qu'il surcharge la valeur du vin ; je serais bien plutôt étonné du contraire.

Le mal du commerce dans ce pays, le mal de la consommation aussi bien que de la production, c'est la multiplicité des intermédiaires. Oui, il faut le dire, c'est une réforme que vous n'opérerez pas par les lois, et qu'il n'appartient qu'aux mœurs d'accomplir. Oui, dans ce pays-ci l'on n'aime pas assez le travail direct. Toutes les fois qu'on trouve un de ces petits métiers qui permettent à l'homme de faire ce qu'il appelle s'établir, c'est-à-dire d'ouvrir boutique, de se croiser les bras et d'attendre des chalands, toutes les fois qu'un métier de ce genre se présente, la concurrence y afflue.

Nous sommes malheureusement beaucoup trop ce que l'on a dit mal à propos de l'Angleterre : nous sommes une nation de petits boutiquiers et de petits commerçants. Voilà le mal de notre organisation commerciale, auquel, encore une fois, vous ne remédierez pas par les lois, mais dans lequel il faut chercher le secret des funestes résultats dont vous voulez trouver la cause ailleurs.

Je ne nie pas, que la production vinicole ne souffre en France ; je n'envisage pas les faits avec ce coup d'œil dégagé. Oui, quoique la culture de la vigne se soit étendue dans ce pays, quoique la production et la consommation se soient accrues, je tiens qu'il y a là des souffrances réelles. J'ai constaté une partie des causes, je ne veux pas davantage dissimuler les autres. L'exagération et surtout l'accumulation des octrois avec les droits d'entrée élèvent à la consommation, dans les lieux où elle pourrait s'étendre le plus, une véritable barrière. Nons avons dans les entrées cumulées avec les octrois des douanes intérieures que je ne veux pas supprimer, pas plus que je ne veux supprimer les douanes de pays à pays, mais dont je voudrais détruire l'excès afin que la consommation pût s'accroître, qui devraient être un instrument fiscal, et non pas une barrière, un obstacle à la consommation.

Viennent ensuite les douanes de pays à pays. Je ne dirai qu'un mot d'une question que j'ai évité de soulever depuis que nous sommes les uns et les autres dans cette enceinte, parce que je pense qu'il y a des occasions qu'il faut savoir attendre et des réformes dont l'heure n'est pas venue, et qu'il y a des sacrifices qu'il faut faire à la paix publique. Dans un grand intérêt d'union, j'ai fait, et j'y persiste, le sacrifice de mes opinions en matière de réformes commerciales ; je les reprendrai quand le moment en sera venu, quand notre pays aura retrouvé l'ordre, la sécurité et le travail qui doivent lui appartenir. Mais, en attendant, je viens vous dire que si la production vinicole souffre, c'est faute de débouchés, et que si notre production vinicole ne trouve pas à l'extérieur les débouchés sur lesquels la qualité de ses vins et l'habileté de nos cultivateurs devraient lui permettre de compter, cela tient à l'absurdité de vos tarifs, à ce que vos tarifs sont encombrés de prohibitions, à ce qu'ils arrêtent au passage la marchandise qui est en même temps un élément d'échange et un élément de prospérité ; cela tient à ce que l'élévation de vos tarifs provoque des représailles ; cela tient encore à ce que, même dans les contrées où vos produits sont accueillis par des tarifs de faveur, comme vous n'admettez pas le retour, vous ne pouvez pas vendre.

Ainsi, disons-le, car il est juste de le dire, la production vinicole souffre par la faute du législateur.

Maintenant, que le législateur choisisse l'époque et la mesure de la réforme ! Mais la réforme viendra, elle est inévitable parce qu'elle est dans l'équité.

Vous le voyez, Messieurs, je demande le maintien de l'impôt des boissons pour 1850, parce qu'il est absolument nécessaire, parce que l'État n'a aucune ressource pour remplacer les 100 millions que vous lui enlèveriez, en le supprimant ; je désire qu'il soit maintenu au delà de 1850, et c'est pour cela que j'adhère à l'enquête ; je veux que l'enquête établisse la légitimité de l'impôt et lui donne l'autorité qu'il a perdue par les changements successifs de législation : je demande le maintien de l'impôt, parce qu'il est légitime ; je le demande, parce qu'il est juste, et en cela, je ne crois m'opposer à aucune réforme, ni à aucun progrès.

Messieurs, permettez-moi de le dire en terminant, et M. de Montalembert me le pardonnera, il est un point sur lequel je ne puis pas me trouver d'accord avec lui. Oui, je crois au progrès, je l'ai toujours voulu, et après les désastres qui nous ont accablés et les épreuves que nous traversons, je ne cesse pas de m'attacher à cette cause sainte.

La France s'est relevée des désastres de 1793 et des désastres de 1815. Malgré les souvenirs de la Convention, elle aspire à la liberté ; malgré les revers de l'Empire, elle aspire à la gloire ; malgré l'orgie des intérêts matériels sous la monarchie de Juillet, elle aspire à la richesse ; malgré l'insurrection qui a surgi sanglante et hideuse des pavés de la capitale en juin 1848, elle aspire à l'ordre. Notre société n'a pas perdu le sentiment de sa force; elle ne s'abandonne pas, la Providence l'aidera. Vous avez sauvé la propriété, vous avez sauvé l'ordre; vous sauverez l'impôt, c'est-à-dire l'État.

# II

## IMPOT SUR LE CAPITAL.

DISCOURS PRONONCÉ PAR M. LÉON FAUCHER DANS LA DISCUSSION
SUR LA PRISE EN CONSIDÉRATION DE LA PROPOSITION DE M. SAUTAYRA,
TENDANT AU REMPLACEMENT DES OCTROIS, CENTIMES ADDITIONNELS
ET TAXES MUNICIPALES PAR UN IMPOT SUR LE CAPITAL.

(Séance du 6 février. 1851.)

L'honorable auteur de la proposition qui vous est soumise m'a fait l'honneur d'invoquer, à l'appui des opinions qu'il apporte à cette tribune, celles que j'ai pu avoir l'occasion d'exprimer, soit avant, soit depuis la révolution de Février. Je pourrais comme tant d'autres suivre le progrès des idées et m'éclairer de l'expérience ; j'aurais assurément le droit de modifier mes convictions. Mais je dois dire sans orgueil que je ne crois avoir rien à retirer des opinions que j'ai professées à une autre époque ; que l'on en prenne acte, si l'on veut, je les maintiens encore aujourd'hui. Je ne suis pas de ceux qui pensent que tout est bien, mais je ne suis pas non plus de ceux qui prétendent que tout est mal. S'il y a des abus à réformer dans l'ordre social, je ne viens pas les défendre ; mais je n'abandonne l'ordre social à personne. Et c'est surtout après une révolution qui a pu avoir, dans la pensée de quelques-uns, la prétention d'aller au delà du pouvoir et d'ébranler les bases mêmes de la société, que je sens plus que jamais le besoin de défendre et d'affermir ces bases fondamentales.

Messieurs, l'honorable M. Sautayra, énumérant les crédits supplémentaires qui sont venus s'ajouter au budget de 1850, tel que vous l'aviez voté, vous disait que vous auriez à pourvoir à un déficit de 155 millions. Voilà une prédilection menaçante, mais qui, par bonheur, n'est pas complétement exacte ; car l'honorable M. Sautayra a oublié de tenir compte de l'augmentation qu'a éprouvée le produit des impôts indirects, c'est-à-dire du progrès même de la richesse publique, à la faveur de l'ordre et de la tranquillité.

Mais enfin, en prenant ce qu'il vient de vous dire pour exact, quelle est la conclusion à laquelle nous devions logiquement nous attendre ? Évidemment, l'honorable M. Sautayra, touché de la situation critique à laquelle se trouvent exposées nos finances, devait vous proposer soit un emprunt, soit un impôt. Est-ce là ce qu'il a fait ? Bien loin de là, Messieurs : au moment où il vous signale un prétendu désordre qui existerait dans les finances de l'Etat, il vous propose, quoi ? d'introduire le désordre dans les finances des communes.

Parce que les dépenses de l'Etat excèdent ses revenus, il vous conseille de détruire les ressources des conseils municipaux, les ressources de quinze cents grandes ou petites cités.

Cette proposition, Messieurs, a déjà été implicitement combattue dans la séance d'hier. Ce n'est qu'une autre forme, une forme aggravée, je me hâte de le dire, de la pensée de l'honorable M. Joret. M. Sautayra ne se borne pas à vous proposer, comme M. Joret, la destruction des octrois : il vous demande en même temps la suppression des taxes municipales et celle des centimes additionnels.

Est-ce là tout, et la proposition n'a-t-elle pas encore une autre portée ?

Le système de M. Sautayra n'est qu'un moyen détourné d'arriver à la suppression des contributions indirectes et, en premier lieu, de l'impôt sur les boissons ; c'est, de plus, un moyen détourné d'arriver à l'établissement d'un impôt sur le revenu, qu'il appelle, par une expression ambitieuse plutôt que juste, l'impôt sur le capital. Il y a, dans cette tentative, toute une révolution dans l'ordre financier. Serez-vous tentés de la faire ? Je vais essayer, en tout cas, de vous démontrer que, au lieu d'être inspirée par l'esprit de réforme, elle procède en droite ligne de l'esprit de nivellement.

Messieurs, je n'ai jamais cherché à dissimuler qu'il y avait des améliorations à introduire dans l'assiette de nos contributions indirectes.

L'Assemblée y a déjà pourvu, elle a nommé une commission d'enquête qui aura à lui faire, sur l'impôt des boissons, les propositions qui sont compatibles avec les nécessités de nos finances et avec la convenance, tout aussi impérieuse, de rendre aussi proportionnelle que possible l'assiette de l'impôt.

L'abolition des octrois est-elle une chose complétement neuve pour cette Assemblée ? N'a-t-on fait, sur ce point, aucune expérience ? On en a fait deux, Messieurs, qui ont été décisives quoique partielles. La première remonte à l'année 1848, au moment où le gouvernement provisoire a cru pouvoir supprimer les droits d'octroi sur la viande dans la ville de Paris. Vous savez que cette mesure est restée sans résultat, que la classe ouvrière n'en a éprouvé aucun soulagement, et que ceux-là mêmes qui l'avaient décrétée, ou, pour mieux dire, que l'opinion qui avait amené l'abolition de cette taxe, a été obligée de prendre ici l'initiative de son rétablissement.

Il y a plus : le gouvernement provisoire, à peu près à la même époque, avait décrété l'abolition de l'impôt sur les boissons, sans abolir en même temps les droits d'octroi.

UN MEMBRE. C'est la Constituante !

M. LÉON FAUCHER. L'Assemblée constituante avait rétabli l'impôt sur les boissons, avant de le supprimer.

Qu'est-il résulté du décret du gouvernement provisoire sur les boissons ? On a pu voir jusqu'à l'évidence que la suppression de l'impôt sur les boissons, sans la suppression des octrois, était une mesure à peu près inutile pour les contribuables, et qui coûterait, sans compensation aucune, 100 millons au trésor.

La logique, dans cette matière, conduit à la suppression des deux impôts. Si vous accordez à l'honorable M. Sautayra l'abolition des droits d'octroi, vous serez infailliblement conduits à la suppression des droits sur les boissons. Le pouvez-vous maintenant ? cela est-il nécessaire ? l'équité l'exige-t-elle, et l'humanité en fait-elle un devoir ? notre système financier est-il, comme on l'a prétendu, particulièrement oppressif pour les classes laborieuses ? sont-ce ces classes de citoyens qui supportent principalement en France le poids de l'impôt? Cela vaut la peine d'être examiné. J'ai déjà eu l'occasion de le faire devant vous, je ne crois pas inutile de rentrer dans cet examen à un autre point de vue.

Messieurs, j'aurais compris que l'objection se fût élevée dans un pays voisin où le système des taxes est entièrement différent du nôtre. Là, en effet, la propriété ne supporte qu'une faible partie des impôts ; les taxes perçues au profit de l'État sont presque entièrement des impôts indirects, des taxes de consommation. Avant la réforme que sir Robert Peel a fait prévaloir dans le parlement, la propriété, en Angleterre, supportait à peine le dixième du budget perçu au profit de l'Etat. Depuis cette réforme et malgré l'introduction de l'*income-tax*, la propriété de toute nature ne supporte pas, en Angleterre, un cinquième des charges ; presque toutes les contributions qui alimentent le revenu public sont des taxes de consommation, soit sous la forme de douanes, soit sous la forme d'*accise*, ce qui répond aux contributions indirectes en France.

L'Etat épuisant les ressources de l'impôt sous la forme des contributions indirectes, quand les localités veulent s'imposer, en Angleterre, pour leurs besoins, elles sont obligées de faire appel à un mode plus direct d'impôt, elles font appel aux taxes qui atteignent plus immédiatement la propriété.

Ainsi de la taxe des pauvres ; ainsi des taxes qui servent dans les villes à éclairer, à paver les rues, à y faire la police, à entretenir les grands chemins : toutes ces taxes sont levées directement sur les contribuables. L'impôt général est indirect en Angleterre, et l'impôt local est direct. Voilà le caractère du système de taxes dans ce pays.

En est-il de même en France ? Il n'y a qu'à ouvrir le

budget pour se convaincre que le système de la France est complétement opposé à celui de la Grande-Bretagne. En France, sur le budget des recettes qui est évalué pour l'année 1851 à 1,296 millions, en retranchant l'amortissement qui entre en recette et en dépense pour ordre, les quatre contributions directes, si l'on y ajoute les droits de timbre et d'enregistrement, qui portent sur la propriété, s'élèvent à 671 millions ; ce qui représente 52 p. 100 du produit total. Parmi les contributions indirectes, il en est, comme le tabac et les poudres à feu, qui sont des contributions purement de luxe ; elles représentent 126 millions et entrent pour près de 10 p. 100 dans le budget des recettes. Evidemment ce ne sont pas ces taxes qui peuvent peser sur les classes laborieuses, et elles ne s'imposent pas aux consommateurs avec le signe irrésistible de la nécessité.

Viennent ensuite les douanes et les sucres. Or les douanes en France ne portent pas, comme en Angleterre, sur les denrées de grande consommation. Les objets de grande consommation sont ou couverts par une protection qui équivaut à une prohibition absolue, ou repoussés de nos frontières par un système franchement prohibitif. Quelques matières premières, les objets de luxe, les denrées coloniales ; voilà ce qui compose les recettes des douanes chez nous. Les douanes et les sucres, produisant une somme de 156 millions, représentent 12 p. 100 du budget des recettes. Il y a là, Messieurs, un impôt mixte, qui s'adresse à toutes les classes et dont il est impossible de prétendre que les hommes qui vivent d'un salaire habituellement modeste portent exclusivement le poids.

Restent les boissons et les sels. En y joignant le dixième des octrois, vous avez là une somme de 132 millions, c'est-à dire environ 10 p. 100 du budget.

Ainsi le dixième du budget des recettes, le dixième du produit de l'impôt, voilà en toute réalité le fardeau qui pèse de son poids le plus lourd sur les classes laborieuses. Eh bien, je vous le demande, dans un pays où l'économie de l'impôt est celle que je viens de vous exposer, où les ouvriers des villes et des champs ne supportent principalement que le dixième de l'impôt, est-il possible de dire que leurs intérêts soient foulés aux pieds, et que l'impôt les traite d'une manière inique ? est-il possible de dire que l'impôt n'est pas proportionnel ?

Voilà, pourtant, Messieurs, le système contre lequel les orateurs de l'extrême gauche dressent toutes leurs batteries ; voilà le système dont l'honorable M. Sautayra demande aujourd'hui, non pas la réforme, ce qui est toujours permis, ce qui est quelquefois possible, mais l'entière destruction.

Parlons d'abord des octrois, qui sont tout au moins le prétexte de ce débat. Les octrois ont rendu dans l'année 1849 126 millions. Les centimes additionnels prélevés au profit des communes sont portés au budget pour une somme de 47 millions. Pour quelle part contributive entrent dans cette somme de 47 millions les 1,500 communes assujetties à l'octroi ? Le budget ne fournit pas les moyens de le dire ; mais, en supposant, pour faire une somme ronde, que ce soit pour la moitié, pour une somme de 24 millions, par exemple, vous arrivez à un chiffre de 150 millions qui représente les ressources locales.

Voilà le budget des recettes communales, et notez bien que ces ressources sont obtenues sans douleur, d'une manière insensible ; qu'elles se dégagent du revenu général à mesure que ce revenu se forme, et qu'elles sont perçues, heure par heure, sur la consommation de chaque jour. Le pouvoir municipal prélève sa part de la richesse générale à mesure que cette richesse se développe, sans gêne pour cette richesse, sans consommation improductive, et, pour tout dire en un mot, sans destruction de valeurs.

Eh bien, voilà un état de choses qui a reçu la sanction de l'expérience, qui a réussi d'une manière à peu près complète et contre lequel la population ne murmure pas. Par quoi veut-on le remplacer ? Par un impôt sur le capital.

Qu'on me permette, pour un moment, j'arriverai tout à l'heure à la distinction, qu'on me permette de confondre sous une même dénomination l'impôt de M. Sautayra et ceux qu'ont rêvés d'autres économistes de ce côté (la gauche) sous la forme d'un impôt sur le revenu. Je me servirai de ce mot générique pour désigner les deux systèmes.

C'est donc 150 millions qu'il faudra demander aux 1,500 communes qui ont des octrois. Ces communes représentent une population d'environ 5 millions d'âmes, c'est-à-dire un peu moins du septième de la population totale de la France. Qu'est-ce que c'est qu'un impôt de 150 millions réparti sur 5 millions de personnes ? C'est 30 fr. par tête. Et, en supposant que chaque famille se compose de quatre personnes, c'est 120 fr. par famille et par année.

Maintenant, supposez que le système de M. Sautayra, système dans lequel, comme il nous l'a dit lui-même, il a voulu entrer par la petite porte, supposez que le système de M. Sautayra voie cette entrée s'agrandir et qu'on l'étende, selon son vœu, à la France entière, à ses 36 millions d'hommes, nous arriverons alors à un impôt qui dépassera un milliard.

Je ne suis pas de ceux qui ont dit à M. Sautayra qu'il n'apportait pas ici une idée neuve ; je reconnais que l'idée telle qu'il l'applique, telle qu'il l'a transformée, lui appartient et qu'il en a tout le mérite. Personne, avant lui, en proposant soit l'impôt sur le revenu, soit l'impôt sur le capital, ne s'était avisé de lui donner cette étendue ; personne n'avait supposé que l'impôt sur le revenu pût atteindre en France ou même dépasser un milliard.

L'honorable M. Goudchaux a proposé ici un impôt sur le revenu mobilier. Il portait cet impôt à 3 p. 0/0 ; il en évaluait le produit à 60 millions ; et tout le monde n'était pas d'avis que l'évaluation de l'honorable M. Goudchaux pût être justifiée par les résultats.

L'honorable M. Passy proposant un impôt non plus seulement sur le revenu mobilier, mais sur toute espèce de revenu, se bornait au taux modeste de 1 p. 100 ; et, quant au produit probable, il l'évaluait à 60 millions.

L'honorable M. Sautayra a multiplié par 20 et plus le chiffre de ses prédécesseurs. Pour acclimater en France un impôt nouveau, un impôt qui répugne à toutes nos habitudes, un impôt d'un établissement si difficile, il veut du premier coup le porter jusqu'à une limite qui égale l'ensemble du budget ; en un mot, comme il l'a dit, c'est l'impôt unique qu'il propose ; et cet impôt unique, c'est l'impôt sur le revenu.

Messieurs, l'impôt unique est une chimère qu'on a pu rêver dans les premiers temps de la civilisation et au début de la science.

En effet, chez un peuple neuf, qni tire tout son revenu du sol, et pour qui le gouvernement n'est pas cette machine compliquée que la civilisation a introduite dans les Etats modernes, je comprends que l'impôt se produise sous une forme unique, et qu'ayant peu de chose à demander aux contribuables, on ne le leur demande que sous une seule espèce. Cependant je ferai remarquer que la première forme de l'impôt, dans l'histoire, était un fardeau assez lourd ; c'était la dîme, ne l'oubliez pas. Le type de l'impôt que rêve M. Sautayra et qu'il propose ici, c'est la dîme dans l'antiquité.

*Voix à gauche.* Et la dîme de Vauban !

M. Léon Faucher. J'entends prononcer un nom sur lequel je suis bien aise de m'expliquer, car nous sommes malheureusement obligés ici, avec les belles innovations qu'on veut apporter à cette tribune, de faire, en matière d'économie politique, les fonctions d'instituteurs primaires...

Eh bien, il faut dire à ces messieurs de quoi se composait la dîme de Vauban, qui n'était un impôt unique que de nom. La dîme de Vauban, si vous voulez prendre la peine de lire ses œuvres, n'était pas, vous le verrez, une seule taxe ; elle se composait d'un impôt sur le revenu ou sur le sol et sur l'industrie, qui devait donner, dans les calculs de Vauban, sur son budget de 117 millions, 75 millions ; le reste devait être fourni par les impôts indirects que vous n'aimez pas, c'est-à-dire notamment par une taxe sur le sel, et par un impôt sur les boissons, qu'on appelait dans ce temps-là *les aides*, et que Vauban conservait sous une autre forme. En un mot, la dîme de Vauban, le système d'impôt auquel ce grand homme a attaché son nom, se composait de quatre ou cinq taxes différentes et non pas d'une seule taxe. Ceci soit dit pour qu'il n'arrive plus ici, quand on voudra proposer l'impôt unique, d'invoquer l'autorité de Vauban.

Je disais que l'impôt unique avait été la forme du système contributif dans l'enfance des sociétés, et j'ajoutais qu'il avait été le rêve de la science à ses débuts. L'école économique du temps de Quesnay a cru aussi que tous les impôts pouvaient se ramener à un impôt sur le sol ; mais la science financière a fait des progrès depuis Quesnay, et des progrès de géant marqués par une douloureuse expérience. Depuis le début de l'école économique, le crédit est né, ce phénomène qui a changé la face des sociétés.

Avec le crédit sont venus les emprunts ; on a appris à anticiper sur le patrimoine des générations futures, tantôt dans l'intérêt de la puissance qu'on croyait leur léguer, tantôt dans l'intérêt des travaux qu'on faisait pour les successeurs de la génération présente. Il a fallu payer l'intérêt des sommes que l'on empruntait, et les budgets ont commencé à se grossir ; les gros budgets ont développé cette nécessité de l'impôt multiple qui se faisait déjà sentir sous l'ancienne monarchie, car l'ancienne monarchie avait divers impôts, même lorsque le budget, en France, ne s'élevait pas au-dessus de 300 millions.

Mais, à mesure que la civilisation a multiplié les rapports entre les hommes, que les fonctions du gouvernement sont devenues plus nombreuses, plus étendues, les budgets ont grandi à leur tour, et à mesure qu'ils ont grandi il a fallu diversifier et multiplier les formes de l'impôt.

Qu'est-ce que c'est que le budget d'un Etat, Messieurs? Le budget, c'est-à-dire le revenu de l'Etat, est la portion disponible des revenus de la société; et, pour le dire en passant, nous proposer un impôt sur le capital, imaginer que la société peut vivre d'un prélèvement sur le capital de tous les individus, ce n'est pas autre chose que présenter un expédient barbare.

La société ne vit pas de son capital, autrement elle périrait bientôt.

La société vit des produits de son capital, c'est-à-dire qu'elle vit de son travail.

Le capital, qu'il s'appelle terre, qu'il s'appelle écus, qu'il s'appelle richesse industrielle, le capital est un instrument que le travail met en valeur.

M. Benoist d'Azy. C'est élémentaire.

M. Léon Faucher. On est obligé de répéter ici des vérités élémentaires.

Je dis que si l'Etat vivait du capital de la société, il encouragerait les individus à vivre de leur propre capital; or, quand on emprunte cette manière de vivre, on est bientôt au bout de ses écus, on arrive en peu de temps à la ruine. Ce procédé est sauvage; ce n'est pas à l'époque de civilisation où nous sommes, que l'on peut apporter ici impunément de ces contre-vérités. Non, la société ne peut vivre que de ce qu'elle produit; cela est vrai pour les individus, cela est vrai pour l'Etat, qui n'a que le droit de prélever la portion disponible des revenus individuels.

Quelles sont maintenant les conséquences qui découlent de ces principes ? C'est que, si le revenu de l'Etat ne peut se composer que de la portion disponible du revenu individuel, l'Etat ne doit prélever son revenu qu'à mesure que le revenu individuel se forme. Par conséquent, l'impôt, qui est ce prélèvement, doit suivre le revenu individuel, la richesse générale dans toutes ses transformations ; il faut que l'impôt s'y proportionne et s'y mesure ; cela tombe sous le sens. Voyez, pour vous en convaincre, ce qui se passe chez le contribuable lorsque arrive l'avertissement du percepteur. Qu'y a-t-il de plus difficile pour le contribuable ? c'est de payer une certaine somme en bloc. Précisément parce que son revenu se forme, pour ainsi dire goutte à goutte, le meilleur impôt pour lui est celui qui prélève aussi goutte à goutte le revenu de l'Etat. De là la nécessité et la bonté des impôts indirects.

Les impôts indirects s'incorporent, pour ainsi dire, à la consommation ; ils saisissent de la manière la plus précise la richesse à mesure qu'elle naît et se développe. Le revenu de l'Etat se dégage naturellement et sans effort du revenu de chacun.

Je croirais faire injure à l'intelligence de l'Assemblée si j'insistais sur cette démonstration. Maintenant permettez-moi de vous dire quelques mots de l'impôt sur le revenu.

Après avoir démontré que l'impôt unique, auquel aboutit, en définitive, l'impôt sur le revenu, était impossible, qu'il y avait nécessité, pour une société civilisée, de multiplier les taxes à mesure que les formes de la richesse se multipliaient dans son sein, il me reste à prouver que l'impôt sur le revenu est une forme de taxe incompatible avec notre état social.

Que suppose l'impôt sur le revenu? Il implique d'abord qu'il n'existe aucune autre taxe dans le pays. L'impôt sur le revenu suppose qu'il y a table rase en matière d'impôt. En sommes-nous là? pas le moins du monde. L'impôt sur le revenu existe déjà sous bien des formes dans ce pays, et celui qu'on veut établir ferait double emploi. Qu'est-ce qu'un impôt foncier, sinon une taxe sur le revenu du sol? Qu'est-ce que l'impôt des patentes, sinon une taxe sur le revenu des industriels et des marchands? Qu'est-ce que l'impôt mobilier, si ce n'est une taxe sur le revenu mobilier? L'impôt sur le revenu existe donc en France, d'abord sous la forme directe et ensuite sous la forme indirecte, car il est certain que les octrois taxant la consommation, atteignent le revenu.

Eh bien, la taxe du revenu aurait pour premier inconvénient celui de faire double emploi avec les taxes qui existent. Le contribuable dirait au percepteur qui lui enverrait un avertissement : Eh quoi! vous voulez me faire payer un double impôt foncier? Vous prélevez déjà le cinquième ou le sixième du revenu, que je retire de mon industrie, que la terre produit sous l'impression de mon travail, et vous allez me demander un nouveau sacrifice? Les contribuables ne le comprendraient pas, et vos percepteurs municipaux ou généraux, de la commune ou de l'État, seraient fort mal reçus.

L'honorable M. Sautayra a voulu faire pénétrer l'impôt sur le revenu dans le pays par la petite porte. Cela est peut-être fort adroit, mais je l'avertis qu'il a augmenté la difficulté par cette méthode. Et, en effet, concevez-vous un pays dans lequel il y ait 30 millions d'individus qui ne payeront qu'une sorte d'impôt sur le revenu, celui qui est représenté par la taxe foncière, la taxe des patentes et l'impôt mobilier, tandis qu'il y aurait 5 millions d'individus, habitant les villes enfermées dans l'enceinte d'un octroi, qui payeraient deux fois ces impôts, qui payeraient non-seulement la taxe foncière, l'impôt mobilier, la taxe des patentes, mais encore l'impôt sur le revenu ou sur le capital, que demande M. Sautayra? Peut-on imaginer une inégalité plus choquante entre des citoyens destinés à vivre sous les mêmes lois?

Ce n'est pas tout : je comprendrais, en reprenant un rapprochement dont j'ai déjà eu l'honneur d'entretenir l'Assemblée, que l'on remplaçât les taxes d'octroi, les taxes municipales par un impôt sur le revenu, si l'impôt indirect dominait dans notre système financier, si l'État, comme en Angleterre, levait son revenu tout entier, ou peu s'en faut, sous la forme de taxes de consommation.

Mais il en est tout autrement. J'ai déjà eu l'honneur de démontrer à l'Assemblée que les taxes indirectes ne jouaient qu'un faible rôle dans notre système financier. C'est précisément parce qu'elles y entrent dans une faible proportion, qu'il devient possible, sans double emploi, d'y faire appel pour donner aux communes les ressources dont elles ont besoin. L'impôt sur le revenu, pénétrant par la porte par laquelle M. Sautayra veut l'introduire, devient donc un contre-sens; car il frappe

précisément les personnes qui peuvent le plus supporter
l'impôt indirect et le moins supporter les taxes directes,
qui viendraient s'ajouter à celles dont ces contribuables
sont déjà grevés.

Maintenant, faut-il reproduire tous les reproches qui
s'adresseraient à juste titre à l'impôt sur le revenu dans
un pays comme le nôtre? Je dirai d'abord que c'est un
impôt sans base. L'honorable M. Sautayra a cru répondre à ce reproche en substituant à la dénomination d'impôt sur le revenu, la dénomination d'impôt sur le capital;
et il s'est emparé de quelques paroles que j'ai écrites dans
une tout autre intention, et qui auraient eu un autre
sens pour tout le monde, s'il avait pris la peine de compléter la citation. En effet, je reconnais, comme tout le
monde, qu'il est plus facile d'apprécier le capital que
d'apprécier le revenu ; mais ce n'est que dans un certain
ordre d'idées. Oui, vous pouvez estimer plus facilement
le capital, quand ce capital est un fonds de terre, une
maison ou une manufacture ; mais retrouverez-vous la
même facilité, lorsqu'il s'agira d'apprécier un capital
mobilier, une clientèle, un office?

Le mystère qui couvre le revenu n'est-il pas le même,
dans cet ordre d'idées, que celui qui couvre le capital
Pourquoi trouvez-vous une si grande difficulté à reconnaître la valeur des créances mobilières? C'est parce
que le créancier a intérêt à les dissimuler ; et il en dis-
simulerait le capital aussi bien qu'il en dissimule le
revenu.

L'impôt sur le capital, comme l'impôt sur le revenu,
vous conduit tout droit à la recherche des fortunes. Cette
recherche, je vous défie de la faire, elle est impossible

dans notre pays. (*A droite.* Très-bien ! très-bien ! )

On dit que l'impôt sur le revenu a été établi dans un pays voisin. Quand on fait des comparaisons, il faut les faire complètes ; il ne faut pas isoler un fait des circonstances dans lesquelles il s'est produit, et qui l'expliquent.

En Angleterre, l'impôt sur le revenu est très-modéré. On l'a établi avec des exceptions considérables. Tous les revenus au-dessous de 150 liv. st. en sont exempts. Or, je le demande, quelqu'un qui possède un revenu de 150 liv. st., et qui, en Angleterre, est un personnage de fort médiocre importance, ne commencerait-il pas ici à passer pour un riche ? Sans excepter à peu près tout le monde, pourrait-on l'affranchir de l'impôt ?

Et remarquez : du moment où vous exemptez de l'impôt sur le revenu tout ce qui est au-dessous de 150 liv. st., vous supprimez la moitié de la difficulté que doit rencontrer le fisc dans l'évaluation des fortunes ; car il ne s'adresse plus alors à la multitude, il ne s'adresse plus à ces hommes qui, précisément, parce qu'ils jouissent d'un faible revenu, ont plus de raisons que d'autres de le dissimuler.

Il ne saisit que les capitaux agglomérés, ceux qui sont étalés au soleil. Il est guidé par l'évidence, au lieu d'en être réduit aux soupçons et aux conjectures. Bien que l'*income-tax* ne soit qu'une manière de racheter l'exemption d'impôt qui favorise, en Angleterre, les propriétaires du sol ; bien qu'il ne soit qu'une expiation des faveurs et des priviléges dont l'aristocratie jouit dans cette contrée, malgré tant d'avantages, enfin, qu'est-ce qui fait que la perception de cette taxe est possible en

Angleterre et ne l'est pas en France ? C'est, pour trancher le mot, la différence des mœurs. En Angleterre,
vous le savez, le serment a pénétré dans les habitudes ; il
se défère pour la moindre circonstance, c'est une religion. De l'autre côté du détroit, l'on ne se fait pas,
comme dans d'autres pays, un malin plaisir de frauder
le fisc ; on ne considère pas cette fraude comme une
chose innocente, on ne se croit pas plus le droit de frauder le fisc que de tromper son prochain ; le fisc, en Angleterre, est le prochain de tout le monde.

Personne ne se croit le droit de le dépouiller pour son
profit personnel.

Un négociant, appelé devant le percepteur pour donner l'évaluation de son revenu, ou la donne sincère, ou
l'augmente et l'exagère comme un moyen de crédit.

Assurément j'aime et j'honore mon pays, je ne voudrais rien dire qui pût affaiblir la réputation méritée
dont il jouit dans le monde ; je ne voudrais pas donner
un démenti à toute son histoire ; mais je ne crois pas,
non plus, que nous devions mettre notre patriotisme
à dissimuler toutes nos faiblesses. Oui, il est vrai qu'on
ne se fait pas en France comme en Angleterre une religion de dire la vérité au fisc.

Si vous établissez les déclarations comme garanties
de l'impôt sur le revenu, les déclarations seront en
grande partie frauduleuses ; et dès lors il arrivera que le
contribuable qui aura fraudé le fisc fera retomber une
partie de l'impôt sur celui qui aura dit la vérité. Celui-ci
portera la peine de sa franchise, l'impôt sera une prime
permanente à la fraude, entendez-vous ? Or de pareilles
taxes sont les pires de tous les impôts.

Établirez-vous des moyens de contrôle? Alors vous arrivez à la recherche des fortunes, vous aboutissez à l'inquisition, vous instituez l'exercice, non pas sur une certaine nature de contribuables, non pas sur quelques marchands qui, en ouvrant leurs boutiques, en levant enseigne de leurs marchandises, savent qu'ils se soumettent aux visites du fisc, qu'ils se sont faits pour ainsi dire des hommes publics. Vous établiriez l'exercice à domicile pour toutes les familles; je dis pour toutes les familles, car il demeure acquis ici que l'exemption n'est possible pour personne.

Vous n'êtes pas un pays aristocratique, vous avez des mœurs démocratiques, qui s'opposent à ce que l'impôt déroge au principe de l'égalité, à ce qu'il y ait une classe d'hommes qui en soit exempte. Non-seulement vous n'êtes pas une nation aristocratique par vos mœurs, mais vous ne l'êtes pas par la fortune. Il n'y a pas de grandes fortunes en France, ou, s'il y en a, ce sont des exceptions dont on ne parle que pour confirmer la règle.

Permettez-moi d'insister sur une autre difficulté. Précisément parce que l'impôt sur le revenu s'étendrait nécessairement à tout le monde, vous seriez obligé d'organiser des moyens de contrôle locaux, et alors toute la machine qui supporterait l'impôt serait établie au rebours de ce qui existe en Angleterre.

En Angleterre, dans ce pays de pouvoir et de priviléges locaux, c'est l'État qui, dans un petit nombre de bureaux centralisés, reçoit les déclarations des contribuables et les scelle de sa discrétion, qui devient la sécurité des fortunes.

Ici, ce seraient les pouvoirs locaux qui feraient une

enquête sur les patrimoines ; c'est-à-dire que, dans le moindre village, l'avoir de chacun serait connu de tous. Le fisc afficherait, exposerait les fortunes.

Croyez-vous que cela soit un bien ? êtes vous sûrs qu'il n'y ait pas dans notre pays des passions cupides que ce spectacle incessant de la richesse clouée au poteau peut venir tenter ?

Croyez-vous que le droit au travail n'ait été enseigné que dans les brochures et dans les journaux, et ne connaissez-vous pas des départements où un certain nombre d'hommes, que je ne veux pas décorer du nom d'ouvriers, car ils ne méritaient pas ce titre, sont venus s'imposer au propriétaire, et vendanger sa vigne malgré lui, ou labourer son champ ?

N'avez-vous pas entendu parler de certains départements dans lesquels on s'était partagé, en espérance, les grandes propriétés de tel ou tel canton.

Je parle de faits qui sont notoires. La conscience de tout le monde fera écho à la mienne, et je n'ai pas besoin d'entrer dans les détails dont la publicité a déjà retenti.

Je dis que, dans un pays où existe encore cette maladie, où ont éclaté d'aussi terribles symptômes, il n'est pas bon, il n'est de l'intérêt de personne d'aboutir à un impôt qui a pour premier résultat d'afficher les fortunes et de multiplier les tentations sur les pas des gens sans aveu...

M. Dussoubs. Et quelquefois d'en faire connaître l'origine, de ces fortunes ; c'est là qu'est le danger, n'est-ce pas ?

M. Léon Faucher. J'entends une parole qui me donne la tentation d'une digression à laquelle je ne peux pas résister. On me demandait tout à l'heure des citations locales, on ne me permettait pas de me réfugier sous la généralité de mes assertions. Il est des faits que, l'Assemblée le comprend, je n'aurais pas pu préciser sans attrister ici tout le monde; mais j'entends auprès de moi une parole qui est un véritable écho de ces détestables doctrines et qui n'aurait pas dû retentir dans cette Assemblée. J'entends qu'on me dit : Il faut rechercher l'origine des fortunes. Ah ! nous y voilà. (Mouvement.)

M. Dussoubs. Je n'ai pas dit cela; j'ai dit que quelques personnes pouvaient craindre qu'on ne recherchât l'origine des fortunes ; mais je n'ai pas dit qu'on devait en rechercher l'origine.

M. Léon Faucher. C'est la même chose sous une autre forme.

On nous a souvent dit, de ce côté, qu'on n'attaquait pas la propriété, et je le crois ; cependant on se laisse aller quelquefois à apporter ici des doctrines, que l'on en ait ou que l'on n'en ait pas conscience, qui sont des attaques très-directes au droit de possession. Dans un pays où la propriété existe sous la protection des lois, entendez-vous, lorsque celui qui possède n'a pas subi la flétrissure de la justice, lorsque la propriété qu'il possède ne lui a pas été arrachée par jugement, il n'est permis à personne de dire qu'il y a lieu, qu'il peut y avoir lieu de rechercher l'origine des fortunes. Rechercher l'origine des fortunes ! mais c'est mettre la propriété en question, c'est ébranler l'ordre social.

Messieurs, un dernier mot. Je ne voudrais pas prolonger cette discussion, qui serait, à vrai dire, inépuisable. Je me borne à une réflexion, en terminant.

L'orateur auquel je succède s'est défendu, dans la proposition qu'il vous a faite, d'avoir recherché la popularité. Ce n'est pas moi qui renouvellerai contre lui cette accusation, et je l'acquitte de ce reproche. Non, Messieurs, qu'on le sache bien, la popularité ne s'attache pas aujourd'hui et ne peut pas s'attacher, après une révolution, dans un moment où la société a besoin d'être rassurée, à ceux qui viennent ébranler, soit les bases de l'ordre social, soit les bases de l'impôt qui en est une autre forme. La popularité s'attache, et s'attache justement à ceux qui viennent ici la défendre. Nous sommes à une époque de calme et de réflexion, où les clameurs d'un jour ne peuvent plus prévaloir. Ce qui prévaut, dans l'esprit des populations, ce qui est populaire, c'est la justice, c'est l'équité. Venez les défendre ici, vous aurez nos suffrages aussi bien que ceux de la France; attaquez-les, au contraire, et vous nous trouverez toujours prêts à élever la voix pour cette cause qui est celle de tous.

### RÉPLIQUE A M. SAUTAYRA.

M. Léon Faucher. Puisque l'honorable M. Sautayra m'a fait l'honneur de citer mes paroles en cherchant à me mettre en contradiction avec moi-même, l'Assemblée comprendra que j'insiste pour les défendre et pour lui prouver que ce que j'ai écrit en 1848 émanait des mêmes opinions que je viens de soutenir devant elle aujourd'hui.

Messieurs, bien que les excès dont nous avons été témoins aient été de nature à dégoûter beaucoup d'esprits des réformes, je suis demeuré réformiste malgré ces excès, mais je ne suis pas devenu niveleur. En 1847, comme en 1848, comme aujourd'hui, je pensais que certaines réformes étaient nécessaires dans l'assiette des contributions. Je n'ai jamais demandé l'abolition de l'impôt du sel ; j'ai demandé qu'il fût modéré. Une loi de la Constituante m'a donné raison au delà de mes vœux. Je n'ai jamais demandé la suppression de l'impôt sur les boissons ; je me suis borné à démontrer, et cela n'était pas difficile, que l'impôt sur les boissons était établi de manière à frapper deux ou trois fois certains consommateurs, pendant qu'il ne frappait qu'une seule fois certains autres.

J'ai trouvé là une inégalité, une dérogation au principe de la proportionnalité de l'impôt. J'en ai toujours provoqué la réforme ; et quand l'enquête vous sera présentée, quand ses résultats seront connus de l'Assemblée, si j'ai occasion de m'expliquer, l'Assemblée verra que je n'ai pas abjuré mes opinions de 1847 en matière d'impôt indirect. J'ai pensé, et je pense encore que la contribution mobilière n'était pas assez forte, que la richesse mobilière pouvait être légitimement et à bon droit plus fortement taxée qu'elle ne l'est. J'ai même proposé, non-seulement en 1848, mais en 1849, mais en 1850, en écrivant sur le budget de 1850 et sur celui de 1851, j'ai proposé des réformes qui, à mon grand regret, n'ont pas été acceptées par le gouvernement.

Je n'ai pas la prétention de faire en ce moment l'Assemblée juge de la valeur des réformes que j'ai cru devoir indiquer, et je n'appelle ni l'affirmation ni la contradiction sur ce point. Je me borne à dire...

*Voix à gauche.* Et les octrois !

**M. Léon Faucher.** Je vais vous dire mon opinion sur les octrois, elle est la même que pour les boissons ; je les trouve très-souvent exagérés, et pendant, non pas un an, non pas deux ans, mais pendant plus de dix ans, j'ai combattu ce qu'il y avait d'excessif, notamment dans le tarif de l'octroi de la ville de Paris. Je pense encore ce que je pensais alors, mais je n'ai jamais demandé la suppression des octrois, et je ne la demande pas ; je tiens les octrois pour un mode d'impôt parfaitement légitime dans l'état actuel de la civilisation. Si la civilisation se modifie, si les nécessités changent, si de nouvelles ressources sont découvertes, je modifierai peut-être mes opinions ; mais dans l'état de la civilisation, je tiens que les octrois, que cette forme d'impôt indirect est la seule ressource à laquelle puissent légitimement faire appel les communes pour paver, pour éclairer leurs rues, pour défrayer, pour entretenir les hôpitaux, leur police, pour pourvoir, en un mot, à toutes les nécessités que les grandes agrégations d'hommes entraînent après elles.

Enfin, Messieurs, vous le voyez, je ne dissimule rien ; quand on demande la destruction d'un impôt bien assis, je combats cette proposition de toutes mes forces ; s'il venait quelque projet de réforme modéré et pratique de ce côté (le côté gauche), qui répondît à mes vues, j'aurais un très-grand plaisir à l'appuyer ; c'est une surprise que je vous invite à me réserver.

Encore un mot, Messieurs.

Malgré les défauts que j'ai cru apercevoir dans notre système d'impôt, et quel système d'impôt n'en a pas ? je maintiens encore que le système français est peut-être celui de l'Europe dans lequel on en découvrirait le moins.

Malgré ces défauts, je pense que, attaquer notre système d'impôt, c'est commettre une souveraine imprudence ; que l'attaquer en proposant des réformes impraticables, c'est troubler sans nécessité l'ordre social ; que l'attaquer sans avoir rien à mettre à la place, sans nous proposer d'autres impôts comme on le fait journellement de ce côté (le côté gauche), c'est faire le contraire de ce que font les hommes raisonnables dans tous les temps et dans tous les pays.

(L'assemblée décide qu'elle ne prend pas la proposition en considération.)

# SUJETS DIVERS

## I

## ÉTAT ET TENDANCE DE LA PROPRIÉTÉ EN FRANCE [1].

Rien ne prouve mieux à quel point la France diffère de la Grande-Bretagne, par ses tendances sociales, que le mouvement et l'état de la propriété dans les deux pays.

Ici l'on rencontre la plus extrême concentration, et là le plus extrême morcellement. D'un côté de la Manche, le sol, possédé par un petit nombre de propriétaires et exploité par un petit nombre de fermiers, est, pour ainsi dire, en dehors du domaine commun; de l'autre côté, règne la loi agraire; chacun a sa part de cette propriété déchirée en lambeaux. Il semble que la Providence ait voulu donner l'Angleterre et la France en exemple,

[1] « La *Revue des Deux Mondes* (novembre 1836) a publié sur *l'état et la tendance de la propriété en France,* un travail très-remarquable de M. Léon Faucher, on y trouve sur la division de notre sol, les faits les plus importants et les plus curieux, et les vues économiques les plus saines et les plus élevées. » (Rossi, *Cours d'économie politique,* t. II. p. 74.)

Bien que la situation des choses ait singulièrement changé depuis vingt ans, cette *étude* sur le mouvement de la propriété en France renferme toujours des renseignements précieux.

*(Note de l'Editeur.)*

celle-ci, de l'égalité poussée jusqu'à ses dernières conséquences ; celle-là, des excès et des abus de l'inégalité.

Dans le Royaume-Uni comme sur le continent, la
grande propriété est d'origine féodale. Ce fut la conquête qui, réunissant les terres en fiefs, en forma de
vastes héritages immobilisés dans les familles par la loi.
Mais partout ailleurs, et à mesure que la loi est devenue
plus démocratique, la propriété, se divisant, est tombée
par degrés dans les mains innombrables de la bourgeoisie. En Angleterre, le sol n'a pas changé de maîtres pendant que la liberté s'étendait ; et cela se conçoit, la concentration de la propriété étant favorisée par les mœurs
autant que par les institutions.

Par l'effet du caractère national et des circonstances
qui ont servi à le développer, la richesse, dans cette contrée industrieuse, tend naturellement à s'agglomérer et à
s'accumuler. Ce sont des rayons qui cherchent un centre
pour agir de là avec plus de puissance sur le monde extérieur. Toute récente qu'elle est, la propriété industrielle ne paraît pas moins colossale que la propriété
foncière dans ses proportions. Les capitaux se concentrent comme les terres, et en vertu des mêmes mœurs.
Tel manufacturier de Manchester produit chaque année
une quantité de toiles peintes qui égale la production de
tous les ateliers de Mulhausen. Tel marchand de nou-
veautés, à Londres ou à Glasgow, opère sur un mouvement annuel d'un million de livres sterling. Une
brasserie comme celle de Witbread, desservie par un
régiment de chevaux et par une armée d'ouvriers, livre
chaque année 300,000 barriques de porter à la consommation. Pendant que le fer qui se consomme en France

sort de 3 à 400 usines, les 30 à 40 forges de Birmingham fournissent aux demandes de l'Europe et des Etats-Unis. Enfin les grands établissements sont tellement dans les habitudes anglaises, qu'une société de particuliers, comme la compagnie des Indes, peut posséder en fief ou tenir à bail des contrées d'une immense étendue et régner sur 100 millions d'hommes sans faire ombrage au gouvernement.

Toutes les révolutions de l'Angleterre, politiques, religieuses, industrielles, ont tourné à l'avantage de la grande propriété. Constituée par la conquête à la fin du onzième siècle, et formée des dépouilles du peuple conquis, elle s'accrut au seizième par la spoliation des biens du clergé, et au commencement du dix-huittème par le partage des biens communaux. La révolution de 1688, en plaçant la souveraineté dans le parlement, en investit par le fait l'aristocratie ; en même temps la valeur des terres était augmentée par les progrès de l'industrie : la richesse et le pouvoir passaient dans les mêmes mains.

La substitution de la grande à la petite culture fut comme une nouvelle et dernière concentration de la propriété. Après les propriétaires, les fermiers se formèrent en aristocratie. Les petites fermes disparurent du sol, les terres à blé furent converties en pâturages; les familles qui les avaient cultivées, d'abord en pleine possession, plus tard en vertu d'un bail à peu près héréditaire, se virent réduites à la condition précaire des journaliers.

Semblables aux prolétaires de l'ancienne Rome, il fallait ou les nourrir par la taxe des pauvres, ou leur donner un monde à conquérir, le monde du commerce et de l'industrie.

La France, au contraire, a toujours été un pays de petite culture, même lorsque la terre s'y trouvait distribuée en grands domaines et que chaque village avait son seigneur. Mais bien avant la révolution de 1789 la propriété allait se morcelant ; l'aristocratie perdait ou dissipait ses richesses à mesure qu'on la dépouillait de l'autorité. Les lois, marquées encore de l'empreinte féodale, luttaient en vain contre la tendance égalitaire des mœurs et des esprits. Arthur Young, voyageant en France quelques années avant la chute de l'ancien ordre de choses, remarquait déjà et déplorait, au point de vue d'un esprit anglais, la division des propriétés comme un excitant trop énergique à l'accroissement de la population.

« Si l'on veut voir, disait-il, un district où la misère soit
« aussi rare que le comportait l'ancien gouvernement de
« la France, il faut sans doute se transporter dans les lieux
« où il n'y a point de petits propriétaires. Il faut visiter les
« grandes fermes de la Beauce, de la Picardie, d'une par-
« tie de la Normandie et de l'Artois. Là on trouvera une
« population telle qu'elle n'outre-passera pas le nombre
« qui peut être régulièrement employé et salarié. Si
« même, dans ces districts, on venait à rencontrer un
« lieu où règne une excessive misère, il y a vingt à pa-
« rier contre un que ce sera une paroisse en possession
« de quelques communaux qui séduisent le pauvre en
« l'engageant à élever du bétail, à devenir propriétaire,
« et par conséquent misérable. »

Depuis le voyage d'Arthur Young, la population de la France, qu'il jugeait exubérante, s'est accrue de 8 ou

9 millions d'hommes et les moyens de subsistance se sont multipliés plus rapidement encore que la population. La révolution de 1789 a fait précisément ce que redoutait l'illustre agronome ; et pourtant, en rendant le peuple propriétaire, elle ne l'a pas rendu plus misérable. Il est aujourd'hui mieux nourri, mieux vêtu, mieux logé qu'il ne l'était il y a cinquante ans. Quelque jugement que l'on porte sur les conséquences économiques de cette diffusion, il faut reconnaître encore qu'elle a contribué à élever la moralité de la nation ; car l'homme s'ennoblit en réalité par la possession du sol.

La période révolutionnaire n'a pas été autre chose que l'invasion, la conquête et le partage du territoire entre les conquérants. Le tiers état a fait main-basse sur les biens du clergé, de la noblesse, ainsi que des corporations. Les propriétés frappées de mainmorte ou grevées de substitutions sont rentrées dans le commerce où elles ont versé un capital de plus de 2 milliards de francs.

Toutefois le morcellement, commencé en 1792 et 93, ne s'est accompli et n'est arrivé à son terme que quarante ans plus tard, sous la Restauration. Quand on vendit les biens des émigrés, il parut suffisant de les diviser en quatre cent cinquante-deux mille lots, qui représentaient une valeur moyenne de 3,000 fr. chacun. Ces lots depuis sont tombés en poussière et forment maintenant peut-être quatre ou cinq millions de parcelles.

Les dispositions du Code civil sur les testaments dont on s'est fort exagéré les résultats ont agi plutôt comme un obstacle à la concentration que comme un instrument de division. Le Code, il est vrai, consacre l'égalité des partages en réduisant la portion disponible à une fraction des biens de la succession lorsque le testateur a des enfants ; mais ce partage égal a peu d'inconvénients dans un pays où les classes qui possèdent pratiquent communément la contrainte morale recommandée par Malthus et où les familles ne sont nombreuses que par exception.

Si le morcellement de la propriété en France était l'œuvre des institutions, il devait suffire d'imprimer à la loi une tendance contraire pour arrêter les progrès du démembrement. On l'a tenté vainement. Napoléon avait créé des majorats, Charles X rétablit les substitutions ; et tout cela fut balayé avant d'avoir laissé la moindre trace dans les mœurs de la nation.

La grande propriété a été reconstituée en partie par les largesses du pouvoir. Sous l'Empire et au premier retour des Bourbons, les émigrés rentrèrent dans la possession de tous les biens mis sous séquestre qui n'avaient point encore été aliénés. La loi de l'indemnité octroya plus tard aux propriétaires dépossédés, en réparation de leurs pertes, une libéralité de 800,000,000 fr. (1). On leur prodigua les places, les faveurs, les pensions ; ils mirent la France à contribution pendant quinze ans, et de toutes ses dépouilles recomposèrent insensiblement les patrimoines que la tourmente révolutionnaire avait détruits.

Si la recomposition des grands domaines n'a pas balancé, malgré tant de circonstances favorables, le mouvement de décomposition, cela tient à des causes peu apparentes, mais réelles : à l'état de la richesse et

(1) A la révolution de juillet, M. Laffitte fit prononcer l'annulation des rentes qui appartenaient encore au fonds commun et qui représentaient un capital de 200,000,000 fr.

de la culture, en un mot de la société intellectuelle.

On ne saurait le dire trop haut ni trop souvent, la France actuelle est un pays, une société de récente formation, dont les forces et les facultés n'ont pris que de faibles développements, qui n'a pas eu le temps d'amasser ni de mettre en réserve, et où toutes choses sont encore à l'état parcellaire : les lumières, les croyances, les capitaux et l'industrie. La division du sol n'est que le symbole exact de cette civilisation.

En Angleterre, les grandes propriétés trouvent sans peine des acheteurs, parce que les grandes fortunes n'y sont pas rares et que le nombre en va croissant. L'on affiche journellement dans les feuilles publiques des terres à vendre de 3, 4, 5 et 6,000 acres d'étendue. Veut-on diviser la vente ; on fait vingt ou trente lots d'un domaine de 1,500 acres, chacun desquels serait encore, de ce côté du détroit, une propriété de moyenne grandeur.

En France, les terres d'une certaine étendue n'ont pas de valeur vénale (¹) ; pour les faire rentrer dans la circulation, il faut, de toute nécessité, les diviser et solliciter ainsi les petits capitaux à s'y porter. Le paysan est économe, il gagne de bonnes journées et vit de peu. Quand il n'enterre pas ses économies, comme les révolutions et les invasions l'ont rendu méfiant, il ne croit ni aux rentes sur l'État, car l'État a déjà fait banqueroute ; ni aux caisses d'épargne, car elles prêtent leurs fonds au Trésor ; ni aux entreprises industrielles, qui sont sujettes aux

(¹) Cela est si vrai, que lorsqu'on veut vendre en bloc un grand domaine, on cherche des acheteurs en Angleterre, et l'on fait annoncer la vente dans les journaux anglais.

chances de la bonne comme de la mauvaise gestion : il ne
croit qu'à la terre, le seul fonds que l'étranger et le pouvoir
ne puissent pas emporter à la semelle de leurs souliers.
Dès qu'il a mis en réserve quelques écus, au lieu de s'en
servir pour améliorer l'arpent qu'il possède, il achète et
achète encore pour l'arrondir.

Cette passion bien connue des paysans pour la propriété foncière a donné lieu à de sauvages mais lucratives spéculations. Les premiers qui s'en avisèrent furent
des artisans enrichis à qui leur instinct plébéien, instinct
de destruction et de nivellement tant qu'il n'est pas éclairé,
révéla promptement cette source de profits. La première
bande se composait de chaudronniers et de revendeurs
de ferraille qui savaient le prix des débris ; ils s'abattirent
comme une volée de corbeaux sur les grands domaines
et sur les vieux châteaux, achetant ces ruines à vil prix
pour les débiter au poids de l'or. La terre fut disséquée
par lots d'un ou de deux arpents, les châteaux furent
démolis et les matériaux vendus, la pierre pour de la
pierre, le bois pour du bois, le fer pour du fer. C'est
ainsi que les derniers vestiges de l'art et du régime
féodal disparurent de la France.

Aujourd'hui qu'il n'y a plus de châteaux à détruire,
la spéculation se porte sur les moyennes propriétés ; elle
les décompose partout où elle peut les atteindre, et les
distribue. Les banquiers s'en sont mêlés après les chaudronniers ; puis sont venus les usuriers de campagne,
les agents d'affaires, les notaires et les avoués. La spéculation ne s'arrête, depuis deux ans, que parce que les
petites bourses, à force de saignées réitérées, se trouvent
momentanément épuisées. Au reste, la tradition popu-

laire a confondu tous les spéculateurs sous une dénomination commune, qui montre que l'on ne voit pas s'accomplir, sans une espèce d'effroi superstitieux, l'œuvre
du morcellement ; le nom de bande noire leur est resté.
Dans certains départements, partout où les cultivateurs s'enrichissent par l'industrie ou par l'émigration,
les paysans vont d'eux-mêmes au-devant de la spéculation ; ils tentent les propriétaires, en offrant d'une parcelle deux ou trois fois ce qu'elle vaut. Par suite de cette
concurrence, le prix des terres s'est élevé au point que
la proportion du capital au revenu n'est plus, dans
quelques localités, que de 1 pour 100. Mais qu'importe
aux petits cultivateurs que le loyer du capital diminue ?
Il leur suffit que la terre récompense les sueurs du
travail.

Pour citer un exemple, le département de la Creuse,
coupé de vallons étroits, profonds et peu fertiles, semblait devoir être un pays de forêts, de pâturages, et par
conséquent de grande culture. Les circonstances ont modifié cette destination naturelle du sol. Chaque année
25,000 jeunes gens, le dixième de la population, quit-
tent leurs foyers au printemps, et vont louer leurs bras
à Paris, en qualité de maçons, de tailleurs de pierre ou
de charpentiers ; ils reviennent vers les montagnes, au
mois de décembre, rapportant en moyenne 200 fr. chacun, et, tous ensemble 5,000,000 de francs. Cette somme
est immédiatement appliquée à des acquisitions de terre ;
et la multitude des acquéreurs est telle qu'un sol au moins
médiocre, exposé pour ainsi dire à une perpétuelle enchère, augmente chaque année de valeur.

Dans les départements où le commerce et l'industrie

manufacturière sont en pleine prospérité, c'est la bourgeoisie des villes qui convertit ses épargnes en fonds de terre. Elle achète également à mesure qu'elle réalise les profits, c'est-à-dire par petites sommes et par petits lots. Un petit marchand se croit riche quand il possède quinze à vingt arpents; un paysan, s'il a péniblement acquis huit à dix lots de demi-arpent.

Lorsque ces propriétés se divisent par l'héritage, les compensations ne se font pas à prix d'argent entre les enfants; chacun réclame sa part de chaque lot; autant de pièces de terre, autant de partages; ainsi le veut la loi d'égalité interprétée par ces égoïsmes ignorants.

Les mariages recomposent les fortunes, il est vrai, mais non les domaines. On vient de voir avec quelle facilité le morcellement s'opère; ces parcelles, qui n'avaient pas une valeur échangeable avant d'être détachées de l'ensemble, et qui ont acquis une valeur positive en s'isolant, contractent une valeur idéale et sans limites quand on prétend les réunir de nouveau. Un arpent de terre valait 100 écus dans une propriété de 200 arpents, il vaut 1,000 francs pour le paysan qui n'en possède qu'un seul. Qu'un propriétaire voisin le marchande dans cet état, il ne l'obtiendra plus à moins de payer la terre deux ou trois fois ce qu'elle a été vendue. Si vous ne possédez pas, vous pouvez acquérir; dès que vous avez quelques toises au soleil et que vous voulez vous étendre, les obstacles se multiplient de tous côtés. Dans l'état actuel de la France, la richesse individuelle, même avec le secours de la persévérance et du temps, n'est pas moins impuissante que la loi pour élargir les bases de la propriété.

Il y a plus : les grands domaines qui avaient échappé à cette dissection de la propriété, sont morcelés à leur tour par la culture. On distribue la terre par petits lots pour l'affermer aussi bien que pour la vendre ; et le possesseur en retire le même avantage dans les deux cas. Les paysans, quand ils ne peuvent pas devenir propriétaires, veulent du moins posséder en qualité de fermiers ; là où un fermier, qui a des capitaux et qui présente de véritables garanties, offrira 30 francs de rente par arpent, les petits cultivateurs en donnent 40 sans hésiter. Le maître du sol, de son côté, ne considère pas dans quel état la terre lui sera rendue, améliorée ou épuisée, ni si les fermiers prennent des engagements qu'ils puissent tenir ; il ne voit que l'augmentation du fermage et la valeur factice qu'en recevra la propriété. Les notaires favorisent ces arrangements, parce qu'au lieu d'un bail, ils en font vingt, et que le revenu de leur charge s'accroît d'autant. Ainsi les grandes fermes sont aujourd'hui encore plus clair-semées sur le territoire que les grands domaines ; la Beauce elle-même, cette vaste plaine de blé aux portes de la capitale, où la charrue du fermier pouvait sillonner cent cinquante à deux cents arpents sans rencontrer les limites de l'exploitation, qui figurait comme un champ d'expériences, où toute découverte de la science, à peine connue, était mise aussitôt à l'essai, se hérisse maintenant de cultivateurs en détail, race ignorante et prolifique comme les paysans de l'Irlande. D'une ferme on en fait vingt, où la production n'aura pour excitant que la misère et ne la soulagera certainement pas.

Nous avons énuméré les causes sous l'influence desquelles la propriété se divise et se subdivise en France depuis quarante ans. A quel degré est arrivé le morcellement aujourd'hui : voilà ce qu'il importe de constater.

Il résulte d'un document produit par M. de Villèle, à la chambre des pairs en 1826, que de 1815 à 1825, en dix années, le nombre des cotes au-dessus de 1,000 francs s'était réduit d'un tiers, celui des cotes au-dessus de 500 francs, d'un quart, et celui des cotes de 100 à 500 fr. d'impôt d'un cinquième. Dans le même intervalle, les cotes au-dessous de 20 francs, le dernier degré de l'échelle de la richesse, s'augmentaient de plus d'un septième. En 1827, il n'y avait plus en France que 40,000 électeurs payant 500 francs de contributions. Prenons les faits dans toute leur généralité. En 1815, l'on comptait 10,000,000 de cotes foncières, et 10,896,682 en 1833. En dix-huit ans, le nombre des contribuables s'était accru, par le morcellement des fortunes, d'un douzième. Le mouvement est rapide, comme on voit ; où s'arrêtera-t-il maintenant?

Les documents statistiques publiés par le ministre du commerce font connaître, d'après le cadastre, la division des propriétés actuelles.

La contenance des terres imposables, et par conséquent susceptibles de production, est de 49,363,609 hectares (¹) répartis en 10,896,082 cotes (²), qui comprennent-

(¹) L'hectare mesure de 100 ares ou de 10,000 mètres carrés, équivaut à 2 acres et demi. L'are contient 100 mètres ; le mètre est au yard comme 10 est à 9.

(²) Le nombre des cotes n'indique pas exactement celui des propriétaires. Un propriétaire peut posséder des terres et par

nent 123,360,338 parcelles. Ainsi, chaque cote représente, terme moyen, 12 parcelles, et chaque parcelle environ 40 ares. Non-seulement le nombre des propriétaires est infini, mais chacun d'eux ne possède que des fragments de propriété dispersés et séparés fréquemment par de longues distances ; il ne peut apporter dans la culture aucune économie de temps ni d'efforts.

La statistique ministérielle ne fournit que des moyennes d'après lesquelles il serait difficile de calculer l'excès du morcellement. Comment distinguer, en effet, dans ce bloc de chiffres les propriétés qui payent 5 centimes d'impôt de celles qui payent et sont taxées 5,000 francs ? Nous citerons en exemple quelques cas particuliers empruntés à différents lieux ; on jugera des autres par induction.

Ouvrons les *Petites Affiches*, ces archives où sont déposés les secrets de la propriété. Voici d'abord quatre lots de terre situés dans le département de la Seine et vendus pour être englobés dans le périmètre des forts détachés ; le premier contient 6 ares 40 centiares, le second 8 ares 54 centiares, le troisième 8 ares 54 centiares et le quatrième 9 ares 71 centiares. Tous ensemble, ils n'égalent pas le tiers d'un hectare !

Rien n'est curieux comme la description de ces domaines ; on a trouvé le moyen d'y varier la culture et de récolter toute espèce de produits sur un espace de quelques pieds carrés. « Cette pièce de terre, dit le procès-verbal des *Petites Affiches* (il s'agit d'un lot de 17 ares),

conséquent être porté au rôle des contributions dans plusieurs arrondissements.

est de forme régulière, divisée en deux parties, plantée
en vignes à ses deux extrémités, nord et midi. » C'est
bien là, comme on voit, le royaume du propriétaire, et
il en fait valoir les agréments pour l'achalander.

Ce domaine de 17 ares se trouve compris dans une
vente de 15 lots dont il forme le plus important. Les autres ont, en moyenne, 4 à 5 ares d'étendue ; dans le
nombre on distingue un lot de 2 ares 13 centiares, un
second de 1 are 71 centiares, un troisième de 1 are 37
centiares et un quatrième de 1 are 2 centiares : le plus
petit contient encore des groseilliers, un cerisier et un
noyer ; dans les environs de Paris, ce lopin de terre représente une valeur de 60 francs ; cependant le paysan
qui le possède en est probablement bien fier.

Transportons-nous dans le département de l'Aisne ;
on vend l'héritage d'un mineur et, suivant le principe
reçu, on le divise pour en tirer meilleur parti. Il en est
fait 34 lots ([1]), depuis une valeur de 6 francs jusqu'à

| (¹) Lots. | Ares. | Centiares. | Mise à prix. | Lots. | Ares. | Centiares. | Mise à prix. |
|---|---|---|---|---|---|---|---|
| 1 | 13 | 25 | 150 fr. | 18 | 31 | 33 | 275 fr. |
| 2 | 22 | 43 | 200 | 19 | 30 | 28 | 230 |
| 3 | 10 | 17 | 200 | 20 | 18 | 4 | 120 |
| 4 | 9 | 44 | 40 | 21 | 10 | 95 | 25 |
| 5 | 10 | 30 | 100 | 22 | 12 | 55 | 15 |
| 6 | 65 | 68 | 700 | 23 | 10 | 98 | 70 |
| 7 | 82 | 40 | 750 | 24 | 15 | 54 | 55 |
| 8 | 20 | 60 | 150 | 25 | 10 | 30 | 6 |
| 9 | 61 | 24 | 100 | 26 | 19 | 14 | 180 |
| 10 | 18 | 80 | 200 | 27 | 2 | 14 | 20 |
| 11 | 53 | 68 | 750 | 28 | 6 | 8 | 25 |
| 12 | 93 | 86 | 400 | 29 | 71 | 40 | 400 |
| 13 | 31 | 16 | 300 | 30 | 24 | » | 200 |
| 14 | 31 | 47 | 250 | 31 | 65 | 44 | 150 |
| 15 | 21 | 34 | 80 | 32 | 14 | 90 | 150 |
| 16 | 10 | 30 | 50 | 33 | 14 | 8 | 100 |
| 17 | 20 | 95 | 70 | 34 | 63 | 72 | 800 |

une valeur de 800 fr., et dans certains cas, le vendeur stipule que les lots ne pourront être réunis !

Voici maintenant 28 pièces de terre labourable situées dans le canton de Magny et dans le département de Seine-et-Oise : ici l'égalité est plus grande ; c'est la loi agraire pratiquée dans le domaine des infiniment petits.

| Lots. | Ares. | Centiares. | Mise à prix. | Lots. | Ares. | Centiares. | Mise à prix. |
|---|---|---|---|---|---|---|---|
| 1 | 12 | 77 | 120 fr. | 15 | 2 | 30 | 81 fr. |
| 2 | 6 | 38 | 188 | 16 | 3 | 19 | 112 |
| 3 | 9 | 19 | 198 | 17 | 7 | 66 | 135 |
| 4 | 3 | 19 | 70 | 18 | 6 | 38 | 131 |
| 5 | 12 | 77 | 84 | 19 | 5 | 36 | 70 |
| 6 | 12 | 77 | 94 | 20 | 7 | 66 | 270 |
| 7 | 4 | 60 | 20 | 21 | 1 | 53 | 42 |
| 8 | 6 | 38 | 112 | 22 | 1 | 53 | 21 |
| 9 | 12 | 77 | 14 | 23 | 12 | 77 | 8 |
| 10 | 12 | 77 | 210 | 24 | 12 | 77 | 75 |
| 11 | 12 | 77 | 206 | 25 | 12 | 77 | 37 |
| 12 | 12 | 77 | 112 | 26 | 5 | 62 | 100 |
| 13 | 14 | 30 | 63 | 27 | 12 | 77 | 188 |
| 14 | 4 | 60 | 81 | 28 | 5 | 62 | 106 |

Ainsi, une propriété de 2 hectares 75 ares et 98 centiares estimée 2,948 fr., est divisée en vingt-huit lots. Le mode de vente doublera la somme ; on a compté sur la concurrence des acheteurs au détail.

C'est surtout dans le département de la Somme et du Pas-de-Calais que ce procédé de dissection prévaut généralement dans la vente des héritages. Nous avons sous les yeux les affiches d'une grande propriété, le château et terres d'Annezins, situés dans l'arrondissement de Béthune. Les gens de loi ont divisé ce domaine en cinquante-quatre lots ! Ceci est la première opération, la division ; les paysans qui ont acheté les lots subdiviseront ensuite la terre pour la revendre. C'est dans l'ordre, les petits spéculateurs trouvent toujours à glaner après les gros.

Le chemin de fer de Saint-Germain, à partir du mur d'enceinte, parcourt une étendue de 17,806 mètres. Dans ce parcours d'environ quatre lieues et demie, il rencontre trois propriétés importantes ; et dans le nombre, les bois du Vésinet, qui dépendent de la liste civile sur un espace de 3,858 mètres, près d'une lieue. Si l'on retranche ces trois propriétés de la longueur totale, il reste un parcours de 13,948 mètres, qui, réparti entre 1,502 parcelles ou entre 998 propriétaires, représente moyennement, sur une distance de 1,000 mètres, 107 parcelles ou 72 propriétaires (¹).

Voilà donc une compagnie qui, pour installer un tra-

(¹) La moyenne générale que nous avons donnée ne s'applique pas d'une manière uniforme à chaque commune sur la ligne du chemin de fer. En déduisant les trois propriétés dont il a été fait mention plus haut, on arrive aux résultats consignés dans le tableau suivant et que nous devons à l'amitié de M. E. Péreire, directeur de la compagnie :

| Communes. | Longueur du parcours. | Quantité de parcelles sur distance de 1,000 mètres. | Nombre de propriétaires sur une distance de 1,000 mètres. |
|---|---|---|---|
| Batignolles.......... | 1,740m | 50 | 38 |
| Clichy .............. | 1,633 | 17 | 13 |
| Asnières ............ | 1,475 | 84 | 67 |
| Colombes............ | 2,512 | 155 | 103 |
| Nanterre............ | 3,968 | 164 | 92 |
| Reuil............... | 1,360 | 105 | 88 |
| Chatou et Le Pec..... | 1,360 | 93 | 60 |
| TOTAUX ....... | 13,948m | | |

vail d'utilité publique, a dû composer ou plaider avec
un millier d'opposants sur une étendue de trois lieues.
Que d'obstacles à vaincre, que de dégoûts à surmonter !
Tous ces petits propriétaires n'ont qu'une demi-éduca-
tion, et comprennent même assez peu leurs véritables
intérêts ; ils sont incapables de calculer la plus-value
qu'une communication nouvelle et rapide doit ajouter
au reste de leur propriété. Ainsi le morcellement du sol
crée une formidable résistance aux progrès de l'industrie
en France ; il faut qu'elle s'avance comme les pionniers
en Amérique, cultivant d'une main et combattant de
l'autre, sans compter que le sol tremble souvent.

La superficie moyenne de chaque parcelle que le chemin rencontre se subdivise ainsi par commune :

|  | Hectares. | Ares. |
|---|---|---|
| Batignolles...................... | » | 35 |
| Clichy........................ | 1 | 28 |
| Asnières ...................... | » | 62 |
| Colombe........................ | » | 4 |
| Nanterre...................... | » | 7 |
| Rueil ........................ | » | 12 |
| Chatou ....................... | » | 5 |

Le morcellement n'est pas ici la conséquence du prix
élevé des terres ; car les communes les plus voisines de
Paris, les Batignolles et Clichy, où le terrain a le plus de
valeur, sont aussi celles où la propriété a le plus d'étendue ; tandis que, dans les communes de Colombes, de
Nanterre et de Chatou, où les parcelles n'ont en moyenne
qu'une superficie de 4, 5 et 7 ares, le sol n'est qu'un sable mêlé de cailloux peu susceptible de culture et qui
donne un revenu insignifiant. Sans la proximité de la

capitale qui multiplie les bâtiments d'habitation, ces
terres ne vaudraient pas 1,000 francs l'hectare ; la compagnie les a payées en moyenne 2,700 francs. Quatre
ares à 27 francs l'are, représentent donc 108 francs. Ne
voilà-t-il pas une belle propriété, qui payerait à peine
les journées d'un ouvrier pendant un mois !

Les faits que l'on vient de passer en revue ne sont
point particuliers aux départements qui environnent Paris. Toutes les parties du territoire pourraient donner lieu
aux mêmes observations. Dans le département du Var,
frontière du Piémont, le cens exigé pour les élections
municipales descend jusqu'à 15 centimes ; ce qui suppose un revenu de 2 francs et un capital de 60 à
80 francs. Dans le plus grand nombre des communes
qui ont moins de 500 habitants, la moyenne du cens
municipal est ($^1$) de 2 francs 75 centimes. Or, si la
moyenne ne représente pas une valeur plus élevée, que
sera-ce des cotes inférieures qui comprennent la masse
des possesseurs du sol ?

Si l'on veut voir le type du morcellement, la division
des propriétés poussée aussi loin que l'esprit peut la con-
cevoir, il ne faut pas sortir de la banlieue de Paris. La
commune d'Argenteuil, située sur les bords de la Seine,
à trois lieues de la capitale, est la perfection idéale du
système. Les plus audacieux niveleurs n'ont jamais imaginé d'hypothèse qui allât aussi loin que cette réalité.
Dans toute l'étendue de la commune, on n'aperçoit pas
une seule ferme et la charrue n'y pénètre point. Les ha-

($^1$) Compte rendu au roi sur les élections municipales par le
ministre de l'intérieur. 1834.

bitants sont groupés dans la ville d'où ils sortent le matin, la bêche sur l'épaule, pour cultiver un morceau de terre planté de vignes, en asperges ou en pommes de terre. Les champs, vus à distance, figurent une robe à mille raies. Chaque pièce de terre est comme un ruban étroit, dont l'ombre d'un figuier couvre souvent toute la largeur. Çà et là, vous distinguez un carré de choux, entouré de pieux, au milieu des vignes ; c'est une enclave qui s'oppose à la réunion de plusieurs parcelles, et que le propriétaire refuse de céder. Du reste, point de sentiers de communication entre toutes ces propriétés ; ce serait un espace perdu pour la culture. Les propriétaires préfèrent supporter d'innombrables servitudes de passage, autant qu'ils ont de voisins. La commune, non compris la ville, a 1,550 hectares de superficie. Ces 1,550 hectares sont divisés en 38,835 parcelles, qui donnent une moyenne de 4 ares par parcelle. Mais la division va bien plus loin. Il n'y a pas, dans tout le territoire communal, six pièces d'un arpent (34 ares). Les plus étendues représentent à peu près la dixième partie d'un hectare ; et quant aux moindres atomes parcellaires, voici quelques chiffres relevés sur le registre cadastral.

| NUMÉROS de la parcelle. | CONTENANCE. Centiares. | REVENU. Centimes. |
|---|---|---|
| 492 | 70 | 62 |
| 491 | 40 | 21 |
| 1525 | 25 | » |
| 1526 | 45 | 9 |
| 1561 | 70 | 6 |
| 2534 | 62 | 32 |

Une parcelle qui produit 5 centimes de revenu net,

et qui représente un capital de 1 fr. 50 centimes ou de
1 fr., est imposée probablement à 1 centime. Mais les frais
de l'avertissement que l'on envoie à chaque contribuable, au commencement de l'année financière, s'élèvent à
5 centimes ; ainsi l'impôt absorbe plus que le revenu
d'une pareille propriété.

Quand la propriété est arrivée à cet état de morcellement, elle se trouve frappée d'immobilité ; elle ne peut
plus rentrer dans la circulation ni par les ventes, ni par
les successions, tous ces changements entraînant des
frais qui en absorberaient la valeur. Cependant, comme
les mutations de la propriété sont des nécessités sociales,
qui ne sauraient demeurer interrompues sans interruption de la société elle-même, les contrats se font encore ;
mais ils se font en dehors de la loi, c'est à-dire sans aucun de ces moyens de certitude et d'authenticité qui en
sont la garantie. La propriété retombe dans l'état sauvage et n'a plus d'autre titre que la bonne foi.

Les frais de mutation sont considérables en France.
Pour ne parler que des contrats de vente, ils se composent des droits d'enregistrement perçus à raison de 5
pour 100 du prix d'acquisition, des dépenses de l'acte
notarié, de la transcription au registre des hypothèques
et de la purge des hypothèques, autant de formalités nécessaires à la sécurité de la possession. Outre ces frais qui
sont à la charge de l'acquéreur, la position particulière
du vendeur l'oblige souvent s'il est mineur, par exemple,
ou en puissance de mari, ou s'il est possesseur en commun avec d'autres propriétaires, à faire divers actes pour
obtenir la faculté légale de disposer de son bien. L'are
de terre vaut communément 40 à 50 francs dans les en-

virons de Paris. Supposez une pièce de terre de la contenance de 4 ares, la moyenne des parcelles dans la commune d'Argenteuil. Elle est vendue 200 francs. Voici les
frais qu'entraîne légalement la mutation : 1° enregistrement, 12 fr. 10 centimes ; 2° honoraires du notaire, papier timbré, etc., 11 fr. 50 centimes ; 3° transcription
au greffe des hypothèques, 19 fr.; 4° purge des hypothèques, 80 fr. ; total, 132 fr. 60 centimes. De plus, si
la terre est vendue par une veuve qui soit propriétaire
en commun avec un mineur, il faudra que celui-ci rati-
fie, et l'acte de ratification coûte 12 fr. ; si c'est un mari
qui vend le bien de sa femme, celle-ci devra donner en
minute une procuration qui coûte 12 fr. et la nécessité
de tous ces actes est la même, soit que l'on achète une
parcelle de 25 centiares et d'une valeur de 10 à 12 fr.,
soit que l'on acquière un domaine de 500 hectares,
au prix d'un million de francs. Il n'y a que les droits
d'enregistrement qui soient proportionnels à la valeur de
l'acquisition.

Pendant longtemps, la transmission des propriétés ne
s'est faite, dans la commune d'Argenteuil, que par des
conventions verbales ou par des actes sous seing
privé (1).

(1) Nous devons à l'obligeance de M. le maire d'Argenteuil la
communication d'une de ces pièces. C'est un acte de partage
sous seing privé d'une propriété possédée par indivis entre quatre héritiers. Nous la donnons dans toute la naïveté de sa forme
incorrecte et de son grimoire populaire. « Nous soussignés
Denis-Jacques Maugis-Gentil, Pierre-Nicolas Maugis, gendre
Lescot, et Denis Maugis, gendre l'Evêque, nous consentons et
nous adhérons *que* notre beau-frère Jean-Denis Girardin à
cause de Marie-Angélique Maugis, sa femme, notre sœur,

On partageait ainsi à l'amiable les héritages et on les
vendait de même. Puis le nouveau propriétaire provo-
quait la substitution de son nom à celui de l'ancien, sur
la matrice des contributions ; et dans son ignorance, il
croyait être désormais possesseur incommutable du sol.
Hâtons-nous de remarquer que, dans une commune
habitée par quelques milliers d'individus et où les affaires de chacun étaient connues de tous, le vendeur aurait eu de la peine à tromper l'acquéreur, quand il l'eût
voulu. Les choses allaient ainsi, lorsqu'un receveur de
l'enregistrement, envoyé depuis peu dans le pays, découvrit ces habitudes établies en fraude de la loi et au
préjudice du trésor. C'était sous la Restauration, à une
époque où le pouvoir ne demandait pas mieux que de
faire rendre gorge aux vilains que la révolution avait
enrichis. Un fonctionnaire entreprenant qui proposait

jouira et appartiendra en toute propriété quelconque *ladite*
pièce de neuf perches de terre (près de trois ares), lieu dit *la
Beauface*, tenant d'un côté à Jacques Potheron, de l'autre au
citoyen Colas, d'un bout sur la voie des *Montbruns*, d'un bout
sur la voie des Bancs ; sans en rien retenir ni réserver, ainsi
qu'il a dit bien connaître et en être content.

« Cette pièce est en jouissance en toute propriété quelconque,
à lui appartenant, *pour et en cas que* cette pièce lui a été concédée en rapport (apport) de mariage, pour former l'égalité
entre les copartageants, à quoi ils renoncent et dont la jouissance a commencé de ce jour, en toute propriété quelconque ;
dont et du tout avons signé le présent, bon et valable, ainsi que
de raison.

Le 30 pluviôse, an VI de la république française une et indivisible.

« DENIS-JACQUES MAUGIS,

DENIS MAUGIS, PIERRE-NICOLAS MAUGIS.»

d'exercer des répétitions sur tous les acquéreurs de biens-fonds depuis quinze à vingt ans devait être bien accueilli du ministre. Le receveur fut autorisé à dresser un tableau de ces contraventions. Mais avant qu'il l'eût terminé, les habitants soulevés l'assaillaient à coups de pierre et le chassaient de l'endroit.

Une sorte de transaction s'est opérée par la suite. L'administration a eu la prudence de fermer les yeux sur les faits accomplis ; les habitants de leur côté se mettent désormais en règle avec le fisc. Toutes les mutations se font par l'entremise du notaire, et acquittent les frais d'enregistrement. Quant aux formalités hypothécaires, on les omet constamment ; c'est une garantie trop dispendieuse pour des propriétés d'une aussi faible valeur. De cette manière la loi est respectée, mais la propriété n'est pas mieux assise. L'acquéreur, s'il a affaire à un vendeur de mauvaise foi, peut se voir dépossédé ; il faut une possession non interrompue pendant trente ans pour lui donner une entière sécurité.

Le morcellement paraît s'arrêter dans la commune d'Argenteuil, parce qu'il est arrivé à son dernier terme. La population demeure stationnaire, parce que le sol, réduit en poussière, ne peut plus se diviser ; le nombre des habitants est de 4,500 depuis vingt ans. Ce sont des gens laborieux et riches de leur industrie. Ce terrain sablonneux est fécondé par leurs sueurs ; ils vont ramasser la boue dans les rues de Paris pour la mêler aux sables de leurs vignes. Toutes les figues qui se vendent pour les tables de la capitale mûrissent sur leurs coteaux. Chaque année 50 à 60,000 pièces de vin sortent de la commune pour alimenter la consommation aux barrières de la grande ville. Le plâtre qu'ils tirent de leurs carrières est exporté à Londres et à New-York. Chaque famille possède 1 ou 2 arpents de terre en 20 ou 30 parcelles situées à diverses expositions, et cultive en outre 1 arpent pris à loyer. Ils sont vignerons, plâtriers, charretiers, journaliers, revendeurs, suivant le jour ou la saison, car le travail chez eux ne chôme jamais. L'aisance dont jouissent les habitants d'Argenteuil ne vient donc pas uniquement de la division de la propriété ; elle tient encore à des circonstances qui se rencontrent rarement ailleurs, et surtout à la multiplicité des sources du travail.

Supposez que ces propriétaires de quelques parcelles du sol ne trouvent ni terres à affermer, ni industrie à exploiter, ils seront réduits à mendier. C'est la situation des villageois de Crosville, dans le département de l'Eure. Ceux-ci possèdent peu de chose, la propriété étant extrêmement divisée, et les terres autour du village appartenant aux habitants de Neufbourg qui les cultivent eux-mêmes. Aussi la mendicité, qui n'était d'abord pour les plus malheureux qu'une ressource extrême, est-elle devenue, à quelques exceptions près, l'industrie commune du lieu. Ils forment aujourd'hui une espèce de république mendiante qui vit à la façon des tribus bohémiennes, excepté que chacun y a feu et lieu. Le mariage, par exemple, n'existe pas dans cette communauté ; ils le proscrivent et s'abandonnent à la promiscuité des relations fortuites. Il en naît une pépinière d'enfants qui sont dressés de bonne heure, et servent de pourvoyeurs à la colonie en mendiant comme leurs parents. Quiconque s'affranchit de la coutume et se marie est passé par les bâtons, en expiation de cette infidélité. Ils ont bien senti que le mariage attachait l'homme au domicile, et qu'une vie errante était nécessairement une vie de débauche.

Nous connaissons peu d'exemples aussi repoussants en France ; mais il est certain que l'extrême division du sol y doit produire, avec le temps, les mêmes effets que produit en Irlande une trop grande concentration ; la misère devient le partage du peuple dans l'un et l'autre cas.

Ce n'est pas tant la division de la propriété qui est un mal ; c'est bien plutôt le morcellement du sol. Plus il y a de propriétaires dans un État constitué en démocratie comme la France, plus l'ordre a de garanties. Le partage des grands domaines entre les multitudes du tiers état, dans les premières années de la révolution française, lui a donné peut-être les citoyens qui lui manquaient. Le droit nouveau a pris ainsi racine dans le sol. Les bonnes mœurs se sont répandues et consolidées ; car la morale est une nécessité entre gens qui possèdent. Et si la moralité des laboureurs, dans les campagnes, est supérieure à la moralité des ouvriers dans les villes, cela vient, en grande partie, de ce que ceux-ci sont encore exclus de la propriété. Dans un pays de petits capitaux comme la France, la division des propriétés était d'ailleurs une nécessité. Elle devait améliorer la culture, car les terres que le seigneur féodal ne pouvait pas fertiliser faute d'argent, et qu'il abandonnait à la routine insouciante des fermiers, chaque possesseur, dans cette distribution, en a couvert une parcelle de son corps et l'a pénétrée, pour ainsi dire, de sa chaleur.

Il est possible que la petite culture produise autant

que la grande ; le procès du moins entre les deux systèmes n'est pas encore vidé, mais la grande culture économise nécessairement le temps et le travail. 6 millions d'hommes cultivent ainsi l'Angleterre et le pays de Galles, et il est difficile de croire que la France, avec un meilleur aménagement des terres, eût besoin des 25 millions de laboureurs qu'elle emploie au travail des champs. La charrue a été la première machine inventée pour abréger la peine de l'homme ; or quel avantage peut-on trouver dans une culture qui exclut l'emploi des machines, et, parmi celles-ci, la charrue ? N'est-ce pas remonter à l'enfance de l'art ?

La petite culture a des avantages, elle est même une nécessité dans certains cas. Nous savons ce que peut rendre un hectare de terre cultivé selon la méthode usitée en Flandre. Mais le système d'*agriculture-jardinage* donnerait-il les mêmes profits, si tout le monde le pratiquait ? L'on ne vit pas uniquement de légumes et de fruits, et la terre ne saurait être convertie toute entière en jardins. Il faut des champs de blé pour nourrir les hommes, ainsi que des pâturages pour élever les bestiaux. Depuis l'application de la chimie à l'industrie agricole, une ferme est une sorte de manufacture qui exige un grand déploiement de capitaux et qui embrasse une grande variété de produits. L'économie de l'exploitation tient à cette réunion d'éléments divers, qui concourent au même résultat.

Brisez le faisceau, morcelez la culture, et vous annulez l'économie. Le petit cultivateur, qui exploite des terres labourables avec un faible capital et des instruments inférieurs, n'est pas plus en mesure de lutter contre le fermier qui a des capitaux, des engrais, des machines, des transports et des débouchés toujours ouverts, que celui-ci de soutenir la concurrence des possesseurs de terres à blé en Pologne et en Crimée, où l'on se sert des hommes comme nous nous servons des chevaux.

S'il est impossible de recomposer en France la grande propriété, les mêmes obstacles s'opposent-ils à ce que l'on combine la petite propriété avec la grande culture? N'est-il pas possible de remplacer les grands domaines par les grandes et les moyennes fermes, de diviser la possession et de concentrer l'exploitation, de morceler la propriété sans morceler le sol? Nous croyons que cette solution sortira naturellement des progrès de l'instruction, de l'industrie et de la richesse dans le pays.

Nous avons expliqué la défiance des paysans et généralement des classes agricoles pour toute propriété qui n'est pas assise sur un fonds de terre. Il nous reste à dire que si les petits capitaux recherchent les placements sur immeubles, cela vient, en grande partie, de ce qu'ils auraient de la peine à trouver un autre emploi. La richesse industrielle et immobilière, malgré ses accroissements récents, n'occupe encore qu'un rang bien secondaire dans l'échelle des propriétés.

L'Angleterre est couverte de banques, de manufactures, d'usines et de comptoirs; sa dette publique représente un capital de 20 milliards de fr. (800 millions de liv. st.); le commerce et l'industrie ont créé dans cette contrée des valeurs infiniment supérieures à celle du sol. Là, l'épargne de l'ouvrier commandite à son tour le travail. Une infinité de placements sont ouverts aux capitaux inactifs; et si de tels débouchés étaient insuffisants, on aurait la ressource des capitaux étrangers dont Londres est le marché commun.

Il n'existe rien de pareil en France. Les fonds publics se composant de 200 millions de rente (8 millions de liv. st.), ne sont guère accessibles qu'aux capitaux de la place de Paris, qui alimentent également la dette flottante et les opérations sur les fonds étrangers. Les épargnes des ouvriers converties par les caisses (*saving-banks*) en bons du trésor ne s'élèvent qu'à 80 millions de francs (3,200,000 liv. sterl.) et surchargent déjà l'État. La Banque de France, industrie toute parisienne, n'a fondé que deux comptoirs (*branch-banks*), l'un à Saint-Étienne et l'autre à Troyes. On compte à peine cinq à six banques locales dans les quatre-vingt-six départements. Partout les capitaux des villes suffisent aux opérations peu étendues du commerce et de l'industrie. Que feraient donc les cultivateurs de leurs capitaux, s'ils n'avaient pas la faculté d'acquérir de la terre ? Quel autre placement leur est offert dans l'état actuel des transactions ?

L'industrie et le crédit, en s'étendant, finiront sans doute par gagner les campagnes. Mais ce ne sera pas assez de la valeur croissante des propriétés mobilières ; le paysan les aurait sous les yeux qu'il ne les verrait pas. Il faut l'instruire d'abord, et l'éclairer, pour qu'il s'élève lui-même à cette conception ; avant de prendre des actions dans une mine, dans une filature, dans une entreprise de canal ou de chemin de fer, il faut qu'il soit au moins en état de lire le compte rendu des opérations.

L'éducation nationale devra vaincre encore ces habitudes d'isolement qui portent la population des campagnes à l'égoïsme et à l'envie. Il faudra leur apprendre que les propriétés, comme les hommes, n'acquièrent toute leur valeur que par l'association, et que leur intérêt n'est pas de séparer ni de diviser, mais de réunir.

Le jour où les paysans seront en état de comparer le revenu des placements industriels ou commerciaux au revenu des fonds de terre, dès ce moment la division de la propriété foncière s'arrêtera ; car la concurrence des capitaux prendra une autre direction. Mais que fera-t-on des terres déjà divisées ?

Dans certains cantons de la France, les paysans, propriétaires de parcelles plus ou moins étendues, les afferment à quelques grands propriétaires ou à quelque grand fermier pour être comprises dans l'exploitation ; ils travaillent ensuite à la culture de ces terres comme journaliers salariés. Ainsi leur profit est double ; ils ont la rente de la terre et la rente du travail. Le sol, soumis à un meilleur système de culture, s'améliore ; et la somme de richesse s'augmente pour tous.

Il est évident que ces faits, particuliers à quelques localités, doivent se généraliser. Lorsque les cultivateurs qui possèdent 2 ou 3 arpents s'apercevront que la petite culture est ruineuse, ils loueront leurs terres aux grands fermiers ou les vendront. Il en sera probablement de la terre comme du pouvoir. Quand l'aristocratie fut renversée par la révolution de 1789, le peuple envahit à grand bruit la place qu'elle avait laissée vide ; puis le pouvoir lui tomba des mains, inhabile qu'il était à le porter ; la classe moyenne s'en empara et l'a gardé. Le même phénomène se reproduit dans la possession du sol ; il se divise et se subdivise incessamment depuis quarante ans ; mais quand ces atomes, à force de se briser, auront perdu toute vigueur et toute fécondité, il faudra les lier et les cimenter de nouveau. Alors la moyenne culture, sinon la moyenne propriété, doit succéder au morcellement : la bourgeoisie a le pouvoir, elle aura le sol.

Le meilleur système de culture en France sera certainement celui qui établira une proportion exacte entre l'étendue des terres cultivées ou possédées et la surveillance du possesseur ou du fermier. Une ferme ne doit pas avoir moins de 30 hectares ni plus de 100. Cette étendue d'exploitation n'exige pas un capital considérable et permet de tenter les expériences nécessaires à l'amélioration du sol, de combiner la culture des céréales avec l'éducation des bestiaux, d'annexer même quelquefois à la ferme une industrie, comme la fabrication de la fécule, ou la mouture du blé, ou l'élève des vers à soie. Elle n'est pas assez vaste pour écarter la concurrence des preneurs quand il s'agit d'adjuger le bail ; et elle a pourtant une mesure suffisante pour que l'on retrouve sur les produits le prix du fermage et le salaire du fermier.

Pendant que le morcellement s'arrêtera dans la petite propriété, il va se faire une nouvelle distribution des grands héritages, qui divisera la propriété foncière sans diviser le sol. Pour mettre la terre en valeur, on emploiera les procédés familiers à l'industrie manufacturière ; on s'associera pour exploiter une mine, une forge, une entreprise de bateaux à vapeur. Déjà le petit nombre de fermes expérimentales qui existent en France ont été établies par des sociétés en commandite ([1]), où la

([1]) Les sociétés en commandite sont des entreprises commer-

propriété se trouve représentée par un certain nombre d'actions. Mais si nous avons bien apprécié les symptômes du mouvement qui se prépare, le principe d'association ne tardera pas à être appliqué, d'une manière plus générale et sur une plus large échelle, à l'exploitation du sol.

C'est le parti légitimiste composé, comme chacun sait, de grands propriétaires, qui donne l'exemple.

Les hommes du passé, ceux qui prétendent immobiliser l'état social, sont les premiers à mobiliser le sol. Nous avons sous les yeux le prospectus d'une société en commandite, formée pour mettre en valeur la terre de Beauni Saint-Hippolyte, située à vingt-quatre heures de Paris. C'est un immense domaine qui comprend 3,550 arpents (environ 3,000 acres), distribués entre trente et une fermes, et dans le nombre 1,200 arpents de bois. On a divisé la propriété en 4,000 actions de 4,000 fr. cha-

ciales qui comprennent deux classes d'associés. Les associés en nom sont responsables des dettes de la société dans leur fortune personnelle et dans leur crédit ; ils gèrent les affaires et ont la signature sociale. Les associés commanditaires ne sont responsables que jusqu'à concurrence des fonds qu'ils ont placés dans l'entreprise ; dans aucun cas, on ne peut leur demander davantage, et ils ne font aucun acte de gestion. Dans les sociétés en commandite, le fonds social peut être divisé par actions transmissibles, ou bien demeurer indivis jusqu'à l'expiration de la société. Les sociétés en commandite sont inconnues en Angleterre. En effet, dans les associations qui portent le nom de *Joint Stock-companies*, tous les sociétaires sont responsables dans toute l'étendue de leur fortune ; et dans les sociétés qui ont été incorporées par une charte émanée du roi ou du parlement, aucun sociétaire sans excepter les directeurs ni les gérants, n'est responsable au delà de la valeur représentée par les actions dont il est porteur.

cune, ce qui donne un capital de 2 millions de francs.
Le prospectus évalue le revenu annuel à 150,000 fr.,
ce qui suppose 7 1/2 pour 100 du capital ; et pour réaliser cette magnifique expectative, on compte 1° sur le
revenu de 3,600 arpents à raison de 30 francs l'arpent ;
2° sur le produit de 30,000 mûriers, de trois moulins,
d'une féculerie, d'une tuilerie, d'un four à chaux, d'une
carrière à pierre, de nombreux troupeaux ; 3° on se propose de cultiver en grand les plantes oléagineuses et la
betterave, cette plante maudite comme la nomme le docteur Bowring, mais qui est en France une source de richesse pour le cultivateur.

Certes, ce sont là des promesses de prospectus. Mais
quand l'entreprise n'en tiendrait qu'une partie, quand le
capital ainsi engagé ne produirait que 4 ou 5 pour 100,
ces résultats seraient assez beaux pour encourager l'imitation. Les propriétés foncières, dans leur aménagement actuel, ne rapportent, terme moyen, que 2 1/2 à
3 pour 100. Un mode d'exploitation qui donnerait un
revenu d'un tiers en sus, les placerait sur le même rang
que la propriété manufacturière qui est moins solide et
plus exposée. Tout le monde y gagnerait : les propriétaires pourraient désormais disposer de leurs domaines sans les disséquer et sans en détruire les proportions ;
les capitalistes, en échangeant leurs espèces contre des
actions foncières, acquerraient des valeurs réalisables et
qui auraient un cours sur le marché.

Aujourd'hui les possesseurs de terres qui veulent cultiver eux-mêmes et qui manquent de capitaux nécessaires pour exploiter convenablement les ressources du
sol, sont réduits, pour trouver des prêteurs, à donner hy-

pothèque sur leur propriété. La terre ne leur rapporte que 3 pour 100, et ils payent pour les capitaux qu'ils empruntent un intérêt de 5, 6 et quelquefois 7 pour 100. Qu'une année mauvaise survienne, que la grêle, la pluie, la sécheresse ou le froid emporte la récolte : voilà l'emprunteur ruiné, hors d'état de faire honneur à ces engagements onéreux. Le prêteur de son côté n'a pas de chances meilleures : d'abord l'hypothèque qu'il a prise sur les biens du débiteur est souvent illusoire, ceux-ci pouvant se trouver déjà grevés de quelque hypothèque légale ([1]) qu'on lui a laissé ignorer, et qui a la priorité en cas de remboursement de la créance par voie d'expropriation. Ensuite, et en supposant que l'hypothèque confère au créancier un droit utile, les difficultés et les formalités de l'expropriation sont sans nombre. De là les répugnances bien légitimes que l'on éprouve à placer des fonds sur hypothèque, malgré l'intérêt élevé et presque usuraire dont jouissent de tels placements. C'est, à vrai dire, les frapper de mainmorte, les immobiliser.

Une réforme de la législation qui régit en France le système hypothécaire établirait peut-être la propriété dans de meilleures conditions de crédit. Toutefois le système des placements par actions nous paraît encore préférable. Le gage est le même dans les deux cas, la terre représentant le capital engagé ; mais il y a entre l'hypothèque et le capital engagé, l'action foncière, toute la distance d'une valeur disponible à une valeur à terme et à long terme : celle-ci est un fonds mobile à la fois et

([1]) La femme, par exemple, a une hypothèque légale sur les biens du mari pour sûreté de son apport matrimonial.

consolidé, comme les emprunts hypothéqués sur telle ou telle branche des revenus publics.

Les emprunts faits par l'État, quand ils n'excèdent pas la mesure de ses ressources, ont l'avantage d'attacher plus étroitement les intérêts privés à l'intérêt général, et de resserrer la solidarité des citoyens avec le gouvernement. La dette publique est une espèce de délégation donnée à des particuliers sur les produits de l'impôt ; elle crée une classe de propriétaires et une nature spéciale de propriété.

Dans l'ordre du revenu privé, la mise en société des grands domaines n'aurait pas des résultats moins avantageux. En divisant la propriété territoriale en actions, et en actions dont le taux serait accessible aux plus petites fortunes, l'on multiplierait sans inconvénient le nombre des propriétaires fonciers ; car la division de la propriété n'entraînerait pas le morcellement du sol. Les titres se distribueraient entre mille possesseurs, ou se concentreraient dans trois ou quatre gros portefeuilles, que rien ne serait changé à l'harmonie de l'exploitation.

Les simples laboureurs pourraient échanger leurs épargnes contre une ou plusieurs actions et prendre part à la possession ainsi qu'au travail. Quoi de plus vrai et de plus solide en même temps qu'une combinaison qui fait des employés d'une entreprise autant d'intéressés aux bénéfices de la production ? Dans ce système, il n'y a plus deux classes d'hommes, les maîtres et les ouvriers ; tout le monde travaille et tout le monde possède : chacun a part, dans la proportion de sa mise de fonds, au revenu du capital, et à la distribution des salaires dans la proportion de sa capacité. N'est-ce pas là la seule égalité possible dans l'industrie aussi bien que dans l'État?

Ce que l'on faisait autrefois par l'énergie de l'esprit de famille, par la puissance des convictions religieuses, ou par la dépendance étroite du lien féodal, nous ne pouvons l'accomplir que par la communauté des intérêts. On a remarqué que le travail des hommes libres était plus productif que celui des esclaves ; mais le mercenaire libre lui-même ne travaille pas avec la même ardeur que l'ouvrier qui a un intérêt dans les profits du travail ; la seule manière d'attacher l'artisan au métier et le laboureur à la glèbe, c'est de les associer à la propriété. Le principe de la société en commandite n'a été appliqué jusqu'ici qu'à la propriété mobilière. La propriété foncière se tenait en dehors des combinaisons qui ont développé le commerce et l'industrie. Maintenant que l'agriculture devient aussi une industrie, elle ne pourra, pas plus que les autres, se passer de la force que donne l'association. Nous avons cité un exemple de cette tendance, le seul qui soit public ; mais d'autres entreprises se préparent, une idée comme celle-là ne doit pas rester en chemin.

Une communauté industrielle, fondée sur ces principes d'association, existait encore, il y a quinze ans, dans les montagnes de la Thessalie. Une peuplade de fileurs et de teinturiers était arrivée, par le seul effort de cet instinct calculateur qui est propre à la race grecque, aux mêmes résultats qui sont pour nous aujourd'hui des inductions de la science. Les habitants d'Ambelakia, bourg de quatre mille âmes, distribué en vingt-quatre fabriques, avaient organisé la république commerciale que M. Félix de Beaujour ([1]) décrit dans les termes suivants. « Les comptoirs d'Ambelakia furent régis, dans le principe, par des sociétés qui avaient chacune leurs intérêts particuliers, mais ces sociétés se nuisant par la concurrence, on imagina de les réunir toutes pour n'en former plus qu'une seule. Le plan d'une grande commandite fut conçu, il y a vingt ans, et un an après, il fut exécuté. Les règlements qu'on donna à la compagnie furent rédigés par des gens sages. Chaque propriétaire ou chef de fabrique put contribuer pour une somme relative à ses moyens. Les moindres mises furent fixées à 5,000 piastres (10,000 francs), et l'on réduisit les plus fortes à 20,000, pour ne pas laisser aux riches la faculté d'engloutir tous les profits. Les ouvriers réunirent leurs pécules et ils formèrent entre eux des mises communes qui furent comme de petites commandites incorporées dans la grande. Ces ouvriers, outre leur argent, donnèrent encore leurs peines et leurs soins; et le salaire de leur travail, joint à celui de leurs capitaux, eut bientôt répandu l'aisance dans leurs ménages. Les bénéfices du dividende furent réglés à 10 pour 100 par an, et l'excédant fut destiné à grossir le capital primitif, qui s'éleva, en deux années, de 600,000 piastres à un million. »

L'union des Ambélakiotes fut troublée par les intrigues du fameux Ali-Pacha; leur industrie fut ruinée par celle de Manchester. Cette communauté industrielle, qui s'était élevée spontanément dans un empire barbare, était comme une oasis de verdure au milieu du désert; les sables devaient tôt ou tard l'envahir. Mais dans un

([1]) Tableau du commerce de la Grèce, 1re partie.

pays tel que la France, des associations agricoles formées
par la réunion des petites propriétés ou par la division
des grandes, ne rencontreraient pas les mêmes obstacles. Le mouvement industriel de notre siècle les provoque, un gouvernement libre les protégerait, elles auraient à leur disposition les deux principaux moteurs de
l'industrie, la science et les capitaux ; et si elles venaient
à échouer au milieu de ces ressources, ce serait uniquement par un vice d'organisation.

# II

## PROPRIÉTÉ

### I. — DROIT DE PROPRIÉTÉ.

L'économie politique recherche les principes qui président à la formation et à la distribution de la richesse. Elle suppose l'existence de la propriété, dont elle fait son point de départ; c'est pour elle une de ces vérités premières qui se manifestent dès l'origine des sociétés, que l'on trouve partout marquées du sceau du consentement universel, et que l'on accepte comme des nécessités de l'ordre civil et de la nature humaine, sans songer à les discuter.

Lisez les pères de la doctrine économique : ils gardent un silence à peu près uniforme sur cette grande question. Le chef et l'oracle des physiocrates, le docteur Quesnay, qui comprenait cependant et qui fait ressortir l'importance sociale de la propriété, ne s'occupe de la définir que dans un traité de droit naturel. Turgot, homme d'État, philosophe et économiste, Turgot qui, dans son écrit sur la distribution des richesses, a éclairé d'une vive lumière les origines de la propriété, n'en examine nulle part le principe, le droit, ni les formes. Le maître des maîtres, l'auteur de la *Richesse des na-*

*tions*, Adam Smith, en fait à peine mention, ne soup-
çonnant pas sans doute qu'il y eût là matière à controverse. Cette dispute, Jean-Baptiste Say la juge vaine et
sans objet pour la science. « Le philosophe spéculatif,
dit-il au chapitre xiv de son livre, peut s'occuper à
chercher les vrais fondements du droit de propriété ; le
jurisconsulte peut établir les règles qui président à la
transmission des choses possédées ; la science politique
peut montrer quelles sont les plus sûres garanties de ce
droit ; quant à l'économie politique, elle ne considère
la propriété que comme le plus puissant encouragement
à la production des richesses ; elle s'occupera peu de
ce qui la fonde et la garantit. » Et ailleurs (liv. II,
chap. iv) : « Il n'est pas nécessaire, pour étudier la nature et la marche des richesses sociales, de connaître
l'origine des propriétés ou leur légitimité. Que le possesseur actuel d'un fonds de terre ou celui qui le lui a
transmis l'aient eu à titre de premier occupant, ou par
une violence, ou par une fraude, l'effet est le même par
rapport au revenu qui sort de ce fonds. »

A l'époque à laquelle écrivait Jean-Baptiste Say, le
problème qui absorbait et qui agitait les esprits, c'était
la production de la richesse. Le monde européen se
sentait pauvre, commençait à comprendre la fécondité
du travail et aspirait à l'opulence. Le crédit prenait son
essor, le commerce s'étendait malgré la guerre, la puissance manufacturière, se développant rapidement, annonçait déjà les merveilles qui l'ont signalée depuis. La
production sous ses diverses formes était la grande affaire du temps. Cette marée montante entraînait tout
avec elle, la population, le travail, la fortune. Chacun

marchait dans un espace ouvert, ayant le but devant les yeux, et ne s'arrêtant pas pour faire un retour sur sa propre situation ou sur celle des autres. La propriété des choses semblait alors une sorte de fonds commun auquel tout le monde, avec un peu d'effort, pouvait abondamment puiser, et qui se reproduisait sans cesse. Qui aurait eu la pensée de mettre le droit en question? Le silence des économistes ne faisait que traduire l'indifférence raisonnée de l'opinion publique.

Plus tard, la population s'étant accrue dans tous les États de l'Eupope, la valeur des terres et le taux des salaires ayant généralement augmenté, la fortune mobilière, grâce aux progrès du commerce et de l'industrie, égalant, ou peu s'en faut, le capital foncier, et la concurrence, qui embrassait tous les genres de travail et de placement, réduisant pour chacun les profits ainsi que les débouchés de l'activité humaine, le problème de la distribution de la richesse a repris le premier rang. Le nombre des pauvres a paru se multiplier avec celui des riches. On a pu croire un moment que la civilisation industrielle tendait à exagérer l'inégalité qui existe naturellement entre les hommes. Dans cette période de transition qui dure encore, il s'est formé des sectes pour prêcher aux mécontents de l'ordre social on ne sait quel avenir, dont l'abolition ou la transformation de la propriété était le premier degré.

A la faveur des révolutions politiques, ces doctrines funestes, qui dominaient d'abord souterrainement en quelque sorte jusqu'à ce qu'elles eussent endurci les cœurs et corrompu les esprits, ont fini par faire irruption dans les rues de nos cités ; les arguments déployés contre la société ont servi à bourrer les fusils et à aiguiser les baïonnettes de la révolte. Il a fallu d'abord défendre l'ordre social par les armes. Et maintenant, économistes, philosophes ou jurisconsultes, nous comprenons tous que notre devoir est de démontrer, de manière à convaincre les plus incrédules, qu'ayant pour nous la force, nous avons aussi la raison et le droit.

C'est donc à la lumière des événements que le programme de l'économie politique s'est agrandi. Sa place est marquée aujourd'hui dans la discussion des origines et des titres de la propriété. Il faut qu'elle intervienne en s'appuyant sur l'observation des faits, tout comme la philosophie en exposant et en commentant les principes. Le socialisme, en attaquant les bases de l'ordre social, met toutes les sciences en demeure de contribuer, chacune pour sa part, à le défendre !

## II. — OPINIONS DES PHILOSOPHES ET DES JURISCONSULTES SUR LA PROPRIÉTÉ.

Jusqu'à nos jours, la question avait été abandonnée aux philosophes et aux jurisconsultes. Il ne faut pas méconnaître l'utilité de leurs travaux ; ils ont préparé le terrain et frayé les voies à l'économie politique. Quand ils n'ont pas complétement observé et exposé la nature des choses, ils l'ont du moins entrevue. C'est Cicéron qui, en indiquant que la terre devenait le patrimoine de chacun par l'occupation, a constaté que celui qui portait atteinte à ce droit d'appropriation violait la loi de la société humaine. Plus tard, Sénèque, tout en exagérant, selon les idées de son temps, le domaine de la souveraineté, a reconnu que la propriété était un droit individuel. *Ad reges potestas omnium pertinet, ad singulos proprietas.*

Cependant on ferait fausse route, si l'on allait chercher dans les écrits des philosophes et des jurisconsultes, soit une théorie complète de la propriété, soit même une définition exacte. Grotius, qui figure au premier rang parmi les docteurs du droit naturel et du droit des gens, a donné en quelques lignes une histoire de la propriété, dans laquelle le communisme pourrait puiser des arguments. Selon cet auteur, après la création, Dieu conféra au genre humain un droit général sur toutes choses. « Cela faisait, dit-il, que chacun pouvait prendre pour son usage ce qu'il voulait et consommer ce qu'il était possible de consommer... Les choses durèrent ainsi jusqu'à ce que le nombre des hommes, aussi bien que celui des animaux, s'étant augmenté, les terres, qui étaient auparavant divisées en nations, commencèrent à se partager par familles ; et parce que les puits sont d'une très-grande nécessité dans les pays secs et qu'ils ne peuvent suffire à un très-grand nombre, chacun s'appropria ce dont il put se saisir... »

Ch. Comte fait remarquer que les publicistes de cette école, Wolf, Puffendorf et Burlamaqui, se sont bornés à paraphraser les idées de Grotius. Tous ont supposé que, dans l'origine des sociétés, les hommes, pour satisfaire leurs besoins, n'avaient qu'à prendre ce qui se trouvait sous leurs mains, que la terre produisait sans travail, et que l'appropriation n'était autre chose que l'occupation ou la conquête.

Montesquieu n'a pas mieux compris le rôle que joue

le travail dans la formation de la propriété individuelle :
« Comme les hommes, dit-il au livre XXVI de l'*Esprit
des lois*, ont renoncé à leur indépendance naturelle pour
vivre sous des lois politiques, ils ont renoncé à la *communauté naturelle des biens* pour vivre sous des lois civiles. Les premières lois leur acquirent la liberté ; les
secondes, la propriété. » Montesquieu, le seul publiciste depuis Aristote qui ait entrepris de fonder sur
l'observation les lois de l'ordre social, n'avait pourtant
constaté chez aucun peuple, si primitif qu'il fût, cette
prétendue communauté des biens qui dérive, suivant
lui, de la nature. Les tribus les plus sauvages, dans
l'antiquité comme dans les temps modernes, avaient la
notion très-distincte du tien et du mien. Partout la propriété et la famille ont servi de base à l'ordre, et la loi
n'a fait que consacrer en les exprimant des rapports
déjà établis.

Blackstone ne va pas plus loin que Montesquieu, dont
l'opinion se rattache du reste au système de J. J. Rousseau sur l'état de nature, et se trouve continuée jusqu'à
nos jours par un des plus illustres commentateurs du
Code civil, M. Toullier. Bentham lui-même, cet écrivain
qui avait rompu plus que tout autre avec les opinions
reçues de son temps, déclare que la propriété n'existe
pas naturellement et qu'elle est conséquemment l'ouvrage de la loi. « La propriété, dit-il dans son *Traité de
législation*, n'est qu'une base d'attente : l'attente de retirer certains avantages de la chose qu'on dit posséder,
en conséquence des rapports où l'on est déjà placé vis-
à-vis d'elle ; il n'est point d'image, point de peinture,
point de trait visible qui puisse exprimer ce rapport qui

constitue la propriété. C'est qu'il n'est pas matériel, mais métaphysique ; il appartient tout entier à la conception de l'esprit. L'idée de la propriété consiste dans une attente établie, dans la persuasion de pouvoir retirer tel ou tel avantage, selon la nature du cas. Or cette persuasion, cette attente ne peuvent être que l'ouvrage de la loi. Je ne puis compter sur la jouissance de ce que je regarde comme mien que sur la promesse de la loi qui me le garantit. La propriété et la loi sont nées ensemble et mourront ensemble. Avant les lois, point de propriété ; ôtez les lois, toute propriété cesse. »

C'est quelque chose pour les propriétaires que cette assurance que leur donne Bentham, que la propriété ne périra qu'avec la loi. Comme les sociétés humaines ne peuvent pas se passer de lois et que la fin de la loi serait la fin de la société, on voit que la propriété peut compter sur une longue existence. Au reste, Bentham, à l'exemple de Montesquieu, a confondu la notion de la propriété avec celles des garanties que la propriété reçoit des lois civiles et politiques, garanties justement représentées par l'impôt. La meilleure réfutation de la théorie de Bentham se trouve dans quelques passages de Ch. Comte (1), qu'il n'est pas inutile de reproduire.

« Si les nations ne peuvent exister qu'au moyen de la propriété, il est impossible d'admettre qu'il n'y a point de propriété naturelle, à moins de reconnaître qu'il n'est pas naturel, pour les hommes de vivre et de se perpétuer.

« Il est très-vrai qu'il n'est point d'image, point de peinture, point de trait visible qui puisse représenter la propriété en général ; mais on ne peut pas conclure de là que la propriété n'est

(1) *Traité de la propriété*, chap. XLVIII.

pas matérielle, mais métaphysique, et qu'elle appartient tout
entière à la conception de l'esprit. Il n'y a pas non plus de trait
visible à l'aide duquel on puisse représenter un homme en général, parce que, dans la nature, il n'y a que des individus, et
ce qui est vrai pour les hommes, l'est aussi pour les choses.

« Les individus, les familles, les peuples existent au moyen
de leurs propriétés ; ils ne sauraient vivre de rapports métaphy-
siques ou de conceptions de l'esprit. Il y a dans une propriété
quelque chose de plus réel, de plus substantiel qu'une base
d'attente. On en donne une idée fausse, ou du moins très-incom-
plète, quand on la définit comme un billet de loterie, qui est
aussi une base d'attente.

« Suivant Montesquieu et Bentham, c'est la loi civile qui
donne naissance à la propriété, et il est évident que l'un et l'autre entendent par la loi civile les déclarations de la puissance
publique, qui déterminent les biens dont chacun peut jouir et
disposer. Il serait peut-être plus exact de dire que ce sont les
propriétés qui ont donné naissance aux lois civiles ; car on
ne voit pas quel besoin pourrait avoir de lois et de gouvernement une peuplade de sauvages chez laquelle il n'existerait aucun genre de propriété. La garantie des propriétés est sans doute
un des éléments essentiels dont elles se composent ; elle en accroît la valeur, elle en assure la durée. On commettrait cependant une grave erreur, si l'on s'imaginait que la garantie seule
compose toute la propriété : c'est la loi civile qui donne la garantie, mais c'est l'industrie humaine qui donne naissance aux
propriétés. L'autorité publique n'a besoin de se montrer que
pour les protéger, pour assurer à chacun la faculté d'en jouir et
d'en disposer.

« S'il était vrai que la propriété n'existe ou n'a été créée que
par les déclarations et par la protection de l'autorité publique,
il s'ensuivrait que les hommes qui, dans chaque pays, sont investis de la puissance législative, seraient investis de la faculté
de faire des propriétés par leurs décrets, et qu'ils pourraient,
sans y porter atteinte, dépouiller les uns au profit des autres :
ils n'auraient pas d'autres règles à suivre que leurs désirs ou
leurs caprices. »

L'école écossaise, à partir de Locke jusqu'à Reid et à Dugald-Stewart, est la première qui ait donné une définition à peu près exacte du droit de propriété, de même que l'école physiocratique était la seule, avant 1789, qui en eût compris l'importance et qui en eût fait ressortir l'influence bienfaisante sur l'économie des sociétés. Mais, à l'époque de la révolution française, ces leçons n'avaient pas encore rectifié les idées de tout le monde, car Mirabeau disait à la tribune de l'assemblée constituante : « Une propriété particulière est un bien acquis en vertu des lois. *La loi seule constitue la propriété*, parce qu'il n'y a que la volonté politique qui puisse opérer la renonciation de tous et donner un titre commun, un garant à la jouissance d'un seul. » Un des jurisconsultes qui ont le plus contribué à la rédaction du Code civil, Tronchet, partageait alors cette opinion, et déclarait que « c'est l'établissement seul de la société, ce sont les lois conventionnelles qui sont la véritable source du droit de propriété. »

Il n'y a pas loin de Mirabeau à Robespierre écrivant dans sa Déclaration des droits : « La propriété est le droit qu'a chaque citoyen de *jouir de la portion de biens qui lui est garantie par la loi.* » Et il n'y a pas loin de Robespierre à Babœuf, qui veut que la terre soit la propriété commune de tous, c'est-à-dire qu'elle n'appartienne à personne. Mirabeau, qui prétend que le législateur confère la propriété, admet par cela même qu'il peut la retirer ; et Robespierre, qui réserve expressément la part de l'État dans la propriété, et qui réduit le propriétaire au rôle d'usufruitier, en lui refu-

sant la faculté de disposer, de tester, est le précurseur
direct et immédiat du communisme.

Je sais bien que la Convention a donné, dans la Déclaration des droits qui sert de préambule à la constitution
de 1793, une définition très-rassurante et très-saine du
droit de propriété. L'article 16 porte : « Le droit de
propriété est celui qui appartient à tout citoyen de jouir
et de disposer *à son gré* de ses biens, de ses revenus, du
fruit de son travail et de son industrie ; » et l'article 19 y
ajoute une garantie que toutes les constitutions posté-
rieures ont reproduite : « Nul ne peut être privé de la
moindre portion de sa propriété sans son consentement,
si ce n'est lorsque la nécessité publique, légalement
constatée, l'exige évidemment, et sous la condition d'une
juste et préalable indemnité. »

Mais la convention réservait sans doute l'application
de ces belles maximes, comme l'abolition de la peine de
mort, pour les temps de paix ; car aucun gouvernement
ne porta de plus graves atteintes au droit de propriété.
La confiscation et les décrets sur le maximum, sans
compter la multiplication des assignats et la banqueroute, signalèrent sa domination sauvage, et si elle rendit la France victorieuse et terrible au dehors, au dedans elle la ravagea et l'épuisa. La convention pensait
évidemment, avec Saint-Just, que « celui qui s'est
montré l'ennemi de son pays, n'y peut être propriétaire. » Elle traitait les nobles et les prêtres comme
Louis XIV avait traité les protestants fugitifs à la suite
de la révocation de l'édit de Nantes. Elle reprenait,
au profit de l'État républicain, cette théorie d'origine
féodale, d'après laquelle le souverain, le roi, avait

le domaine direct et suprême des biens de ses sujets.

C'est M. Troplong qui a fait remarquer (¹) la concordance des doctrines démagogiques sur la propriété avec les maximes du despotisme : « Tout. ce qui se trouve dans l'étendue de nos États, dit Louis XIV dans ses instructions au Dauphin, de quelque nature qu'il soit, nous appartient au même titre ; vous devez être bien persuadé que les rois sont seigneurs absolus et ont naturellement la disposition pleine et libre de tous les biens qui sont possédés, aussi bien par les gens d'église que par les séculiers, pour en user en tout comme de sages économes. » Mettez cette souveraineté absolue dans les mains d'une république socialiste, et elle conduira certainement aux mesures que réclamait dans les lignes suivantes Gracchus Babœuf : « Le sol d'un État doit assurer l'existence à tous les membres de cet Etat. Quand, dans un État, la minorité des sociétaires est parvenue à accaparer dans ses mains les richesses foncières et industrielles, et que par ce moyen elle tient sous sa verge et use du pouvoir qu'elle a de faire languir dans le besoin la majorité, on doit reconnaître que cet envahissement n'a pu se faire qu'à l'abri des mauvaises institutions du gouvernement ; et alors ce que l'administration ancienne n'a pas fait dans le temps pour prévenir l'abus ou pour le réprimer à sa naissance, l'administration actuelle doit le faire pour rétablir l'équilibre qui n'eût jamais dû se perdre, et l'autorité des lois doit opérer un revirement qui tourne vers la dernière raison du gouvernement per-

(¹) *De la propriété d'après le Code civil.* (Collection des *Petits traités publiés par l'Académie des sciences morales et politiques.*)

fectionné du contrat social : *Que tous aient assez, et qu'aucun n'ait trop.* »

Enfin l'ère du Code civil se lève sur la France et sur l'Europe. Alors pour la première fois, la puissance publique expose et consacre les vrais principes en matière de propriété. Voici dans quels termes l'orateur du conseil d'Etat, M. Portalis, s'exprimait devant le corps législatif : « Le principe du droit de propriété est en nous : il n'est point le résultat d'une convention humaine ou d'une loi positive. Il est dans la constitution même de notre être et dans nos différentes relations avec les objets qui nous environnent. Quelques philosophes paraissent étonnés que l'homme puisse devenir propriétaire d'une portion du sol, qui n'est pas son ouvrage, qui doit durer plus que lui et qui n'est soumise qu'à des lois qu'il n'a pas faites. Mais cet étonnement ne cesse-t-il pas, si l'on considère tous les prodiges de la main-d'œuvre, c'est-à-dire tout ce que l'industrie de l'homme peut ajouter à l'ouvrage de la matière?

« Oui, législateurs, c'est par notre industrie que nous avons conquis le sol sur lequel nous existons ; c'est par elle que nous avons rendu la terre plus habitable, plus propre à devenir notre demeure. La tâche de l'homme était pour ainsi dire d'achever le grand art de la création..... Méfions-nous des systèmes dans lesquels on ne semble faire de la terre la propriété de tous, que pour se ménager le prétexte de ne respecter le droit de personne. »

Le Code civil (articles 544 et 545), recueillant et résumant les principes déposés dans les constitutions antérieures, définit la propriété « le droit de jouir et de dis-

poser des choses de la manière la plus absolue, pourvu
que l'on n'en fasse pas un usage prohibé par les lois et
par les règlements. » Charles Comte a fait observer avec
raison que cette définition s'appliquait à l'usufruit presque aussi bien qu'à la propriété. La définition du Code
civil pèche par un autre côté; elle ne limite pas le pouvoir, qui est abandonné au législateur et même à l'administration, de réglementer l'usage de la propriété. Par
cela même la propriété manque de garanties; elle n'est
pas défendue contre l'arbitraire. La loi peut interdire
au propriétaire de semer toute espèce de graines, d'y
planter des vignes ou des arbres, d'y élever aucune construction, de la vendre, de l'échanger, de la donner. En
un mot, le monopole égyptien y trouverait place aussi bien
que la liberté française. Par bonheur, la pratique législative et les mœurs corrigent les témérités du texte légal.

Le Code civil déclare la propriété inviolable. A
l'exemple des constitutions de 1791, 1793 et 1795, il
décide que nul ne peut être contraint de céder sa propriété, si ce n'est pour cause d'utilité publique, et moyennant une juste et préalable indemnité. Mais est-il bien
vrai, comme le pense M. Troplong, que l'État, en pro-
mulguant ces dispositions, ne se soit réservé que les
droits attachés au commandement politique? A-t-on mis
ainsi la propriété à l'abri des atteintes du pouvoir public, aussi bien que des usurpations des individus? Voilà
justement le côté faible du Code civil. Ses auteurs ont
posé des principes dont ils n'ont pas déduit toutes les
conséquences. En déclarant la propriété inviolable, ils
ne l'ont pourtant mise à l'abri ni du séquestre adminis-
tratif ni de la confiscation.

L'empereur Napoléon disait au conseil d'État, le 18 septembre 1809 : « La propriété est inviolable. Napoléon lui-même, avec les nombreuses armées qui sont à sa disposition, ne pourrait s'emparer d'un champ. Car violer le droit de propriété dans un seul, c'est le violer dans tous... » Voilà d'admirables paroles, mais les actes n'y répondaient pas. Les garanties politiques manquaient sous l'Empire à la propriété, réduite aux garanties de la loi civile. Le gouvernement impérial avait conservé la confiscation comme une arme de guerre contre les ennemis de l'intérieur. L'honneur de la supprimer était réservé à la Charte de 1814. Mais les puissances du Nord n'ont pas suivi l'exemple de la France. La confiscation défigure encore aujourd'hui le droit européen. En Autriche et en Russie, le gouvernement se réserve la faculté de dépouiller de leurs biens, pour cause d'opinion, les propriétaires qui ont encouru sa disgrâce. La propriété n'est pas mieux garantie que la liberté. Elle se voit en butte aux atteintes des socialistes d'en haut, comme aux attaques des socialistes d'en bas.

### III. — ORIGINE, CARACTÈRE ET PROGRÈS DE LA PROPRIÉTÉ.

Pourquoi la plupart des philosophes et des jurisconsultes ont-ils mal connu et mal défini la propriété? D'où vient que l'origine et la nature d'une institution qui tient une aussi grande place dans l'ordre social ne se révèlent à nous avec quelque clarté que depuis la fin du dernier siècle? Comment se fait-il que les plus beaux génies, s'attachant à cette étude, n'aient trop souvent inventé que des théories dont le plus humble propriétaire ne pourrait pas s'accommoder dans la pratique de chaque jour? C'est que le phénomène qu'ils observaient et qu'ils décrivaient a plus d'une fois changé de face. La propriété a participé au progrès général de la civilisation : en même temps, elle a suivi une loi de développement qui lui était propre. Elle a marché comme la liberté, comme l'industrie et comme les arts dans le monde ; elle a passé par des âges divers et successifs, à chacun desquels a dû correspondre une différente théorie.

La distinction du tien et du mien est aussi vieille que l'espèce humaine. Dès que l'homme a eu le sentiment de sa personnalité, il a dû chercher à l'étendre aux choses qui tombaient sous sa main. Il s'est approprié le sol et les produits du sol, les animaux et leur croît, le fruit de son activité et les œuvres de ses semblables. La propriété existe chez les peuples pasteurs aussi bien que parmi les nations parvenues au plus haut point de la richesse agricole et de l'industrie ; mais elle existe à d'autres conditions. L'occupation du sol a commencé par être annuelle avant d'être viagère, et elle a été viagère dans la personne du tenancier avant de devenir héréditaire et en quelque sorte perpétuelle. Elle a appartenu à la tribu avant d'appartenir à la famille, et elle a été le domaine commun de la famille avant de prendre le caractère individuel. Les poëtes, qui sont les premiers historiens, attestent cette transformation graduelle des héritages.

Ce qui distingue profondément le monde ancien du monde moderne, c'est que la propriété s'acquérait trop souvent autrefois par la conquête, tandis qu'aujourd'hui elle a pour base essentielle le travail. Non-seulement, dans l'antiquité et dans le moyen âge, les individus comme les peuples s'enrichissaient par l'usurpation, mais les hommes libres dédaignaient l'industrie, et le sol était cultivé par des esclaves. La force des armes, qui était le titre le plus sûr à la possession des domaines, procurait aussi les instruments de la production. Comment aurait-on sondé la nature et embrassé l'horizon de la propriété, à une époque où le conquérant s'arrogeait tantôt le droit de vendre les vaincus comme des bêtes de somme, tantôt celui de les attacher à la glèbe ; où les hommes étaient traités comme des choses ; où le travail passait d'abord par l'épreuve de l'esclavage, ensuite par celle du servage, avant de devenir l'honneur des hommes libres et la richesse des nations?

Ce n'est pas tout. La propriété, en subissant des évolutions analogues à celles de la liberté, s'est étendue et multipliée, et a, pour ainsi parler, envahi l'espace. Au début de la civilisation, ce que l'homme possède est bien peu de chose, des troupeaux, quelques ustensiles grossiers, à peine un coin de terre qui produise des grains, au milieu d'une steppe déserte ; il ne s'est approprié encore presque aucun des agents naturels. Les peuples agriculteurs, qui succèdent aux tribus de pasteurs, ont bientôt décuplé et centuplé la propriété, qui s'attache alors peu à peu à la surface du globe. Mais il n'appartient qu'aux nations habiles dans l'industrie et dans le commerce de la porter à son plus haut développement. A mesure que la terre s'individualise en quelque sorte, et que chaque parcelle tombe dans le domaine d'un propriétaire qui la féconde de ses capitaux et de ses sueurs,

35.

ceux qui se trouvent en dehors de ce partage du sol ne sont pas pour cela exclus de la propriété. En effet, les capitaux naissent de l'accumulation. La propriété mobilière se greffe sur la propriété foncière. Il se forme des trésors accessibles à tout le monde, dont chacun peut avoir sa part et qu'il peut augmenter à l'aide du travail. Un hectare de terre, qui vaut peut-être 10 francs en Algérie et 25 francs dans l'ouest des États-Unis, se vend couramment de 500 francs à 5,000 francs dans l'Europe occidentale. Malgré le prix élevé qu'une agriculture perfectionnée ne tarde pas à donner aux propriétés rurales, on n'exagérerait pas en affirmant qu'aujourd'hui la richesse mobilière en Angleterre et en France surpasse de beaucoup la valeur incorporée au sol.

Ajoutons qu'à mesure que la civilisation avance, chaque citoyen voit s'accroître et s'étendre la propriété commune dont il jouit au même titre que tous les autres membres de l'Etat. Les routes, les canaux, les chemins de fer, les écoles, les hospices et autres établissements publics sont incomparablement plus nombreux et mieux administrés qu'ils ne l'étaient il y a un quart de siècle. Que serait-ce si, remontant le cours de l'histoire, nous comparions la somme de jouissances et de facultés que la société mettait à la disposition de ses membres dans les républiques de la Grèce et de Rome, et celle qui leur est réservée de nos jours? Assurément le plus modeste de nos ouvriers ne voudrait pas se trouver exposé aux misères ni aux humiliations qui attendaient les prolétaires de l'antiquité. C'est donc avec raison que M. Thiers, en rappelant que la propriété est un fait universel, affirme en même temps qu'elle est un fait croissant.

Écoutons cet auteur exposant l'origine et la marche de
la propriété dans les temps historiques :

« Chez tous les peuples, quelque grossiers qu'ils soient, on
trouve la propriété comme un fait d'abord, et puis comme une
idée, idée plus ou moins claire suivant le degré de civilisation
auquel ils sont parvenus, mais toujours invariablement arrêtée.
Ainsi le sauvage chasseur a du moins la propriété de son arc,
de ses flèches et du gibier qu'il a tué. Le nomade, qui est pas-
teur, a du moins la propriété de ses tentes, de ses troupeaux. Il
n'a pas encore admis celle de la terre, parce qu'il n'a pas jugé à
propos d'y appliquer ses efforts. Mais l'Arabe, qui a élevé de
nombreux troupeaux, entend bien en être le propriétaire et
vient en échanger les produits contre le blé qu'un autre Arabe,
déjà fixé sur le sol, a fait naître ailleurs. Il mesure exactement
la valeur de l'objet qu'il donne contre la valeur de celui qu'on
lui cède, il entend bien être propriétaire de l'un avant le marché, propriétaire du second après. La propriété immobilière
n'existe pas encore chez lui. Quelquefois seulement, on le voit
pendant deux ou trois mois de l'année se fixer sur des terres qui
ne sont à personne, y donner un labour, y jeter du grain, le
recueillir, puis s'en aller en d'autres lieux... Sa propriété dure
en proportion de son travail. Peu à peu cependant le nomade
se fixe et devient agriculteur, car il est dans le cœur de l'homme
d'aimer à avoir son *chez lui*... Il finit par choisir un territoire,
par le distribuer en patrimoines où chaque famille s'établit,
travaille, cultive pour elle et pour sa postérité. De même que
l'homme ne peut laisser errer son cœur sur tous les membres
de la tribu et qu'il a besoin d'avoir à lui sa femme, ses enfants
qu'il aime, soigne, protége, sur lesquels se concentrent ses
craintes, ses espérances, sa vie enfin, il a besoin d'avoir son
champ qu'il cultive, plante, embellit à son goût, enclôt de
limites, qu'il espère livrer à ses descendants couvert d'arbres qui
n'auront pas grandi pour lui, mais pour eux. Alors à la propriété mobilière du nomade succède la propriété immobilière
du peuple agriculteur; la seconde propriété croît, et avec elle
des lois compliquées, il est vrai, que le temps rend plus justes,

plus prévoyantes, mais sans en changer le principe. La propriété, résultant d'un premier effet de l'instinct, devient une convention sociale, car je protége votre propriété pour que vous protégiez la mienne.

« A mesure que l'homme se développe, il devient plus attaché à ce qu'il possède, plus propriétaire en un mot. A l'état barbare, il l'est à peine ; à l'état civilisé, il l'est avec passion. On a dit que l'idée de la propriété s'affaiblissait dans le monde. C'est une erreur de fait. Elle se règle, se précise et s'affermit, loin de s'affaiblir. Elle cesse par exemple de s'appliquer à ce qui n'est pas susceptible d'être une chose possédée, c'est-à-dire à l'homme ; et dès ce moment l'esclavage cesse. C'est un progrès dans les idées de justice, ce n'est pas un affaiblissement de la propriété... Chez les anciens, la terre était la propriété de la république ; en Asie, elle est celle du despote ; dans le moyen âge, elle était celle des seigneurs suzerains. Avec le progrès des idées de liberté, en arrivant à affranchir l'homme, on affranchit sa chose ; il est déclaré, lui, propriétaire de sa terre, indépendamment de la république, du despote ou suzerain. Dès ce moment, la confiscation se trouve abolie. Le jour où on lui a rendu l'usage de ses facultés, la propriété s'est individualisée davantage ; elle est devenue plus propre à l'individu lui-même, plus propriété qu'elle n'était ([1]).»

Il y a une autre observation, et celle-là rentre plus directement dans le domaine de l'économie politique. C'est que plus la propriété s'accroît, se fortifie, se trouve respectée, et plus les sociétés prospèrent. « Tous les voyageurs, dit encore M. Thiers, ont été frappés de l'état de langueur, de misère et d'usure dévorante des pays où la propriété n'était pas suffisamment garantie. Allez en Orient, où le despotisme se prétend propriétaire unique, ou, ce qui revient au même, remontez au moyen âge, et

([1]) *De la propriété.*

vous verrez partout les mêmes traits : la terre négligée, parce qu'elle est la proie la plus exposée à l'avidité de la tyrannie et réservée aux mains esclaves qui n'ont pas le choix de leur profession ; le commerce préféré comme pouvant échapper plus facilement aux exactions ; dans le commerce, l'or, l'argent, les joyaux recherchés comme les valeurs les plus faciles à cacher ; tout capital prompt à se convertir en ces valeurs, et quand il se résout à se donner, se concentrant dans les mains d'une classe proscrite, laquelle affichant la misère, vivant dans des maisons hideuses au dehors, somptueuses au dedans, opposant une constance invincible au maître barbare qui veut lui arracher le secret de ses trésors, se dédommage en lui faisant payer l'argent plus cher et se venge ainsi de la tyrannie par l'usure (¹). »

Voilà donc les racines de la propriété dans l'histoire. Et quant au droit, on pourrait dire que l'universalité du fait suffit pour l'établir. Si la propriété était quelque chose d'accidentel pour la société humaine, si l'institution était née chez un peuple insulaire et formait une exception à la coutume générale, je concevrais qu'on lui demandât de produire ses titres ; mais il tombe sous le sens que les hommes ont dû avoir le droit de faire ce qu'ils ont fait de tout temps et dans tous les lieux habités. Le consentement universel est un signe infaillible de la nécessité, et par conséquent de la légitimité d'une institution.

Mais le droit peut se prouver indépendamment de la raison historique. « L'homme, dit M. Thiers, a une première propriété dans sa personne et ses facultés ; il en a une seconde moins adhérente à son être, mais non moins

---

(¹) *De la propriété*, liv. I, chap. v.

sacrée, dans le produit de ces facultés, qui embrasse tout ce qu'on appelle les biens de ce monde, et que la société est intéressée au plus haut point à lui garantir, car, sans cette garantie, point de travail ; sans travail, pas de civilisation, pas même le nécessaire, mais la misère; le brigandage et la barbarie (¹). » Cette définition n'est ni assez absolue ni complète. M. Thiers semble placer uniquement dans le travail les fondements de la propriété. Sans doute il en est la source la plus légitime, mais il n'est pas la seule, ni surtout la première en date. Dans les commencements de l'état social, l'homme s'appropria le sol par l'occupation avant de se l'assimiler par le labeur de ses bras. Partout la conquête de la terre sur l'homme ou sur les animaux, la prise de possession en un mot, a précédé la culture. Un territoire appartient à une peuplade, à une tribu collectivement, avant de se répartir entre ses divers membres. C'est là ce que l'école appelle le droit du premier occupant, droit qui s'explique par le fait même d'une prise de possession opérée sans obstacle et par le pouvoir de défendre, de protéger, et par conséquent d'approprier le sol occupé.

A côté des hommes qui acquièrent leurs biens par l'occupation ou par le travail, il est des nations, il est des individus qui ont usurpé ce qu'ils possèdent par la fraude ou par la violence. Les lois et la force publique mise au service des lois font justice de l'usurpation là où leur pouvoir s'étend et obtient à la fois l'obéissance et le respect. Mais il arrive, et l'histoire en fournit des exemples fréquents, que la propriété, qui procède de

_____

(¹) *De la propriété*, liv. I, chap. v.

cette source impure, se transmet ensuite paisiblement de génération en génération, donne lieu à un nombre infini de contrats et devient la base des fortunes. Doit-on, après tous ces faits accomplis, rechercher, en vue d'une condamnation, l'origine des patrimoines? ou plutôt l'intérêt social ne commande-t-il pas de légitimer les transactions subséquentes en passant l'éponge sur le point de départ? Cet état de choses a donné naissance au système de la prescription, qui est la véritable sauvegarde de la propriété. « Aucune transaction ne serait possible, dit encore M. Thiers, aucun échange ne pourrait avoir lieu, s'il n'était acquis qu'après un certain temps celui qui détient un objet le détient justement et peut le transmettre. Figurez-vous quel serait l'état de la société, quelle acquisition serait sûre, dès lors faisable, si on pouvait remonter au xiie et au xiiie siècle, et vous disputer une terre, en prouvant qu'un seigneur l'enleva à son vassal, la donna à un favori ou à un de ses hommes d'armes, lequel la vendit à un membre de la confrérie des marchands, qui la transmit lui-même, de mains en mains, à je ne sais quelle lignée de possesseurs plus ou moins respectables! Il faut bien qu'il y ait un terme fixe où ce qui est, par cela seul qu'il est, soit déclaré légitime et tenu pour bon, sans quoi voyez quel procès s'élèverait sur toute la surface du globe! »

Il convient d'ajouter cependant que la conquête et l'usurpation ne sont pas un fait constant ni exclusif, quoique l'on puisse le supposer en voyant dominer par les armes, sur la scène du monde, tantôt les Assyriens, tantôt les Perses, tantôt les Grecs, tantôt les Romains et tantôt les Barbares du Nord, qui se dépossédaient successivement les uns les autres. Non, la violence n'a pas marqué l'origine de toutes les propriétés. M. Thiers, après avoir avancé, contre le témoignage de l'histoire bien comprise et bien interprétée, que *toute société présentait au début ce phénomène de l'occupation plus ou moins violente*, explique à merveille, dans les lignes qui suivent, comment il se fait que la plus grande partie des propriétés foncières dérivent du travail :

« Le monde civilisé n'est pas une vaste usurpation, et, malgré les barbaries du régime féodal, malgré les bouleversements de la révolution de 1789, la propriété foncière remonte en France, et pour la plus grande partie, à l'origine la plus pure. Les champs que les Romains enlevèrent aux Gaulois étaient peu considérables, car le sol était à peine cultivé, et il ressemblait aux forêts que les Américains concèdent aujourd'hui aux Européens. Les Barbares le trouvèrent dans un état peu différent. Mais c'est surtout pendant les siècles qui ont suivi, et sous le régime féodal, que le défrichement a commencé et s'est continué sans interruption ; ce qu'indique le nom de *roture*, venant de *ruptura*, donné à toute propriété qui avait le défrichement pour origine. Toute terre roturière venait par conséquent du travail le plus respectable, et c'était le plus grand nombre ; car beaucoup de terres anoblies avec le temps, à cause de celui qui les possédait, avaient commencé par être des terres *roturières*. Depuis, sous une longue suite de rois, d'excellentes lois avaient rendu la transmission régulière, et le commerce, lorsqu'il voulait acquérir des domaines fonciers, les achetait à beaux deniers comptants des possesseurs roturiers ou nobles. Nous pouvons donc, nous autres Français, posséder nos terres en pleine tranquillité de conscience, fussions-nous même acquéreurs de biens nationaux ; car, en définitive, on paya ces biens avec la monnaie que l'État lui-même donnait à tout le monde, que tout le monde était obligé d'accepter de ses débiteurs, et enfin, quelques scrupules restant à la Restauration, elle a consacré 800 millions à les dissiper ([1]). »

La propriété entraîne l'inégalité des conditions dans l'état social, et l'inégalité des conditions n'est elle-même que le reflet des différences que la nature a mises entre les hommes. Tous les hommes n'ont pas la même force musculaire, ni le même degré d'intelligence, une égale aptitude ni une égale application au travail. Par cela seul qu'il en existe de plus forts, de plus habiles, et, s'il faut le dire aussi, de plus heureux que d'autres, il y en a qui marchent d'un pas plus rapide et plus sûr dans les voies de la richesse. La propriété n'aggrave pas ces irrégularités naturelles, mais elle les traduit en caractères durables et leur donne un corps. Dans l'origine, celui qui cultive mieux possède davantage. Quel intérêt la société aurait-elle à l'empêcher? Le plus habile et le plus robuste cultivateur, en enrichissant sa famille, augmente la somme générale des produits et enrichit par conséquent la société. L'égalité des conditions, le partage égal des propriétés et l'égalité des salaires sont trois formes d'une même idée, ce qui revient à dire que le plus fort ne doit pas produire plus que le plus faible, et que la pensée de l'homme éclairé doit s'abaisser au niveau de celle de l'homme ignorant; ce serait limiter la production, com-

---

([1]) *De la propriété*, livre I, chap. XII.

primer l'intelligence, étouffer dans leurs germes les lettres, les sciences et les arts.

Le droit de posséder a pour conséquence nécessaire le
droit de disposer des biens que l'on possède, et de les
transmettre soit à titre onéreux, soit à titre gratuit, de
les échanger, de les vendre, de les donner entre-vifs ou
par testament, et finalement de les laisser en héritage.
La propriété implique l'hérédité. L'homme est ainsi fait
qu'il veut se survivre à lui-même. Le soin de sa propre
conservation s'étend à celle de la famille ; il travaillerait
beaucoup moins pour lui, s'il ne travaillait en même
temps pour les siens. La propriété, réduite à l'usufruit,
n'aurait que la moitié de sa valeur pour les individus et
de son utilité sociale.

Cette pensée est exprimée dans de très-belles pages,
que j'aime mieux emprunter ici que chercher à refaire :
« L'homme n'ayant que lui-même pour but s'arrêterait
au milieu de sa carrière, dès qu'il aurait acquis le pain
de sa vieillesse, et, de peur de produire l'oisiveté du
fils, vous auriez commencé par ordonner l'oisiveté du
père ! Mais est-il vrai d'ailleurs qu'en permettant la transmission héréditaire des biens, le fils soit forcément un
oisif dévorant dans la paresse et dans la débauche la fortune que son père lui léguera ? Premièrement le bien, dont
vivra l'oisiveté supposée de ce fils, que représente-t-il
après tout ? un travail antérieur, qui aura été celui du père ;
et, en empêchant le père de travailler pour obliger le fils
à travailler lui-même, tout ce que vous gagnerez, c'est
que le fils devra faire ce que n'aura pas fait le père. Il n'y
aura pas eu un travail de plus. Dans le système de l'hérédité, au contraire, au travail illimité du père se joint

le travail illimité du fils, car il n'est pas vrai que le fils s'arrête parce que le père lui a légué une portion plus ou moins considérable de biens. D'abord il est rare qu'un père lègue à son fils le moyen de ne rien faire. Ce n'est que dans le cas de l'extrême richesse qu'il en est ainsi. Mais ordinairement, dans la plupart des professions, ce n'est qu'un point de départ plus avancé dans la carrière que le père ménage à son fils en lui léguant son héritage. Il l'a poussé plus loin, plus haut; il lui a donné de quoi travailler avec de plus grands moyens, d'être fermier quand lui n'a été que valet de ferme, ou d'équiper dix vaisseaux quand lui ne pouvait en équiper qu'un, d'être banquier quand il ne fut que petit escompteur, ou bien de changer de carrière, de s'élever de l'une à l'autre, de devenir notaire, médecin, avocat, d'être Cicéron ou Pitt, quand il ne fut lui-même que simple chevalier comme le père de Cicéron, ou cornette de régiment comme le père de M. Pitt.

« De même qu'il songeait à ses enfants et à cette idée devenait infatigable, son fils songe aussi à ses propres enfants, et à cette idée devient infatigable à son tour. Dans le système de l'interdiction de l'hérédité, le père se serait arrêté, et le fils également. Chaque génération bornée dans sa fécondité, comme une rivière dont on retient les eaux par un barrage, n'aurait donné qu'une partie de ce qu'elle avait en elle, et se serait interrompue au quart, à la moitié du travail dont elle était capable. Dans le système de l'hérédité des biens, au contraire, le père travaille tant qu'il peut, jusqu'au dernier jour de sa vie ; le fils qui était sa perspective en trouve une pareille dans ses enfants, et travaille pour eux comme on a tra-

vaillé pour lui, ne s'arrête pas plus que ne s'est arrêté
son père, et tous, penchés vers l'avenir comme un ouvrier
sur une meule, font tourner, tourner sans cesse cette
meule d'où s'échappent le bien-être de leurs petits-en-
fants, et non-seulement la prospérité des familles, mais
celle du genre humain (¹). »

En dépit des progrès de la civilisation, le vieux monde
présente encore, sur quelques points, des types des pha-
ses diverses que la propriété a parcourues. En comparant les peuples entre eux, tout observateur peut reconnaître que leur prospérité est en raison directe de
l'extension et des garanties qu'ils donnent au droit de
propriété. L'Orient est immobile et semble frappé de
stérilité ; l'Occident, qui se prête à toutes les combinaisons
du génie humain, accumule et multiplie les richesses.
Voyez les tribus arabes : elles vivent, comme au temps
de Moïse et de Mahomet, campées sur le sol qu'elles
partagent annuellement entre leurs membres, n'étendant
pas la propriété au delà des fruits d'une récolte, faisant
métier du pillage et toujours en danger d'être dépouil-
lées. Ont-elles conquis un pouce de terre sur le désert ?
n'ont-elles pas, au contraire, en devenant de plus en plus
misérables, dévasté ou laissé dévaster presque sans ressource une grande partie de l'Asie et de l'Afrique, là où
germèrent des moissons abondantes, où s'établirent de
puissants royaumes, et où brillèrent de superbes cités ?
Prenez ensuite les contrées dans lesquelles la propriété se
trouve de fait ou de droit limitée à l'usufruit : la Turquie,
la Perse et l'Inde ; le sol est fécond, le climat invite à la

(¹) *De la propriété*, par M. Thiers, livre I, chap. x.

production, et pourtant les produits sont misérables. Les populations vivent dans la pauvreté et dans l'ignorance. Le défaut de moralité égale l'absence de sécurité. La société paraît constamment chanceler sur sa base ; elle n'a pas en elle la force de résistance, et elle manque de point d'appui. En Europe enfin, où la propriété est héréditaire, la richesse et les lumières semblent être échues à chaque peuple, dans la proportion des garanties plus ou moins complètes dont il entoure la transmission des héritages. La Russie, avec d'immenses étendues de pays et avec une population de soixante millions d'hommes, ne pourrait pas payer la moitié du budget que supporte aisément la Grande-Bretagne ; et dans les contrées soumises encore au régime de la confiscation, telles que la Gallicie autrichienne et le royaume de Pologne, les terres, à qualité égale, ne valent pas la moitié de ce qu'elles valent en France, en Belgique ou en Hollande.

Ainsi, l'hérédité est nécessaire à la propriété, comme la propriété elle-même à l'ordre social ; c'est l'hérédité qui, en permettant l'accumulation des richesses, crée le capital et féconde par là le travail des hommes. Les lois de tous les peuples libres et industrieux la consacrent ; mais elle est tellement indispensable au développement de la famille et à la marche des sociétés, que si elle n'était pas la conséquence invincible de la nature humaine et de l'état social, si elle n'existait pas en un mot, il faudrait l'inventer.

## IV. — DES OBJECTIONS QUE L'ON ÉLÈVE CONTRE LE PRINCIPE DE LA PROPRIÉTÉ.

Les objections que l'on élève contre le principe de la propriété s'adressent, soit au droit, soit au fait même. L'adversaire en titre de la propriété, M. Proudhon, est obligé de reconnaître qu'en s'étendant elle se rapproche de l'idéal de la justice : « Autrefois la noblesse et le clergé ne contribuaient aux charges de l'État qu'à titre de secours volontaires et de dons gratuits ; leurs biens étaient insaisissables même pour dettes, tandis que le roturier, accablé de tailles et de corvées, était harcelé sans relâche tantôt par les percepteurs du roi, tantôt par ceux des seigneurs et du clergé. Le mainmortable, placé au rang des choses, ne pouvait ni tester, ni devenir héritier ; il en était de lui comme des animaux, dont les services et le croît appartiennent au maître par droit d'accession. Le peuple voulut que la condition de *propriétaire* fût la même pour tous ; que chacun pût *jouir et disposer librement de ses biens, de ses revenus, du fruit de son travail et de son industrie*... Le peuple n'inventa pas la propriété, mais comme elle n'existait pas pour lui, au même titre que pour les nobles et les tonsurés, il décréta l'uniformité de ce droit. Les formes acerbes de la propriété, la corvée, la mainmorte, la maîtrise, l'exclusion des emplois ont disparu ; le mode de jouissance a été modifié : le fond de la chose est demeuré le même ([1]). »

([1]) *Qu'est-ce que la propriété ?*

Mais ces progrès, qui sont liés à ceux de la civilisation, ne fléchissent pas l'hostilité de M. Proudhon, il en conteste le principe. La propriété, suivant lui, n'est pas de droit naturel : elle ne se fonde ni sur l'occupation ni sur le travail.

« Puisque tout homme, dit cet auteur, a droit d'occuper par cela seul qu'il existe, et qu'il ne peut se passer pour vivre d'une matière d'exploitation et de travail ; et puisque, d'autre part, le nombre des occupants varie continuellement par les naissances et les décès, il s'ensuit que la quotité de matière à laquelle chaque travailleur peut prétendre est variable comme le nombre des occupants ; par conséquent, que l'occupation est toujours subordonnée à la population ; enfin que la possession, en droit, ne pouvant jamais demeurer fixe, il est impossible en fait qu'elle devienne propriété (¹). »

Pour faire tomber ce paradoxe, il suffit d'en contester le point de départ. Les prérogatives de l'individu et de l'espèce ne renferment pas plus de droit naturel à l'occupation que de droit naturel au travail. Sans doute, au milieu des espaces vacants, celui qui occupe le premier un champ ou une prairie, qui l'enclôt de limites, qui se l'approprie, en devient le possesseur légitime ; mais ce n'est pas en vertu d'un titre de possession inhérent à chaque homme, c'est parce que le sol n'appartenait auparavant à personne, et parce que, en marquant cette terre de son empreinte, il ne lèse aucun droit antérieur.

« Un homme, dit M. Proudhon, à qui il serait interdit de passer sur les grands chemins, de s'arrêter dans les

_____

(¹) *Qu'est-ce que la propriété ?*

champs, de se mettre à l'abri dans les cavernes, d'allumer du feu, de ramasser des baies sauvages, de cueillir des herbes et de les faire bouillir dans un morceau de terre cuite, cet homme-là ne pourrait vivre. Ainsi, la terre, comme l'eau, l'air et la lumière, est un objet de première nécessité dont chacun doit user librement, sans nuire à la jouissance d'autrui ; pourquoi donc la terre est-elle appropriée ? » Voilà une thèse qui pourrait avoir son bon côté dans l'état sauvage. La théorie de M. Proudhon ferait fortune auprès d'une peuplade de chasseurs. Mais, dans une société industrieuse et policée, elle n'est plus qu'un écho tardif et décoloré des déclamations de Jean-Jacques. Les hommes aujourd'hui ne vivent plus de baies sauvages ni d'herbes ramassées dans les champs ; ils ne sont plus réduits à demeurer dans les cavernes ni à préparer des aliments grossiers dans des vases de terre cuite. La civilisation leur a procuré des biens qui compensent et au delà les prétendus droits naturels de cueillette, de chasse et de pêche ; et le plus modeste ouvrier, au dix-neuvième siècle, est mieux logé, mieux vêtu et mieux nourri que ne pourrait certainement l'être, avec son droit à la communauté de la terre, l'homme-type de M. Proudhon.

Après avoir soutenu que l'occupation ne pouvait pas servir de base à la propriété, M. Proudhon récuse également les titres du travail. Charles Comte avait dit : « Un espace de terre déterminé ne peut produire des aliments que pour la consommation d'un homme pendant une journée : si le possesseur, par son travail, trouve moyen de lui en faire produire pour deux jours, il en double la valeur. Cette valeur nouvelle est son ouvrage, sa création ; elle n'est ravie à personne ; c'est sa propriété. » M. Proudhon répond : « Je soutiens que le possesseur est payé de sa peine et de son industrie par la double récolte, mais qu'il n'acquiert aucun droit sur le fonds. Que le travailleur fasse les fruits siens, je l'accorde ; mais je ne comprends pas que la propriété des produits emporte celle de la matière. Le pêcheur qui, sur la même côte, sait prendre plus de poisson que ses confrères, devient-il par cette habileté propriétaire des parages où il pêche ? L'adresse d'un chasseur fut-elle jamais regardée comme un titre de propriété sur le gibier d'un canton ? La parité est parfaite : le cultivateur diligent trouve dans une récolte abondante et de meilleure qualité la récompense de son industrie ; s'il a fait sur le sol des améliorations, il a droit à une préférence comme possesseur ; jamais, en aucune façon, il ne peut être admis à présenter son habileté de cultivateur comme un titre à la propriété du sol qu'il cultive. Pour transformer la possession en propriété, il faut autre chose que le travail, sans quoi l'homme cesserait d'être propriétaire, dès qu'il cesse d'être travailleur : or, ce qui fait la propriété, d'après la loi, c'est la possession immémoriale, incontestée, en un mot, la prescription : le travail n'est que le signe sensible, l'acte matériel par lequel l'occupation se manifeste. »

Comme sources de la propriété, l'occupation et le travail se complètent l'un par l'autre. La possession n'aurait assurément rien de bien durable, si la culture ne venait la consacrer, en révélant et en mettant en action les forces productives du sol ; et, quant au travail, il n'implique pas nécessairement la propriété, puisqu'un fermier qui a dépensé des capitaux considérables à l'amélioration du sol qu'il tient à bail, s'il peut réclamer une compensation, des dommages-intérêts, n'acquiert pas pour cela un droit de propriété sur ce domaine. Voilà ce qui est vrai, voilà ce que l'on peut dire, sans tomber dans l'exagération. Mais prétendre que le possesseur qui a cultivé un champ et qui, en le cultivant, a bonifié le sol, a augmenté le capital que le sol représente, n'a droit qu'aux fruits de l'année, c'est là une erreur manifeste. Et à qui voulez-vous qu'appartienne cette terre améliorée? Y aura-t-on incorporé un capital, une valeur nouvelle pour que cette valeur devienne la proie du premier venu? En ce cas, personne ne voudra plus travailler; car le véritable encouragement au travail, c'est la certitude de récolter ce que l'on a semé, et le capital comme les produits.

M. Proudhon reconnaît que le cultivateur, qui a fait des améliorations sur le sol, *a droit à une préférence comme possesseur.* Voilà donc déjà une circonstance, et le cas se présente souvent, où la propriété, pour parler la langue de son livre, cesse d'être un vol. Mais il faut aller plus loin. Sans doute le propriétaire n'a pas besoin de cultiver pour conserver son droit; mais le travail ajoute aux titres de propriété et les rend encore plus respectables. Or, le possesseur qui cultive, même sans ajouter par la culture à la valeur de la terre, se relâcherait bien vite de son ardeur pour le travail s'il n'en devait tirer que le produit d'une récolte. L'agriculture est née de la permanence de la propriété, et sans les garanties que les lois attachent à la possession, elle ne ferait aucun progrès. M. Proudhon n'a qu'à voir ce que deviennent les meilleures terres entre les mains des tribus nomades, parmi lesquelles on ne gratte le sol que pour en obtenir la maigre récolte de l'année.

Mais, dira-t-on, la terre ainsi concédée à perpétuité est séquestrée peu à peu, envahie, et les derniers venus se trouvent exposés à voir les deux hémisphères entièrement occupés par les héritiers des premiers qui ont occupé le sol ou de ceux qui l'ont arraché, soit par violence, soit par fraude, à ses premiers possesseurs. Quand cela serait, le malheur ne nous semblerait pas très-grand. La terre, grâce aux progrès de l'industrie, n'est plus la seule richesse. Celui qui ne possède pas un champ peut acheter une maison, fonder une manufacture, prendre un intérêt dans une entreprise de transport. La propriété, en supposant qu'elle ne suffît plus pour tous sous la forme territoriale, s'offrirait abondamment sous des formes nouvelles. L'appropriation antérieure du sol, au lieu de dépouiller les races futures, tend donc à les enrichir.

Mais de très-bons esprits n'admettent pas cette prétendue confiscation du sol au détriment des derniers venus. M. Thiers présente sur ce point des considérations décisives que j'essaierai de résumer... « Certains ingénieurs ont pensé qu'il y avait de la houille dans les entrailles de la terre pour un millier d'années, tandis que d'autres au contraire ont cru qu'il n'y en avait pas à brûler, au train dont va l'industrie, pour plus de cent ans. Faudrait-il par hasard s'abstenir d'en user, de peur qu'il n'en restât point pour nos neveux ?... La société qui ne permettrait pas la propriété foncière, de crainte qu'un jour toute la surface de la terre ne fût envahie, serait tout aussi extravagante. Rassurons-nous. Les nations de l'Europe n'ont pas encore cultivé les unes le quart, les autres le dixième de leur territoire, et il n'y a pas la millième partie du globe qui soit occupée. Les grandes nations connues ont toutes fini jusqu'ici, n'ayant encore défriché qu'une très-petite portion de leur sol. Elles avaient traversé la jeunesse, l'âge mûr, la vieillesse ; elles avaient eu le temps de perdre leur caractère, leur génie, leurs institutions, tout ce qui fait vivre, avant d'avoir, non pas achevé, mais un peu avancé la culture de leur territoire.

« Après tout, l'espace n'est rien. Souvent, sur la plus vaste étendue de terre, les hommes trouvent de la difficulté à vivre, et souvent au contraire ils vivent dans l'abondance sur la plus étroite portion de terrain. Un arpent de terre en Angleterre ou en Flandre nourrit cent fois plus d'habitants qu'un arpent dans les sables de la Pologne ou de la Russie. L'homme porte avec lui la fertilité ; partout où il paraît, l'herbe pousse, le grain germe. C'est qu'il a sa personne et son bétail, et qu'il répand partout où il se fixe l'humus fécondant. Si donc on pouvait imaginer un jour où toutes les parties du globe seraient habitées, l'homme obtiendrait de la même surface dix fois, cent fois, mille fois plus qu'il n'en recueille aujourd'hui. De quoi, en effet, peut-on désespérer quand on le voit créer de la terre végétale sur les sables de la Hollande ? S'il en était réduit au défaut d'espace, les sables du Sahara, du désert d'Arabie, du désert de Cobi se couvriraient de la fécondité qui le suit ; il disposerait en terrasses les flancs de l'Atlas, de l'Himalaya, des Cordillères, et vous verriez la culture s'élever jusqu'aux cimes les plus escarpées du globe, et ne s'arrêter qu'à ces hauteurs où toute végétation cesse.

« Cette surface du globe, que l'on dit envahie, ne manque pas aux générations futures, et en attendant elle ne manque pas aux générations présentes ; car de toutes parts on offre de la terre aux hommes : on leur en offre en Russie, sur les bords du Borysthène, du Don et du Volga ; en Amérique, sur les bords du Mississipi, de l'Orénoque et de l'Amazone ; en France, sur les côtes d'Afrique, chargées autrefois de nourrir l'empire romain. Mais les émigrants n'en acceptent pas toujours, et quand ils acceptent, si l'on n'ajoute rien au don du sol, ils vont mourir sur ces terres lointaines. Pourquoi ? parce que ce n'est pas la surface qui manque, mais la surface couverte de constructions, de plantations, de clôtures, de travaux d'appropriation. Or, tout cela n'existe que lorsque des générations antérieures ont pris la peine de tout disposer pour que le travail des nouveaux venus fût immédiatement productif. »

On le voit, la terre, malgré l'extension qu'a prise la propriété, ne manque pas à l'homme. C'est la propriété bien assise, entourée de garanties et devenue héréditaire, qui rend le sol habitable et productif. Ajoutez que, sous l'influence de ce régime, le sort du cultivateur s'améliore plus rapidement encore que celui du propriétaire. C'est surtout au travail que profite la propriété.

### V. — DU COMMUNISME ET DU SOCIALISME.

Les adversaires de la propriété se partagent en sectes qui la nient d'une manière absolue, et en sectes qui, sans afficher la prétention de la détruire, veulent en transformer la nature ou en corriger les effets. Celles-ci ont proposé divers systèmes, tels que l'association des travailleurs, le droit au travail et la banque d'échange ; celles-là tendent plus ou moins directement à la communauté des biens et par conséquent des familles, et ont joui seules, dans les temps de commotions politiques ou sociales, d'une sorte de popularité.

Cette popularité se conçoit. Le peuple n'a qu'un petit nombre d'idées, et il lui faut des idées simples, il est logicien avant tout. Vous pouvez surprendre et abuser des esprits cultivés, mais peu assurés d'eux-mêmes, avec les rêveries de Saint-Simon ou de Fourier ; mais si vous dites aux masses que nul n'a le droit d'occuper le sol et que la propriété individuelle est une usurpation, elles ne s'arrêteront pas à moitié chemin ; elles ne se contenteront pas d'abolir l'hérédité ou de rechercher les moyens de rendre le travail attrayant, et elles iront droit à la conclusion légitime qu'entraîne la négation de la propriété, à savoir la communauté des biens.

Dans la crise révolutionnaire que nous venons de traverser, les ouvriers et les paysans, que les prédications du socialisme avaient égarés, ne suivaient ni le drapeau de M. Considérant ni celui de M. Proudhon, ils étaient simplement communistes. Les disciples de Fourier n'ont trouvé personne qui consentît, après l'expérience de Condé-sur-Vègre, à leur apporter, pour la reconstruction du phalanstère, son capital et ses bras. Owen au contraire dans la Grande-Bretagne et M. Cabet en France ont recruté sans peine des hommes qui s'aventuraient même au delà des mers pour réaliser l'utopie antisociale, qui allaient mourir de misère à la Nouvelle-Harmonie ou dans la république icarienne.

En dehors de ces tentatives récentes, il existe plusieurs agrégations d'hommes, dans lesquelles on a cherché à introduire, quoique imparfaitement et sous des formes diverses, la communauté des biens. Je ne parlerai pas des communautés religieuses, dans lesquelles on s'interdit également l'accumulation du capital et la reproduction de l'espèce. Celles-là évidemment sont des exceptions et des anomalies placées en dehors du monde, qui ne peuvent servir de type à aucun ordre social ; elles accomplissent, comme on l'a fait remarquer, le suicide chrétien. C'est une manière de mourir avant le temps ; ce n'est pas un mode de vivre. Il existe à la vérité en Russie des communes dans lesquelles chaque année on partage à nouveau les terres cultivables entre les habitants ; mais ceux-ci disposent comme ils l'entendent de la récolte qu'ils ont semée, et chacun demeure propriétaire de sa maison, de ses bestiaux, ainsi que de son capital d'exploitation. C'est la tradition de la vie nomade se continuant dans la vie sédentaire. Encore ce système ne peut-il durer quelque temps, l'amélioration du sol étant sans intérêt pour le laboureur, et devenant par conséquent impossible, qu'à la condition d'une population stationnaire ou dont le surplus serait absorbé par l'émigration.

Tous les exemples de communisme dont l'histoire dépose n'ont abouti qu'à des essais incomplets, informes et éphémères. Tels qu'ils sont, ils prouvent, en face des sociétés fondées sur la propriété et qui celles-là prospèrent, qu'aucun ordre n'a pu s'établir sur la base contre nature de la communauté des biens.

Au reste, un état social mixte ne se conçoit pas. Ou il faut que l'homme travaille pour lui-même et acquière ainsi la propriété, ou il faut qu'il travaille pour la communauté qui, recueillant les fruits de son travail, se chargera de pourvoir à ses besoins. Dans ce dernier système, l'homme ne peut mettre en réserve et individualiser ni ses intérêts ni ses affections. La communauté des biens conduit nécessairement à la communauté des femmes. « Ou tout en propre, ou rien, dit avec raison M. Thiers ; alors rien, ni le pain, ni la femme, ni les enfants ; tout en commun, le travail et la jouissance. »

Le communisme détruit la personnalité humaine, la liberté, le travail et la famille.

Le communisme supprime la liberté. Pour éviter les mauvaises chances à l'homme, de peur qu'il ne rencontre la pauvreté en courant après la richesse, on l'oblige à travailler pour la communauté qui lui distribue la nourriture, les vêtements et un abri ; mais c'est à condition d'humilier sa volonté devant la volonté commune, de faire abnégation de son jugement et de ses penchants, de suivre littéralement l'ordre qui lui est donné, d'être mathématicien quand il voudrait cultiver la poésie ou l'histoire, d'être tisserand ou forgeron quand il voudrait labourer les champs ; enfin de se laisser opprimer en tout temps par une égalité grossière. On traite ainsi l'espèce humaine comme une ruche d'abeilles ou comme un rassemblement de castors. On oublie que l'homme suit naturellement, non pas un instinct irrésistible et fatal, mais une loi morale à laquelle il conforme librement ses actes ; que la liberté consiste à pouvoir se tromper et à pouvoir souffrir ; que c'est là ce qui élève notre nature au-dessus de celle des animaux; et que, pour supprimer la liberté individuelle, il faudrait pouvoir annuler la responsabilité.

Le communisme détruit le travail; car il décourage l'ouvrier en éloignant le but que l'ouvrier veut atteindre. L'homme qui exécute une tâche a besoin de croire, en y consacrant toutes ses facultés, qu'il obtiendra une rémunération proportionnée à ses efforts; il y mettrait la main bien mollement s'il pouvait craindre qu'un ouvrier moins habile ou moins laborieux reçût le même salaire. Or l'égalité des salaires est la conséquence inévitable de la communauté. Ce n'est pas tout : dans la communauté, le mobile du travail manque. On ne compte ni son temps ni sa peine quand on s'efforce de produire pour soi ou pour sa famille. Mais en sera-t-il de même quand il faudra produire pour cet être de raison qu'on appelle la société? La plus simple connaissance du cœur humain enseigne que, si le législateur a raison de généraliser et d'élever la notion du devoir, il ne saurait trop individualiser celle des mobiles intéressés. Vous pouvez dire à un citoyen : « Va te faire tuer pour ton pays ! » Vous seriez mal reçu à lui dire : « Veille et prodigue tes forces pour enrichir la société. » Dans les sociétés où la propriété est admise et où le travail profite à celui qui s'y livre, c'est tout au plus si l'on parvient à procurer du pain à tout le monde; mais une société communiste, endormant le zèle et glaçant les facultés de ses membres, ne tarderait pas à mourir de faim. Les tribus qui vivent à l'état sauvage, dans les savanes de l'Amérique ou dans les steppes de l'Asie, mettent à peu près toutes choses en commun; aussi, quand la famine vient les frapper, peu s'en faut que les races ne s'éteignent.

La famille n'est pas seulement un centre d'affections, embrassant la destinée de l'homme depuis le berceau jusqu'à la tombe, elle est aussi un groupe d'intérêts. Le communisme, en détruisant les intérêts, tend à ébranler les affections qui s'y rattachent. Abolissez les limites de la propriété, et vous effacez, ou peu s'en faut, les limites de la famille. Dans le régime de la communauté, un mari qui aime sa femme, un père qui chérit ses enfants, ne pouvant absolument rien pour eux, est soumis à une torture de tous les instants. La communauté encourage, engendre même l'indifférence des parents pour les enfants et des enfants pour les parents. Elle étouffe ou glace les sentiments, pour ne laisser de place qu'aux appétits.

Les monstruosités du communisme s'ajustent les unes aux autres. C'est un édifice hideux à voir et inhospitalier pour l'homme, mais dont toutes les parties se rapportent du moins à un plan d'ensemble. C'est une société fantastique, si l'on veut, et placée dans les conditions de l'absurde, mais enfin une société nouvelle qui aspire à supplanter la vieille société. Le socialisme, au contraire, dans les variations infinies qu'affecte l'esprit de secte, n'est qu'un communisme inconséquent. Il laisse subsister la société actuelle en cherchant à y introduire des éléments qu'elle repousse et des germes de mort. Les socialistes admettent la propriété, mais ils attaquent le capital, la concurrence et la liberté de disposer, les conditions, en un mot, en dehors desquelles la propriété n'a rien de durable.

Tous les systèmes dont on nous a donné le spectacle

peuvent se ramener, comme je l'ai déjà indiqué, à trois principaux : l'association des ouvriers entre eux, la banque d'échange ou la réciprocité des services, et le droit au travail. Chacun de ces systèmes est entré, à un moment donné, dans le domaine de la pratique. A la faveur d'une révolution formidable qui avait détendu les ressorts du gouvernement, ils ont franchi violemment le terrain d'un débat contradictoire pour introduire dans la région des faits un commencement de domination. De là vient que nous pouvons les juger non-seulement sur l'infériorité de leurs arguments, mais sur l'avortement de leur fortune.

J'ai traité ailleurs la question du droit au travail [1], et je me bornerai à rappeler ici que M. Proudhon, en disant : « Donnez-moi le droit au travail, et je vous abandonne la propriété, » en a prononcé la condamnation la plus sévère.

Dans le système de l'association, qui a été consacré non-seulement par des réunions libres d'ouvriers, mais par des prêts d'argent faits par l'État, l'on se proposait de soustraire les ouvriers à ce que l'on appelait alors la tyrannie du capital, et le travail aux effets de la concurrence.

Une association de capitalistes se conçoit ; car le capital est le levier à l'aide duquel, dans les régions de l'industrie et dans celles du crédit, on soulève les montagnes. Un concert d'intérêts entre des capitalistes et des entrepreneurs d'industries ou des directeurs du travail semble tout aussi naturel ; car il y a là des forces diverses

[1] Voyez le chapitre *Droit au travail.*

qui viennent concourir au même but, et dont chacune ajoute à la puissance des autres. A la rigueur et dans des circonstances exceptionnelles, un effet utile peut résulter de la réunion du capital et du talent avec le travail mécanique, suivant la formule de Saint-Simon. Mais agglomérer des ouvriers et les associer entre eux, c'est méconnaître la vraie matière de l'association qui suppose la combinaison de forces diverses.

Les machines les plus ingénieuses et les plus puissantes ont besoin d'un moteur. Le travail humain a deux moteurs dont il ne saurait se passer, le capital et l'intelligence. Il y a folie à prétendre que l'on peut supprimer sans inconvénient, soit dans l'industrie, soit dans l'agriculture, l'intervention des capitalistes et celle des entrepreneurs, des patrons. Les associations d'ouvriers se donnent un gérant par l'élection ; mais l'élection est le plus mauvais de tous les moyens pour découvrir la capacité, et l'investiture que l'on reçoit de ses égaux ne confère ni les lumières ni l'expérience. En outre on ne conduit bien et l'on ne fait prospérer une entreprise qu'avec le stimulant et avec les inspirations de l'intérêt privé. Les associations d'ouvriers les mieux dirigées ont manqué visiblement de cet instinct commercial qui développe les affaires, qui en éclaire et qui en assure la marche. Une réunion d'ouvriers travaillant sans l'assistance des patrons, c'est le travail sans direction, une machine sans moteur, la révolte des bras contre la tête, et, pour tout dire, l'anarchie.

Toute industrie a besoin d'un capital ; car c'est le capital qui fournit les outils, le fonds de roulement et les matières premières. Or les ouvriers n'ont que leurs bras à mettre en commun. Il faut que le capital leur vienne de quelque part ; ils le demanderont certainement à l'État, s'ils ne le reçoivent pas librement des capitalistes. L'État cependant n'est riche que de la richesse commune. Le trésor public se forme du produit des contributions acquittées par chaque citoyen. Le gouvernement n'a pas le droit de s'en servir pour commanditer certaines combinaisons, une classe de citoyens au détriment des autres. Au fond, l'État, prêtant ou donnant le capital à des ouvriers associés, deviendrait un véritable entrepreneur d'industrie. Ce serait lui qui ferait concurrence aux capitalistes et aux patrons avec les fonds de tout le monde. Il n'y a qu'un pas d'un pareil régime au monopole, à la communauté ; et ce pas serait bientôt franchi.

Il convient de remarquer encore que le système de l'association entre ouvriers, qui a été imaginé dans l'intérêt des ouvriers des grandes industries, ne saurait convenir à ceux de l'agriculture qui occupe en France 24 millions d'hommes. Ainsi l'État commettrait une injustice, il ferait de plus une détestable spéculation, et il la ferait dans l'intérêt de quatre à cinq cent mille personnes, que les doctrines socialistes ont perverties et constituées, d'une manière à peu près permanente, à l'état d'hostilité contre l'ordre public.

Reste le système de la réciprocité, la *Banque du peuple* : ce système n'est pas une innovation ; il se compose de deux éléments déjà éprouvés, qui ont fait couler beaucoup de sang et de larmes, le maximum et les assignats. L'auteur a voulu recommencer l'expérience sur nouveaux frais. Il a ouvert, dans un moment où la passion politique venait à son aide, la souscription à la *Banque du peuple*. Mais ce peuple, qui verse des millions à la caisse d'épargne, est resté indifférent devant les promesses du banquier de l'échange, et n'a pas trouvé 200,000 francs à lui offrir : en attendant l'influence de la contrainte, la combinaison sous la forme spontanée et libre a complétement échoué. L'établissement est mort d'inanition, avant d'expirer sous le ridicule.

Examinons cependant le système, comme s'il était encore à expérimenter. M. Proudhon prétend décréter le bon marché et supprimer le numéraire ; à ce prix, tous les maux de l'humanité seront guéris, et nous entrerons dans un âge de bonheur sans mélange, que j'appellerais volontiers l'âge d'or, par une réminiscence classique, sans l'horreur de M. Proudhon pour l'emploi des métaux précieux.

Mais comment opérer le bon marché de toutes choses, et comment amener le monde à répudier de lui-même l'usage de l'argent ? Il s'agit de réduire par une décision de la puissance législative, tous les revenus, tels que loyers de maisons, fermages de terres, intérêts de capitaux, salaires de toute nature ; puis cela fait, et par voie de compensation, l'on diminuera d'une quantité proportionnelle la valeur des choses. Le prix des consommations s'affaiblissant en même temps et au même degré que les salaires, il y aura une sorte de réciprocité. Mais quel sera le résultat, et quel but veut-on atteindre ? Évidemment cette combinaison doit avorter. Car il ne dépend ni du pouvoir qui représente la société, ni des individus qui la composent, de fixer arbitrairement le prix des choses. On peut rogner par un décret le traitement des fonctionnaires publics, et c'est une besogne dont la révolution de Février s'est acquittée à la satisfaction, je pense, des niveleurs égalitaires. Mais on ne détermine à volonté ni la valeur des services ni celle des objets de consommation. Le travail et les matériaux du travail se payent plus ou moins cher sur le marché, selon qu'ils sont plus ou moins demandés. Il n'y a pas de décret qui permette d'éluder l'inflexible loi du rapport de l'offre à la demande. Mais en supposant l'impossible, que gagnerait-on au succès du système? Si les salaires sont réduits dans la proportion exacte de la réduction opérée sur le prix des choses, on ne s'en trouvera ni bien ni mal, car il n'y aura rien de changé. Personne n'en sera ni plus riche ni plus pauvre. La somme des jouissances restera la même ainsi que celle des besoins. Ce sera pour ainsi dire le mouvement sur place; on aura pris une grande peine, on aura fait mouvoir tous les rouages de la machine sociale, pour accomplir une opération qui est un pur jeu de l'esprit.

Après le bon marché, vient l'échange. Il s'agit de créer une vaste banque qui ait pour gage la production entière du pays, comme la dette publique et comme l'impôt. Cette banque sera ouverte à tout travailleur qui, sur sa demande, en recevra le papier dont il a besoin. Le papier de la banque ayant cours, comme le numéraire que l'on prétend remplacer, le travailleur pourra se procurer ainsi les moyens de produire et de jouir. C'est le crédit universel, le crédit fait à tout le monde, à ceux qui produisent comme à ceux qui ne produisent pas, aux incapables comme aux habiles, aux paresseux comme aux ouvriers diligents, et aux fripons comme aux gens honnêtes. C'est le crédit offert indistinctement aux premiers venus ; car le système s'est interdit de refuser, et au premier refus, le papier d'échange aurait tous les inconvénients que l'on reproche au numéraire. Une banque, fondée sur de tels principes, n'aurait ni le droit ni le pouvoir de limiter ses émissions ; elle succomberait bientôt à une dépréciation inévitable. M. Proudhon s'indignait comme d'une injure d'un rapprochement entre la banque d'échange et les assignats. Il avait tort ; ce sont les inventeurs des assignats qui auraient le droit de se plaindre. Les assignats, en effet, ayant une hypothèque spéciale, offraient, jusque dans l'abîme de la dépréciation, une valeur quelconque au porteur. Les bons d'échange, hypothéqués sur la foi publique, dans un gouvernement socialiste, au milieu du discrédit général et de la ruine universelle, ne représenteraient plus rien.

En voilà bien assez, pour un travail qui doit être sommaire, sur les divers systèmes que l'on oppose à la propriété. Ces systèmes ont fait bien du mal. Quelques-uns, après avoir commencé par être des rêves, ont fini par être des crimes. Au lieu de remuer des idées, de prétendus réformateurs ont secoué sur le monde la torche qui allume les appétits et qui échauffe les passions. On a troublé ainsi, pour longtemps peut-être, les esprits en Europe ; mais on n'a pas ébranlé, quoi qu'on ait dit et quoi qu'on ait entrepris, au milieu de la tourmente sociale, les fondements inébranlables de la propriété. Les socialistes de nos jours ne feront pas ce que les Jacques au moyen âge et les Anabaptistes au seizième siècle n'ont pas pu faire. Comme toutes les institutions qui servent de base à l'ordre social, la propriété est en progrès. Elle marche, elle s'étend, et elle comble chaque jour de ses bienfaits ceux-là mêmes qui la maudissent. Il n'y a de moralité et de richesse que là où la propriété se trouve solidement assise et fortement garantie : c'est, les yeux fixés sur le passé de la propriété, que l'économie politique en proclame le principe et en défend l'avenir.

# III

## INTÉRÊT

L'intérêt est le produit, le croît (*incrementum*), le revenu (*reditus*) du capital. Quand l'intérêt représente la redevance servie par l'emprunteur au prêteur du capital, il conserve son nom générique ou prend les dénominations plus spéciales de loyer et de rente. Le prix perçu par le propriétaire, pour l'usage de la terre qu'il donne à bail, est la rente du sol ou le fermage. Le terme revenu s'applique plus particulièrement au produit des capitaux engagés dans le commerce, dans l'agriculture ou dans l'industrie. En un mot, l'intérêt signifie également le profit que le capitaliste obtient pour l'exploitation directe de sa chose, et la prime qu'il reçoit pour en concéder l'usage pendant un certain laps de temps.

Aucune difficulté ne peut s'élever sur les profits du capitaliste qui met lui-même son capital en valeur; l'intérêt du capital se confond alors avec le produit du travail. En exploitant un champ, un atelier ou un comptoir qui lui appartient, l'entrepreneur du travail n'a de comptes à rendre à personne : c'est là une opération en quelque sorte de l'ordre domestique, de laquelle ne naît aucun rapport à régler. Que le capital employé par celui qui le possède rende 5 ou 20 pour 100, qu'il fructifie ou qu'il demeure improductif, cela ne regarde que le producteur : ce sont les mystères intimes de la propriété ; il n'y a là rien qui tombe sous la juridiction du législateur, qui ne s'occupe des choses qu'au point de vue des relations qu'elles amènent entre les hommes.

Mais du moment où le détenteur du capital s'en dessaisit pour le donner à bail si c'est un immeuble, ou pour le prêter à intérêt si c'est une valeur mobilière, un contrat se forme entre celui qui livre et celui qui reçoit. De ce contrat dérivent des droits et des obligations pour chacun des contractants, que la loi détermine pour l'avantage des deux parties, et des conséquences que l'économie politique a pour mission d'observer, afin d'en déduire, au bénéfice tant des individus que de la société, les enseignements de l'expérience.

## I. — PRÊT A INTÉRÊT.

Est-il permis de prêter à intérêt? Peut-on légitimement retirer un produit de son capital, un revenu de son argent? Cette question, qui semble n'en être plus une aujourd'hui, a, jusque vers la fin du siècle dernier, partagé le monde. Le prêt à intérêt avait pour lui la pratique constante des peuples, surtout de ceux qui ont marqué par leurs progrès dans la richesse, dans le commerce et dans l'industrie; il avait contre lui les oracles de la religion et les docteurs de la loi. Maintenant que la théologie s'humanise sur ce point et que la jurisprudence se relâche de sa rigueur, le socialisme reprend à son profit la thèse de l'abolition de l'intérêt.

C'est un sophisme qui n'a fait que changer de défenseurs; seulement, au lieu de puiser dans la charité ou dans une morale peu éclairée le principe de cet interdit jeté sur le capital, on s'adresse désormais à l'envie et aux passions anarchiques.

Les lois de Moïse reconnaissaient la légitimité du prêt à intérêt, puisqu'il n'était interdit aux Juifs qu'à l'égard de leurs concitoyens, considérés ainsi comme des membres de la même famille (¹), et que les transactions du crédit ainsi que du commerce reprenaient toute leur liberté vis-à-vis des étrangers.

Les lois de Solon, faites pour un peuple essentiellement commerçant, n'apportaient à l'emploi de l'argent ni restrictions, ni limites.

A Rome, la sévérité de la législation à cet égard ne fit que provoquer la désobéissance : le capital, que l'on persécutait, devint exigeant dans la proportion des risques auxquels on l'exposait. Nulle part la théorie ne se trouva plus étrangement démentie par la pratique : Caton, qui comparait l'usure à l'assassinat, était lui-même un usurier avide et impitoyable; et l'austère Brutus prêtait à 48 pour 100 par année.

Au moyen âge, l'autorité civile et l'autorité religieuse s'accordèrent à prohiber le prêt à intérêt. Cette interdiction, déjà écrite dans les capitulaires d'Aix-la-Chapelle, en 789, s'est perpétuée dans la loi française jusqu'à la révolution de 1789. Mais pendant ce long millénaire, l'observation du précepte légal a été purement nominale. On a eu recours, pour l'éluder, à des subtilités sans

(¹) *Fratri tuo non fœnerabis, alieno autem fœnerabis.*

nombre : la lettre de change d'abord, et ensuite la constitution de rente, en ont fourni les moyens les plus simples comme les plus usités. Plus tard, on en est venu à tolérer le prêt par billet, l'escompte et toute espèce de négociation d'argent entre commerçants. Les souverains eux-mêmes ont eu besoin d'emprunter et ont dû subir les conditions des prêteurs. Partout la force des choses s'est fait jour à travers les mailles d'une législation arriérée et antisociale.

Les préjugés qui repoussent le prêt à intérêt remontent au temps et prennent leur source dans les écrits d'Aristote. Voici en quels termes le philosophe grec enseigne cette doctrine, depuis trop célèbre, de la stérilité de l'argent :

« L'acquisition des biens étant double, c'est-à-dire à la fois commerciale et domestique, celle-ci nécessaire et estimée à bon droit, celle-là méprisée non moins justement comme n'étant pas naturelle et ne résultant pas du colportage des objets, on a surtout raison d'exécrer l'usure ([1]), parce qu'elle est un mode d'acquisition né de l'argent lui-même, et ne lui donnant pas la destination pour laquelle on l'avait créé. L'argent ne devrait servir qu'à l'échange, et l'intérêt qu'on en tire le multiplie lui-même, comme l'indique assez le nom que lui donne la langue grecque. Les pères sont ici absolument semblables aux enfants : l'intérêt est de l'argent issu d'argent, et c'est de toutes les acquisitions celle qui est le plus contre nature ([2]). »

([1]) Ce mot usure, en latin *usura*, signifie ici l'intérêt de l'argent.
([2]) Traduction de M. Barthélemy Saint-Hilaire.

L'anathème prononcé par Aristote contre le commerce de l'argent s'étend, comme on voit, à toute espèce d'opération commerciale. Il n'a pas compris, lui qui vivait pourtant au milieu d'un peuple trafiquant par excellence, l'utilité du rôle que remplit le commerce dans la société. Il n'a pas vu que, rapprocher les nations, ouvrir des débouchés, placer les produits à portée du consommateur, c'était les mettre en valeur, et en quelque sorte produire.

Dans un traité dirigé contre le prêt à intérêt, un autre moraliste grec, Plutarque, s'écrie : « Quoi ! vous êtes hommes, vous avez des pieds, des mains, une voix, et vous dites que vous ne savez de quoi vous nourrir ! Les fourmis ne prêtent ni n'empruntent ; elles n'ont cependant ni mains, ni arts, ni raison ; mais elles vivent de leur travail, parce qu'elles se contentent du nécessaire. Si l'on voulait se contenter du nécessaire, il n'y aurait pas plus d'usuriers qu'il n'y a de centaures. »

Plutarque fait ici allusion aux riches qui dépensaient au delà de leur revenu, et qui se ruinaient en emprunts pour donner cours à des fantaisies éphémères ; mais, même dans ce temps-là, les débauchés et les prodigues n'étaient pas les seuls qui empruntassent. Il y avait déjà des industries qui avaient besoin de capitaux, et des trafiquants qui avaient recours, pour mener à fin ou pour étendre leurs opérations, au prêt à intérêt ou à la commandite. Les trésors accumulés par l'épargne, acquis par le commerce, ou conquis par la victoire, n'étaient pas toujours dissipés en luxe et en plaisirs ; ils servaient quelquefois à stimuler la production et à développer la richesse. L'argent était dès lors un instrument de travail. Les capitalistes qui le prêtaient pour cet usage ren-

daient service aux emprunteurs et à la société ; ils avaient
donc le droit de recevoir le prix de ce service. Plutarque, à force de se préoccuper des abus, n'a pas aperçu
les bons effets du prêt à intérêt.

Les Pères de l'Église qui ont traité cette question n'ont
fait que copier Aristote et Plutarque. « Les prêteurs,
dit saint Basile, s'enrichissent des misères d'autrui ; ils
tirent avantage de la faim et de la nudité du pauvre...
Faire l'usure, c'est recueillir où l'on n'a rien semé. »
Saint Chrysostome, insistant sur cet argument, s'écrie,
dans un style chargé de métaphores : « Quoi de plus
déraisonnable que de semer sans terre, sans pluie, sans
charrue ? Tous ceux qui s'adonnent à cette damnable agriculture n'en moissonnent que de l'ivraie... Retranchons
donc ces enfantements monstrueux de l'or et de l'argent,
étouffons cette exécrable fécondité... » Saint Ambroise,
saint Augustin et saint Jérôme tiennent le même langage. Voici un dilemme de ce dernier, un peu rigoureux
à notre avis, et qui, s'il est inspiré par la charité, ne
l'est guère par la logique : « Avez-vous prêté à celui qui
avait ou à celui qui n'avait pas ? S'il avait, pourquoi lui
prêter ? S'il n'avait pas, pourquoi lui en demandez-
vous davantage, comme s'il avait ? » Il est facile de
répondre que, si l'on prête à ceux qui ont, c'est parce
qu'ils ne disposent pas toujours à point nommé des ressources qu'ils possèdent, et qu'un prêt d'argent fait à
propos leur permet d'attendre l'échéance de leurs revenus. Quant à ceux qui ne possèdent rien, en leur prêtant
un capital, on leur donne le moyen de faire fructifier
leur travail ; on place dans leurs mains le levier de la richesse. S'ils n'avaient pas de crédit, ils seraient encore

plus pauvres, et c'est bien le moins qu'ils doivent, en faveur d'un bien souvent inespéré, que de payer le loyer de l'argent qu'ils ont emprunté.

« Mieux valent, dit un autre docteur de l'Eglise, l'auteur de l'*Imitation*, Gerson, quelques usures légères qui procurent des secours aux indigents, que de les voir réduits, par la pauvreté, à voler, à dissiper leurs biens, à vendre à très-vil prix leurs meubles et leurs immeubles. »

L'Église condamnait aussi les ventes à terme, en tant qu'un intérêt moratoire s'y trouvait stipulé. C'était, suivant la scolastique, « vendre le temps qui ne peut être vendu, puisque Dieu l'a rendu commun à tous. » Chose étrange, cette maxime du droit canon fut d'abord proclamée en Angleterre, par le concile de Coventry, dans le même pays où l'on a inventé depuis cet adage populaire : « Le temps est de l'argent. » (*Time is money.*)

Mais personne n'a poussé plus loin que l'instigateur de la réforme religieuse, le docteur Luther, le préjugé contre le prêt à intérêt, flétri depuis le neuvième siècle du nom d'usure. Voici comment il s'en explique dans ses *Propos de table* : « Les lois civiles elles-mêmes prohibent l'usure. Échanger quelque chose avec quelqu'un, en gagnant sur l'échange, ce n'est pas faire œuvre charitable, c'est voler. Tout usurier est un voleur digne du gibet. J'appelle usuriers ceux qui prêtent à 5 et 6 pour 100. Aujourd'hui, à Leipsick, celui qui prête cent florins en exige quarante au bout d'une seule année pour l'intérêt de son argent. Croyez-vous que Dieu tolère semblable chose ? Il n'y a rien sous le soleil que je haïsse autant que cette ville de Leipsick, tant il y a là d'usure, d'avarice, d'insolence, de supercherie et de rapacité. »

Il entrait dans le jugement porté par Luther plus de passion que de doctrine. L'Église romaine s'était relâchée à cette époque de sa sévérité relativement au prêt à intérêt. Ses alliés, les Florentins, s'étaient enrichis en faisant le commerce de l'argent dans toute l'Europe. En tonnant contre les banquiers, Luther croyait tonner encore contre les papes. Calvin fut mieux avisé, en ne se laissant pas détourner de l'examen des doctrines par des considérations de parti ou de personnes. Il attaqua avec une grande vigueur la théorie économique d'Aristote sur la stérilité de l'argent : « L'argent, dit-on, n'enfante pas l'argent. Et la mer le produit-elle? Est-il le fruit d'une maison, pour l'usage de laquelle pourtant je reçois un loyer? L'argent naît-il, à proprement parler, du toit et des murailles? Non, mais la terre produit, la mer porte des navires qui servent à un commerce productif, et avec une somme d'argent l'on peut se procurer une habitation commode. Si donc il arrive que l'on retire d'un négoce plus que de la culture d'un champ, pourquoi ne permettrait-on pas au possesseur d'une somme d'argent d'en retirer une somme quelconque, quand on permet au propriétaire d'un champ stérile de le donner à bail moyennant un fermage? Et lorsqu'on acquiert à prix d'argent un fonds de terre, est-ce que ce capital ne produit pas un revenu annuel? Quelle est cependant la source des profits que fait un marchand? Son industrie, direz-vous, et son activité intelligente. Qui doute que l'argent, que l'on n'emploie pas, soit une richesse inutile? Celui qui demande à un emprunteur un capital veut apparemment s'en servir comme d'un instrument de production. Ce n'est donc pas de l'argent même que provient le bénéfice, mais de l'emploi qu'on en fait (¹). »

Les doctrines influent autant que les lois sur le développement de la prospérité publique. Les peuples protestants doivent certainement à Calvin la supériorité qu'ils ont prise, à partir du seizième siècle, sur les nations catholiques, en matière de commerce et d'industrie. La liberté du prêt à intérêt a donné chez eux naissance au crédit, et le crédit a doublé leur puissance.

Ce n'est que deux siècles plus tard que Montesquieu osa le premier, en France, professer les mêmes principes. «L'argent, dit l'auteur de l'*Esprit des lois*, est le signe des valeurs. Il est clair que celui qui a besoin de ce signe doit le louer, comme il fait de toutes les choses dont il peut avoir besoin. Toute la différence est que les autres choses peuvent ou se louer ou s'acheter, au lieu que l'argent, qui est le prix des choses, se loue et ne s'achète pas. — C'est bien une action très-bonne de prêter à un autre son argent sans intérêt ; mais on sent que ce ne peut être qu'un conseil de religion et non une loi civile. — Pour que le commerce puisse se bien faire, il faut que l'argent ait un prix... Si l'argent n'a point de prix, personne n'en prête, et le négociant n'entreprend rien non plus. Je me trompe, quand je dis que personne n'en prête. Il faut toujours que les affaires de la société aillent ; l'usure s'établit, mais avec les désordres que l'on a éprouvés dans tous les temps. — La loi de Mahomet

(¹) Lettres de Calvin.

confond l'usure avec le prêt à intérêt. L'usure augmente, dans les pays mahométans, à proportion de la sévérité de la défense. Le prêteur s'indemnise du péril de la contravention. »

Montesquieu fait ici, sur le dos de Mahomet, le procès à la société chrétienne. Le prêt à intérêt était encore, en France, à l'époque où parut l'*Esprit des lois*, condamné par les canons de l'Église et par les lois de l'État. Un magistrat pouvait, moins que tout autre citoyen, braver ouvertement cette double autorité. De là les ménagements que l'auteur observe. Il applique sa critique au passé, ou la transporte en Orient. C'est à la société française, si elle le veut, à se reconnaître dans la peinture. Le règne suivant dispensa les écrivains de cette réserve un peu hypocrite ; et l'économie politique, sous la plume de Turgot, exposa les principes avec une entière liberté.

L'assemblée constituante les consacra. Le 12 octobre 1789, en proclamant la légitimité du prêt à intérêt, la loi mit fin à une controverse qui se prolongeait depuis vingt siècles : « Tous particuliers, corps, communautés, gens de mainmorte pourront, à l'avenir, prêter l'argent à terme fixe, avec stipulation d'intérêts suivant le taux déterminé par la loi. » Le nouveau droit est écrit, en termes non moins formels, dans l'article 1905 du Code civil ainsi conçu : « Il est permis de stipuler des intérêts pour simple prêt soit d'argent, soit de denrées ou autres choses mobilières. »

Ainsi le prêt à intérêt est, depuis soixante ans, de droit civil en France ; est-il également de droit naturel ? Ce que la loi déclare, la raison peut-elle l'approuver en se fondant sur les principes de la morale et sur l'utilité publique ? L'Église elle-même ne le conteste plus, et l'on peut renvoyer ceux qui en douteraient encore aux belles dissertations du cardinal de la Luzerne et du cardinal Gousset. Et quant aux jurisconsultes qui en seraient restés aux arguments de Pothier, ils n'ont qu'à lire la savante et souvent éloquente réfutation qu'en a donnée M. Troplong, dans son *Traité du prêt*. Mais la thèse qu'abandonnait la jurisprudence et la théologie est devenue un lieu commun révolutionnaire. Le prêt à intérêt ne pouvait pas trouver grâce devant l'école socialiste, qui a déclaré la guerre au capital et qui écrit sur sa bannière : « La propriété, c'est le vol. »

L'école théologique, dans les arguments qu'elle dirigeait contre le prêt à intérêt, s'était montrée inconséquente. Pendant qu'elle défendait au capitaliste de percevoir une redevance mensuelle ou annuelle pour l'argent qu'on lui empruntait, elle permettait au propriétaire de donner sa terre à bail moyennant fermage, et de concéder l'usage de sa maison à un locataire moyennant un prix de loyer. La prohibition s'adressait ainsi à la forme du placement et non au placement même. On défendait au capitaliste non pas de faire emploi de son capital, mais de l'employer de telle ou telle manière. Faute d'avoir analysé la nature et d'avoir suivi dans son cours la circulation de la richesse ; à force de prendre le signe pour la chose signifiée, et les métaux précieux pour la valeur, on mettait une espèce d'embargo sur l'argent. En vertu d'une théorie préconçue qui représentait l'argent comme un métal stérile, on le frappait réellement de stérilité.

Il est clair cependant que, si le possesseur d'une somme d'argent n'a pas le droit de la faire fructifier et d'en tirer un revenu, le possesseur d'une terre ne saurait, à plus juste titre, la prêter à un fermier qui la cultive, moyennant une rente ou un loyer. Pas plus que l'argent, en effet, la terre n'engendre spontanément un revenu. Sous l'une comme sous l'autre forme, le capital n'est qu'un instrument de travail. Celui qui le reçoit en doit le prix à celui qui le prête. L'emprunteur doit ce prix dans les deux cas, ou ne le doit dans aucun. Il n'y a pas moyen de sortir de ce dilemme.

« L'argent monnayé, dit avec raison M. Troplong, création de l'homme et non pas de la nature, est tour à tour utilisé soit comme marchandise, soit comme signe des valeurs, sans qu'il y ait lieu de se récrier contre ce double emploi ; il faut qu'il subisse la condition de la matière, qui est d'être esclave de l'homme, et qu'il se plie à tous les genres d'utilité et de besoin qu'il peut raisonnablement satisfaire. Loin donc de déprimer les moyens d'acquisition inventés par le génie de l'homme, à l'imitation des moyens naturels et primitifs d'acquisition, il faut, au contraire, reconnaître que c'est le chef-d'œuvre de la civilisation, qui ouvre à l'activité sociale de nouvelles carrières, de nouvelles sources de travail, de nouveaux et admirables moyens de provoquer l'aisance dans les classes déshéritées de la richesse. Plutarque croyait accabler les prêteurs par un argument irrésistible, lorsqu'il leur disait que de rien ils faisaient quelque chose. Mais, sans le savoir, il faisait le plus bel éloge du crédit, qui, par son mouvement, tire la richesse de la stérilité.

« L'argent n'est pas plus frappé d'infécondité que tout ce qui nous environne ; car il n'y a de productif pour l'homme que ce qui est fertilisé par le travail ou utilisé par des besoins qui payent pour se satisfaire. Que produirait la terre sans la charrue, sinon des chardons et de l'ivraie ? Quel revenu donnerait une maison à son propriétaire, si la nécessité de se loger n'obligeait un voisin à la louer ?... L'argent devient productif par le besoin qu'en a l'emprunteur, de même que l'édifice devient productif par le besoin qu'éprouve le locataire de s'y loger. L'argent n'est stérile que quand il reste oisif.

« Et par là on voit la confusion dans laquelle tombent les canonistes, quand, accordant que l'argent peut être fécondé par l'industrie, ils insistent en disant que, dans le prêt à intérêt, c'est l'industrie de l'emprunteur qui, exerçant l'argent, le rend fécond, et que, puisque le prêteur reste étranger à cette industrie, il doit aussi rester étranger aux bénéfices qu'elle procure. Mais qu'importe donc au prêteur l'usage que l'emprunteur fera de l'argent prêté ?... C'est à peu près comme si l'on voulait que le bailleur conçût des scrupules sur la légitimité de son contrat, parce que le locataire qui a loué sa maison ne l'occupe pas ?... Le prix que reçoit le prêteur n'est pas une part du bénéfice que fera l'emprunteur par son industrie ; c'est le prix du transport que le prêteur lui fait, pendant un certain temps, de la propriété d'une somme qu'il a dit lui être utile : prix qui a sa légitimité dans la privation que s'impose le prêteur et dans l'avantage allégué par l'emprunteur : *usura propter usum* [1]. »

---

[1] *Du prêt,* chap III.

Ce que M. Troplong affirme ici, avec l'assentiment général, est précisément ce que nie le socialisme. « Celui qui prête, dit M. Proudhon, dans les conditions ordinaires du métier de prêteur, ne se *prive* pas du capital qu'il prête ; il le prête, au contraire, précisément parce que ce prêt ne constitue pas pour lui une privation ; il le prête, parce qu'il n'en a que faire pour lui-même, étant suffisamment d'ailleurs pourvu de capitaux ; il le prête enfin, parce qu'il n'est ni dans son intention, ni dans sa puissance de le faire personnellement valoir ; parce qu'en le gardant entre ses mains, ce capital, stérile de sa nature, resterait stérile ; tandis que, par le prêt et par l'intérêt qui en résulte, il produit un bénéfice qui promet au capitaliste de vivre sans travailler (¹). »

Un homme éminent, enlevé trop tôt à la science économique, Bastiat, a fait remarquer que cet argument attaquait la vente aussi bien que le prêt ; si l'on peut alléguer que le possesseur d'une somme d'argent ne se prive pas en la prêtant, pourquoi n'en dirait-on pas autant de celui qui vend des objets qu'il possède en trop grande abondance ? Le système de M. Proudhon rendrait toute opération de commerce impossible, car il n'y en a pas une seule qui n'ait pour base l'intérêt des capitaux engagés.

Mais nous n'avons pas besoin d'invoquer des analogies ni de nous jeter dans des comparaisons pour réfuter une théorie qui prend son point d'appui en dehors et à l'encontre des faits appelés par tout le monde. Allons droit à la racine du sophisme. Le socialisme prétend que le

_____

(¹) Troisième lettre à M. Bastiat.

prêt ne doit pas porter intérêt, attendu que celui qui prête ne se prive pas, et que le prêteur ne subit aucune privation, attendu que le capital prêté resterait stérile entre ses mains. Voilà une allégation absolument gratuite. D'abord, si le capital que l'on emprunte ne doit pas produire un intérêt, je ne vois pas pourquoi le capitaliste s'en dessaisirait en faveur de l'emprunteur ; on ne conserve l'argent que pour en tirer un revenu, et si l'argent doit rester improductif, on cessera de le prêter. Ce sera la fin du crédit.

Mais rien ne paraît moins fondé que cette thèse de l'improductivité nécessaire du capital dans les mains du capitaliste. D'une manière ou d'une autre, un capitaliste a toujours l'emploi de son argent. Il ne le prête à intérêt que lorsque les autres formes de placement lui offriraient un revenu moins élevé ou plus incertain ; mais à défaut d'un prêt profitable, qui l'empêche de faire valoir son argent dans l'agriculture, dans l'industrie et dans le commerce ? Il lui est assurément loisible d'acheter une terre ou une usine ; et s'il ne veut pas mettre lui-même la main à l'œuvre, il peut toujours s'associer à un agriculteur ou à un manufacturier, appliquer ses fonds à une commandite, acquérir des actions dans une entreprise de navigation ou de transport par chemin de fer. En interdisant le prêt à intérêt, les socialistes ont oublié d'interdire l'association et de fermer les voies à l'activité humaine.

Les socialistes, plus conséquents en cela que les canonistes, prohibent la rente de la terre aussi bien que le loyer de l'argent. Pour eux, la productivité du capital, M. Proudhon n'a pas craint de le dire, est une pure

fiction. Qu'y a-t-il, à ce compte, de réel dans le monde ?
Les socialistes auront-ils donc toujours des yeux pour ne
pas voir ? La terre, d'un bout à l'autre des contrées
que la civilisation a touchées de sa baguette, raconte les
merveilles du capital ; le capital est présent partout ;
c'est le moteur universel, l'âme de l'industrie ; c'est la
trace même du séjour ou du passage de l'homme sur la
terre, ce qui distingue la culture de la barbarie. La
puissance d'un peuple se mesure à la profondeur et à
l'étendue de ces alluvions du travail. Une ferme de 100
hectares vaut 3 ou 400,000 fr. dans la Beauce ; vous
aurez la même étendue de terre dans le Canada ou dans
la Nouvelle-Zélande pour 3 à 400 fr. ; dans une contrée non habitée, vous les prendrez pour rien : ce sera
le droit de la conquête. D'où vient cette différence de valeur ? Elle tient à ce que le sol, que les colons achètent
dans la Nouvelle-Zélande, par exemple, est une terre à
défricher, une terre sans capital ; tandis qu'en faisant
l'acquisition d'un domaine dans la Beauce, on paye le
prix des capitaux qui s'y trouvent incorporés. La fécondité du sol enrichi par l'engrais, ameubli par la culture,
pourvu de bétail et d'instruments aratoires, couvert de
bâtiments d'exploitation et d'habitation, et voisine des
grands marchés, voilà ce qui constitue la différence.

Et l'on voudrait maintenant que le propriétaire de ces
richesses, qui représentent souvent le travail accumulé
de plusieurs siècles, les donnât à bail pour rien, comme
une lande couverte de broussailles, qui se trouverait à
la discrétion du premier occupant ! Non-seulement
cela serait contraire à l'équité, mais cela ne serait pas
matériellement possible. Une société dans laquelle on

condamnerait les propriétaires qui ne cultiveraient pas le sol de leurs mains à le livrer, sans recevoir un fermage, à des fermiers qui accumuleraient ainsi, avec le bénéfice de leur propre travail, celui des travaux antérieurs, ne tarderait pas à se dissoudre. L'abolition de la rente entraînerait promptement l'abolition de la propriété.

La théorie socialiste de l'échange appartient à un monde purement imaginaire. A aucune époque de l'histoire elle n'a reçu même un commencement d'application. En supposant les hommes réduits à leurs propres forces dans une société qui se forme, comme certains individus se trouvent plus richement dotés par la nature et font un meilleur usage de leurs facultés, il y aura nécessairement des travailleurs qui produiront plus que d'autres, dont les produits, par conséquent, ne rencontreront pas leur équivalent dans l'échange, et serviront à former un excédant, une réserve, un capital ; de là l'inégalité des conditions et des fortunes. Cette inégalité, dès qu'elle existe, se transmet ou peut se transmettre. La propriété implique l'héritage. Dès que vous reconnaissez à l'homme le droit de disposer des fruits de son travail, vous êtes conduits invinciblement à admettre qu'il dispose, au même titre, des résultats du travail accumulé par lui ou par ses pères, du capital en un mot. Pour arrêter ce mouvement naturel de l'activité humaine, c'est une pauvre invention que la *Banque du peuple*. Il ne suffirait pas en effet d'abolir le loyer de l'argent et la rente de la terre ; il faudrait, par un procédé plus radical et plus logique, aller jusqu'à l'abolition de la propriété. Le communisme est le dernier mot de cette théorie, dans laquelle un esprit subtil a cherché à mal déguiser l'absurdité et la violence des idées par la nouveauté et par l'entraînement de la forme.

## II. — DU TAUX DE L'INTÉRÊT.

La légitimité du prêt à intérêt est reconnue aujourd'hui dans les principaux États de l'Europe. Mais en abandonnant le terrain de la prohibition absolue, les gouvernements n'ont pas eu le courage de professer ouvertement les doctrines de la liberté. De même que l'on cherche à protéger, par des droits de douane, l'agriculture et l'industrie contre la concurrence étrangère, on prétend défendre à l'intérieur la cause de l'emprunteur contre le prêteur, et du pauvre contre le riche, tantôt en fixant et tantôt en limitant par un maximum le taux de l'intérêt. Quiconque excède, en prêtant, ce taux légal s'expose à une peine. L'usure ne signifie plus l'intérêt de l'argent ; ce mot, détourné de son sens primitif, prend un caractère flétrissant et devient une note d'infamie. Faire l'usure, c'est placer son argent à un taux que la loi réprouve ; c'est par conséquent commettre un délit.

Les lois qui interdisaient le prêt à intérêt ont fait leur temps ; les lois qui règlent le taux de l'intérêt passeront de même. En examinant les effets de cette législation, il est facile de montrer qu'elle va contre son but. Que se propose-t-on en exceptant l'argent de la règle commune des valeurs, dont le niveau est donné sur le marché par la concurrence ? on veut empêcher que le prix de cette marchandise ne s'élève outre mesure ; c'est une barrière

que l'on oppose à la hausse de l'intérêt. Eh bien! l'observation nous apprend que, plus les lois ont gêné dans le
passé le commerce de l'argent, et plus le loyer des capitaux a pris des proportions exorbitantes. Les peines por-
tées contre l'usure la font naître ou la développent; c'est
un risque de plus que l'on ajoute à ceux qui s'attachent
naturellement au placement des capitaux. En compensation de ce nouveau péril, le prêteur ne peut manquer
d'exiger une prime. Les lois qui augmentent le risque
découragent aussi la concurrence. Le nombre des prêteurs et la puissance des capitaux disponibles diminuent
alors, le nombre et l'empressement des emprunteurs
restant les mêmes; et l'on s'étonnerait ensuite de la
cherté de la marchandise, quand on a fait tout ce que
l'on a pu pour resserrer le marché!

Dans l'antiquité, les peuples qui ont laissé la plus
grande liberté au placement des capitaux sont aussi
ceux qui ont vu fleurir chez eux le commerce ainsi que
l'industrie, et chez lesquels les emprunteurs ont trouvé
le plus de modération dans les prêteurs. Les nations, au
contraire, qui ne donnaient ni latitude aux transactions
du crédit, ni sécurité aux créances, ont dû se résigner
à payer l'argent plus cher que les autres. L'histoire
d'Athènes et celle de Rome présentent les types de ce
contraste, au point de vue le plus saillant et le plus ins-
tructif à la fois.

A Rome, un débiteur qui n'acquittait pas ses engagements à l'échéance devenait l'esclave du créancier. Ce
droit du créancier sur la personne du débiteur fut aboli
par les lois de Solon, à Athènes. Solon ne chercha pas à
régler l'intérêt de l'argent, et l'on ne trouve aucune

trace de lois sur l'usure dans les annales de cette république commerçante. Le taux de l'intérêt variait à Athènes selon les circonstances et suivant les garanties qu'offraient les emprunteurs. Le taux le moins élevé paraît avoir été de 10 pour 100 ; c'était en effet un loyer très-modéré pour les capitaux mobiliers, à une époque où la rente du sol donnait 12 pour 100 à ceux qui n'exploitaient pas eux-mêmes leurs terres, où le commerce maritime, qui attirait l'argent ainsi que les bras, empruntait depuis 20 jusqu'à 36 pour 100, et où l'industrie, employant pour ouvriers des esclaves, rendait des bénéfices fabuleux. L'intérêt de l'argent était en rapport avec les profits du travail ; et voilà pourquoi la question des dettes, cette cause permanente de troubles dans l'empire romain, n'excita jamais en Grèce ni commotions ni agitations politiques.

Dans les premiers temps de la république romaine, le taux de l'intérêt n'était pas réglé par la loi. M. Troplong considère cette latitude laissée aux transactions comme ayant été la cause de l'oppression que les patriciens firent peser sur le peuple. Mais la loi des Douze Tables, qui fixait l'intérêt à 10 pour 100 par année, diminua-t-elle les ravages de l'usure à Rome, et détermina-t-elle la baisse de l'intérêt? M. Troplong lui-même reproduit, d'après Tite-Live et d'après Plutarque, de nombreux exemples qui prouvent surabondamment le contraire. Montesquieu ne s'y est pas trompé : « Le peuple, dit-il, chez les Romains, augmentant tous les jours sa puissance, les magistrats cherchèrent à le flatter et à lui faire faire les lois qui lui étaient les plus agréables : il retrancha les capitaux ; il diminua les intérêts ; il défendit d'en

prendre ; il ôta les contraintes par corps ; enfin l'abolition des dettes fut mise en question, toutes les fois qu'un
tribun voulut se rendre populaire. Ces continuels changements, soit par des lois, soit par des plébiscites, na-
turalisèrent à Rome l'usure ; car les créanciers, voyant
le peuple leur débiteur, leur législateur et leur juge,
n'eurent plus de confiance dans les contrats. Le peuple,
comme un débiteur décrédité, ne tentait à lui prêter que
par de gros profits, d'autant plus que, si les lois ne venaient que de temps en temps, les plaintes du peuple
étaient continuelles et intimidaient toujours les créanciers ; cela fit que tous les moyens honnêtes de prêter et
d'emprunter furent abolis à Rome, et qu'une usure af-
freuse, toujours foudroyée et toujours renaissante, s'é-
tablit. »

Mêmes résultats dans les temps modernes. Les seuls
Etats dans lesquels le commerce de l'argent ait suivi des
voies régulières et se soit renfermé dans des limites raisonnables, sont précisément ceux qui en ont toléré ou
autorisé les libres mouvements. Il suffit de citer Gênes,
Venise, Florence, la Hollande et l'Angleterre. La Hollande, au dix-septième siècle, bien que son crédit fût affaibli par la guerre, empruntait à 4 pour 100 ; en Angleterre, l'intérêt courant était à 3 pour 100, vers le
milieu du dix-huitième siècle. Grâce à l'habileté avec
laquelle ils faisaient valoir leurs capitaux, les Florentins
et les Milanais, au seizième siècle, sous le nom de Lom-
bards, remplaçaient les juifs, avec plus de grandeur, et
devenaient les banquiers de l'Europe. La liberté relative
de l'intérêt favorisa l'établissement des institutions de
crédit. La fondation de la Banque d'Angleterre et celle

de la Banque d'Amsterdam sont antérieures de près d'un siècle à la fondation de la Banque de France.

Il y a plus, la baisse de l'intérêt et le développement du commerce, dans les États où la tolérance pour les transactions du crédit a été la plus grande, paraissent avoir suivi pas à pas les progrès de cette liberté. Ainsi, en Angleterre, Henri VIII avait fixé à 10 pour 100 le taux légal de l'intérêt. Édouard VI interdit le prêt à intérêt d'une manière absolue. Élisabeth rendit l'impulsion au commerce, en abrogeant le statut d'Édouard, et rétablit le maximum de 10 pour 100, qui donnait, quoique sous une forme indirecte, beaucoup de latitude au trafic de l'argent.

Le statut de la reine Anne, qui fixe l'intérêt à 5 pour 100 par année, et qui prononce la nullité de tout contrat dans lequel l'intérêt excéderait ce taux, semble être encore en vigueur ; mais l'existence n'en est que nominale. Les Anglais, selon l'esprit de leur gouvernement, qui ne prend jamais les choses à leur point de vue le plus général, l'ont d'abord laissé tomber en désuétude, puis ils l'ont abrogé partiellement et en détail. L'acte de la cinquième année de Georges III (1819) fut la première atteinte portée au principe : il décida qu'une lettre de change ou un billet à ordre, qui pourrait être déclaré nul pour cause d'usure, serait valable dans les mains d'un possesseur de bonne foi. Vint ensuite l'acte de la quatrième année de Guillaume IV (1833) qui, en renouvelant le privilége de la Banque d'Angleterre, abrogea les lois sur l'usure dans le royaume, en ce qui touchait les lettres de change et les billets à ordre à trois mois d'échéance et au-dessous. L'acte de la première année du règne de Victoria étendit l'exemption aux lettres de change et billets à ordre dont l'échéance ne s'étendait pas au delà d'une année ; et l'acte de la troisième année du même règne y comprit tous les contrats d'emprunts faits pour des sommes qui excéderaient 10 liv. sterling, pourvu que l'emprunt ne fût pas garanti par une hypothèque foncière.

A l'heure qu'il est, il n'y a plus dans le Royaume-Uni que le prêt hypothécaire et les prêts mobiliers au-dessous de 10 liv. sterl., les prêts à la petite semaine, en un mot, qui tombent sous le coup des lois sur l'usure. Il en résulte que la propriété foncière paye l'argent dont elle a besoin plus cher que le prix courant du marché, et qu'elle ne jouit pas des mêmes avantages que le commerce et l'industrie ; une pareille inégalité devant la loi ne saurait subsister longtemps. Nous conseillons au chancelier de l'Échiquier de la mettre au nombre des charges dont il convient de dégréver la propriété foncière.

Les changements que nous venons d'indiquer dans les lois destinées à régler le taux de l'intérêt paraissent avoir été déterminés par les résolutions auxquelles s'arrêta la chambre des communes en 1818, résolutions célèbres et dont voici le texte :

« 1° C'est l'opinion du comité que les lois, qui règlent ou limitent le taux de l'intérêt, ont été éludées sur la plus grande échelle, et qu'elles n'ont pas atteint le but que l'on se proposait en fixant un maximum ; que, dans les années qui viennent de s'écouler, le taux réel de l'intérêt ayant constamment excédé sur le marché le taux fixé par la loi, la législation n'a fait qu'aggraver les dépenses supportées par les emprunteurs qui avaient cependant de bonnes garanties à offrir ; que ces emprunteurs se sont vus contraints de recourir au système des annuités viagères, système imaginé pour masquer un intérêt supérieur à l'intérêt légal, et qu'en définitive ceux qui avaient à emprunter ont dû tantôt supporter des frais considérables, tantôt vendre des propriétés à des prix onéreux ;

« 2º C'est l'opinion du comité que les lois sur l'usure, appliquées aux transactions du commerce, tel que le commerce se pratique aujourd'hui, ont jeté une grande incertitude sur la légalité des transactions les plus fréquemment usitées, et qu'elles ont par conséquent amené beaucoup d'embarras et de procès ;

« 3º C'est l'opinion du comité que la période commerciale actuelle, grâce aux circonstances qui font que le taux commercial de l'intérêt se trouve inférieur au taux légal, présente l'occasion la plus favorable pour abroger lesdites lois. »

Quant aux effets de l'abrogation de ces lois, des documents officiels et irrécusables permettent déjà d'en juger. Dès l'année 1841, la Banque d'Angleterre prit l'initiative à cet égard, et ne craignit pas, dans un pays où l'on suit l'opinion plutôt qu'on ne la conduit, de donner l'impulsion à la pensée publique. Le 13 mai, la cour des directeurs se réunit et consigna les résultats d'une expérience de huit années dans la déclaration suivante :

« Résolu que la modification des lois sur l'usure a grandement contribué à faciliter les opérations de la Banque, et qu'elle est indispensable au maniement de la circulation... »

Le parlement, de son côté, voulut se rendre compte

des fruits bons ou mauvais que l'abrogation partielle des lois sur l'usure avait portés. La chambre des lords se livra, dans le cours de l'année 1841, à une enquête, dont les procès-verbaux, publiés en 1845, jettent sur la question de vives lumières.

Un économiste distingué, M. Norman, après avoir rappelé que la Banque d'Angleterre, grâce à la liberté de l'intérêt, avait successivement fixé le taux de l'escompte, én suivant les variations du marché, le 21 juillet 1836, de 4 à 4 1/2 pour 100; le 1ᵉʳ septembre de la même année à 5 pour 100, le 20 juin 1839 à 5 1/2, et le 1ᵉʳ août de la même année à 6 pour 100, termina sa déposition en ces termes : « J'ai toujours considéré avec surprise et avec admiration la fermeté avec laquelle a été supportée en Angleterre la crise commerciale de 1839. Cette crise ébranla toutes les fortunes, et cependant l'on n'eut à regretter qu'un petit nombre de faillites de quelque importance. Quand je compare un résultat aussi consolant avec les désastres qui avaient éclaté en 1826 dans des circonstances semblables, je ne puis m'empêcher d'attribuer, dans une certaine mesure, notre bonne situation à la loi qui permet aux capitaux disponibles de refluer vers les marchés où ils sont le plus nécessaires et où ils doivent trouver la plus forte rémunération. »

Un des praticiens les plus éminents de la Banque, M. S. J. Loyd, confirmait cette opinion par les explications qui suivent : « Si la loi qui fixait à 5 pour 100 le maximum de l'escompte eût été maintenue, elle aurait produit des inconvénients de deux sortes : dans certains cas, des commerçants qui avaient besoin d'argent n'au-

raient pas pu en trouver, et se seraient vus par conséquent amenés à des expédients désastreux, tels que la
vente forcée de leurs biens à des prix qui les constituaient
en perte, la diminution générale ou la ruine de leur
crédit, et souvent même la suspension de leurs payements; dans d'autres cas, des négociants auraient probablement obtenu de l'argent par des moyens détournés
et en éludant la loi; mais il en serait résulté pour eux
beaucoup d'embarras, le discrédit et des dépenses considérables. »

M. J. Loyd en concluait que l'acte de 1833 avait
sauvé, dans la crise de 1839, le commerce britannique.
C'était aussi la conclusion à laquelle aboutissait un des
plus forts escompteurs et des hommes les plus vénérés
de Londres, M. Samuel Gurney, qui faisait remarquer
qu'en 1815, dans un moment où les emprunts de l'État
étaient seuls affranchis des droits sur l'usure, et où des
emprunts considérables avaient été émis par le gouvernement, les capitaux désertaient le marché commercial
soumis à la limite légale pour se porter sur le marché
des fonds publics, et que le commerce eut beaucoup à
souffrir par suite des restrictions qui enchaînaient les affaires. M. Gurney entrait ensuite dans des détails et dans
des calculs qui mettent en relief les conséquences des
deux systèmes de la restriction et de la liberté en matière
d'intérêt.

« L'avantage de la liberté laissée aux taux de l'intérêt,
c'est, dit-il, que les commerçants peuvent se procurer
de l'argent et conduire leurs affaires avec une extrême
facilité. Dans les deux dernières crises que nous avons
eu à traverser, on n'a vu qu'un petit nombre de faillites.

Examinons maintenant le revers de la médaille. Quels sont les désavantages qui ont leur source dans la liberté? Les commerçants sont exposés à payer l'argent très-cher pendant une crise temporaire. Mais ce désagrément peut s'évaluer et correspond à une perte très-légère. Une maison considérable peut avoir à la fois pour 50,000 livres sterling de billets à escompter; ce sera peut-être 6 pour 100 à payer au lieu de 5 pour 100 pendant six mois; en chiffres précis, une perte de 250 livres sterling. Au moyen de ce sacrifice insignifiant, la maison trouve plus de facilités pour conduire ses affaires, et elle est exposée à moins de risques, le crédit général se soutenant mieux. Ajoutez qu'elle peut emprunter sur marchandises. En temps de crise, un marchand se voit dans la nécessité, ou d'emprunter sur ses marchandises ou de les vendre. S'il a recours à un emprunt, il ne perd qu'une différence d'intérêt; mais s'il est réduit à une vente forcée, la perte ne restera pas au-dessous de 10 à 20 pour 100. Dans le premier cas, sur une valeur de 100,000 livres sterling, c'est un sacrifice de 3 à 600 livres; dans le second cas, on ne s'en tire pas à moins de 10 à 20,000 livres : la ruine est au bout. »

Nous pourrions prolonger ces citations. Les témoins appelés dans l'enquête étaient à peu près unanimes. On n'y trouve guère qu'une seule restriction apportée à tant de suffrages.

Quelques personnes font observer que, si les commerçants les plus haut placés ont gagné à l'abrogation des lois sur l'usure, il n'en a pas été de même de ceux qui avaient un crédit moins établi, et que des intérêts usuraires ont été exigés de maisons dont les affaires périclitaient. Qu'est-ce que cela prouve? qu'il y avait apparemment un certain péril à prêter. L'intérêt de l'argent, dans ce cas, s'est proportionné au risque. Si les lois sur l'usure eussent été en vigueur, les commerçants embarrassés n'auraient pas trouvé d'argent, ou bien ils l'auraient payé plus cher encore. Dans les deux cas, le grand chemin de la faillite s'élargissait devant eux, et la pente devenait plus glissante.

Voilà pour l'exemple de l'Angleterre; passons maintenant à la France.

L'intérêt de l'argent était certainement beaucoup plus élevé au temps où la législation interdisait le prêt à intérêt et où l'on brûlait les juifs, que sous le régime beaucoup plus doux qui autorisait le prêt sous la forme de constitution de rente, et qui fixait par la loi le taux auquel on pourrait emprunter ainsi en aliénant le capital; il avait baissé encore, et le commerce s'était étendu à l'époque où Turgot écrivait ces lignes remarquables:

« C'est une chose notoire qu'il n'y a pas sur la terre une place de commerce où la plus grande partie du commerce ne roule sur l'argent emprunté sans aliénation de capital, et où les intérêts ne soient réglés par la seule convention, d'après l'abondance plus ou moins grande de l'argent sur la place et la solvabilité plus ou moins sûre de l'emprunteur. La rigidité des lois a cédé à la force des choses; il a fallu que la jurisprudence modérât dans la pratique ses principes spéculatifs, et l'on en est venu à tolérer ouvertement le prêt par billet, l'escompte et toute espèce de négociation d'argent entre commerçants. Il en sera toujours ainsi toutes les fois que la loi défendra ce que la nature des choses rend nécessaire. »

L'assemblée constituante n'adopta qu'à moitié les idées de Turgot. La loi de 1789 admet le prêt à intérêt sous toutes les formes, mais elle réserve au législateur le droit de fixer ou de limiter tout au moins le taux de l'intérêt. Le Code civil, promulgué en 1804, stipule une réserve semblable; ce sont des pierres d'attente pour l'édifice élevé par la loi du 3 septembre 1807.

Nous ne parlons pas du régime intermédiaire. On prétend que la Convention déclara l'argent marchandise, et qu'à la faveur de cette liberté sans limite, l'usure envahit pendant quelques années et dévora le pays. Les lois de la Convention sont contradictoires. Tantôt pour relever le cours des assignats, elle interdit le commerce des métaux précieux ; tantôt elle lève la prohibition et laisse chacun libre de vendre et d'acheter l'or et l'argent à leur valeur réelle. L'intérêt, le loyer des capitaux ne reprend sa liberté que par voie de conséquence (¹). Cette liberté résulte de la tolérance du pouvoir, et non d'un principe clairement aperçu par lui et fermement proclamé. Mais qu'importe que la Convention, en abaissant les barrières qu'elle avait elle-même élevées, en ait ou non supprimé d'autres, et qu'elle ait rendu hommage aux principes de l'économie politique sans le vouloir et sans le savoir? Les événements qui se sont passés dans le monde commercial, pendant cette époque d'anarchie et les temps agités qui ont suivi, ne prouvent rien ni pour ni contre aucun système.

(¹) Non pas que les lois de la Convention aient jamais entendu proclamer le principe de la liberté absolue en matière d'intérêt ; ce serait une erreur de le croire : elles n'ont voulu que lever les prohibitions des payements en numéraire.    TROPLONG.

Nous serions tenté de croire cependant que, malgré les calamités qui sont l'inévitable produit des désordres civils et de la guerre, et quoique le commerce, l'industrie et le crédit aient été à peu près paralysés en France, de 1793 à 1807, la tolérance accordée dans l'intervalle aux transactions pécuniaires a porté plus de bons que de mauvais fruits. On a cité les réclamations de quelques chambres de commerce, qui se plaignaient à cette époque de la langueur des affaires, de la multiplicité des faillites et de la cupidité des prêteurs. Nous répondrons, sans avoir égard à des cas particuliers, que le discours même de Jaubert, chargé de présenter la loi de 1807, atteste que l'intérêt de l'argent avait *généralement* baissé. Mais, en fût-il autrement, nous demanderions encore si l'on peut supposer de bonne foi que des lois plus restrictives auraient procuré l'argent au commerce à bas prix, dans un moment où le risque attaché à toute opération de négoce ou de crédit était aussi grand et où la confiance était aussi faible.

Le législateur de 1804, plus favorable à la liberté que celui de 1807, avait laissé la porte ouverte. L'article 1707 du Code civil disposait que l'intérêt conventionnel pourrait excéder le taux fixé par la loi, toutes les fois que la loi ne le prohiberait pas. C'était reconnaître implicitement que la valeur de l'argent, comme toutes les autres, résulte de l'état du marché et des conventions arrêtées entre les parties. Cette porte, à demi ouverte, le législateur de 1807 l'a fermée, en mettant l'intérêt conventionnel sur la même ligne que l'intérêt légal. Il convient de reproduire ici le texte d'une loi qui sert aujourd'hui de point de départ à la controverse.

«Article 1er.— L'intérêt conventionnel ne pourra excéder, en matière civile, 5 pour 100, ni en matière de commerce, 6 pour 100, le tout sans retenue.

« Art. 2. — L'intérêt légal sera, en matière civile, de 5 pour 100, et en matière de commerce, de 6 pour 100, aussi sans retenue.

« Art. 3. — Lorsqu'il sera prouvé que le prêt conventionnel a été fait à un taux excédant celui qui est fixé par l'art. 1er, le prêteur sera condamné par le tribunal saisi de la contestation à restituer cet excédant, s'il l'a reçu, ou à souffrir la réduction sur le capital de la créance, et pourra même être renvoyé, s'il y a lieu, devant le tribunal correctionnel, pour y être jugé conformément à l'article suivant.

« Art. 4. — Tout individu qui sera prévenu de se livrer habituellement à l'usure sera traduit devant le tribunal correctionnel, et, en cas de conviction, condamné à une amende qui ne pourra excéder la moitié des capitaux qu'il aura prêtés à usure. S'il résulte de la procédure qu'il y a eu escroquerie de la part du prêteur, il sera condamné, outre l'amende ci-dessus, à un emprisonnement qui ne pourra excéder deux ans. »

L'économie de la loi de 1807 réside tout entière dans un petit nombre de règles. Elle pose en principe que la liberté de l'intérêt conventionnel ne doit s'exercer que dans les limites du maximum légal. Provisoirement, ce maximum est fixé à 5 pour 100 en matière civile, et à 6 pour 100 en matière commerciale. Depuis 1807, la limite posée par le législateur n'a pas été déplacée, à travers les variations sans nombre qu'a éprouvées la valeur de l'argent ; la loi s'est donc trouvée bien souvent, trop souvent même, en contradiction avec les faits, et elle a troublé le cours naturel des choses. Dans la discussion, M. Treilhard avait annoncé que le taux légal serait révisé tous les six mois. On n'y a pas touché depuis

quarante-cinq ans. Cette immobilité si peu rationnelle a
de quoi surprendre dans un pays que, tous les quinze
ans, les révolutions bouleversent.

La loi de 1807 érige l'usure en délit. Mais qu'est-ce
que l'usure ? Bentham a dit avec raison qu'elle n'était
pas susceptible de définition. Et en effet, si l'usure consiste à prêter à un taux supérieur à celui que le législateur a fixé, on peut être usurier en Angleterre en prêtant
à un taux qui serait permis en France, et réciproque-
ment. En France, le délit dépend, non pas de la nature
de l'acte, mais de la qualité du prêteur : on est usurier
en prêtant à 6 pour 100 en matière civile ; on cesse de
l'être, si l'on prête au même taux à un commerçant.
Ces inconséquences de la législation prouvent que l'on a
tenté de réglementer ce qui, de sa nature, échappe à la
règle légale. Les auteurs de la loi de 1807 l'ont bien
senti ; car, après avoir érigé en délit l'action de prêter à
un intérêt qui excède le taux légal, ils n'ont pas prononcé
de peine. Le tribunal, dans ce cas, ne peut condamner
le prêteur qu'à la simple restitution de l'excédant. La
condamnation ne va jusqu'à l'amende que dans le cas
d'une usure habituelle, c'est-à-dire quand le délit vient
à se transformer ; quand, au lieu d'avoir affaire à des
parties qui suivent dans leurs conventions les changements du marché, le tribunal se trouve en présence
d'un spéculateur qui fait métier de rechercher les placements les plus aventureux, ceux qui servent d'excuse
ou de prétexte à des bénéfices sans mesure.

La loi de 1807 n'a qu'un genre de mérite. Dans un
pays où les lumières de l'économie politique sont trop
peu répandues et où les préjugés anticommerciaux ont

encore beaucoup de force, elle garde un certain rapport avec le niveau moyen des connaissances et avec l'état des mœurs. Aussi les tentatives que l'on a faites pour l'ébranler ont-elles, jusqu'à présent, été vaines. En 1836, une proposition de M. Lherbette, tendant à l'abrogation de cette loi et au rétablissement de la liberté en matière d'intérêt, échoua devant les répugnances peu éclairées de la chambre élective. En 1850, la proposition de M. Saint-Priest, qui tendait à transformer la loi de 1807, n'a pas obtenu plus de succès : la loi qui est intervenue le 15 décembre, au lieu de punir le simple fait de contravention à la règle de l'intérêt légal, ne frappe que l'habitude d'y déroger et se borne à fortifier les pénalités.

La loi de 1807 régit le commerce de l'argent dans toutes les contrées de l'Europe qui ont adopté ou imité nos lois civiles. Examiner les effets qu'elle a produits en France, c'est donc recueillir des éléments qui peuvent servir à trancher la question sous son aspect le plus général. La loi de 1807 n'a pas, on le sait du reste, amené la baisse de l'intérêt, qui est, malgré la solidité des opérations, beaucoup plus élevé chez nous, à tous les échelons du crédit, qu'en Angleterre, en Hollande et en Belgique. La prohibition absolue qu'elle contient n'a pas empêché que, partout où il y avait quelques risques à courir, le prêteur ne stipulât des intérêts excessifs et qui légalement étaient usuraires. Cela s'est fait en contrebande au lieu de se faire ouvertement. Mais les désordres n'en ont été que plus grands ; car l'intérêt a dû comprendre, outre la prime du risque qui dérivait du peu de solvabilité de l'emprunteur, celle du risque qui naissait d'une contravention à la loi.

Le mohatra, tant flétri par Pascal, a reparu, et l'on a déguisé le prêt usuraire sous la forme d'une vente. Dans d'autres cas, c'est sous la forme de la donation que s'est faite la fraude ; outre l'intérêt légal, le prêteur s'est fait allouer un supplément à titre de don. Les ventes à réméré ont encore servi à dissimuler l'usure, qui a pris aussi l'enveloppe de l'échange. Mais la forme la plus usuelle comme la plus simple a consisté à porter, sur le contrat de prêt ou sur les billets remis au prêteur en échange de l'argent, une somme supérieure à celle que l'emprunteur avait reçue.

Les défenseurs du système consacré par la loi de 1807 reconnaissent eux-mêmes que cette loi, loin de déraciner l'usure, l'a peut-être aggravée. L'usure, a-t-on dit, dévore nos campagnes, et il est certain que les dettes de la petite propriété entraient pour beaucoup, en 1849 et 1850, dans le socialisme de nos départements du centre et de l'est.

Un représentant du Haut-Rhin, M. Cassal, a cité à la tribune de curieux exemples des fraudes qui se pratiquent en Alsace pour déjouer les combinaisons de la loi de 1807. « L'usurier, dit-il, ne procède plus de cette façon : « Je vous prête 100 francs moyennant 10 francs. » Jamais rien de semblable n'est écrit. On fait faire un billet de 100 francs, et l'on n'en donne que 90. On a soin de le faire hors de la présence de témoins, et alors vous avez la disposition de l'article 1322 du Code civil, qui établit une présomption légale en faveur du créancier qui a un écrit. Dans ce cas, il est déjà très-difficile de prouver l'usure. Plus souvent on voit des ventes à réméré : une propriété est achetée moyennant 100 francs, et on n'en donne que 90 ; et quand le débiteur veut ravoir son immeuble, il est bien obligé de rembourser la somme stipulée comme prix dans le contrat; heureux encore si on consent à lui rendre sa propriété. Dans ce cas encore, les stipulations de l'article 1325 du Code civil sont exactement remplies : vous n'avez pas de témoins; il est impossible de prouver l'usure.

« Lorsqu'un de ces hommes prête à 5 pour 100 sur un simple billet, il y a beaucoup à se méfier : le prêteur a de mauvais desseins. Lorsque l'échéance arrive, le débiteur pourrait payer ; on lui promet d'attendre. Vienne le moment où l'on sait que le cultivateur n'a pas d'argent, on devient pressant, on poursuit, on traque le débiteur; on l'assigne, on fait des commandements, et, finalement, on force le malheureux à payer ce qu'on appelle des *intérêts de patience*. On prend alors tout ce que le cultivateur peut donner : 50 francs, une paire de sabots, une miche de pain par semaine.

« Mais tout cela, c'est l'A b c de l'usure.

« L'usurier ne stipule que rarement en son nom personnel. L'emprunteur quelquefois ne le connaît même pas; il a affaire à un intermédiaire, à une espèce de courtier, qui, ordinairement, n'a rien à perdre, pas même l'honneur, qui perçoit aussi son droit de courtage et augmente encore l'intérêt de l'argent. Lorsque les prêts se font, on commence par demander une caution. C'est cette caution qui signe le billet, et le porte à l'emprunteur, ou *vice versâ* ; l'intermédiaire signe le billet également, et il est quelquefois couvert de trois, quatre, cinq signatures, avant d'arriver au véritable prêteur. L'usurier se trouve alors dans cette position qu'en langage de droit on appelle « un tiers porteur de bonne foi. »

« Le fin du métier consiste à faire un trafic quelconque : dans les premiers temps, le commerce des bestiaux ; plus tard, celui des immeubles. Voici alors ce qui se pratique. Tantôt on prête une somme, toujours par un intermédiaire, sur un simple billet ou sur une obligation notariée, et d'un autre côté on se fait vendre à vil prix un champ ou un autre immeuble ; on a soin cependant de s'arranger de manière à ce que la lésion des sept douzièmes ne soit pas atteinte. Ces hommes, qui exploitent ainsi nos campagnes, se sont divisé le territoire : chacun a son triage, sa portion à exploiter, et il est rare qu'un autre se permette d'y aller faire des affaires. Vous comprenez dès lors qn'ils connaissent parfaitement la valeur des propriétés, mieux que les paysans eux-mêmes. Il peut y avoir ainsi des usures de 100, de 200 pour 100, sans que la loi ait absolument rien à y voir.

« D'autres fois, ceci est beaucoup plus grave et plus commun, on force l'emprunteur, tout en lui donnant les fonds, à acheter très-cher un immeuble ou un autre objet. Ici l'on ne se gêne plus de mettre dans les contrats une somme aussi forte que possible : on met le double ou le triple de la valeur de l'immeuble.

« Qu'on parvienne à faire faire quelque dette à un homme, et rien ne peut le sauver ; il est bientôt exproprié…

« Je connais des villages entiers qui ne renferment pas deux particuliers solvables. »

En voyant cet état social, on croirait être en plein moyen âge. Faut-il, pour y porter remède, fortifier les pénalités et resserrer encore les restrictions de la loi ? M. Cassal, qui n'est pas cependant un économiste, mais qui a vu le mal de près, ne le pense pas. « Je connais assez, a-t-il dit, l'usurier de nos campagnes pour appréhender que la loi (celle de 1850), au lieu de produire l'extinction de l'usure, ne produise peut-être l'effet contraire, en ce sens qu'elle fera resserrer les cordons des bourses et que tout crédit sera fermé... L'usure est l'unique moyen, la seule source de crédit pour nos campagnards ; et si cette source vient à tarir, je crains bien qu'ils ne soient plus misérables qu'auparavant. »

Les partisans des lois restrictives en matière d'intérêt devraient bien méditer cet aveu remarquable. Ils croient avoir répondu à toutes les objections quand ils disent : « Si l'emprunteur n'est pas assez solvable pour qu'on lui prête au taux légal ; s'il faut une prime additionnelle pour couvrir le risque, eh bien ! l'on ne prêtera pas du tout. » Ainsi le crédit devra s'arrêter plutôt que d'excéder le niveau d'intérêt que le législateur a supposé légitime ? Mais le crédit ne peut pas plus s'arrêter dans la société que la circulation du sang dans le corps humain. Pour l'un comme pour l'autre, le moûvement est la vie. Vous dites que le prêt à gros intérêt ruinera l'emprunteur à la longue ? C'est possible ; mais il sera ruiné sans l'usure, s'il ne trouve pas à emprunter de quoi faire face à ses obligations quand vient le moment suprême des échéances.

Le capitaliste qui spécule sur la détresse temporaire de l'emprunteur est tout uniment un misérable. La science n'entend nullement abriter de pareils méfaits sous son manteau. Si l'usure va jusqu'à l'escroquerie directe ou indirecte, il y a des lois pour la punir. Mais que l'on n'aille pas, sous prétexte de prévenir l'usure, porter atteinte à la liberté des transactions. Pourvu que le prêteur et l'emprunteur stipulent librement entre eux, le contrat doit être inattaquable. Peu importe le taux auquel se fait le placement : l'intérêt de l'argent n'est soumis naturellement qu'à une seule loi, celle qui veut que le prix des choses, au lieu d'être fixé arbitrairement par le pouvoir, résulte du rapport essentiellement variable qui s'établit entre l'offre et la demande. Pour déraciner l'usure, il n'y a qu'un moyen, c'est d'étendre à la propriété le bénéfice des institutions de crédit, et d'habituer les propriétaires à remplir ponctuellement leurs obligations.

Au reste, le rapport de l'offre à la demande s'impose tellement aux parties contractantes, que les gouvernements, lorsqu'ils veulent emprunter, s'y soumettent eux-mêmes. Toutes les fois qu'il a fallu adjuger des rentes, le gouvernement français s'est bien gardé d'invoquer la loi de 1807. Dans les circonstances difficiles, il a emprunté à 7 et même à 8 pour 100 ; et au lieu de considérer alors comme des usuriers punissables les capitalistes qui soumissionnaient l'emprunt à ces taux élevés, il a cherché à les attirer par tous les moyens. Sans parler des bénéfices qu'ils ont faits en prêtant aux gouvernements dans l'embarras, les banquiers n'ont-ils pas obtenu toutes les distinctions qui peuvent flatter la vanité? Ne sont-ils pas chamarrés de cordons, et n'ont-ils pas été admis dans les rangs de l'aristocratie ?

Ainsi l'État donne lui-même l'exemple de la violation de la loi. Il semble que le taux légal de l'intérêt oblige tout le monde, excepté lui seul. Prêter à 6 pour 100 aux particuliers, c'est s'exposer à la sévérité des tribunaux ; prêter à 6 pour 100 à l'État, aux villes, aux départements, c'est mériter la reconnaissance publique. Qui voudra désormais prendre au sérieux ce prétendu délit d'usure, qui n'en est pas un pour l'État, et qui en est un pour les transactions privées ?

Ce n'est pas tout. En témoignage de l'impuissance du législateur quand il cherche à faire violence à la nature des choses, il a fallu que la loi de 1807, en fixant un maximum au taux de l'intérêt, admît des exceptions et établît des catégories. Ainsi les prêts sur nantissement, sur gage, les prêts de denrées et l'escompte échappent à ses règles. La même observation s'applique aux commissions de banque, au ducroire et à ces pratiques commerciales qui sont autant de suppléments et d'additions à l'intérêt stipulé dans les prêts d'argent.

### III. — PRÊTS QUI EXCÈDENT LE TAUX LÉGAL.

Le prêt sur gage, qui entraîne à la fois des risques nombreux et des frais d'administration considérables, est un de ceux qui ne peuvent se faire qu'à un intérêt relativement élevé. On ruinerait en quelques mois tous les monts-de-piété de l'Europe, si l'on prétendait les contraindre à prêter à un taux en rapport avec le prix courant de l'argent sur le marché. L'exception qui est admise en leur faveur, ou, pour mieux dire, la liberté de l'intérêt sous le régime de laquelle on les a placés, a été favorable aux clients de ces institutions. A ne parler que du mont-de-piété de Paris, l'intérêt exigé des emprun-

teurs va toujours en décroissant depuis le dernier siècle :
il était de 5 pour 100 par mois en l'an III, de 2 1/2
pour 100 par mois en l'an VIII, de 1 1/4 pour 100 par
mois en 1831. A mesure que le loyer de l'argent baissera
sur le marché général des capitaux, le mont-de-piété
pourra prêter à un plus bas intérêt aux familles nécessi-
teuses.

Quant au prêt de denrées, que ne régit pas la loi de
1807, et dans lequel on peut toujours, aux termes de
l'article 1907 du Code civil, excéder l'intérêt légal, les
jurisconsultes ont trouvé, pour justifier cette exception,
des raisons qu'avec un peu de bonne volonté l'on appli-
querait tout aussi bien aux prêts d'argent. « Comment
croire, dit M. Troplong dans son *Commentaire du Prêt*,
que le législateur aurait voulu imposer à l'intérêt des
denrées le même taux qu'à l'intérêt de l'argent? Comment supposer qu'il n'aurait pas tenu compte des
chances aléatoires qui sont bien plus grandes dans
le prêt de denrées que dans le prêt d'argent ; le prêt
de denrées, disons-nous, où l'abondance d'une récolte
au moment du payement peut ôter tant de valeur à
la chose prêtée dans un moment de disette? Aurait-il
condamné le système suivi de toute ancienneté par les
législateurs et les économistes, de fixer à un taux plus
élevé les intérêts des denrées que les intérêts de l'argent?
Nous pensons donc qu'il n'y aurait rien d'illicite dans la
stipulation qui obligerait l'emprunteur de cent mesures
d'huile, de raisin, de pommes, à en remettre cent dix
ou cent quinze à la récolte suivante. »

Quand on emprunte de l'argent, ce n'est pas précisément le métal que l'on veut posséder, c'est la valeur

qu'il représente. Sous la forme de monnaie ou sous la forme de denrées, le prêteur livre un capital ; c'est un capital qui fait l'objet du contrat. Au point de vue essentiel, qui est celui de la valeur, il n'y a pas de différence. En vain a-t-on objecté que la valeur du blé était variable ; car la même objection pourrait s'adresser à la valeur de l'argent. Qui ne sait que la puissance des métaux précieux était beaucoup plus grande du temps de Charlemagne que sous le règne de saint Louis, du temps de saint Louis que sous le règne de Louis XIV, et au temps de Louis XIV que de nos jours ? Sans doute, l'argent présente une mesure plus fixe et plus certaine de la valeur que le blé d'une année à l'autre ; mais d'un siècle à l'autre, l'avantage de la fixité et de la constance passe du côté du blé. Le prix du blé est même la lumière à l'aide de laquelle on s'oriente en étudiant l'économie des sociétés dans le passé.

Sous une forme comme sous une autre, le loyer du capital dépend de son abondance ou de sa rareté comparée avec l'empressement des demandes. Ce n'est pas la nature du prêt qui en peut élever la prime, c'est la situation de l'emprunteur. Pourquoi le législateur de 1807 a-t-il admis, en matière commerciale, le taux de 6 pour 100, tandis qu'il pose la limite du minimum à 5 pour 100 en matière civile ? Apparemment, cette différence d'intérêt signifie que les chances aléatoires sont plus grandes d'un côté que de l'autre, et que le commerçant qui engage ses fonds dans des opérations incertaines ne donne pas la même sécurité pour le payement. Pourquoi M. Troplong reconnaît-il au prêteur de denrées le droit d'exiger un intérêt de 10 à 15 pour 100,

sinon parce que la certitude du payement diminue dans
des transactions de cette nature? En partant de cette
base, et pour être conséquent, il fallait faire un pas de
plus : il fallait dégager le principe de l'exemple, et dire
que la prime du risque, qui est un des éléments de l'intérêt, s'élève naturellement à mesure que décroît la certitude des remboursements. Dans le prêt à intérêt, la
prime du risque agit comme une sorte d'assurance du
capital ; c'est pourquoi, quand on l'admet dans le prêt
de denrées, il n'y a pas de motifs pour refuser de
l'admettre dans le prêt d'argent. Le crédit est personnel
de sa nature. Il n'existe pas telle chose qu'un intérêt attaché aux denrées, et un autre intérêt attaché aux métaux
précieux. C'est parce que ceux qui empruntent des
denrées se placent généralement dans une situation plus
hasardeuse, qu'on exige d'eux de gros intérêts. Mais bon
nombre d'emprunteurs auxquels on prête de l'argent méritent personnellement encore moins de confiance ; pourquoi ne serait-il pas permis de stipuler avec eux une
prime d'assurance égale aux chances périlleuses qu'ils
font courir ? On admet le principe dans les contrats à la
grosse. Croyez-vous, comme l'a dit si bien M. de Sainte-
Beuve, qu'il n'y ait pas tel débitant dont la solvabilité
fasse courir au prêteur autant de risques que les tempêtes ? En résumé, ou l'exception accordée au prêt de
denrées n'a pas de raison d'être, ou les considérations
qui l'ont déterminée tendent invinciblement à la liberté,
sous forme générale, du taux de l'intérêt.

Sur la question de l'escompte, les subtilités de la jurisprudence se donnent carrière. Certains jurisconsultes le
rangent dans la catégorie de la vente ; d'autres, dans

celle du prêt. « Le banquier qui escompte, dit M. Troplong, ne fait pas un prêt. Adonné au commerce de l'argent et des billets, il ne fait qu'acheter une créance ; et
comme 10,000 francs, payables dans un an, ne valent
pas 10,000 francs payables actuellement, il donne un
prix moindre que le prix nominal. Ce prix se calcule sur
le temps à courir, sur la solidité que présente la signature
du souscripteur, sur la valeur de cette signature, sur la
place, etc. L'escompte n'est que la différence entre la
valeur nominale et la valeur réelle. J'ai dit que le banquier achète une créance ; j'ajoute que, de son côté, le
porteur achète une somme présente pour une somme non
échue. Dans tous les cas, le porteur qui vend sa créance
ne contracte pas l'obligation de rendre, caractéristique du
prêt ; son obligation est de livrer la chose et d'en garantir
le payement. D'autre part, le banquier devient propriétaire de l'effet au même titre que s'il eût acheté tout autre
meuble ; il l'utilise comme il l'entend, et il n'a plus
affaire avec le cédant qu'autant qu'il y a matière à garantie. »

J'en demande pardon à M. Troplong, ce raisonnement est fort contestable. On peut assurément acheter
une créance ; mais, dans ce cas, on se met à la place du
prêteur, on se substitue à son droit, on devient prêteur
par subrogation. L'escompte n'est pas le prêt simple,
mais c'est une des formes du prêt. On peut même la
considérer comme la forme la plus usitée dans une société
commerçante. Quelle différence y a-t-il entre prêter en
recevant un effet de commerce signé par l'emprunteur
et prêter en ne recevant que sa simple reconnaissance ?
Qu'importe, pour la nature de l'opération, que le billet,

sur lequel on donne de l'argent, soit revêtu d'une, de deux ou de trois signatures? Les banques s'intitulent banques de prêt et d'escompte, ce qui signifie la même chose sous deux noms différents. Quand elles donnent de l'argent contre une promesse de remboursement à telle ou telle échéance, promesse appuyée de plusieurs signatures, elles font, sans contredit, une opération de la même nature que lorsqu'elles prêtent de l'argent sur un simple engagement de payer, garanti par un dépôt de lingots, de rentes ou d'actions de chemins de fer.

M. Troplong lui-même a été tellement frappé de l'identité du prêt et de l'escompte qu'il déclare n'y voir aucune différence, « si les parties ont voulu faire et recevoir un prêt. » Nous voilà donc amenés à discuter les intentions! Il faudra non pas regarder à la nature de l'acte pour le définir, mais bien interroger le prêteur et l'emprunteur pour savoir ce qu'ils ont entendu faire! Les contrats, au lieu d'observer une règle générale, seront donc soumis aux fantaisies des individus! Cela n'est évidemment pas admissible. M. Troplong s'est trompé, faute d'avoir analysé les éléments du crédit. Il n'a pas vu que les banques ou les banquiers étaient des espèces de prêteurs généraux établis pour faire circuler les créances en prêtant aux prêteurs particuliers. La différence que le savant jurisconsulte croit voir entre négocier et prêter repose sur une équivoque. On négocie un emprunt comme on négocie une vente; c'est l'action de l'intermédiaire, c'est le commerce même appliqué à différentes opérations.

Il faut donc ranger l'escompte dans la catégorie des prêts. Le taux de l'escompte donne le taux de l'intérêt pour les autres placements; il en est comme l'étalon, le type, la mesure. Je dirais presque que c'est là le prêt par excellence, et que partout où l'on ne trouve pas à escompter, il n'y a pas de crédit. Que l'on prenne l'intérêt en dehors ou en dedans de la somme prêtée; qu'il l'accroisse pour le prêteur ou la diminue pour l'emprunteur, cela importe peu et revient à peu près au même. L'escompte est le loyer de l'argent donné contre un billet à ordre ou une lettre de change; c'en est assez, indépendamment de tant d'autres raisons, pour que l'on y reconnaisse le caractère·essentiel du prêt. Au reste, comment s'étonnerait-on de ce qu'un homme aussi éclairé que M. Troplong ne veut pas voir un prêt dans l'escompte, quand un autre jurisconsulte, M. Paillet, a dénié publiquement ce caractère à la constitution de rente, malgré le texte formel de l'article 1909 du Code civil, ainsi conçu : « On peut stipuler un intérêt moyennant un capital que le prêteur s'interdit d'exiger ; dans ce cas, le prêt prend le nom de constitution de rente? » De pareilles controverses sont aujourd'hui un anachronisme. On n'a plus d'excuse pour s'y livrer, depuis que la notion de la valeur, vulgarisée par les économistes, court en quelque sorte les rues.

.On voit que si le taux de l'escompte échappe en France aux règles tracées par la loi de 1807, ce n'est point par respect pour une théorie qui prend son point d'appui en dehors des réalités. Le législateur a cédé à la force des choses, soit en exceptant formellement, soit en tolérant les usages qu'il ne pouvait pas plus modifier que détruire.

M. d'Esterno a cité, dans le *Journal des Économistes*, de curieux exemples d'emprunts à taux élevé qui se pratiquent, à la satisfaction réciproque de l'emprunteur et du prêteur, dans le département de Saône-et-Loire. « Il y a, dit-il, de petits cultivateurs qui achètent, en mai, des bœufs pour le travail, et qui les revendent en novembre. S'ils les achetaient comptant, ils les payeraient 600 francs, par exemple ; mais, comme ils ne payent que 300 francs au moment de l'acquisition, et qu'ils promettent les autres 300 francs pour l'époque où ils comptent avoir vendu, ils consentent à donner 50 francs de plus pour cette facilité. Cette transaction est usuelle et elle se renouvelle pour d'autres animaux, pour des cochons, par exemple. »

Ainsi, des cultivateurs qui ne consentiraient probablement pas à emprunter au taux de 7 pour 100 sur hypothèque, empruntent volontiers sous cette forme à 33 pour 100. La transaction n'est nullement en rapport avec le taux courant de l'intérêt ; mais elle est à la portée et dans les convenances des parties qui contractent. Cela suffit pour l'expliquer. Les institutions de crédit, en fournissant à meilleur marché un fonds de roulement aux propriétaires et aux fermiers, pourront seules supplanter cet usage.

Les contraventions à la loi de 1807 sont surtout fréquentes et impunies en matière civile. On n'a qu'à consulter les notaires pour se convaincre que, si les emprunts hypothécaires se renfermaient dans les limites rigoureuses du taux légal, il y aurait aujourd'hui, hors de Paris et du rayon de la capitale, bien peu d'emprunts sérieux effectués. C'est au moyen de conventions accessoires, de prélèvements immédiats, de compensations diverses, que l'on parvient, tout en n'inscrivant dans le contrat de prêt que l'intérêt légal, à solliciter et à retenir les capitaux dans les liens de la propriété foncière.

En thèse générale, on peut dire que les seuls prêts qu'atteignent les lois restrictives sont précisément les grandes transactions, dans lesquelles le bon marché habituel de l'argent rend cette intervention au moins inutile. Ceux, au contraire, qui échappent à l'action des règlements législatifs, et de la loi de 1807 comme des autres, se composent de transactions d'une mince importance et dans lesquelles se trouve invariablement stipulé un gros intérêt. Cela est vrai, surtout des prêts au détail et à courte échéance. Les prêteurs à la semaine figurent avec éclat dans cette catégorie. Les prêteurs à la journée sont une classe de capitalistes que l'on aurait tort d'oublier, et qui, malgré l'élévation de l'intérêt qu'elle perçoit, rend de véritables services.

« A la halle de Paris, a dit M. Aubry dans son discours contre la proposition de M. Saint-Priest, il se fait un commerce d'argent que tout le monde connaît : on tient boutique de pièces de 5 francs, c'est-à-dire qu'une variété de banquiers tient bureau à la halle et livre, à des marchands des quatre saisons ou à des maraîchers, une pièce de 5 francs. Avec cette pièce de 5 francs, le petit négociant achète des denrées, des provisions qu'il va vendre dans la ville. Au bout de sa journée, il rentre ; il a gagné souvent 2 et 3 francs à l'aide de cette pièce de 5 francs. Croyez-vous qu'il lui soit pénible, sur le bénéfice de sa journée, de donner une somme de 25 centimes au banquier qui lui a fourni l'instrument du travail ?... Dans ce cas, l'intérêt de l'argent est à 1,800 pour 100. On a voulu requérir au nom de la loi ; mais les magistrats du parquet de Paris ont été obligés de reculer devant des réclamations incessantes et nombreuses ; cette résistance puisait sa force dans le bon sens du peuple et dans les bienfaits de la liberté. »

Il semble qu'un placement au moyen duquel l'argent rapporte 1,800 pour 100 devrait appeler la concurrence des capitalistes, et que cette concurrence devrait faire baisser le loyer des capitaux. Cependant les prêts qui ont pris dans le langage populaire la dénomination de prêts à la petite semaine restent à un taux en quelque sorte immuable. Les convenances réciproques du prêteur et de l'emprunteur ne suffiraient pas pour expliquer la permanence d'un intérêt aussi élevé dans ces placements. Pour le comprendre, il faut considérer les risques auxquels le capital est exposé. La population des marchands ambulants est essentiellement nomade ; c'est le métier auquel ont recours ceux qui, momentanément, n'en peuvent pas faire d'autre, ou auxquels leur paresse fait fuir le travail. Il ne faut pas attendre de pareils clients un grand scrupule dans l'accomplissement de leurs obligations. Les banquiers de pièces de 5 francs sont ceux auxquels on fait le plus fréquemment banqueroute. Le petit marchand qui dépense trop souvent en boisson le gain de la journée, absorbe le capital avec le bénéfice. Pour échapper à la surveillance et à la poursuite du créancier, le débiteur n'a qu'à émigrer d'une occupation à une autre, dans le cercle indéfini des petits métiers qui fourmillent et pullulent sur le pavé de Paris. Le capitaliste prête à des inconnus, à des gens qui n'ont ni sou ni maille, et sans autre garantie que leur intérêt à s'acquitter ponctuellement de leurs obligations pour se créer une espèce de crédit, intérêt que tous ne comprennent pas. Si les débiteurs étaient ponctuels et scrupuleux, les créanciers, renouvelant leur capital dix-huit fois par an, feraient bien vite fortune. Plusieurs se ruinent; et, ce qui prouve un mélange de bonnes et de mauvaises chances, ces transactions roulent dans une sphère qui ne paraît pas s'agrandir.

Et maintenant, je le demande, les lois qui tendent à restreindre la liberté de l'intérêt ne sont-elles pas jugées, lorsqu'on voit que, pour une transaction à 6 pour 100 qu'elles empêchent dans les régions moyennes du crédit, elles tolèrent ou n'empêchent pas un peu plus bas, en descendant l'échelle des prêts, des opérations quotidiennes, publiques et sans nombre, dans lesquelles l'usure va jusqu'à 1,800 pour 100 par année?

## IV. — BASES DE L'INTÉRÊT.

Il est temps d'abandonner la controverse historique pour examiner les bases essentielles de l'intérêt. Trois éléments principaux concourent à le déterminer : le loyer du capital, la prime d'assurance destinée à couvrir le risque, et, dans un grand nombre de cas, le droit de commission, le salaire de l'intermédiaire qui met l'emprunteur en rapport avec le prêteur.

Le loyer du capital, de l'instrument du travail, du moteur qui met en branle le commerce, l'agriculture et l'industrie, est l'élément principal de l'intérêt. Comment en déterminer le taux? et quelle en est la mesure? Cet élément a-t-il quelque chose de fixe et qui ne dépende ni des lieux, ni des temps, ni des personnes; ou

bien doit-il varier avec les circonstances et selon les individus? Il n'y a pas, on le sait, de valeur immuable ; la
notion même de la valeur, partant de l'idée de rapport,
implique le changement. Le loyer des capitaux, comme
le prix de toutes choses, doit varier sous l'action de
l'offre et de la demande ; et la loi de l'offre et de la demande est elle-même subordonnée à toutes les vicissitudes de la production ainsi que de la consommation,
sans parler de l'influence que peut exercer le progrès ou
le mouvement rétrograde qui se manifeste dans les
moyens de transport.

On ne préjuge donc pas ce que doit être le loyer des
capitaux, on se borne à constater ce qu'il est. L'observation des faits commande souverainement en cette matière. Sans doute l'on reconnaît, en étudiant les annales
économiques des peuples, que le loyer des capitaux va
décroissant à mesure qu'augmente la richesse. Mais il
faut remarquer aussi, à travers cette tendance incontestable à la baisse, que les oscillations de l'intérêt deviennent plus fréquentes, à mesure que les rapports commerciaux, développés par l'aisance et par les lumières,
viennent à se multiplier. Le loyer des capitaux varie
peut-être moins, dans cette progression descendante,
d'un siècle au siècle qui suit ; mais d'une année à l'autre,
il change davantage. Le crédit, qui semblait avoir autrefois des nerfs d'acier et l'épiderme endurci, a contracté
la nature impressionnable et le tempérament délicat de
la sensitive.

On ne peut donc déterminer le loyer des capitaux
qu'approximativement, dans des circonstances données
et pour la durée de ces circonstances. Le système qui

consiste à faire régler par les pouvoirs publics le taux de l'intérêt, pour rester dans le vrai et ne pas trop s'écarter des faits, exigerait un remaniement du tarif, chaque mois, chaque semaine, et, dans certains cas, chaque jour ; mais une règle qu'il faudrait remanier sans cesse ne serait plus une règle. Ce système est donc condamné, ou à l'immobilité de l'intérêt qui va contre la justice, ou à une mobilité incessante qui serait la négation de la loi. Quant aux théories qui caressent la chimère d'un intérêt fixe et en quelque sorte normal, nous n'en parlerons que pour mémoire. La Banque de France a tenté de les mettre en pratique, en maintenant le taux de l'escompte à 4 pour 100, dans les temps de crise comme dans les époques de prospérité ; mais sa résistance a été vaincue à la fin ; en 1847, elle s'est vue obligée de porter l'escompte à 5 pour 100, afin d'arrêter l'exportation des espèces ; et en 1852, pour ne pas rester en dehors du mouvement des affaires, elle l'a réduit à 3 pour 100.

Le second élément de l'intérêt est le droit d'assurance ou de risque ; on peut le considérer comme plus variable encore que le précédent et d'une appréciation à coup sûr plus difficile. Le loyer des capitaux est la partie en quelque sorte réelle de l'intérêt, celle qui se règle sur la valeur des choses, sur l'état du marché ; et l'assurance en est la partie personnelle. Le risque change non-seulement avec les circonstances, mais encore avec la situation et avec le caractère des emprunteurs : il est à peu près nul dans les prêts que l'on fait sur lettres de change ou sur billets à ordre revêtus de plusieurs bonnes signatures ; il s'aggrave en face d'un emprunteur qui ne donne que sa garantie, et c'est dans la proportion du

défaut de solidité de la garantie que le prêteur élève la
prime du risque. Cette faiblesse de la garantie peut être
atténuée par la confiance ou exagérée par la défiance du
prêteur. Il y a là un élément d'appréciation qui, à force
d'être personnel des deux côtés, touche de près à l'arbitraire.

« Celui qui prête son capital, dit M. Aubry, avec risque de le perdre en tout ou en partie, rend un service
plus grand et partant mieux rémunéré que celui qui
prête son capital sans rien risquer; c'est ce qui constitue
la différence entre le bailleur de fonds immobiliers et
le bailleur de fonds mobiliers; parce que le capital de
l'un conserve toujours son identité facile à ressaisir,
et se trouve souvent garanti par des priviléges et par
des hypothèques, tandis qu'au contraire le capital de
l'autre est susceptible d'être consommé par l'usage et
d'être absorbé sans retour en intérêt et principal ; c'est
encore ce qui constitue la différence entre le prêt civil
et le prêt commercial, ainsi que le prêt sur gages, entre l'obligation à courte échéance et l'obligation à long
terme, entre le contrat maritime et le contrat terrestre. »

La grandeur du service ne se mesure pas à la grandeur du risque ; mais celui qui consent à prêter son capital, sans avoir la certitude de le recouvrer à l'échéance,
a le droit d'exiger du débiteur une prime d'assurance
contre ce danger : ce n'est pas là une rémunération, c'est
simplement une compensation, une garantie. Mais rémunération ou garantie, dans les cas douteux, un créancier prudent ne saurait se passer de ce supplément au
loyer du capital; encore ne suffit-elle pas toujours pour

le préserver de la ruine. Lorsque M. Proudhon a dit que·
l'intérêt de l'argent représentait le risque, la chance·
aléatoire, *alea*, il a donc exagéré la vérité; il a pris la·
partie pour le tout; il a fait abstraction de la base même·
de l'intérêt, qui est le loyer que donne le capital. Mais
cela même prouve qu'il a tenu compte d'un élément que·
toutes les législations méconnaissent.

L'école socialiste, dans la théorie du crédit gratuit,·
remplace la prime du risque par une sorte d'assurance
mutuelle qui réunit tous les échangistes dans les liens·
d'une solidarité universelle, et qui fait peser, sur chaque
membre de la société, une part dans les mauvaises spé-·
culations ou dans les mauvaises chances de tous. Ce·
n'est pas là de la justice distributive : car les gens qui·
présentent des garanties sont placés sur la même ligne
que ceux qui n'en offrent aucune. Les socialistes font in-·
tervenir l'être moral que l'on appelle société dans les·
affaires humaines, absolument comme les anciens y en-·
gageaient les dieux. La société, telle qu'ils la figurent
dans leurs romans, distribue à tous les individus la subsistance et même la richesse ; toute la différence consiste
en ce que la manne sort de la banque du peuple ou du·
phalanstère, au lieu de descendre du ciel.

La banque du peuple ayant fait faillite, et le phalanstère ayant avorté, nous avons à examiner s'il est possible,
dans le cours ordinaire des transactions, d'établir une·
appréciation, une mesure quelconque du risque. Cet·
élément de l'intérêt se refuse à toute règle, même pour
un jour, même pour un cas donné ; c'est une affaire
d'opinion, une question de chances individuelles. Il n'y
a rien là que l'on puisse généraliser, au point d'en faire,

soit un principe économique, soit un article de loi. L'élément du risque résiste encore plus que celui du loyer à toute tentative qui aurait pour objet de fixer ou de limiter l'intérêt de l'argent.

Le troisième élément de l'intérêt est ainsi défini par M. Aubry, qui a pu, comme banquier, en parler en connaissance de cause : « Les instruments du travail n'arrivent aux travailleurs que par des intermédiaires ; c'est la conséquence du progrès. Le capital numéraire, à titre d'instrument de travail, n'échappe pas plus qu'un autre à la loi de la division du travail. Chacun sait, en effet, que le capital se meut, circule à l'aide d'agents moteurs qu'on appelle banques ; le travail s'améliore et prospère, à raison même de l'activité et de l'abondance avec lesquelles les capitaux circulent dans ces grands réservoirs, mais aussi chacun doit savoir combien il faut de fortune acquise, de moralité, de grandeur, pour diriger ces établissements de crédit. Eh bien ! ce sont précisément ces qualités si rares, si précieuses ; c'est ce travail si difficile, si nécessaire dans les établissements de crédit, qui se rémunère par un droit de commission qui grève d'abord l'intérêt des capitaux que l'on fournit. M. Proudhon, dans sa banque du peuple, ne conteste pas la légitimité de ce droit ; car, quand il a décrété le crédit gratuit, il a réservé un escompte de 1 ou 2 p. 100 pour les frais d'administration.

« Est-il possible de déterminer la mesure de ce troisième élément ? évidemment non. Il y a des établissements de crédit de différents ordres. Le banquier qui opère sur des millions dans une journée ne prélève qu'une commission imperceptible et gagne encore beaucoup d'argent ; tandis que le petit négociant, qui n'opère que sur des sacs de 1,000 francs ou sur des pièces de 5 francs, peut prélever une commission très-forte et gagner très-peu, quoiqu'il donne son temps, son travail, dans la même mesure que le banquier. »

La définition que l'on vient de lire n'est pas complète ni tout à fait exacte. Bien qu'il n'appartienne pas au pouvoir public de régler cette partie de l'intérêt plus que les autres, on doit reconnaître qu'il y a là un élément d'appréciation plus facile et moins incertain. L'institution des banques de circulation et d'escompte a réduit le droit de commission aux proportions les plus exiguës, partout où s'étend leur influence ; encore même l'État en prend-il sa part, sous la forme du droit de timbre dont il frappe leurs billets. Pour les banquiers intermédiaires, le droit de commission se confond souvent avec la prime du risque ; il en est ainsi, à Paris, par exemple, où un escompteur, pour donner la troisième signature, et pour rendre un effet de commerce acceptable à la Banque de France, prélève une prime ou un droit de 1, de 3/4 ou de 1/2 pour 100.

En analysant les éléments dont se compose l'intérêt de l'argent, nous avons vu qu'il n'y en avait pas un seul qui présentât une base certaine d'appréciation. C'est ce qui a fait dire à M. Lherbette : « Si vous croyez qu'il y ait des bases fixes, invariables de l'intérêt, pourquoi le faites-vous varier suivant les circonstances ? et si vous croyez, au contraire, que les bases soient variables, pourquoi fixez-vous un taux que les contractants ne pourront pas faire varier suivant les circonstances particulières où ils se trouveront et qu'ils connaîtront mieux que vous ?

En tout cas, si vous voulez le fixer, il faudrait le modifier à chaque instant ; car à chaque instant les circonstances changent ; il faudrait établir des mercuriales pour l'argent comme pour le pain. »

Cela même ne serait pas possible. La taxe du pain embrasse deux ou trois qualités, dont elle fixe le prix en consultant le prix des grains de qualité analogue ; mais la taxe de l'intérêt ne repose pas sur des combinaisons aussi simples : là le taux de la mercuriale devrait comprendre autant de qualités qu'il y a de situations particulières, d'individus ayant recours au crédit. Dans la région du crédit, le cadre des catégories est infini ; et voilà ce qui déjouera infailliblement toute prétention à la règle. La liberté, en matière d'intérêt, ne résulte pas moins de l'impuissance du système restrictif que du droit qui appartient aux parties contractantes de disposer, comme elles l'entendent, de leur propriété. L'expérience du passé est ici l'auxiliaire le plus direct des principes.

On reconnaît désormais, grâce aux lumières de notre temps, que l'intérêt de l'argent est une valeur légitime ; dès lors pourquoi lui assignerait-on d'autres conditions d'existence qu'à toutes les autres valeurs ? Quand une marchandise est emmagasinée dans les entrepôts ou apportée sur le marché, le prix en est librement débattu entre le vendeur et l'acheteur ; l'un et l'autre trouvent leur avantage à cette méthode, et le vendeur remporterait sa marchandise ainsi que l'acheteur son argent, si quelqu'un prétendait leur dicter les conditions de la vente et de l'achat. En fait de garanties, l'un et l'autre repoussent l'intervention de l'État, et se trouvent beau-

coup mieux de la libre concurrence. Y a-t-il une raison
tant soit peu sérieuse de soustraire à cette loi générale
du commerce le commerce de l'argent?

La société est tantôt dans un calme favorable aux affaires, tantôt elle traverse des crises dans lesquelles toute
affaire devient difficile, et où l'activité du travail semble
paralysée. L'argent est quelquefois rare et quelquefois
abondant; le loyer des capitaux doit donc varier, comme
toute autre valeur, au gré des circonstances. Quant aux
emprunteurs, ils ne sont pas tous également solvables;
par leur moralité, par leur réputation et par leur aisance,
ils se placent au contraire à divers degrés dans l'échelle
des garanties. Dira-t-on à un prêteur : « Quel que soit
l'état de la société, tranquille ou agité; quelle que soit
l'abondance ou la rareté de l'argent; que l'emprunteur
soit largement ou médiocrement solvable; que le capital
se meuve en pleine sécurité ou sous la pression d'une
vive inquiétude; vous donnerez votre argent aux mêmes
conditions toujours et à tous? » — Cela serait inique
et absurde; il arriverait infailliblement de deux choses
l'une : ou la prohibition ne serait pas observée, ou le
capital se refuserait, et la société devrait s'arranger
comme elle pourrait, pour vivre sans crédit.

Retournons l'hypothèse : si l'on pose une limite aux
profits du capitaliste, un maximum à l'intérêt de l'argent, pourquoi n'appliquerait-on pas le maximum à
toute espèce de revenus, à tous les genres de transactions
et à toute sorte de marchandises? S'il est défendu de
prêter au-dessus d'un certain taux, pourquoi ne serait-il
pas interdit de vendre au-dessus d'un certain prix? Le
peuple a bien plus d'intérêt à ne pas payer le blé 45 fr.

l'hectolitre en temps de disette, qu'à trouver à emprunter à 3 ou à 4 pour 100. Si le capital argent ne doit pas rapporter à son possesseur plus de 5 pour 100 par année en matière civile, ni plus de 6 pour 100 en matière commerciale, pourquoi le profit que l'on retire d'un capital machine, d'un capital fonds de terre, ou d'un capital usine, serait-il illimité? Je prête 100,000 fr. à Paul, qui les met dans l'industrie; Paul achète, avec cet argent, une filature qui lui donne un revenu annuel de 50 pour 100, et l'on voudrait qu'il ne me fût pas permis de retirer de mon capital l'intérêt que je puis en obtenir, tandis qu'un emprunteur qui recevrait de moi ce capital serait libre d'en tirer 100 ou même 200 pour 100, en un mot, de le faire fructifier sans limites?

On prétend, il est vrai, que l'intérêt de l'argent fait exception aux règles générales du commerce. M. Paillet nous a dit que le droit de propriété devait capituler, comme les autres, devant l'utilité publique, et il a comparé la défense de prêter au-dessus d'un certain taux à l'interdiction de bâtir dans la zone des forteresses, à l'expropriation pour cause d'utilité publique, à la prohibition de défricher, à toutes les mesures que prend la société pour protéger le faible contre le fort. L'économie politique ne conteste pas le droit de la société; mais elle nie que ce soit ici le cas de l'appliquer. Où est, en effet, l'intérêt public qui veut que l'État réglemente le loyer de l'argent? Nous ne saurions, quant à nous, l'apercevoir. Dans un gouvernement théocratique, où l'État est tout et fait tout, cela se concevrait peut-être. Les prêtres fixent alors le taux des denrées, la forme des vêtements et le nombre des ablutions. On ne s'étonne pas de les voir intervenir dans le régime de l'industrie, quand ils font pénétrer leur autorité jusque dans le foyer domestique. Mais dès que l'industrie est sortie de ses langes et que les citoyens d'un même État peuvent commercer librement entre eux, l'intérêt de chacun et de tous veut que le commerce de l'argent soit libre comme les autres. Que signifierait la faculté de vendre et d'acheter les produits, sans autre règle que le taux qui résulte du rapport entre l'offre et la demande, si le capital, qui engendre les produits, était soumis à des conditions différentes sur le marché? La concurrence détermine le loyer du capital comme le prix des marchandises. C'est elle seule qui peut amener et qui amènera certainement la baisse de l'intérêt. Il n'y a que les esprits chimériques ou violents qui la demandent à d'autres méthodes.

Les partisans de la balance du commerce croyaient que l'argent, au lieu de représenter les capitaux dans la circulation, était le capital même de chaque pays. Voilà pourquoi ils en soumettaient la négociation à des règles particulières. C'est en ce sens que le rapporteur de la loi de 1807, M. Jaubert, disait : « Si le commerce se livre à des spéculations d'intérêt, il s'écarte de sa route et finit par arrêter les progrès de l'industrie. » Comme si le capital ou plutôt le travail accumulé était fait pour autre chose que pour servir de moteur, et pour procurer des profits à ceux qui le possèdent. Les sociétés vivent de la tradition autant que du progrès. Nous grandissons, parce que nous nous élevons sur les épaules de nos pères. Le capital fraye les voies au travail.

La réglementation de l'intérêt, on le sait par l'expérience qu'en ont faite nos devanciers, ne sert pas mieux le travail que le capital. Si elle frappe celui-ci de stérilité, elle empêche que celui-là ne se développe. Mais ce système a des conséquences encore plus funestes pour l'ordre social que pour les individus. On a décrété, par la loi de 1850, que le maximum de l'intérêt resterait fixé à 5 pour 100 en matière civile. Mais on n'a satisfait par là ni M. Pelletier qui demandait l'argent à 3 pour 100, ni M. Proudhon qui prétendait le réduire à zéro. Du jour où l'on jette dans l'esprit de la population cette idée qu'il appartient au pouvoir législatif de déterminer le taux de l'intérêt ou d'y poser une limite, on s'expose à toutes les exigences de l'anarchie. Lorsque le peuple, se plaignant à tort ou à raison de la dureté des temps, viendra demander une réduction annuelle de l'intérêt, de quel droit ferait-on résistance? Lui dira-t-on : « Je ne peux pas? » Mais alors le législateur se donnerait un démenti. Répondra-t-on : « Je ne veux pas? » C'est, comme l'a dit M. Lherbette, ouvrir la porte aux révolutions. Le peuple se retirera sur le mont Aventin, réclamant l'abolition des dettes ; ou bien, pour ne pas les payer, pour les acquitter en papier-monnaie, il enverra, comme certains départements, en 1849, au corps législatif, des montagnards socialistes. La réglementation officielle de l'intérêt est le premier pas de la société vers la banqueroute ; car c'est l'arbitraire substitué au droit qui naît librement des conventions.

La liberté de l'intérêt convient à tous les peuples majeurs et qui se gouvernent par leurs propres lois, mais elle appartient surtout aux républiques. Quand on reconnaît à un citoyen le droit de prendre part aux affaires

de l'État, on ne saurait lui refuser, sans injustice et sans
contradiction, la faculté de régler librement ses propres
affaires, d'acheter, de vendre, de prêter ou d'emprunter
aux conditions qui se rencontrent sur le marché. Les
membres du souverain ne peuvent pas être tenus en tutelle. Il est ridicule et funeste que la loi stipule pour eux
comme pour des aliénés ou des prodigues mis en interdit. Qu'on ne les appelle pas à délibérer sur la nature et
sur la direction du gouvernement, si on les juge incapables de comprendre et de défendre leurs véritables
intérêts ; ou si l'on fait cet honneur à leur indépendance
et à leurs lumières, qu'on étende, du moins, l'horizon
de la souveraineté aux transactions privées et au foyer
domestique.

Les États-Unis doivent, en grande partie, la prospérité dont ils jouissent à la liberté de l'intérêt. Cette liberté n'est pas dans leurs lois, mais elle a passé dans
leurs mœurs. Les lois de chaque État limitent le taux de
l'intérêt à un maximum qui varie de 5 à 8 pour 100, et
qui, par convention entre les parties, peut s'élever jusqu'à 12 pour 100. Mais cette latitude déjà si grande de la
loi s'étend encore par l'usage. Les États-Unis sont vraiment la terre promise pour l'emploi du capital. Le loyer
de l'argent, tant sous la forme du prêt direct que sous
celle de l'escompte, a souvent atteint aux États-Unis un
taux qui nous paraîtrait usuraire. A New-York même,
sur la principale place de commerce de l'Union, le taux
de l'escompte a quelquefois représenté 18 pour 100 par
année. A San-Francisco, l'argent a valu, pendant quelque temps, 4 ou 5 pour 100 par mois. Qu'importe, après
tout, si ceux qui empruntaient à ce taux employaient

l'argent de façon à en retirer de plus beaux bénéfices?

Le taux de l'intérêt se mesure généralement à celui des profits. Là où les placements industriels rapportent 12 à 15 pour 100, ce serait une prétention vaine que celle d'emprunter de l'argent à 4 et même à 5 pour 100. Le commerce de l'argent cesserait, en effet, s'il ne se trouvait pas placé dans des conditions analogues à celles des autres industries. Là, au contraire, où les capitaux engagés dans l'agriculture et dans le travail manufacturier produisent un revenu de 5 à 6 pour 100, un intérêt modéré, un intérêt de 3 et 1/2 à 4 pour 100 suffit généralement au capitaliste. Dans l'Amérique du Nord, où les profits de l'agriculture, qui reste heureusement la principale industrie, grâce à la fertilité du sol, s'obtiennent presque sans effort et sont très-considérables, la rémunération du travail et celle du capital gardent un niveau fort élevé. L'argent y est cher ainsi que les salaires. Dans la Grande-Bretagne, au contraire, où pour s'enrichir il faut que les industriels opèrent sur d'immenses quantités, le profit étant minime sur chaque fraction, le capital ne prélève qu'un intérêt médiocre. Les consolidés ne donnent pas aujourd'hui 3 pour 100 ; on place les bons de l'échiquier à moins de 2 pour 100, et l'escompte des bonnes valeurs se fait à peu près au même taux. Il n'y a que le travail qui se paye cher dans le Royaume-Uni, où il est aussi une richesse. L'abondance qu'amènent les trésors accumulés par l'industrie fait que le capital y est moins demandé que le travail.

L'harmonie de ces diverses fonctions dans l'ordre social ne peut résulter que de la liberté. C'est la liberté qui a fait grandir l'industrie et qui a donné des ailes au commerce. La liberté seule peut régler, à la satisfaction de tout le monde, l'intérêt de l'argent. Le capital ne saurait avoir d'autre maître que lui-même ; et l'on n'évitera sa tyrannie qu'en ne cherchant pas à le réduire en esclavage. L'équilibre procède ici des rapports qui s'établissent naturellement entre les hommes et non des lois qu'ils pourraient être tentés de décréter.

# IV

## LIBERTÉ COMMERCIALE.

MANIFESTE PUBLIÉ PAR LE COMITÉ CENTRAL DE PROHIBITION (¹).

Le Comité central de la prohibition vient de publier un manifeste plus tempéré dans la forme que ses précédents écrits, mais qui affiche en même temps des prétentions plus hautes. Jusqu'à présent les organes du système semblaient craindre d'aborder la région des principes, et ils se bornaient à revendiquer comme leur propriété exclusive le domaine des faits. Quiconque réclamait, au nom de la liberté, une réforme des tarifs commerciaux, n'était pour eux qu'un théoricien, un habitant des nuages. Un dédain superbe respirait dans leur attitude et dans leurs paroles, toutes les fois qu'ils avaient à s'expliquer sur les données de la science; ils n'admettaient pas que l'on fût compétent pour agiter les questions d'économie publique, à moins de s'être consacré à l'exercice actif d'une industrie. Ils nous opposaient fièrement leur qualité d'hommes pratiques. Pour eux un maître de forges ou un filateur de coton était

---

(¹) *Examen des théories du libre échange et des résultats du système protecteur.* In 4°. 1847.

l'arbitre suprême et l'oracle ; tout économiste ne figurait à leurs yeux qu'un échappé des petites maisons.

Aujourd'hui, une révolution inattendue paraît s'opérer dans les rangs de nos adversaires. A la connaissance plus ou moins incomplète des faits, ils s'efforcent d'allier enfin le culte des idées. Les défenseurs de la prohibition deviennent théoriciens à leur manière : le système veut avoir sa philosophie. Un illustre homme d'État leur a promis, dit-on, son concours, et leur a fourni en attendant tout un bataillon nouveau de publicistes ; ceux-ci sont pleins d'ardeur et impatients d'essayer leurs forces. Qui sait ? on nous prouvera peut-être que la prohibition est de droit naturel, et qu'il n'y a d'ordre social possible qu'à la condition d'enfermer étroitement chaque peuple dans une triple enceinte de douanes. En cherchant bien, l'on trouvera même un type, un symbole dans l'histoire ancienne ; ce sera, par exemple, Ecbatane la bien gardée, la ville aux sept remparts. Qu'imaginerait-on de mieux, pour démontrer la légitimité des restrictions imposées au commerce et à l'industrie, que de remonter à l'origine des sociétés et de se rapprocher du déluge ?

Le système prohibitif, ayant établi son point de départ, peut aisément se montrer magnanime. C'est pourquoi, dans le manifeste que nous avons sous les yeux, on ne daigne pas contester que l'échange soit un droit comme la propriété, et que le travail, qui crée les produits, implique aussi la faculté d'en disposer librement. On nous concède (voyez la loyauté !) un principe que tous les sophistes de l'école de la Restauration ou de celle de l'Empire s'efforceraient vainement d'ébranler ; mais,

en revanche, on dispute à perte de vue sur les conséquences.

« Le droit d'échanger, nous dit-on, a, comme tous
les droits, une limite, l'intérêt général des citoyens dont
l'État est le représentant. Les lois qui le régissent ont le
même caractère que les lois qui régissent la propriété,
la liberté individuelle, la liberté de la presse, etc. On ne
peut pas plus accuser les unes que les autres de renfermer un principe d'oppression ou de spoliation, elles sont
fondées sur la condition même de l'existence des sociétés. »

Sans doute, tout droit a ses limites ; car à côté des
droits, il existe aussi des devoirs. Mais peut-on admettre
que l'État pose ces limites d'une façon arbitraire, en consultant l'intérêt du moment, et sans égard aux principes
qui planent au-dessus des sociétés humaines ? Évidemment non, car si on l'admettait, l'opinion, la volonté des
majorités remplacerait toute notion d'équité et tout
principe de justice ; les minorités n'auraient plus de garanties. L'ordre social, qui doit reposer partout sur des
bases immuables comme la loi morale elle-même, serait
variable comme le pouvoir politique, et comme la
forme de ce pouvoir.

Les choses ne vont pas ainsi dans le monde. Pour
prendre un exemple, sous les formes les plus diverses
de gouvernement, le droit de propriété reste intact et
traverse les siècles. Il existe en Allemagne comme en
France, et en Espagne comme en Angleterre ; il distingue même, à beaucoup d'égards, la civilisation de la
barbarie. Plus les sociétés s'éclairent, plus il est entouré de respect et solidement assis. Ce droit n'a d'autres

limites, pour chaque propriétaire, que celui du propriétaire voisin et de l'universalité des propriétaires ; il n'admet pas d'autres restrictions que celles qui en assurent l'exercice ; il est tellement universel et tellement absolu, que chaque atteinte qu'il reçoit ébranle les bases mêmes et compromet l'existence de l'ordre social.

Dans les gouvernements despotiques, le souverain élève quelquefois la prétention, au nom d'un prétendu intérêt général dont il se porte l'arbitre et l'organe, de disposer, au profit de l'État, des propriétés particulières. La confiscation a, jusque sous l'Empire, fait partie de notre droit public ; en Autriche et en Russie, elle reste encore de nos jours une prérogative royale. Mais le pouvoir ne s'arroge de pareils priviléges que là où n'avoir pas de comptes à rendre ; et il sait bien, en tenant cette conduite, qu'il met la force à la place du droit.

Tout publiciste qui viendrait nous dire aujourd'hui que la confiscation découle, par voie de conséquence, du droit de propriété, serait conspué comme un raisonneur impudent ou absurde. Voilà pourtant la thèse que le parti de la protection défend en matière d'échange. Les prétendues limites que notre système de tarifs apporte à la liberté commerciale ne sont pas en effet autre chose que la suppression, que la confiscation de cette liberté. Sous prétexte d'en restreindre l'usage, on a fini par la rayer complétement de nos lois. On a interverti les principes et les rôles : c'est la prohibition qui est la règle en France, et la liberté n'est plus que l'exception. Puisque nos adversaires provoquent eux-mêmes la comparaison, je dirai que l'on traite la liberté des échanges comme la Restauration traitait la liberté de la presse ;

l'apologie qu'ils font de nos tarifs rappelle, trait pour trait, le langage que tenait M. de Peyronnet, en présentant cette loi que l'ironie populaire dénomma si justement la *loi d'amour*.

Au reste, quand nous accorderions que l'État a le droit, dans l'intérêt général, d'attacher quelques restrictions à nos rapports commerciaux avec les peuples étrangers, il ne s'ensuivrait pas que le système protecteur fût légitime. L'intérêt général peut exiger que le gouvernement établisse des droits d'importation sur les marchandises qui passent la frontière ; et ceux qui contestent le plus vivement les douanes, en tant que barrières, les accepteraient volontiers comme impôts. Mais la prohibition n'a pas ce caractère d'utilité publique.

Il ne peut pas être de l'intérêt d'une nation de s'enfermer, de s'isoler sous la clef de ses frontières. Les peuples ont forcément des rapports entre eux, ainsi que les citoyens d'un même état. Ces rapports, la paix les multiplie, et la guerre elle-même ne parvient pas toujours à les interrompre. L'inventeur du blocus continental, Napoléon ne faisait-il pas trêve à la rigueur de son système pour vendre du blé aux Anglais ? les hommes se touchent par mille points, même quand ils parlent des langues différentes, et quand ils ne servent pas sous le même drapeau. On admet les relations politiques entre les peuples ; pourquoi exclurait-on les relations commerciales ? les territoires sont contigus, les industries se diversifient, comme le génie propre à chaque nation, et comme le climat propre à chaque territoire ; et l'on ne voudrait pas que les nations eussent intérêt à échanger entre elles les produits de leur travail ! On poserait en principe qu'elles ne doivent rien acheter à leurs voisins, quoiqu'elles puissent avoir beaucoup à leur vendre !

L'intérêt général résiste à toute mesure qui, ayant pour objet de favoriser une classe de citoyens au détriment d'une autre, porte un caractère d'oppression. Voilà justement le côté faible du système prohibitif ; en restreignant les importations, il rend par contre-coup les exportations à peu près impossibles. En défendant quelques-unes de nos industries de la concurrence étrangère, il ferme à certaines autres les débouchés extérieurs. Pour assurer un monopole aux plus faibles, il gêne la liberté d'action des plus forts. C'est une sorte de prime donnée à la culture des terres maigres, et qui ferait délaisser les terres grasses. Le système est oppressif, parce que la protection ne peut pas s'étendre à toutes les branches de l'activité industrielle ; il y a là une injustice, parce qu'il n'y a pas d'égalité. Ceux qui produisent en France les vins, les soieries et les articles de Paris se plaindront toujours d'un régime qui les sacrifie aux convenances des maîtres de forges, des filateurs de coton et des fabricants de drap.

Les lois de douanes, qui prohibent les produits étrangers, ont pour effet d'augmenter artificiellement la valeur vénale des similaires fabriqués dans nos manufactures. C'est un sacrifice gratuit que l'on nous demande ; c'est un impôt que l'on autorise certains industriels à prélever sur la consommation. Révoltée d'un abus aussi peu légitime, la science économique a posé en principe que les citoyens ne devaient l'impôt qu'à l'État. Voilà un axiome évident, et que confirmerait au besoin l'autorité de l'histoire; cependant nos adversaires s'inscrivent en faux.

« L'erreur des libre-échangistes, dit le manifeste, provient ici de la fausse idée qu'ils se font du pouvoir social; il n'est pas exact de dire que l'État ne peut imposer d'autres charges aux citoyens que celles qui viennent directement remplir sa caisse. L'État, qui est la personnification du pays, a d'autres intérêts que ceux du Trésor; chargé de veiller au développement de la richesse, de la prospérité, de la puissance politique de la nation, il peut tendre à ce but par des moyens divers; les charges qu'il impose peuvent par conséquent revêtir des formes différentes; mais *elles n'en sont pas moins justes*, puisqu'à un titre ou à un autre, elles profitent à la société. »

Il y a, dans cette apologie intéressée, des aveux dont nous devons prendre acte. Les avocats de la prohibition reconnaissent pour la première fois que le système protecteur est un véritable impôt, et que cet impôt est levé par une classe de citoyens sur l'universalité des consommateurs. Quelle habileté de commentateur pourrait maintenant concilier de pareils faits avec les idées de justice qui président au gouvernement des sociétés? J'admets que l'Etat, qui personnifie en lui le pays, ait d'autres intérêts que ceux du Trésor; mais ces intérêts, pour appartenir à un autre ordre d'attributions, n'en sont pas moins des intérêts généraux. L'État ne peut pas représenter des intérêts privés, ni se faire l'instrument des prétentions particulières. L'industrie et le commerce doivent être l'objet de ses préoccupations, comme les finances publiques et comme les questions de puissance où de territoire ; mais c'est à la condition de porter, dans toutes choses, une vue d'ensemble et un principe d'égalité. L'État peut déléguer telle ou telle de ses attributions, affermer l'impôt par exemple, transmettre à telle compagnie le droit de percevoir un péage au passage d'un pont, à telle autre la faculté d'exproprier pour cause d'utilité publique ; car dans chacune de ces circonstances, la compagnie qu'il met à sa place le représente, et reçoit de tous le prix d'un service qu'elle rend à tous.

Il n'en est pas ainsi des priviléges que confère à quelques industriels notre système de douanes. Le surcroît de prix que le consommateur paye en pareil cas, il ne le paye ni à l'État, ni au représentant de l'État, ni dans l'intérêt de l'État ; c'est là uniquement une subvention forcée que certains industriels fournissent à certains autres. L'État intervient par la loi pour bonifier les chances de quelques spéculations, ce qu'il n'a pas le droit de faire. La puissance publique est détournée de son emploi légitime au profit de divers intérêts particuliers ; ce système fait revivre un genre d'impôt qui n'est plus ni dans l'esprit de la constitution, ni dans nos mœurs, les redevances seigneuriales. A quoi nous aurait servi d'abolir les taxes qui étaient payées avant 1789 à l'aristocratie foncière, si nous devions en 1847 et sous l'empire de la Charte de 1830, nous qui sommes un peuple de travailleurs et un peuple libre, payer tribut à une aristocratie qui n'a pas même l'ancienneté ni la gloire des services à invoquer ?

Enfin, la diversité des climats et des aptitudes propres à chaque peuple nous avait fait penser que la Providence elle-même avait voulu attacher la liberté des échanges à la destinée des nations. Là-dessus, le manifeste se récrie ; il prétend que nous appliquons la division du travail à l'*exploitation du globe en commun ;* que nous rêvons la paix et la fraternité universelles ; que nous ne tenons compte ni des nationalités, ni du temps, ni de l'espace, et que nous nous plaisons dans une *hypothèse romanesque.*

Non, nous ne sommes pas des rêveurs, et nous ne mettons pas des hypothèses enfantées par l'imagination à la place des réalités de ce monde. Nous savons que l'âge d'or, malgré une parole saint-simonienne, n'est pas plus devant nous qu'il n'a existé dans le passé derrière nous. Nous ne croyons pas plus à la paix perpétuelle entre les peuples qu'à l'harmonie absolue entre les citoyens d'un même État. Mais en arrêtant nos regards sur l'histoire, nous voyons les penchants belliqueux des hommes diminuer, et se fortifier leurs tendances pacifiques. L'état de guerre ne nous paraît plus devoir être comme autrefois l'état normal en quelque sorte des sociétés. Nous croyons que les batailles, après avoir été d'abord un conflit de races et plus tard un jeu de princes, ne pourront plus s'engager désormais que pour des intérêts sérieux. Le monde est trop éclairé aujourd'hui pour que l'on se détermine, sans une nécessité très-évidente, à faire couler le sang de ses semblables.

Les priviléges et les avantages commerciaux ont longtemps été disputés par les armes. Nous voudrions que cette cause de collision et de guerre disparût. C'est bien assez des difficultés politiques, des questions de territoire et d'influence pour mettre les gouvernements aux

prises. L'esprit du siècle ne permet plus que les peuples
s'égorgent entre eux pour du poivre ou de la cannelle,
ni même pour des dents d'éléphants ou de la poudre
d'or. Les guerres commerciales sont absolument et à
jamais discréditées, depuis l'absurde expérience du
blocus continental.

Loin de détruire les nationalités ou d'en faire abstraction, l'économie politique tend à restituer à chaque
peuple son originalité native, son caractère réel, en réclamant pour lui une plus grande liberté des échanges.
Ceux qui ne tiennent aucun compte des différences que
les climats, les races et les institutions ont établies entre
les hommes, ce sont précisément les théoriciens de la
protection, qui veulent que chaque peuple se suffise à
lui-même et qu'il embrasse à la fois toutes les industries.
Que gagnerait, en effet, la nationalité anglaise, si l'Angleterre avait la prétention de produire du coton ou du
vin? Quelle force acquerrait le patriotisme en France,
si les coteaux de la Provence et du Languedoc, au lieu
d'être couverts de vignes, allaient se charger d'arbres
à thé? Avant la révolution de 1789, ce qui distinguait
les provinces du royaume entre elles, ce n'étaient pas
seulement les costumes et les coutumes; c'étaient encore
les industries. Telle ville était célèbre pour ses étoffes de
soie, telle autre pour ses tissus de laine; telle autre enfin
fournissait d'excellentes ressources à la gastronomie.
Les Auvergnats étaient porteurs d'eau et terrassiers; les
Limousins, maçons; les Lorrains et les Normands,
tailleurs de pierre; on n'a véritablement effacé la nationalité des provinces qu'en détruisant la spécialité des
industries. Enlevez à chaque peuple le travail dans le-

quel ce peuple excelle, pour universaliser son aptitude industrielle, et vous aurez supprimé la différence caractéristique qui le séparait de ses voisins. Les Anglais cesseront d'être les *lords* du coton et les mécaniciens par excellence ; les Français perdront l'esprit d'invention qui les distingue et leur suprématie en matière de goût. Il n'y aura plus de nation, car il n'y aura plus de caractères distinctifs propres à chaque peuple. Autant vaudrait recruter des régiments de cuirassiers parmi les tribus cosaques, et de la cavalerie légère dans les Flandres ou dans le Mecklembourg.

En s'efforçant de maintenir cette division du travail que la Providence elle-même a établie entre les hommes, l'économie politique n'est donc point hostile à l'esprit de nationalité bien entendu ; elle vise au contraire à fortifier les nationalités dans leurs tendances pacifiques et essentielles ; elle fonde l'alliance des peuples sur la différence des caractères et des facultés; elle veut que chacun excelle dans les conditions qui lui sont propres, et que chacun produise afin d'avoir des moyens d'échange; pour généraliser et pour étendre le commerce, elle localise l'industrie. Les nationalités ainsi entendues n'ont pas toujours, il est vrai, la lance au poing et la menace à la bouche ; mais elles n'en sont pas moins réelles ni moins vivaces. C'est ainsi que le culte de la patrie se concilie avec l'amour de l'humanité.

Après avoir cherché à couvrir du manteau de l'esprit national les nudités équivoques du système prohibitif, les auteurs du manifeste voudraient placer ce système sous l'invocation du travail. Ils font du travail un magnifique éloge : « Que sont, disent-ils, les terres, les mines et l'argent, si ce n'est des instruments qui tirent toute leur valeur du travail qui les emploie? c'est le travail qui féconde les capitaux; l'importance du travail pour les peuples avait été reconnue par Adam Smith *lui-même;* malheureusement, après avoir posé le principe, Adam Smith ne *sut pas* en tirer les conséquences. »

Que dites-vous de ce ton superbe et de ces airs capables? je ne m'étonne plus d'entendre les organes du Comité central gourmander les professeurs d'économie politique. Comment MM. Grandin, Mimerel et Lebœuf se croiraient-ils tenus à quelques égards envers MM. Blanqui, Michel Chevalier et Wolowski, quand ils traitent Adam Smith lui-même, un des Pères de l'Église économique, avec aussi peu de respect? Adam Smith (le pauvre homme!) en posant le principe du travail, n'a pas su en tirer les conséquences! mais ce qu'Adam Smith n'a pas su faire, MM. Grandin, Mimerel et Lebœuf le savent apparemment et le feront. Quel bonheur pour la France, qui croyait peut-être avoir dans ses professeurs la monnaie d'Adam Smith, de posséder mieux et plus qu'Adam Smith *lui-même,* dans la personne des membres qui forment le Comité central de la prohibition.

La théorie de ces éminents docteurs peut être ramenée, comme ils l'affirment, à des termes bien simples. La lutte ouverte entre les nations n'a d'autre but, à les entendre, que la conquête de la richesse par le travail, et pour y parvenir, il n'y a pas de meilleure méthode que le système protecteur ou prohibitif. Voilà leur doctrine tout entière; ceux qui voudront en savoir plus long, auront à remonter par delà M. de Saint-Cricq, et jusqu'à M. Sirieys de Mayrinhac.

Que le système protecteur soit un moyen d'acquérir la richesse, il y a longtemps que les partisans de cette théorie le prétendent; et de fait, si la prohibition ne réussit pas aux peuples pris en masse, elle enrichit assurément certains individus. Mais que ce système favorise la production, qu'il tende à augmenter la somme du travail et par conséquent la richesse dans la société, voilà ce qu'il est impossible d'admettre.

Le système prohibitif se propose un but et a des conséquences directement contraires à ceux qu'indique le manifeste du comité central. Loin de développer le travail, il vise plutôt à le restreindre. Qu'est-ce en effet que la prohibition, sinon la faculté donnée aux producteurs indigènes, par l'éloignement de la concurrence étrangère, de vendre leurs produits à un prix plus élevé? Quand on élève ainsi artificiellement la valeur des produits, fait-on autre chose que diminuer la quantité de marchandises qui s'échangerait contre la même somme d'argent? et diminuer la quantité des marchandises que le consommateur peut se procurer avec une certaine somme d'argent, n'est-ce pas limiter la consommation elle-même et par conséquent le travail qui doit l'alimenter?

L'abondance du numéraire n'est pas, on le sait, le signe de la richesse. L'Angleterre est beaucoup plus riche que la France, quoiqu'elle possède une quantité de métaux précieux infiniment moindre. Ce qui fait la richesse d'un peuple, c'est le travail qu'il accomplit par la pensée féconde des chefs de son industrie, par les bras de ses ouvriers et par la puissance de ses machines; c'est la quantité, c'est aussi la perfection des produits

qui sortent de ses fermes ou de ses ateliers. Un manufacturier peut encore prospérer, dans des circonstances
exceptionnelles, en produisant mal et peu ; mais les nations ne prospèrent qu'en produisant bien et beaucoup.
Voilà comment l'Espagne demeure au dernier degré de
l'échelle industrielle et commerciale, quand l'Angleterre
se place au premier.

Non-seulement le système protecteur diminue d'une
manière directe le travail et la richesse, en élevant le
prix des produits qu'il défend de la concurrence extérieure ; mais il tend encore d'une manière indirecte à
restreindre la production, en la lançant dans les voies où
elle ne rencontrera ni les ressources ni le génie industriel du pays. Il s'ensuit que l'on fabrique principalement les produits où l'on est bien loin d'exceller, et que
l'on délaisse, faute de débouchés, ceux que l'on pourrait
exécuter avec perfection et en abondance. Pendant que
l'on s'efforce d'éveiller en France des facultés inconnues,
celles que nous possédons demeurent en friche. Nous
ressemblons à ces grands peintres qui avaient la manie
de jouer médiocrement de la flûte. Nous abandonnons
nos vignes pour des forges ; nous immolons les industries
de Paris, de Lyon, de Nîmes, de Reims, de Sedan, de
Mulhouse, à quelques filateurs de Rouen, de Lille et de
Roubaix. Nous cherchons un trésor partout ailleurs que
dans le champ qui, mieux labouré, ferait notre fortune.

Nous avons examiné la doctrine de nos adversaires ;
suivons-les maintenant sur le terrain des faits. Leur manifeste invoque, à l'appui du système protecteur, l'autorité de l'histoire.

« La protection, disent-ils, a toujours existé en fait.

Elle résultait autrefois de l'état de guerre continuel et de l'absence des moyens de communication. Elle est entrée ensuite dans les lois, et elle s'est constituée en système, à mesure que la plus grande facilité des échanges a fait sentir aux nations la nécessité de défendre l'économie de leur travail intérieur. Le système protecteur n'a pas été établi par des gouvernements incapables ou par des législateurs ignorants. Les hommes qui l'ont fondé ou développé sont les plus grands hommes d'État de ces deux derniers siècles. Il suffit de citer Cromwell, Colbert, Napoléon. Ce sont des noms qu'on peut, ce nous semble, opposer avec quelque avantage à ceux d'Adam Smith et de Jean-Baptiste Say. La naissance et l'extension de l'industrie chez tous les peuples de l'Europe procède de ce système. L'Angleterre, qui l'a mis en pratique la première et sur la plus grande échelle, est aussi la nation qui est parvenue au plus haut point de la puissance industrielle et commerciale. Il n'y a guère qu'un peuple qui n'y ait pas eu recours. Le Portugal n'a pas *défendu* son travail intérieur, et l'on voit à quel degré de décadence il est descendu. »

Le parti prohibitionniste, il faut l'avouer, a des historiens et des logiciens d'une grande force. Parce que l'état de guerre continuel et la difficulté des communications ont rendu le commerce à peu près impossible dans les temps anciens et dans le moyen âge, ils en concluent que les nations modernes doivent gêner ou interdire, d'une frontière à l'autre, les rapports commerciaux. Mais alors pourquoi creuser des ports et des canaux? pourquoi ouvrir des routes? pourquoi entretenir une marine? Si l'on ne veut pas de commerce, pourquoi

s'attacher, comme on l'a fait surtout depuis un demi-
siècle, à développer et à perfectionner les moyens de
communication ?

C'est la force des choses qui amène les hommes à con-
verser entre eux, pour employer les expressions de Sully,
à échanger leurs produits ainsi que leurs idées. Le commerce international marche du même pas que la civilisation parmi les peuples. Dans les temps modernes
comme dans l'antiquité, les nations les plus libres et les
plus éclairées ont été les plus commerçantes. Il suffit de
citer Tyr, Carthage, Venise, la Hollande et l'Angleterre.
Il y a une contradiction manifeste à supposer qu'à mesure que les échanges deviennent plus faciles, les pouvoirs publics doivent se trouver dans la nécessité d'en
restreindre le développement. En fait, cela est contraire
à l'expérience. Toutes les puissances qui ont dominé les
mers ont senti la convenance de se montrer libérales en
matière de tarifs. L'Angleterre n'a pas pu supporter le
monopole des propriétaires fonciers en matière de grains,
aussitôt qu'elle a possédé des routes, des canaux, des
chemins de fer et de nombreux navires. Quant à la
France, si le régime de la prohibition ne succombe pas
plus tôt, il deviendra certainement intolérable et impraticable dès l'achèvement de nos grandes lignes de
chemins de fer : la vapeur emportera nos tarifs et nos
préjugés sur ses ailes. Les restrictions du commerce
tomberont devant la locomotive, comme sont déjà tom-
bées devant l'imprimerie les chaînes de la pensée.

C'est une vaine prétention que d'attribuer au système
protecteur les progrès qu'ont pu faire quelques nations
dans la carrière industrielle. La liberté commerciale n'a

pas empêché Venise, Gênes, la Toscane, ni la Hollande
d'inaugurer en Europe les premiers progrès des manufactures. Tout le monde sait au contraire que ce fut à la
liberté la plus complète des échanges que les républiques
italiennes en particulier durent, au temps de leur prospérité et de leur vigueur politique, la supériorité qu'a-
vaient acquise dans leur sein les arts et le travail.

Quant à l'Angleterre, il faut n'avoir pas la moindre
connaissance de son présent ni de son passé, pour faire
honneur au système prohibitif des succès merveilleux
qu'elle a obtenus, à force de génie, d'application et de
persévérance. Les progrès de l'industrie dans la Grande-
Bretagne ne remontent pas, quoi qu'en dise le Manifeste,
jusqu'à l'époque de Cromwell. Les premières semences
en furent apportées par les Flamands, du temps d'É-
douard III; mais les établissements industriels de l'Angleterre ne datent réellement que de la révocation de
l'édit de Nantes. L'industrie ne fut d'abord à Manchester
et à Spitalfields qu'une importation étrangère; des manufacturiers et des ouvriers français, chassés de leur
pays par une politique intolérante, devinrent les véritables précepteurs de ces manufacturiers anglais que l'on
redoute partout aujourd'hui. Arkwright, Crompton et
Watt ont fait le reste. Les manufactures britanniques
ont prospéré, non pas à cause de la prohibition, mais en
dépit de la prohibition, parce qu'elles ont eu à leur disposition tous les prodiges de la mécanique et tous les agents
de la production à bon marché. La houille, le fer, la vapeur, voilà ce qui explique un développement aussi gi-
gantesque. N'oublions pas qu'il a fallu, pour le compléter, que l'Angleterre se relâchât de la rigueur de ses

tarifs. C'est des réformes commerciales accomplies par Huskisson que date réellement l'essor de l'industrie britannique; plus récemment, la réforme entreprise par sir Robert Peel a sauvé cette industrie du naufrage. Qu'on nous prouve que la prohibition eût opéré les mêmes miracles, et nous nous rendrons. Mais autant vaudrait affirmer que c'est le système protecteur qui a enfanté Watt, Arkwright, Crompton et sir Robert Peel lui-même.

On nous dit que le Portugal est la seule nation qui n'ait pas établi, le long de ses frontières, les retranchements du système protecteur, et que de là vient sa décadence. La décadence du Portugal avait commencé bien avant le traité de Méthuen; elle était l'inévitable conséquence d'un mauvais gouvernement et d'un état de société qui ne faisait pas dépendre la richesse du travail. Le traité de Méthuen a pu être funeste aux Portugais, non parce qu'il exposait leur industrie à la concurrence de l'Angleterre, mais parce qu'il gênait leurs relations commerciales avec les peuples européens, en établissant des droits différentiels au profit des parties contractantes. Ces droits différentiels sont une des mille formes du système prohibitif. Si nous n'approuvons pas le traité de Méthuen, c'est qu'il portait l'empreinte de ce système.

Au surplus, la misérable industrie du Portugal eût péri, quand bien même son gouvernement n'aurait pas noué, avec le gouvernement anglais, ces rapports étroits d'une dépendance réciproque. Voyez l'Espagne; elle n'a pas conclu un traité de Méthuen, et au lieu de se rapprocher de l'Angleterre, elle a rompu absolument tout rapport commercial avec cette puissance. Certes, on n'accusera pas l'Espagne d'avoir trop donné à la li-

berté des échanges ; car il n'est pas de gouvernement en
Europe qui ait suivi plus fidèlement, ni avec une plus
grande rigueur, les maximes du système prohibitif. Le
tarif espagnol compte à peu près autant de prohibitions
que d'articles. Il réalise, en quelque sorte, le beau idéal
du régime protecteur. Ce régime a-t-il fait pour l'Espagne ce que n'a pas pu faire pour le Portugal une liberté incomplète des échanges? Les prohibitions ont-
elles développé le travail et la richesse dans la Péninsule?
Où sont les manufactures que ce régime a suscitées?
Que l'on nous montre les progrès que l'agriculture espagnole lui doit! Et si la protection, qui féconde le travail, selon nos adversaires, la protection, qui tient lieu
d'aptitude, d'émulation et de travail, a rendu ou laissé
l'Espagne stérile; s'il n'existe dans ce malheureux pays
aucune industrie digne de ce nom ; si la culture des
champs y est retombée dans la routine la moins productive; si les habitants ne tirent aucun parti des richesses infinies que renferme le sol ; que l'on cesse
donc d'invoquer, en faveur du système restrictif, la
sanction de l'expérience. La monarchie de Charles-Quint
et de Philippe II, cette nation qui étonna un moment et
qui faillit subjuguer l'Europe, est descendue au dernier
degré de l'échelle politique. Elle se partage inutilement
en deux armées, qui la surchargent d'un poids égal, une
armée de douaniers et une armée de contrebandiers. La
contrebande, voilà la seule industrie que le système prohibitif y ait introduite et qu'il y fasse fleurir. L'Espagne
est déchue aujourd'hui, pour avoir renoncé au travail,
et pour avoir proscrit le commerce. Voilà ce que nous
avons à répondre à l'école prohibitionniste, quand elle

invoque, d'un ton hypocrite, l'argument cent fois réfuté du traité de Méthuen.

Mais si l'on voulait un exemple des effets naturels que produit la liberté des échanges, on n'avait pas besoin de s'en prendre au Portugal, ni de remonter aux premières années du xviii<sup>e</sup> siècle. Plus près de nous, à nos frontières et de nos jours, la Suisse a entrepris et poursuit depuis trente ans cette grande expérience ; la Suisse ouvre ses frontières, sans restriction ni précaution aucune, à ce que l'on appelle l'invasion des produits étrangers. Quelles ont été les conséquences d'une liberté aussi complète ? La Suisse a-t-elle vu son industrie ruinée et démontée par la concurrence de l'Angleterre ? La Suisse, qui n'a pas de houille, qui reçoit la matière première grevée de transports considérables, et qui dispose de capitaux médiocres, a-t-elle succombé sous la pression de la manufacture britannique, cette machine qui emprunte des forces incomparables à la civilisation et au sol ? Nullement ; l'industrie helvétique, qui existait à peine de la veille et qui ne semblait pas viable, s'est développée dans les circonstances que nos adversaires jugent mortelles. Elle a grandi par la liberté, à laquelle aujourd'hui elle emprunte toutes ses forces. Pour acclimater le travail dans ses âpres montagnes, la Suisse a commencé par encourager le commerce. Elle vend à l'étranger, parce qu'elle achète les produits de l'étranger. Il ne faut pas chercher ailleurs le secret de cette expansion industrielle, qui lui fait vendre ses soieries en Amérique concurremment avec les tissus de Lyon et de Saint-Etienne, ses fils de coton en Allemagne, malgré la concurrence de Manchester et de Glascow, et ses machines jusqu'au cœur de l'empire autrichien, en présence des prodiges mécaniques de Manchester, de Birmingham, de Paris, de Seraing et de Mulhouse. Nous laissons maintenant aux auteurs du Manifeste le soin d'expliquer comment cette liberté des échanges, qui a rendu la Suisse industrieuse et qui l'enrichit, aurait pu faire du Portugal, sans d'autres causes, une ruine et un désert.

Mais ne parlons plus de l'étranger, je le veux bien, et venons à la France. Nos adversaires s'efforcent d'abriter le régime des prohibitions derrière les noms illustres de Napoléon et de Colbert. Certes, Napoléon n'a pas besoin, pour se recommander à l'admiration de ses contemporains et à celle de la postérité, de passer pour une autorité rivale de celle d'Adam Smith en matière d'économie politique. C'est bien assez d'avoir organisé la puissance administrative, d'avoir préparé et promulgué le Code civil, d'avoir effacé la gloire des plus fameux capitaines. Il n'y a pas de génie qui puisse prétendre à l'universalité ; et l'on nous permettra de dire que, si quelqu'un a fondé la science économique, ce mérite, dont Turgot, Adam Smith et Jean-Baptiste Say revendiqueraient légitimement leur part, n'appartient pas le moins du monde à l'homme qui imagina le blocus continental, comme il eût inventé toute autre machine de guerre. Au reste, c'est bien à tort que l'on impute, soit à Colbert, soit à Napoléon lui-même, d'avoir érigé en principe le système prohibitif. Sans doute, Colbert eut le tort de restreindre en France la liberté des échanges ; mais il n'introduisit aucune prohibition, ni aucun droit prohibitif dans le ta-

rif des douanes. Les droits d'importation, établis par le
surintendant des finances, n'excédaient pas en moyenne
10 pour 100 de la valeur. Si l'école prohibitionniste,
qui se place sous le patronage de Colbert, veut nous
rendre les tarifs de 1664, nous promettons de les accepter avec reconnaissance. Quant à Napoléon, en faisant la
guerre au commerce anglais, il admettait les échanges
avec le reste de l'Europe. Sous le régime du tarif impérial, les fers étrangers, qui acquittent aujourd'hui des
droits de 165 fr. et de 206 fr. la tonne, ne payaient que
44 fr. Le droit d'importation levé sur les bestiaux étrangers était, non pas de 55 fr. mais de 3 fr. 30 centimes
seulement par tête de bœuf, et si l'on surtaxait les cotons bruts, on n'avait pas encore exagéré le droit sur les
laines. A l'exception des droits sur les cotons, le tarif
de l'Empire serait aujourd'hui pour nous un véritable
bienfait. Je ne crains pas de le dire, pièces en main, à
côté des hommes qui se portent les organes et les représentants du système protecteur, Colbert et Napoléon
passeraient à bon droit pour des libre-échangistes.

Le régime prohibitif n'a pas l'excuse des passions
belliqueuses, il a été inauguré avec l'ère de la paix, et
par un gouvernement que les étrangers coalisés venaient
d'imposer à la France ; il est l'œuvre directe, personnelle
et exclusive de la Restauration. Ce gouvernement, qui
ne pouvait aspirer à aucune espèce de popularité dans
un pays libre, voulut se créer des partisans par la distribution de certains priviléges. En même temps qu'il
cherchait à faire revivre les distinctions nobiliaires, les
préjugés de castes et jusqu'aux prérogatives de l'ancienne aristocratie, il fonda une féodalité industrielle à

laquelle il permit de lever, derrière les barrières fiscales, un impôt très-réel et trop réel sur les consommateurs. Ce fut la Restauration qui transforma nos tarifs de douanes. De cette époque, et non pas d'une autre, datent les prohibitions ainsi que les taxes prohibitives. En remplaçant le point de vue féodal par le point de vue protecteur, la Restauration exagéra ce système, au point de ne plus rien laisser à faire à ceux qui la suivraient.

On prétend que, sous l'influence du régime prohibitif, « le travail s'est développé en France, qu'il a *constitué* notre agriculture, notre industrie et notre marine, qu'il a stimulé la concurrence intérieure , qu'il a favorisé le progrès, et qu'il en est résulté une amélioration notable dans la qualité ainsi qu'une diminution dans la valeur vénale des produits.» Voilà, certes, un magnifique éloge; voyons si les faits le justifient.

Le raisonnement du Manifeste n'est qu'un sophisme très-connu dans l'école. Il consiste à lier l'un à l'autre, à représenter comme ayant entre eux le rapport de l'effet à la cause, deux phénomènes qui se produisent en même temps. De ce qu'un certain développement de l'industrie et de l'agriculture a concouru avec l'établissement, avec l'existence du système protecteur, nos adversaires en concluent que ce système a fait naître ou a favorisé l'essor du travail en France. Il n'y a rien de moins légitime qu'une pareille conclusion.

L'agriculture, l'industrie et le commerce auraient fait des progrès en France sous tous les régimes. Au point où la civilisation est parvenue de nos jours, avec les lumières qui débordent, et avec la fièvre d'activité qui nous pousse en avant, il n'y a pas d'intelligence, de

travail ni de capital qui puisse demeurer stationnaire.
Sous l'Empire, lorsque le canon grondait depuis Cadix
jusqu'à Moscou, lorsque la guerre absorbait toutes nos
ressources et toutes nos forces, l'industrie, avec les bras
qu'on lui avait laissés, s'escrimait encore de son mieux.
Le gouvernement ouvrait des routes ; une race nouvelle
de propriétaires mettait le sol en valeur; les Richard Le-
noir, les Poupart de Neuflize, les Ternaux préludaient
à la naissance des manufactures.

Lorsque de tels progrès s'étaient accompli pendant
la guerre la plus longue, la plus universelle, la plus gi-
gantesque et la plus acharnée qui eût encore désolé l'Europe, que ne devait-on pas attendre de la paix ? La paix
dure depuis trente-deux ans ; voilà, sans recourir à toute
autre explication, ce qui rend raison des succès obtenus
par nos capitalistes et par nos travailleurs dans la carrière industrielle. La paix a donné l'impulsion que tous
les peuples ont suivie, en observant entre eux, il est vrai,
la distance que rendait inévitable l'inégalité de leurs
forces et de leurs institutions. La question qui s'élève
est donc celle de savoir, non pas si nous avons avancé,
mais quel rang nous occupons dans ce mouvement nécessaire du monde.

Le système protecteur a-t-il accéléré ou ralenti notre
essor? la prohibition a-t-elle fait pour nous ce que la liberté a fait pour d'autres ? sommes-nous à l'avant-garde
ou à l'arrière-garde de l'industrie ? Chateaubriand a dit
que la France était un soldat ; faut-il considérer ce soldat, qui ne s'est pas trouvé jusqu'ici libre de son action,
comme un volontaire aventureux, ou plutôt comme un
traînard de l'armée industrielle?

« En 1789, disent les auteurs du Manifeste, l'agriculture de la France nourrissait assez misérablement 24 millions d'habitants ; elle en nourrit aujourd'hui 35 millions *dans une abondance relative.*

« La production de la houille, qui était de 13 millions de quintaux métriques en 1824, a été de près de 38 millions en 1844, c'est-à-dire qu'elle a triplé en vingt ans.

« Pendant la même période, la production de la fonte a monté, de 2 millions de quintaux métriques, à plus de 4 millions ; celle du gros fer, de 1,400,000 quintaux métriques, à plus de 3 millions ; celle des aciers bruts, naturels, cémentés ou fondus, de 45,000 quintaux métriques à 110,000 ; c'est-à-dire que la production métallurgique a plus que doublé dans ses différentes branches de fabrication. A cette augmentation de la production du fer et de l'acier correspond un accroissement proportionnel de toutes les industries qui les mettent en œuvre, c'est-à-dire, de la fabrication des machines, de la quincaillerie, de la coutellerie, etc.

« L'industrie de la laine a pris un développement considérable ; la fabrication de la laine peignée a plus que triplé depuis quinze ans ; elle a formé en quelque sorte une nouvelle classe de tissus pour meubles et pour vêtements.

« L'industrie du coton, qui n'employait que 24 millions de kilogrammes en 1825, en a employé environ 61 millions en 1845, soit deux fois et demie autant.

« La filature mécanique du lin ne date guère que de 1837 ; elle compte déjà 240,000 broches ; depuis trois années seulement, elle a plus que triplé ses produits, et elle met actuellement en œuvre plus de 25 mil-

45.

lions de kilogrammes de chanvre et de lin teillé.

« La fabrication des poteries, des verres et des cristaux a plus que doublé depuis vingt ans; elle est en mesure de satisfaire à toutes les exigences de la consommation, quelque considérable qu'elle soit.

« En 1824, la France ne possédait que 255 machines à vapeur d'une force totale de 4,058 chevaux; elle en comptait en 1844, non compris les machines locomotives et les machines employées à la navigation, 3,645 d'une force totale de 45,780 chevaux, force onze fois aussi considérable qu'il y a vingt ans. »

Voilà donc l'inventaire des merveilles que nos adversaires attribuent au système protecteur. Il y aura beaucoup à rabattre de ces éloges, quand on voudra comparer les progrès de l'industrie française avec ceux des industries étrangères.

Prenons d'abord l'agriculture. La France n'est-elle pas la contrée de l'Europe où les méthodes nouvelles de culture s'acclimatent avec la plus grande lenteur? Le système semi-barbare du métayage n'occupe-t-il pas encore chez nous plus de la moitié du territoire? Faudrait-il aller bien loin de Paris, pour rencontrer des arrondissements où la culture des prairies artificielles n'a pas pénétré? Est-il un pays en Europe, sans en excepter même la Gallicie autrichienne et la Pologne russe, où les paysans se nourrissent plus mal, habitent de plus tristes tanières, et soient plus étrangers à toute espèce d'instruction générale ou professionnelle, que dans certains de nos départements du Centre et de l'Ouest?

Quand on vient de parcourir les comtés agricoles de l'Angleterre, en suivant ces routes qui sont entretenues comme les allées d'un parc, et qui bordent les champs les mieux cultivés du monde, quand on quitte ces campagnes du comté de Kent qui sont un jardin continuel, on souffre de voir, de l'autre côté du détroit, l'aspect misérable des contrées, telles que la Picardie et la Flandre, qui comptent cependant au nombre des cultures les plus avancées de la France. Pénétrez au delà des apparences extérieures, et vous trouverez que la terre chez nous rend beaucoup moins qu'en Angleterre, qu'en Allemagne et qu'en Belgique. Le blé, qui donne de l'autre côté de la Manche 12 à 14 pour 1 de la semence, ne produit chez nous que 7 à 8 pour 1. Aucune des contrées voisines n'a moins de bétail que la France ; tous les peuples ont travaillé avant nous à l'amélioration des races ; enfin, pour l'abondance des engrais, pour l'aménagement des eaux, pour la reproduction des bois, nous sommes en arrière de tout le monde.

Sans doute, l'extraction, que l'on appelle à tort la production de la houille, porte aujourd'hui sur des quantités considérables ; mais l'accroissement a été plus rapide encore au dehors. Lorsque nos mines rendaient, en 1824, 13 millions de quintaux métriques, nous en importions à peine 4 millions et demi de l'étranger. En 1844, la production n'a pas atteint le chiffre de 38 millions de quintaux métriques, et l'importation a excédé 17 millions. Ainsi les houilles étrangères, qui prenaient part à notre consommation dans la proportion de 23 pour 100, y figurent aujourd'hui dans la proportion de 31 pour 100. L'extraction annuelle des houilles dans le Royaume-Uni représente environ huit fois celle de la France ; elle s'élève à plus de 300 millions de quintaux métriques.

L'industrie métallurgique a très-certainement augmenté ses moyens de production depuis trente ans. En 1816, nos diverses usines ne produisaient guère au delà d'un million de quintaux métriques de fonte ; en 1824, elles donnaient près de 2 millions de quintaux métriques ; en 1844, la production a excédé 4 millions. Nos maîtres de forge trouvent cette progression rapide ; tout ce que nous en voulons dire pour le moment, c'est qu'elle n'a pas suivi le développement des besoins. En 1839, un petit pays comme la Belgique produisait 1,350,000 quintaux métriques de fonte. Et quant à l'Angleterre, qui, en 1796, quelques années après la découverte du traitement par le coke, comptait 121 fourneaux rendant 12 à 1,300,000 quintaux métriques de fonte, elle avait déjà porté sa production en 1840 à plus de 14 millions de quintaux métriques. Aussi l'usage du fer, en Angleterre, est-il entré plus avant qu'ailleurs dans les applications diverses de l'industrie. Constructions civiles, architecture navale, voies de communication, il s'étend à tout. Au développement de la production métallurgique correspond, comme l'effet à la cause, l'ère merveilleuse des chemins de fer.

Les auteurs du Manifeste se laissent aller à une insigne imprudence en nous vantant les progrès qu'ont faits en France la fabrication et l'emploi de l'acier. S'il est une chose désormais évidente, c'est l'infériorité de l'acier français, de la coutellerie et de la quincaillerie françaises. A quoi tient cette infériorité ? uniquement aux entraves absurdes que le système protecteur oppose à la marche de l'industrie. L'Angleterre, qui n'a pas la prétention de produire les fers propres à la fabrication de l'acier, s'empare, avec un empressement intelligent, des fers de la Suède ; et de là, l'évidente supériorité de sa coutellerie, de ses outils, de ses armes. Si nous produisons des aciers d'une qualité inférieure, c'est que nous favorisons stupidement l'emploi du fer indigène, par les droits qui interdisent presque aux fers de Suède l'accès de notre consommation. On oublie trop qu'il en est de l'industrie comme de la guerre, et que l'avantage des armes est le principal élément du succès.

J'accorde que l'industrie de la laine est très-avancée en France ; mais la matière première lui manque. L'essor de nos manufactures se trouve arrêté par le droit, inutile à l'agriculture et dommageable à l'industrie, qui gêne l'importation des laines étrangères. Ce n'est pas assurément le système prohibitif qui permet aux fabricants de Reims et du Cateau d'importer jusqu'en Angleterre leurs mérinos et leurs laines filées.

Ne parlons pas du coton ; si la France en emploie 60 millions de kilogrammes, l'Angleterre en emploie au delà de 300 millions ! l'Angleterre exporte des tissus ou des filés de coton pour une valeur qui excède 25 millions sterling, et qui égale, ou peu s'en faut, pour ce seul article, la valeur de tous les produits composant l'exportation de la France. Quant à la filature mécanique du lin, bien qu'on cherche à la développer par le moyen artificiel des tarifs protecteurs, il s'élèverait peu de plaintes en France, si la protection que l'on accorde aux autres manufactures ne dépassait pas le niveau admis pour celle-là.

La supériorité des fabriques anglaises sur les nôtres, pour la poterie et pour les cristaux communs, ne fait pas l'objet d'un doute sérieux. Demandez aux marchands de Paris comment ils feraient pour se procurer des lustres en cristal, s'ils n'avaient pas la faculté de les tirer de l'Angleterre ; et la Bohême ne nous laisse-t-elle pas bien loin pour la fabrication des cristaux de couleur?

Enfin, l'on fait sonner bien haut l'accroissement de nos forces mécaniques : y a-t-il donc lieu d'admirer que les machines à vapeur de nos manufactures représentent 45 à 46,000 chevaux, lorsque les manufactures belges, dans une contrée dont l'étendue égale à peine celle de quatre ou cinq départements français, en possèdent 30,000, et lorsqu'on voit les comtés de Lancastre et de Chester construire, en trois années seulement, de 1835 à 1838, des machines à vapeur pour une force de 17,000 chevaux? Chacun sait que le mobilier industriel d'une manufacture, pour tenir pied aux progrès de la science, est renouvelé, en moyenne, tous les dix ans en Angleterre; on peut voir au contraire en France des filatures qui travaillent avec des mull-jennys de 120 à 130 broches, instruments de travail qui devraient être au rebut depuis trente ans. Nous ne craignons pas de dire que la lenteur des progrès mécaniques en France tient principalement à la cherté des matières premières. Donnez-nous le fer au même prix auquel les Anglais l'obtiennent, et l'industrie ne tardera pas à doubler, à tripler même ses moyens de travail.

Nous ne contestons pas, comme on voit, les progrès de l'industrie en France ; seulement, nous réduisons ces progrès à leur valeur réelle, en montrant que les peuples étrangers, soumis à une législation moins restrictive, ont marché encore plus vite que nous. Il serait facile de prouver que, si les industries protégées se sont laissées aller à une torpeur relative, cette protection a gêné par contre-coup les industries qui étaient assez fortes pour se répandre au dehors et auxquelles on a fermé ainsi les débouchés extérieurs. Nous exportons annuellement pour plus de 100 millions de soieries françaises ; qui doute maintenant que cette précieuse industrie, qui emploie 250,000 ouvriers en France, lorsque l'industrie métallurgique en occupe 40,000 à peine, ne prît bientôt des développements considérables, dans le cas où les étrangers seraient admis à nous vendre leurs produits en échange des vins et des tissus que nous avons à leur offrir !

Mais pour apprécier, dans toute leur étendue, les conséquences du système prohibitif, il faudrait comparer le prix que payent les consommateurs pour les articles protégés avec celui qu'obtiennent à l'étranger les articles similaires. On peut encore disputer sur la qualité des produits ; mais la cherté et le bon marché sont des faits d'une évidence en quelque sorte matérielle et à la portée de tout le monde. Que nous dit sur ce point le Manifeste du Comité central ? Le Manifeste a fait appel à *l'éloquence des chiffres* ; mais rassurez-vous, cette éloquence ne s'agite que dans un cercle très-limité. Nos adversaires choisissent leurs chiffres ; ils se garderaient de les présenter complets et par conséquent sincères.

Parlons d'abord de l'agriculture. « L'agriculture, nous dit-on, chargée de nourrir moitié en sus du nombre des habitants qu'elle nourrissait il y a cinquante ans, livre encore actuellement *la plupart* des denrées alimentaires au même prix qu'alors, malgré le renchérissement de la propriété territoriale. » En supposant que cette assertion fût exacte, les propriétaires fonciers n'auraient pas un grand mérite à livrer en 1847 les denrées que produit le sol, aux prix de 1797. Pourquoi, en effet, lorsque la valeur vénale de tous les articles a baissé, celle des produits agricoles resterait-elle stationnaire? L'agriculture paye aujourd'hui moins cher les vêtements, les denrées coloniales et les instruments aratoires ; d'où vient cependant qu'elle nous fait payer tout aussi cher que par le passé les fourrages et les grains? L'Etat a ouvert à grands frais des routes nombreuses qui rendent les transports moins dispendieux et plus faciles ; pourquoi le bénéfice qui en résulte va-t-il grossir la rente du propriétaire et par suite augmenter le capital foncier, au lieu d'opérer dans le prix des denrées une diminution proportionnelle?

Mais il y a plus, la valeur vénale des denrées alimentaires et généralement celle des produits agricoles, emprunte aux tarifs de douane une ridicule et funeste exagération. Le prix des bois, sous l'influence du monopole octroyé aux maîtres de forges, a haussé de 200 pour 100 depuis trente ans. La viande, le laitage, le beurre, ont subi, dans la même période, une augmentation de 40 à 60 pour 100. La viande n'entre plus dans la nourriture des classes pauvres ; nos lois de douane en ont fait un aliment de luxe (1). Nous sommes bien loin

---

(1) En 1830, la France consommait 394 millions de kilogrammes de viande, ce qui faisait 12 kilogrammes 1/3 par individu ; en 1840, la consommation était tombée à 370 millions de kilogrammes, c'est-à-dire, en tenant compte de la différence de population, à 11 kilogrammes par tête.

du temps où le roi de France voulait que tout paysan pût mettre le dimanche une poule au pot. Notre féodalité industrielle est fondée sur des concessions réciproques : les propriétaires fonciers acquiescent au monopole des fers et des cotons, pourvu que les manufacturiers leur passent le monopole du bétail, des graines oléagineuses et des blés. Le peuple, qui n'a d'autre propriété que ses bras et d'autre richesse que le salaire, au sein de cette cherté artificielle, s'arrangera pour vivre comme il pourra.

De l'agriculture passons à l'industrie. Le Manifeste s'extasie sur ce que le prix d'un quintal métrique de houille a éprouvé une réduction de 20 pour 100. Qu'importe, si les extracteurs font encore des bénéfices absurdes à force d'être énormes ; si le consommateur est contraint de donner 1 fr. ou 1 fr. 20 cent. pour ce qui en vaut à peine la moitié ? Les transports entrent pour la plus grande partie dans la valeur vénale de la houille. Dès lors, pourquoi obliger, par les tarifs, les habitants des villes maritimes à consommer la houille indigène qui ne leur parvient que surchargée de frais de transport ?

La houille, d'autres l'ont dit avant moi, est le pain de l'industrie. Un peuple qui fait part à ses voisins de celle

« Ainsi, dans le délai de dix ans, l'ensemble de la consommation générale annuelle aurait diminué de 24 millions de kilogrammes ; et la consommation par tête aurait baissé de 11 pour 100.

« Le *Journal des Débats*, des 24 et 26 février 1846, établit que, en 1789, un citoyen de Paris mangeait, en moyenne, 74 kilogrammes de viande ; en 1839, la consommation était descendue à 48 kilogrammes. » (M. Demesmay, *Impôt sur le sel*.)

qu'il possède, leur donne ou leur vend une partie de sa force. Je comprends que, dans un intérêt politique, sir Robert Peel ait songé un moment à frapper d'un droit considérable l'exportation de la houille anglaise ; je ne comprends pas que notre gouvernement gêne ou arrête l'importation de cette houille qui vient alimenter chez nous le travail.

Mais les droits établis sur les houilles étrangères, tout absurdes qu'ils sont, pèsent d'un poids que l'on peut trouver insignifiant, quand on les compare au tarif monstrueux qui grève ou qui arrête l'introduction des fers ou des fontes. Nos adversaires ne contestent pas le caractère absolument prohibitif de cette législation ; mais ils prétendent, comme si l'audace d'une telle assertion pouvait faire illusion sur les faits, que les fers sont à bon marché en France. « De 1835 à 1845, dit le Manifeste, le prix des fers a diminué de 33 pour 100. » Comment s'y prend-on pour le démontrer? « Le premier grand chemin de fer construit en France, ajoute le Comité central, celui de Saint-Etienne, n'avait pu obtenir les rails qu'au prix de 520 fr. par mille kilogrammes, ils ont été payés, y compris les frais de transport, 425 fr. par le chemin de Saint-Germain en 1837 ; de 395 à 405 fr. par les chemins d'Orléans et de Rouen, en 1839 et 1841 ; de 340 à 347 fr. par les chemins de Montpellier à Nîmes, de Dijon et du Havre, en 1843 ; enfin de 320 à 325 fr. par les chemins d'Avignon, de Vierzon et de Tours, en 1844. De telle sorte que le rabais graduel, opéré dans la période de 1837 à 1844, a été de 25 pour 100. Il est vrai que dans les années 1845 et 1846, *le prix s'est relevé ;* la fourniture de toute la grande ligne de Lyon a été traitée à 365 fr. et

372 fr. 50 ; celle du chemin de Strasbourg à 350 et
370 fr.; mais le prix n'a monté, pour aucune ligne, au
delà de 385 fr. (la compagnie de Dieppe a traité en réalité au prix de 395 fr. ), c'est-à-dire qu'il est encore de
10 pour 100 au-dessous du prix de 1837. »

Que devient cette diminution de 37 pour 100, que l'on
nous annonçait d'abord ? elle se réduit à 10 pour 100
sur le prix de 1837, du propre aveu de nos adversaires.
J'irai plus loin, et j'affirme que cette prétendue réduction n'est qu'une fable, qu'un argument inventé pour
les besoins de la cause. Les prix sont aujourd'hui ce
qu'ils étaient en 1837, ce qu'ils étaient en 1827, ce
qu'ils étaient en 1817. Nous payons le fer, après avoir
protégé pendant plus de trente ans les forges nationales,
aussi cher qu'au moment où la protection fut établie.
Encore aujourd'hui, le prix du fer oscille entre 38 et
40 fr. le quintal métrique ; et la fonte, qui vaut 9 à 10 fr.
en Angleterre, se vend ici 20 à 21 fr. A ce prix, l'usage
du fer est exclu de l'agriculture ; les chemins de fer deviennent impossibles ou ruineux ; l'industrie mécanique
voit ses débouchés se fermer ou se restreindre.

Il ne faut pas dire que cette exagération dans la valeur
vénale du fer tient à des circonstances passagères. Le
fer est descendu un moment, en 1844 et 1845, à des
prix plus modérés ; mais cette modération ne s'est pas
soutenue. Dans le commerce du fer en France, la cherté
a toujours été la règle et le bon marché l'exception. En
Angleterre, le fer, comme toute autre marchandise, suit
les oscillations de hausse et de baisse qu'amène le rapport variable de la demande avec l'offre ; il a valu depuis
120 jusqu'à 300 fr. la tonne, et on le cote aujourd'hui à

240 fr. En France, les variations sont impossibles, le producteur demeurant toujours maître de faire la loi au consommateur. Et non-seulement le fer, la fonte ainsi que l'acier sont hors de prix ; mais le marché en manque. Je ne reproduirai pas ici des faits que j'ai exposés ailleurs ; il suffira de rappeler que les retards apportés par les maîtres de forges à l'exécution de leurs commandes, ont fait différer d'une année entière l'exploitation du chemin atmosphérique, ont compromis la sécurité et la régularité de l'exploitation sur le chemin du Nord, et ont empêché la construction des paquebots à vapeur. On a évalué à 30 millions par an la prime que les maîtres de forges levaient sur les autres industries ; mais les pertes qu'ils font essuyer à la société française, en arrêtant ou en retardant l'essor même de l'industrie, sont très-certainement incalculables.

On nous promet le bon marché dans quelques années ; mais on nous l'a déjà promis tant de fois, même par la bouche des ministres ! On met en avant la création projetée ou commencée de trente ou quarante hauts-fourneaux à la houille, dont la concurrence doit faire inévitablement baisser le prix du fer. Si cela était ; si les bénéfices énormes que réalisent les maîtres de forges provoquaient une surabondance de la production ; si. l'industrie du fer allait nous donner le même spectacle que l'industrie de la betterave, je ne verrais pas là un progrès désirable. Il faut souhaiter le bon marché, comme une conséquence des perfectionnements acquis à l'industrie ou de la liberté des échanges ; mais quand il provient d'une excitation factice, qui n'entraîne souvent pour le producteur que déception et que ruine, alors le consommateur n'a pas à se réjouir d'un bénéfice qui n'a pas en soi de raison de durée. En attendant, les maîtres de forges existants ont escompté l'avenir au profit de leur privilége. Les chemins de fer leur offraient une riche proie ; ils s'en sont saisis, et la plupart d'entre eux ont obtenu des commandes qui les mettent pour quatre années au moins à l'abri des conséquences d'un abaissement des tarifs.

Les fils et les toiles de lin se vendent en France 10 à 15 pour 100 plus cher qu'à l'étranger ; il en est de même des fils et des tissus de coton, de la bonneterie et de la draperie. Cependant les exportations de Rouen, de Lille, de Mulhouse, de Roubaix, d'Elbeuf et autres fabriques prouvent que des manufacturiers, qui vont lutter avec leurs concurrents du dehors sur les marchés de l'Europe et de l'Amérique, pourraient bien nous rançonner un peu moins et nous traiter comme ils traitent la consommation extérieure.

Il faut une grande dose d'assurance ou une maladresse peu commune pour citer, comme le font les auteurs du Manifeste, la fabrique de poterie et la manufacture de cristaux parmi celles qui donnent leurs produits à bon marché. A l'exception de la porcelaine, que l'Angleterre nous envie, quelle est la fabrique de poterie qui ne fait pas payer 25 à 30 pour 100 plus cher des produits inférieurs sous tous les rapports aux poteries du Staffordshire ? Veut-on comparer les prix des cristaux qui se fabriquent à Baccarat avec ceux des cristaux fabriqués en Bohême ? La différence est de 50 pour 100 sur certains articles, et sur d'autres de 20 à 30 pour 100.

46.

En un mot, les produits de l'industrie, à très-peu d'exceptions près, obtiennent un prix plus élevé sur les marchés de la France que sur les autres marchés de l'Europe. Grâce à la connivence des tarifs, le producteur jouit chez nous d'un privilége et reste maître des cours. La grande loi économique, qui fait dériver le prix des choses des rapports entre l'offre et la demande, n'a pas d'application possible : car le vendeur dispose à son profit de la puissance publique ; l'acheteur, au contraire, reste livré à ses propres forces et par conséquent désarmé. Le premier est un collecteur d'impôt, le second n'est plus qu'un contribuable.

Les résultats ne sont pas tout dans l'industrie. Avec la question des produits, se présente aussi celle de la main-d'œuvre. Le Manifeste la tranche d'un mot : « La valeur de la main-d'œuvre s'est *généralement* élevée, nous dit-il, pendant que celle des produits décroissait. » Nous avons montré que le prix des objets manufacturés et de certaines denrées agricoles était généralement plus élevé en France qu'ailleurs ; nous établirions tout aussi aisément que la main-d'œuvre est moins rétribuée chez nous que dans quelques autres contrées, en Angleterre, par exemple.

Oui, l'Angleterre, cette nation aristocratique, dont quelques individus croient être plus que des hommes et considèrent la plupart de leurs semblables comme étant moins que des hommes, l'Angleterre traite mieux ses ouvriers que la France démocratique ne traite les siens. Dans le Royaume-Uni les salaires s'élèvent, depuis 20 jusqu'à 50 pour 100 au-dessus du taux moyen de l'Europe continentale. Un fileur qui gagne à Rouen 15 à

18 fr. par semaine, reçoit à Manchester 18 à 22 schellings. En même temps, tous les produits de l'industrie manufacturière sont à meilleur marché dans la Grande-Bretagne ; et depuis la révocation des lois sur les céréales, le prix du pain tend à se niveler avec les cours de l'Allemagne et de la France. On avait prédit que les manufacturiers se prévaudraient de la réforme alimentaire pour réduire la main-d'œuvre. La prédiction se trouve démentie par les événements : les salaires n'ont pas diminué en Angleterre, et la révolution économique qui vient de s'accomplir a tourné presque exclusivement au profit des classes laborieuses.

Dans la Grande-Bretagne, le plus bas prix des produits coïncide avec le taux le plus élevé des salaires ; en France, des salaires médiocres concourent avec la cherté des produits. Voilà les termes réels de la comparaison entre les deux peuples. Comment ne pas en conclure que si la liberté commerciale tend à élever la main-d'œuvre, le régime prohibitif a pour effet de la déprimer ?

Qu'on ne cherche pas à nous consoler de la médiocrité relative des salaires en France, en insistant sur les misères dont quelques villes du Royaume-Uni étalent aux yeux le déplorable spectacle. Ces misères tiennent à l'organisation de la société et aux vicissitudes de l'industrie.

Les manufactures les plus protégées sont précisément chez nous dans une situation pareille. Les misères de Rouen et de Lille n'ont rien à envier à celles de Manchester et de Glascow.

Sans doute, le taux de la main-d'œuvre a fait, depuis vingt ans, quelques progrès en France. Mais ces progrès se remarquent particulièrement dans les industries sur lesquelles ne pèse pas la tutelle oppressive du système protecteur. Ainsi, la main-d'œuvre est chère dans les contrées vinicoles, où la journée se paye 2 fr. à 2 fr. 50 c., tandis qu'elle vaut à peine 1 fr. 50 c. dans un rayon assez rapproché de Paris. A Paris même, les industries non protégées de la capitale qui élèvent, dans certains cas, l'ouvrier à la hauteur de l'artiste, font monter le salaire depuis 2 fr. 50 c. jusqu'à 8 et 10 fr. par jour. Les travaux de routes, de canaux et de chemins de fer ne s'exécutant qu'avec le concours des ouvriers étrangers, la journée du terrassier et du maçon a subi une grande élévation, sous l'empire de circonstances que l'on peut regarder comme extraordinaires. Mais, dans les industries qui se retranchent derrière la prohibition et qui ont, par conséquent, un véritable monopole, le taux de la main-d'œuvre est resté le même, quand il n'a pas positivement rétrogradé.

C'est un fait hors de toute contestation que l'avilissement du salaire manufacturier ; les fileurs, les peigneurs et les tisseurs l'attestent par leurs privations et par leurs souffrances. Les fabricants ont été jusqu'ici seuls entendus dans les enquêtes ; que l'on admette, que l'on invoque le témoignage des ouvriers, et nous saurons bientôt ce qu'il faut penser de ces beaux semblants de philantrophie dont M. Prohibant se pare.

Mais, quand la condition de la main-d'œuvre serait aussi florissante chez nous qu'elle est précaire, il faudrait insister encore pour la réforme de notre système industriel. Sous le régime de la protection, le manufacturier est le maître ; il tient le sort de l'ouvrier dans ses mains. Le mal qu'il fait est sans contredit un abus du pouvoir; mais le bien qu'il fait n'en est qu'une concession. Rien ne me semble plus antipathique à la destinée d'un peuple libre que cette situation contre nature, qui place une classe de citoyens dans la dépendance d'une autre classe. C'est bien assez que le gouvernement de la société appartienne aux riches ; ne leur donnons pas, en quelque sorte, un droit de vie et de mort sur la foule de leurs concitoyens.

Le capital et le travail, ces deux éléments de la production qui devraient concourir au même but avec une parfaite harmonie, sont en lutte et presque en guerre ouverte dans le monde. Il n'appartient pas à la loi de faire pencher la balance; voilà pourtant l'effet direct du système protecteur. Quelque opinion que l'on conçoive de l'état physique et moral des ouvriers, il n'est pas possible de nier que notre législation commerciale n'ait eu, jusqu'à présent, pour conséquence d'accroître la rente du capital, bien au delà de l'accroissement du salaire. La valeur du sol a haussé de 50 à 100 pour 100, en moins d'un demi-siècle ; prétendra-t-on que la main-d'œuvre, dans les campagnes, se soit accrue dans la même proportion ? Partout, les grandes manufactures remplacent les petits établissements, ce qui démontre l'accumulation des épargnes en haut et non en bas; partout notre industrie emprunte les dimensions de l'industrie britannique. A côté des fortunes seigneuriales qui se fondent, voyons-nous cependant le salaire et le bien-être des ouvriers faire les mêmes progrès [1]? En Angleterre, l'union des maîtres

[1] Dans une réunion de maîtres de forges tenue à Saint-Étienne, le 6 janvier 1847, un protectionniste naïf, M. Praire Nézieux, faisait les aveux très-significatifs qui suivent :

entre eux est contre-balancée par les plus formidables associations de travailleurs. Chez nous, les fabricants se coalisent seuls, comme il leur plaît, et tant qu'il leur plaît. A l'heure qu'il est, on compte deux coalitions de maîtres de forges dans la Haute-Marne; une autre, qui réunit la métallurgie du bassin de la Seine à celle du bassin du Cher, embrasse, dit-on, cinquante hauts-fourneaux. Dans le bassin de Rive-de-Gier et de Saint-Étienne, les exploitants de houille ont réuni leurs intérêts sous une seule et même raison sociale. Nous pourrions citer des coalitions du même genre dans l'industrie des cristaux, dans celle des glaces, dans celle des cotons; tout cela en présence d'une multitude d'ouvriers qu'aucun ciment ne lie entre eux, et qui n'est que poussière !

Après avoir exalté les bienfaits du système protecteur,

« Nos maîtres de forges se ruinaient, il y a quinze ans, en vendant la tonne de mauvais fer 380 et 400 fr.

« Ils s'enrichissent maintenant en livrant de très-bons fers à 280 fr. (Lisez 380 francs pour vous rapprocher de la vérité actuelle.)

« Terre-Noire a vendu, pendant plusieurs mois de 1845, à 246 fr., prix inférieur aux cours de Londres à la même époque; et pourtant Terre-Noire *réalisait encore de beaux inventaires.*

« Ils vendent présentement 280 fr. (lisez toujours 380 fr.), par suite de la hausse générale qui s'est fait sentir en Suède, en Belgique, en Angleterre comme en France. (En Angleterre le fer vaut 240 fr. seulement et en Belgique 300 fr.)

« Ils font D'ÉNORMES BÉNÉFICES, je le reconnais. »

M. Praire Nézieux ne dit pas si les ouvriers obtiennent d'énormes salaires. Cet aveu sur un point et ce silence sur l'autre condamnent, plus que tous nos arguments, tout système industriel qui a pour base la protection.

le Manifeste du Comité central s'évertue à démontrer que la réforme de nos tarifs exposerait l'agriculture et l'industrie à une ruine complète. Il faudrait un volume entier pour signaler toutes les puérilités, pour relever toutes les contradictions, pour redresser les étranges calculs dans lesquels se fourvoient nos adversaires. Mais à quoi bon discuter une hypothèse? On me permettra d'être bref et de passer rapidement sur ce point.

Écoutez les monomanes de la protection, notre agriculture, selon eux, a tous les genres d'infériorité : elle ne peut résister à aucune espèce de concurrence ; ni à celle de l'Angleterre, attendu que la propriété territoriale est constituée aristocratiquement dans ce pays ; ni à celle de la Russie et de l'Égypte, qui emploient des serfs ; ni à celle de la Suisse, qui ne paye pas d'impôts ; ni à celle de l'Allemagne (je cite les paroles textuelles), *qui nous a devancés dans l'élève des bestiaux.* Avec de pareilles méthodes de comparaison, en mettant successivement en relief les avantages spéciaux dont jouit chaque nation étrangère, et en dissimulant avec le même soin les avantages que nous possédons, on établirait sans difficulté que la France est le pays le plus misérable du monde.

Eh quoi ! les auteurs du Manifeste pensent que la terre représente chez nous un principe de liberté, qu'à la possession du sol est attachée l'indépendance de 10 millions d'hommes qui en vivent, que cette multiplication de la propriété fait la force morale, la puissance politique de la France ; et ils ne veulent pas que la richesse découle de la même source, ils n'admettent pas que cette grande révolution sociale, en fortifiant l'État, ait aussi fécondé le travail ! N'est-ce pas, cependant, la liberté qui a rendu les Hollandais industrieux, commerçants et riches ? N'est-ce pas la liberté qui transforme en capitalistes les montagnards de l'Écosse et ceux de l'Helvétie ?

On choisit bien le moment pour affirmer que la propriété foncière en Angleterre et en Suisse ne paye aucune contribution à l'État. Le canton de Berne vient d'établir une taxe sur le revenu, et chacun sait que l'agriculture est l'unique industrie de ce canton. En Angleterre, la propriété foncière acquitte, outre les taxes locales, un impôt foncier qui produit encore 50 millions de francs, la taxe des pauvres qui flotte entre 130 et 150 millions, et une bonne partie de l'impôt sur le revenu. Qui ne sait que l'aristocratie britannique, pour conserver les lois sur les céréales, alléguait précisément les mêmes raisons que font valoir les protectionnistes français, les prétendues charges que l'État imposait à la propriété foncière ?

L'agriculture, en France, quand nos propriétaires le voudront, n'aura rien à craindre de la liberté commerciale; elle aura, au contraire, beaucoup à y gagner. Elle a des capitaux et une intelligence qui manquent aux cultivateurs de la Russie et aux riverains de la mer Noire ; elle a un sol plus fertile que celui de la Suisse ; et pour mettre ce sol en valeur, elle a, de plus que l'Angleterre, le stimulant incomparable que lui donne la diffusion de la propriété. En France, le producteur agricole étant généralement le consommateur de ses propres produits, la hausse ou la baisse des denrées sur le marché n'a pas les mêmes conséquences que dans les contrées de grande propriété et de grande culture. Ajoutons que nos lois de douane, en élevant artificiellement le prix du fer, de la houille et des tissus, font peser sur l'agriculture un impôt considérable. Quand la liberté commerciale lui donnera des instruments aratoires, des vêtements et des constructions à bon marché, l'agriculteur français pourra braver toutes les concurrences.

En ce qui touche l'industrie manufacturière, les protectionnistes n'affectent de redouter pour elle que la lutte avec la Grande-Bretagne. La manufacture britannique leur paraît dominer toutes les autres de cent coudées. « Il existe, disent-ils, pour l'industrie anglaise, des causes de supériorité qui lui permettraient de nous supplanter, même sur notre propre marché, si l'on venait à supprimer la protection qui couvre nos produits. » Je n'entends contester ni la supériorité acquise de l'Angleterre dans certaines branches d'industrie, ni les avantages naturels dont cette nation dispose. Le Comité central, en les exposant, me fait l'honneur d'emprunter une description qu'il a sans doute involontairement tronquée, et dont je n'ai pas un mot à regretter. Mais, à côté des avantages propres à l'Angleterre, d'autres peuples ont aussi les leurs. Si nous possédons moins de houille, les moteurs hydrauliques, qui lui manquent, abondent chez nous. Si les capitaux sont moins puissants de ce côté du détroit, le salaire est aussi moins élevé. Enfin, nous n'aurions rien à lui envier quant au bon marché des transports, avec des routes qui admettent la circulation gratuite et avec des canaux à péages très-modérés, si l'État les entretenait avec plus de soin et d'intelligence.

Mais, sans entrer dans les détails de cette comparaison, je me bornerai à demander pourquoi la France ne soutiendrait pas la concurrence de l'industrie britannique, lorsque tant d'autres peuples ont déjà su et pu y résister. Dès 1836, la fabrique de Lowell, aux États-Unis, obtenait la préférence pour ses produits sur les articles de Manchester, dans les marchés de l'Amérique méridionale. La bonneterie saxonne dispute encore aux produits de Leicester et de Nottingham le marché des États-Unis et même celui de l'Angleterre. Les filateurs du canton de Zurich concourent avec ceux du Lancashire à l'approvisionnement d'une partie de l'Allemagne. Plus récemment, n'a-t-on pas vu nos filateurs alsaciens exporter leurs produits sur les marchés de la Suisse et du *Zollverein*? Pour couronner le tableau par un dernier trait, le droit d'importation sur les fers anglais est en Allemagne de 75 fr. par tonne; cela n'empêche pas les forges rhénanes de vendre leur fer en concurrence avec ceux du Staffordshire, et d'infliger aux consommateurs prussiens le prix exorbitant de 400 fr.

La véritable, je dirais presque la seule cause d'infériorité pour nos manufacturiers, est dans leur poltronnerie incroyable. Ce sont des lièvres qui tremblent au bruit d'une feuille, et qui s'effrayent au moindre mouvement. Cette peur universelle tient à une ignorance qui n'est pas de notre siècle. Nos fabricants sont aujourd'hui ce qu'étaient, avant la conscription, ces paysans de la Bretagne ou du Limousin qui n'avaient jamais perdu de vue le clocher de leur village. Ils restent fiers d'une habileté pratique, qui, admettant rarement la comparaison des procédés étrangers, finit quelquefois par tourner à la routine. Mais en revanche, ils ne voyagent pas, ils ne connaissent pas les langues étrangères, et ils lisent fort peu. Aussi tout ce qui vient du dehors leur fait-il l'effet d'un monstre ; ils seraient plus libéraux, s'ils étaient plus instruits. En veut-on la preuve ? Les manufacturiers d'Elbeuf pourraient certes passer pour des contre-maîtres auprès des manufacturiers de Sedan ; il y a entre eux la différence du progrès intellectuel qui peut s'accomplir en un quart de siècle. Eh bien ! les manufacturiers de Sedan s'accommoderaient, dans une mesure pratique et modérée, de la liberté commerciale ; vous ne satisferez pas, au contraire, les habitants d'Elbeuf, à moins de conserver intactes pour eux les rigueurs les plus extravagantes et les plus surannées du système prohibitif.

Un dernier mot sur une dernière prétention de nos adversaires. La liberté commerciale, à les entendre, ne profiterait pas aux industries qui la réclament ; l'exportation des vins, des soieries, des articles de Paris, des fils et des tissus de laine n'en recevrait aucune espèce d'accroissement. En vérité, pour soutenir cette gageure contre le bon sens, il faut être frappé de vertige. Comment ! on suppose que des tarifs plus modérés amèneraient instantanément l'introduction d'une quantité considérable de marchandises étrangères, et l'on veut en même temps que les étrangers, qui viendraient nous vendre tous ces articles, ne trouvent rien à prendre chez nous en retour? Les ouvriers de Spitalfields, excusables du moins si l'on considère leur ignorance, tenaient ce langage à sir Robert Peel, lorsque le premier ministre proposait de réduire à 15 pour 100 le droit d'entrée sur les soieries françaises. Qu'est-il arrivé cependant ? La réduction du droit a augmenté sans doute l'importation de la marchandise étrangère ; mais la fabrique même de Spitalfields a vu s'accroître, par contre-coup, ses débouchés au dehors et au dedans. Sous l'influence du bon marché, il s'est opéré un progrès général dans la somme du travail ainsi que dans celle des jouissances.

Pour introduire du vin de France en Angleterre, il en coûte aujourd'hui 1 fr. 25 c. par litre. Les vins de qualité supérieure peuvent seuls supporter cette énorme taxe ; et il en résulte que les vins ordinaires n'entrent pas dans le commerce international. Qui doute cependant que, si le droit était réduit au quart ou au cinquième, si l'on pouvait avoir une bouteille de vin potable pour un demi-schelling à Liverpool, à Glascow ou à Londres, la consommation de nos crus du Rhône, du Languedoc, du Quercy, de la Gironde et même de la Champagne, ne s'accrût rapidement en Angleterre ? Une autre condition serait pourtant indispensable. Les Anglais n'achèteront pas nos vins tant que nous repousserons leurs produits. M. Cobden l'a dit avec raison ; les échanges, pour se développer, doivent être réciproques. Avant M. Cobden, notre propre expérience nous en avait avertis.

Le commerce de Bordeaux avec l'Irlande, qui est presque nul aujourd'hui, avait pris un très-grand développement vers la fin du dernier siècle. Pourquoi cela ? c'est qu'en retour des vins qu'apportaient les négociants bordelais, ils prenaient des salaisons destinées à l'approvisionnement de Saint-Domingue. L'Irlande nous offrira certainement, comme autrefois, un débouché considérable, lorsque nous ouvrirons nos frontières à ses produits. L'agriculture normande ne fait-elle pas en ce moment un commerce très-actif d'œufs et de fruits avec l'Angleterre? Et pourquoi le commerce des vins ne suivrait-il pas les mêmes progrès?

Le raisonnement que je viens de faire pour les vins s'applique aux soieries et à tous les articles qui peuvent nous servir de moyens d'échange. Facilitez les rapports commerciaux, et l'accroissement de la consommation ira de soi. On a beau ressasser le vieux sophisme de la balance du commerce, et nous opposer en 1847 les conséquences encore mal appréciées du traité de 1786, on ne persuadera pas aux hommes de bonne foi que ce serait une calamité pour nous de trafiquer avec l'Angleterre. Malgré les gouvernements et en dépit des tarifs, ces relations prennent chaque année un accroissement manifeste ; ce qui n'est aujourd'hui qu'un courant commercial peut devenir bientôt un torrent qui renverse tous les obstacles. On a dit dans une autre circonstance, en parlant de deux flottes ennemies que les événements avaient mises en présence l'une de l'autre, que les canons partiraient d'eux-mêmes. Je crois que deux nations industrieuses, riches et civilisées, ne peuvent pas produire éternellement, chacune de son côté, sans communiquer ensemble ; les barrières qui les séparent tomberont d'elles-mêmes, si l'on tarde quelque temps à les abaisser.

# V

## DE LA PRODUCTION ET DE LA DÉMONÉTISATION DE L'OR.

Depuis le commencement du siècle, l'or avait constamment joui en Europe d'une faveur marquée par rapport à l'argent. La valeur commerciale de ce métal demeurait en moyenne supérieure d'environ 1 pour 100 à sa valeur légale. L'or ne circulait plus qu'en Angleterre à l'état de monnaie ; dans toutes les contrées qui ont un double étalon monétaire, la monnaie d'or, à peine frappée, redevenait marchandise et tendait à sortir de la circulatiou. Des trésors inattendus se révélaient sans que l'exploitation de ces gisements aurifères parvînt à rétablir l'équilibre entre les valeurs métalliques et à saturer le marché. La civilisation, en se développant dans les temps historiques, ne faisait que convertir en réalités les légendes des temps fabuleux. L'or, en raison de l'importance et de la constance de sa valeur, semblait devoir être à perpétuité le symbole et l'agent principal de la richesse.

Dans ce courant que suivaient les métaux précieux, un temps d'arrêt ou plutôt une déviation se manifeste aujourd'hui. L'or paraît appelé à déchoir de sa suprématie monétaire. Cette souveraineté a été d'abord battue en brèche, comme tant d'autres, par une sorte d'insurrection de la peur. Il y a dix ans, l'on redoutait outre mesure la dépréciation de l'argent; c'est la dépréciation de l'or qui fait depuis dix-huit mois les frais de la panique. Quelques-uns des peuples qui cherchaient auparavant à l'attirer ou à le retenir dans leur circulation au prix de grands sacrifices ont montré une impatience fébrile de l'en expulser.

La Hollande a pris les devants; dès le mois de juin 1850, elle démonétisait ses pièces de 10 florins ainsi que ses guillaumes. Le Portugal n'a suivi qu'à moitié cet exemple, en décidant que les monnaies d'or cesseraient d'avoir cours dans le royaume à l'exception des souverains anglais. La Belgique, qui, pour faire abonder le métal le plus précieux sur ses marchés, non-seulement avait donné cours à nos pièces de 20 et de 40 francs, mais avait encore frappé, en 1847, une monnaie de fantaisie et de mauvais aloi, s'est empressée de démonétiser les espèces d'or tant indigènes qu'étrangères. Par un ukase du 29 décembre 1850, la Russie, voulant maintenir l'équilibre, a prohibé l'exportation de l'argent. Le gouvernement français lui-même, touché de la nouveauté et de la soudaineté des circonstances, a nommé une commission « à l'effet, dit le ministre des finances dans l'arrêté du 14 décembre 1850, d'étudier les questions qui se rattachent à l'emploi simultané des deux métaux précieux, l'or et l'argent, comme monnaie légale dans la circulation. »

Des pouvoirs publics, la terreur a passé un moment aux intérêts privés, et la valeur des métaux précieux a éprouvé, sur le marché européen, une perturbation sensible. Dans l'espace de quelques mois, la prime de l'or a disparu pour faire place à une dépréciation qui n'était contenue que par le tarif légal. Du 1ᵉʳ juillet au 25 décembre 1850, le prix des souverains anglais a baissé à Paris d'environ 2 pour 100. A la bourse d'Amsterdam, la baisse de l'or atteignait, la même année, vers la fin de décembre, la proportion énorme de 4 pour 100. A la même époque, l'argent avait obtenu, sur le marché de Londres, une prime à peu près équivalente : de 4 shillings 11 deniers et demi l'once, le prix de l'argent s'était élevé à 5 shillings 1 denier 5 huitièmes. Le rapport de l'or à l'argent, que la loi de l'an XI a fixé chez nous à 15 onces et demi d'argent fin pour une once d'or sans alliage, et que la prime constante de l'or en Europe avait porté à 15 onces 3/4, tarif de l'Espagne, descendait à 15 1/4 en Hollande, en Belgique, à Hambourg, partout enfin où l'or cessait d'être monnaie pour devenir simplement marchandise : c'était presque le tarif de la Russie, contrée dans laquelle l'abondance de l'or et la rareté de l'argent ont fait fixer le rapport des deux métaux à 15 onces d'argent fin pour une once d'or.

Quelle que fût néanmoins la dépréciation pour le présent, on la voyait dans l'avenir bien autrement forte. Les sombres prédictions de la presse ajoutaient aux alarmes du public ; dans les journaux de toutes les couleurs et de tous les pays, on annonçait, comme un événement infaillible, que, sous l'influence combinée des extractions de la Californie et des lavages de la Russie, la valeur de l'or, avant peu, ne représenterait plus que 9 à 10 fois celle de l'argent. Pendant que des nuées d'émigrants s'abattaient, au péril de leur vie, sur les Montagnes-Rocheuses, doublaient par économie le cap Horn, ou prenaient, dans leur impatience, le chemin plus court, mais aussi plus dispendieux de l'isthme de Panama, allant à la conquête de la toison d'or, ces trésors, dont ils s'exagéraient le prix, s'avilissaient déjà outre mesure en Europe : ce qu'il y avait de plus positif et de plus précieux au monde six mois plus tôt semblait relégué, pour un terme prochain, dans le domaine des chimères. A l'auromanie de toutes les époques succédait, parmi les peuples les plus civilisés, une sorte d'aurophobie.

C'est la Grande-Bretagne qui, la première, a fait face à la déroute. Pendant que le commerce continental s'effrayait à l'idée d'un accroissement considérable dans l'importation de l'or, la banque d'Angleterre n'a pas craint de chercher à contenir l'exportation. Au commencement de l'année 1851, elle a porté de 2 et demi à 3 pour 100 le taux de l'escompte, et presque aussitôt le change s'est relevé : la livre sterling, qui était tombée un instant à 24 fr. 70 cent., soit de 2 pour 100, est remontée en peu de jours à 24 fr. 95 cent.; elle oscille aujourd'hui entre 25 fr. 35 cent. et 25 fr. 45 c., ce qui représente une prime de demi à trois quarts pour 100. Ce n'est pas tout, la monnaie de Paris, qui recevait l'or par millions en décembre 1850 et en janvier 1851, a vu ce mouvement se ralentir dès le printemps de 1851, au point que ce qui lui avait d'abord été apporté en un jour ne lui venait plus en une semaine. A cette époque, les oscillations du marché paraissaient avoir atteint leur terme, le calme rentrait dans les imaginations, et les valeurs monétaires se rapprochaient de leur niveau

légal. Le moment semblait donc plus propice pour examiner si la perturbation à laquelle on venait d'assister
tenait à des accidents passagers ou à des causes durables.

Sur cette difficulté, qu'il avait d'abord paru disposé à
trancher sans préparation et sans délai, le gouvernement français n'a pas tardé à comprendre qu'il y avait
lieu de se livrer à des études plus approfondies. On lit,
en effet, dans le *Moniteur* du 15 janvier 1851 : « La
commission formée par arrêté du 14 décembre et pré-
sidée par M. Fould, ministre des finances, pour examiner la question des monnaies, a reconnu que la dépréciation récente de l'or a été principalement produite
par des causes accidentelles dont l'action commence à
se ralentir, que l'influence que des causes permanentes
pourraient avoir exercée sur cette dépréciation ne saurait être aujourd'hui suffisamment déterminée, que dans
cet état de choses il est nécessaire de réunir des informations précises sur la production des métaux précieux,
principalement en Californie et en Russie. En conséquence, la commission a été d'avis que, d'après les faits
constatés, il n'y avait lieu d'apporter aucune modification à notre régime monétaire. »

Cette détermination était sage, et l'événement n'a
pas tardé à la justifier. D'une part en effet, le prix de
l'or, reprenant à peu de chose près son ancien niveau,
a dépassé encore une fois la valeur légale ; de l'autre, la
découverte que l'on a faite, vers le milieu de 1851, de
riches gisements aurifères dans les régions méridionales
de l'Australie, semble venir à propos pour renouveler
une controverse suspendue, mais non pas épuisée. Les

éléments du problème changent et se compliquent d'heure en heure.

A défaut de documents officiels, nous avons les récits des pionniers et les renseignements du commerce. Il nous est venu assez de lumières du nord, de l'ouest et du sud, pour que l'on puisse désormais établir tout au moins des conjectures sur la portée du mouvement qui s'opère dans la production des métaux précieux. J'ajoute que l'on abordera cette étude aujourd'hui avec un esprit dégagé des appréhensions qui tendaient à l'obscurcir. Le commerce des métaux qui servent de monnaie paraît être rentré dans des voies régulières. Le fantôme de la baisse ne semble, pas plus que celui de la hausse, suspendu en ce moment sur le marché. Tout récemment, pour empêcher la sortie de l'or, la Banque de France en a élevé la prime. A Londres comme à Paris, les réservoirs métalliques sont remplis. La Banque d'Angleterre compte plus de 500 millions, et la Banque de France environ 600 millions dans ses caves. L'importation des métaux précieux en Europe s'opère lentement. Rien ne s'oppose donc désormais à cette observation patiente et sûre des faits qui seule peut légitimer les inductions de la science.

I

La valeur qui est attachée aux métaux précieux dans leur fonction de monnaie n'a rien d'arbitraire : il ne dépend ni des gouvernements ni des assemblées de la fixer au gré de leurs convenances ou de leurs besoins. Les pouvoirs publics ne sont en cela que les organes des faits, dont ils subissent et proclament la loi. L'empreinte du souverain gravée sur les monnaies les érige en signes représentatifs de toutes les valeurs, en déclarant et en garantissant leur valeur intrinsèque ; mais le prix légal de l'or et de l'argent doit être l'expression exacte de leur prix commercial. En cela consistent la solidité et la régularité de la circulation monétaire.

Les causes qui déterminent la valeur des métaux précieux sont les mêmes qui concourent à fixer le prix des autres marchandises : c'est avant tout le rapport de l'offre à la demande, l'abondance relative ou la rareté de l'or sur le marché. Plus la richesse métallique d'un peuple vient à augmenter, et moins l'or et l'argent ont de prix aux yeux de tout le monde. Leur puissance commerciale diminue dans la même proportion que s'accroît leur quantité. Moins au contraire il y a d'espèces en circulation, et plus chaque fraction du numéraire a de valeur dans les échanges. Une parcelle de ce trésor suffit alors pour acheter une quantité considérable de produits, et l'on dit à volonté ou que les denrées, par exemple, sont à bas prix, ou, ce qui revient absolument au même, que l'argent est cher. Ainsi l'argent, du temps de Charlemagne, avait une puissance onze fois plus grande qu'aujourd'hui, ce qui veut dire qu'il était onze fois plus demandé et onze fois plus rare. On sait que la découverte de l'Amérique, en inondant de métaux précieux la circulation monétaire en Europe, amena dans leur valeur une subite et profonde dépréciation, qui, à travers de légères oscillations, tantôt en hausse et tantôt en baisse, subsiste encore de nos jours.

Non-seulement l'état du marché sert de mesure à la

valeur de l'or et de l'argent par rapport aux autres marchandises, mais, pour en fixer la valeur relative, pour déterminer l'écart qui doit exister, selon les lieux et selon les circonstances, entre le prix de l'or et celui de l'argent, il n'y a pas d'autre base que l'abondance ou la rareté de chacun des deux métaux précieux, et l'indifférence ou l'empressement des acheteurs à l'égard soit de l'un, soit de l'autre.

Le rapport de l'or à l'argent est variable de sa nature. En vain le commentateur d'Adam Smith, Garnier, s'efforce d'établir que la valeur de l'or, dans les temps anciens, ne différait pas sensiblement de celle que ce métal obtient dans les temps modernes, et qu'elle représentait déjà, au rapport d'Hérodote, sous le règne de Darius en Perse, ainsi que du vivant de Platon en Grèce, poids pour poids et à titre égal, à peu près quinze fois la valeur de l'argent. La critique n'a pas tardé à démolir, à la lumière des textes et des faits, cette hypothèse plus ingénieuse que solide. Il reste démontré que l'argent ne tenait pas, dans la richesse métallique des anciens peuples, la place importante qu'il occupe dans la nôtre, et qui en fait l'agent nécessaire de la circulation.

Quand on cherche à s'orienter à travers les variations monétaires et à saisir un principe qui dirige l'observation, l'on ne tarde pas à reconnaître que l'écart qui existe entre la valeur de l'or et celle de l'argent augmente à mesure que la civilisation et l'industrie se développent. Ce n'est pas sans raison que la mythologie, transportant dans le domaine moral les analogies du monde physique, fait succéder l'âge d'argent à l'âge d'or. Historiquement, en effet, la découverte et l'exploi-

II.                                                48

tation des terrains aurifères ont dû précéder la découverte et l'exploitation des gisements argentifères. L'or se rencontre presque partout à l'état natif, pur ou allié à l'argent ; en fouillant les alluvions des rivières ou des ruisseaux, on l'obtient par un simple lavage. Ce travail est à la portée des peuples les moins avancés dans les arts mécaniques et dans la science : ce sont des trésors que la nature a répandus à la surface du globe, et qu'elle a jetés pour ainsi dire sous les pas des premiers occupants. L'argent, au contraire, encastré dans les roches des terrains primitifs, ne se trouve guère qu'à de grandes profondeurs. L'extraction de ce métal exige des machines puissantes, toutes les ressources de la chimie, l'action combinée des volontés, des forces et des capitaux : c'est l'œuvre d'une civilisation déjà développée et sûre d'elle-même.

Presque tous les peuples de l'antiquité, quel que fût leur état social, ont connu l'usage et la valeur de l'or. De l'Inde à l'Ibérie et de l'Éthiopie aux régions hyperboréennes, il n'est guère de race, campée ou établie sur le sol, qui n'ait débuté dans le travail industriel par exploiter ces richesses de la superficie. Quelle contrée n'a pas eu son Pactole ? Quel prince ou satrape n'a pas été thésauriseur comme Midas ou Crésus ? Le luxe des grandes monarchies qui se sont succédé dans la domination de l'ancien monde accuse une abondance de trésors métalliques que l'on n'a pas encore égalée de nos jours ; mais les sources de cette opulence incomparable ont tari l'une après l'autre. M. Dureau de la Malle fait remarquer qu'à partir de la mort d'Alexandre, les sables aurifères de l'Asie et de la Grèce s'épuisèrent ; ceux de la Gaule et de l'Espagne semblent avoir été abandonnés à la chute de l'empire romain. L'or a disparu depuis longtemps de la surface des contrées les plus anciennement habitées; il ne peut plus venir, en quantités appréciables et qui affectent la circulation, que des régions qui restent à peu près fermées au commerce européen ou qui ont été découvertes dans les temps modernes.

En remontant le cours de l'histoire, on reconnaît que l'emploi de l'argent sous la forme de monnaie ne date pas d'une époque aussi reculée, et que ce sont les peuples industrieux et commerçants, et non les peuples conquérants, qui l'ont introduit dans les échanges. Il suffit de citer les Phéniciens, ces planteurs de colonies, les Athéniens et les Carthaginois. A la découverte de l'Amérique, on n'a trouvé de la monnaie d'argent que chez les deux nations qui formaient seules des sociétés policées, c'est-à-dire au Pérou et au Mexique. D'ailleurs, si l'argent vient plus tard que l'or prendre place dans la circulation, il s'y maintient avec plus de constance et de régularité. Les mines d'où on l'extrait, pénétrant et se ramifiant dans les entrailles du sol, sont à peu près inépuisables. Il en résulte que la production de l'argent continue souvent lorsque celle de l'or est à son terme ; de là les variations que présente dans le passé le rapport des métaux précieux.

Les savantes recherches de Boeckh, de M. Letronne, de M. de Humboldt, de Jacob et de M. Dureau de la Malle ont jeté un grand jour sur les causes et sur l'importance de ces oscillations monétaires. On s'accorde à reconnaître que, dans l'origine, la valeur de l'argent, chez quelques peuples, a égalé et surpassé même celle de l'or. Les lois de Manou attribuent à l'or deux fois et demie le prix de l'argent. M. Dureau de la Malle pense qu'entre le quinzième et le sixième siècle avant notre ère, partout ailleurs que dans l'Inde, le rapport a dû être de 6 ou de 8 à 1 comme il était en Chine et au Japon à la fin du dernier siècle ; on le trouve de 10 à 1 en Grèce, du temps de Xénophon, 350 ans avant Jésus-Christ. Cent ans plus tard, le traité de Rome avec l'Étolie consacre une proportion semblable.

Aujourd'hui, la découverte et l'exploitation de nouveaux gîtes métalliques sont les seules causes qui puissent influer d'une manière durable sur la valeur relative des métaux précieux. Dans l'antiquité, la conquête, qui enrichissait une nation des dépouilles d'une autre, ou le pillage de ces grands réservoirs monétaires que l'on appelait le trésor public, jetant soudainement dans la circulation des masses d'or et d'argent, ne pouvait manquer de déprécier, selon les circonstances, soit l'un ou l'autre de ces métaux, soit tous les deux ensemble. C'est ainsi que les conquêtes d'Alexandre, ouvrant les portes de l'Orient, inondèrent le monde grec de richesses qui s'avilirent par leur abondance et s'affaissèrent par leur propre poids. Après la prise de Syracuse par les Romains, l'argent faisant la base des trésors qu'ils avaient ravis, la valeur de ce métal tomba tout d'un coup, au point que 17 livres d'argent se donnaient pour une livre d'or. Un peu plus tard, le rapport était d'à peu près 12 à 1, lorsque César, mettant au pillage les 2 milliards que renfermait le trésor de la république et dans lesquels l'or dominait, en réduisit tellement la valeur, que la proportion ne fut plus que d'environ 9 à 1. Sous les empereurs romains, la production de l'or ne tarda pas à se ralentir ; les progrès de la mécanique permirent au contraire d'exploiter avec un avantage croissant les riches filons des mines d'argent de l'Asie, de la Thrace et de l'Espagne. Le rapport des deux métaux dut changer. Il était de 18 à 1 du temps de Théodose le Jeune, 412 ans après la naissance du Christ.

Au moment où commence la décadence de l'empire romain, dans le cours du quatrième siècle, la valeur des métaux précieux était, à peu de chose près, ce qu'elle est de nos jours. L'invasion des Barbares, en dispersant et en dissipant les trésors accumulés de l'Occident, détruisit pour un temps l'industrie qui les renouvelle. Le signe monétaire, par l'effet de sa rareté, acquit une singulière puissance. Le prix de toutes choses baissa, ou, ce qui est l'autre face du même résultat, la valeur de l'argent s'accrut au point de présenter les phénomènes qui marquent l'enfance des sociétés. Non-seulement la puissance du numéraire et des métaux précieux dut augmenter dans cette nuit longtemps stérile du moyen âge, mais le rapport que les progrès du travail industriel avaient établi entre l'or et l'argent ne tarda pas à s'altérer. L'or se conservait mieux à cause de la supériorité de sa valeur et résistait davantage au frai ; en outre, il restait pour alimenter la circulation de ce métal le lavage des sables aurifères, industrie assortie aux connaissances et aux goûts d'un monde barbare. L'exploitation des mines au contraire, étant un travail scientifique et l'industrie des peuples civilisés, dut être interrompue ou languir dans une époque de spoliation sans limite et de guerre sans fin. De là, comme on le suppose, la rareté absolue

48.

et relative de l'argent. Le rapport de l'or à l'argent se maintient entre 11 et 12 depuis le neuvième jusque vers le milieu du seizième siècle. Il fallut l'excessive et soudaine abondance qu'amena l'exploitation des mines de Potosi au Pérou et de Zacatecas au Mexique, pour faire descendre la proportion à 14 et à 15, taux moyen qui régna en Europe jusqu'à la fin du siècle dernier.

## II

Un changement dans la production relative des métaux précieux n'en altère pas nécessairement la valeur monétaire. Pour que le rapport de l'or à l'argent se modifie avec les quantités extraites annuellement de la terre, il faut que cette perturbation soit profonde et qu'elle ait les caractères de la durée. Encore doit-on placer en regard soit de l'abondance, soit de la rareté qui se manifeste, les causes qui peuvent neutraliser ou aggraver ces résultats, comme les dépenses d'exploitation, les besoins si variés de la consommation et le frai plus ou moins rapide des monnaies.

M. de Humboldt fait remarquer [1] que, pendant les dix années qui s'écoulèrent de 1817 à 1827, on convertit en monnaie, dans la Grande-Bretagne, plus de 1,294,000 marcs d'or, soit plus de 1 milliard de francs et plus de 100 millions par année [2], sans que l'influence

[1] *Mémoire sur la production de l'or et de l'argent*, 1838.
[2] Suivant M. Jacob, l'or frappé à la monnaie de Londres de 1815 au 31 décembre 1829 s'est élevé à la somme de 44,224,490 li-

d'achats aussi considérables s'exerçât d'une façon perturbatrice sur le rapport de l'or à l'argent. La proportion, qui était de 1 à 14,97, ne monta pas en effet au delà de 1 à 15,60, ce qui représente une hausse de 4 2/10$^{es}$ pour 100. A ce prix, l'Angleterre, qui n'avait plus depuis vingt ans qu'une monnaie de papier, put rétablir la circulation métallique, et fit refluer vers ses comptoirs les pièces et les lingots d'or dispersés sur tous les marchés de l'Europe. Pendant ces dix années, elle absorba, ou peu s'en fallut, des quantités qui équivalaient à la production entière du globe, et bien certainement plus que l'importation ne versa d'or dans l'intervalle sur les grandes places commerçantes du monde civilisé. Il n'entre pas dans notre sujet d'examiner quelles difficultés et quelles souffrances l'Angleterre eut à traverser pour opérer ce revirement monétaire ; mais le niveau une fois rétabli, et l'empire britannique s'étant harmonisé avec le reste de l'Europe, on peut trouver merveilleux qu'il ne lui en ait coûté qu'une prime de 4 pour 100 pour s'approprier une quantité d'or probablement égale à la moitié ou au tiers de celle que possédait alors le continent européen. L'étonnement redoublera, si l'on vient à se rappeler que la monnaie de Londres, qui n'avait pas frappé un seul souverain en 1814, en 1815 et en 1816, en émit tout à coup en 1825 pour 9,520,758 livres sterling (environ 240 millions de francs), qu'il fallut par conséquent demander en quelques mois au commerce. Les commotions politiques amènent de bien autres va-

---

vres sterling, soit, au change moyen de 25 fr. 20 cent., à 1,114,457,148 fr., ce qui représente 92,871,429 fr. par année.

riations dans le prix des métaux précieux. On sait que l'or monta de 10 pour 100 à Londres en 1815, à la nouvelle du débarquement de Napoléon.

Pour expliquer comment cette rafle d'or, exécutée par la Grande-Bretagne avec autant de persévérance que de vigueur, ne détermina pas une crise générale, on a beaucoup dit, et non sans raison, que la masse des métaux précieux qui existent dans la circulation rendait aujourd'hui moins sensibles les oscillations qui venaient à se déclarer dans la production et dans l'approvisionnement monétaires. On a rappelé que, si les valeurs métalliques avaient été fortement dépréciées par l'importation qui a suivi la découverte de l'Amérique, cela tenait à l'état de l'Europe, épuisée alors d'or et d'argent. La différence que l'on signale entre les deux époques est réelle ; mais elle ne suffirait pas pour rendre compte de la facilité avec laquelle la circulation des monnaies peut s'accroître aujourd'hui, sans que la valeur de l'or et de l'argent fléchisse. Il convient d'ajouter que ce mouvement, qui porte la vie dans les veines ainsi que dans les artères du commerce, n'est pas alimenté uniquement, comme dans les temps anciens et comme au moyen âge, par les métaux précieux. La monnaie métallique n'en forme qu'une faible partie, si l'on considère le rôle que les billets de banque, les lettres de change, les traites et les billets à ordre remplissent dans les échanges. Ainsi, prise dans son ensemble, la circulation est quelque chose d'infini ; elle semble résister au calcul, et l'on dirait que les accroissements dans l'importation de l'or et de l'argent n'y doivent pas désormais produire beaucoup plus d'effet que n'en exercent sur le niveau de la mer les débordements accidentels ou périodiques des fleuves.

En même temps que la dépréciation de l'or et de l'argent, sous une forme générale, devenait moins probable, la facilité naissante des communications et la solidarité des peuples en matière de crédit rendaient de plus en plus difficile une altération purement locale dans la puissance de la monnaie. Lorsque les métaux précieux surabondent dans une contrée, elle en a bientôt écoulé le trop plein sur les pays limitrophes. Qu'une disette soudaine ou toute autre cause en ait fait sortir les espèces, et la prime qu'y obtiendront les métaux précieux ne tardera pas à les ramener. Les frais de transport et la prime d'assurance de l'or limitent le taux du change, et ces frais se simplifient chaque jour davantage, grâce aux chemins de fer ainsi qu'à la navigation à la vapeur.

Avant les progrès merveilleux qui se sont accomplis dans le domaine de l'industrie depuis le commencement du dix-neuvième siècle, on a pu remarquer, à diverses époques, des changements très-sensibles dans la production relative des métaux précieux, qui n'entraînaient pas une altération correspondante dans le rapport de l'or à l'argent. A la fin du quinzième siècle, il est vrai, l'Amérique ne fournissant encore que de l'or et ce métal s'accumulant en Espagne, la reine Isabelle de Castille dut modifier le rapport légal des deux étalons monétaires. Après la première moitié du seizième siècle, l'or ayant cessé de dominer et l'argent étant importé en grande abondance, la valeur du métal inférieur subit une dépréciation que les gouvernements, cédant à la force des choses, finirent par consacrer; mais, à l'exception de ces deux changements dans les lois monétaires, l'un purement local et l'autre européen, on voit plus tard la production de chacun des métaux précieux s'étendre et se restreindre alternativement, sans que le rapport de l'un à l'autre en reçoive une altération qui éveille ni qui appelle la sollicitude des pouvoirs publics.

« A partir de 1645 jusqu'au commencement du dix-huitième siècle, dit M. Michel Chevalier ([1]), l'argent prit le dessus à un degré remarquable : c'était le bon temps des mines du Potosi, et ainsi le poids de l'argent produit dépassait celui de l'or dans la proportion de 60 à 1 ; puis, sans que les arrivages de l'argent diminuassent, vinrent les beaux jours des mines d'or du Brésil. A la même époque, il sortait des trésors des gîtes aurifères du Choco, d'Antioquia, de Popayou. Le monde commercial reçut de l'Amérique 1 kilogramme d'or pour 30 kilogrammes d'argent. On passa ainsi le milieu du dix-septième siècle ; alors les mines d'argent du Mexique se mirent à étaler leur magnificence, et le rapport fut d'environ 40 à 1. Cependant le Brésil vint à baisser, pendant que les mines d'argent du Mexique élevaient leur production, et ainsi, au commencement du siècle, l'argent excédait 57 fois la quantité d'or annuellement extraite. Actuellement (1846) l'argent prédomine moins : nous sommes même revenus presque au rapport de 40 à 1. »

M. de Humboldt présente des calculs qui diffèrent légèrement de ceux de M. Michel Chevalier. Ce savant pense que l'importation de l'or américain fut, quant au

_____

([1]) *Des Mines d'argent et d'or du Nouveau-Monde*, nos de la *Revue des Deux-Mondes* du 15 octobre 1846 et du 1er avril 1847.

poids, à celle de l'argent dans le rapport de 1 à 65 jusqu'aux premières années du dix-huitième siècle. Du reste, que l'on adopte l'une ou l'autre hypothèse, il n'en sera pas moins vrai que le rapport de poids entre les deux métaux a pu baisser de moitié dans le passage du dix-septième au dix-huitième siècle, non-seulement sans que le rapport de valeur baissât dans la même proportion, mais même sans qu'il fût sérieusement altéré. Ce résultat ne tend-il pas à prouver que l'or était particulièrement demandé, et que l'accroissement de la production ne fit que combler au dix-huitième siècle les vides que les progrès de la richesse et du luxe avaient opérés dans l'approvisionnement?

Dans les temps anciens, le rapport de valeur entre les métaux précieux a dû être déterminé d'une manière à peu près absolue par le rapport de poids qui se manifestait dans les quantités extraites des mines et apportées sur le marché. Une livre d'or a valu tantôt huit et tantôt dix livres d'argent, selon que le poids de l'argent mis en vente excédait huit ou dix fois celui de l'or. La simplicité des intérêts commerciaux, dans une société qui ne connaissait encore ni le luxe, ni les arts, ni l'industrie, ne laissait place à aucun autre motif de rechercher l'or ou l'argent, pour en faire une monnaie, que leur abondance ou leur rareté relative ; mais dès que la guerre a cessé d'être la vocation principale des hommes, et que le travail a commencé à être en honneur, on est sorti de cette ère patriarcale de la monnaie. Les besoins de la société ont perdu leur simplicité primitive. Le rapport de l'offre à la demande, pour l'or comme pour l'argent, n'a plus été déterminé exclusivement par la proportion des quantités extraites ou subsistant dans l'approvisionnement métallique. D'autres leviers de hausse ou de baisse ont commencé à agir concurremment sur les marchés.

Quand les métaux précieux étaient à peu près absorbés par les besoins de la circulation monétaire, leur valeur commerciale n'avait pas d'autre élément que leur utilité comme monnaie. La valeur monétaire de l'or et de l'argent dominait et déterminait leur valeur commerciale. Aujourd'hui c'est le contraire qui a lieu. Plus la civilisation se développe avec les exigences de l'industrie, des arts et du luxe, et plus les besoins de la consommation deviennent, en ce qui concerne les métaux par excellence, supérieurs à ceux de la circulation. M. Jacob, dont l'ouvrage sur les métaux précieux a paru en 1831, estimait à près de 149 millions de francs les matières vieilles ou neuves qui étaient alors converties en bijoux ou en vaisselle d'or et d'argent en Europe et en Amérique. Depuis vingt ans, le luxe a fait des progrès extraordinaires parmi les peuples industrieux et commerçants. La richesse mobilière a pris des proportions inouïes, particulièrement en France et en Angleterre. Quel ménage, si mince que soit son aisance, n'a pas une argenterie? La dorure n'est plus réservée à la décoration des temples et des palais; elle resplendit dans les ameublements et sur les plus modestes lambris. Que sera-ce, si l'on parvient à donner quelque durée à la mode qui dore les vêtements des femmes et qui multiplie les uniformes somptueux?

Au total, la valeur commerciale de l'or et de l'argent semble dominer aujourd'hui et régler leur valeur monétaire : c'est le principe nouveau, le point qu'il ne faut pas perdre de vue, quand on veut apprécier l'influence qu'un accroissement ou un ralentissement de la production métallique peut exercer sur le prix comme sur le rapport des métaux précieux.

En négligeant les variations qui ont pu se déclarer, d'un siècle à l'autre, dans la production ainsi que dans l'importation de l'or et de l'argent, pour récapituler les quantités que l'Amérique a versées sur les marchés européens, en trois cent dix-huit années, depuis la découverte d'Hispaniola jusqu'à la révolution mexicaine, M. de Humboldt a évalué ces trésors, pour l'or à 2,381,600 kilogrammes, et pour l'argent à 110,362,222 kilogrammes. C'est une valeur totale d'environ 32 milliards de francs [1]. Le poids de l'or importé représente à peu près un quarante-septième de celui de l'argent. Il ne paraît pas probable que, durant ces trois siècles, la production de l'or dans les autres parties du monde ait modifié cette proportion d'une manière sensible. Si l'on admet qu'au moment où la révolution mexicaine a ralenti l'exploitation des mines d'argent, les monnaies répandues en Europe représentaient une valeur de 8 milliards de francs, dont 6 milliards en argent et 2 milliards en or, le rapport de poids sera encore de 47 à 1, et cependant le rapport monétaire, il y a trente ans, variait en Europe entre 1 : 14,5 et 1 : 15,75. Dans

[1] Il ne faut pas oublier que ces chiffres reposent en grande partie sur des données conjecturales. Mendoça et Ustaritz avaient évalué à près de 37 milliards l'or et l'argent importés en Espagne jusqu'à l'année 1724, soit à 283 millions de francs par année.

la valeur des métaux précieux, l'écart était ainsi trois fois moins considérable que dans leur poids.

Rien n'est plus difficile, en matière de monnaies, que de présenter des données numériques qui sortent du domaine conjectural et qui approchent de la certitude. Il semble que, l'or et l'argent servant de dénominateurs à toutes les valeurs de ce monde, on devrait tenir note avec le plus grand soin de tous les phénomènes qui en marquent la production et la circulation. Ce serait là sans contredit la statistique par excellence. Qu'y a-t-il, en effet, de plus nécessaire et de plus précieux dans ce courant de la richesse que d'établir une sorte d'échelle métrique qui en indique la rapidité et qui en jauge la profondeur?

Des causes diverses n'ont pas permis de le faire jusqu'à présent d'une manière complète. D'abord, les pays producteurs d'or et d'argent sont généralement dans un état de civilisation peu avancée; ils ne savent pas mieux appliquer la comptabilité à la gestion de la fortune publique qu'employer les machines dans l'industrie. Alors même qu'on enregistre, comme au Mexique sous la domination espagnole, les espèces frappées dans les hôtels des monnaies, ou que l'on mesure les trésors extraits des mines d'après l'impôt proportionnel que perçoit l'État, par le *quint*, il faut porter encore en ligne de compte les quantités qui échappent au contrôle du fisc, et qui prennent, pour se répandre à l'intérieur ou pour sortir du pays, la voie de la contrebande.

Quelle est la somme de métaux précieux que rend à un moment donné dans l'histoire chacun des pays producteurs? Quelle est la proportion de ces produits qui, livrée à l'exportation, vient concourir à déterminer le prix de l'or et de l'argent sur les marchés régulateurs de l'Europe? Comment se forment les courants commerciaux qui, tantôt dirigés de l'Orient vers l'Occident et tantôt de l'Occident vers l'Orient, distribuent la richesse métallique entre les peuples? Tous ces problèmes que se pose la science pour éclairer sa marche resteront probablement sans solution en ce qui touche le passé. L'examen en devient plus facile quand il porte sur les intérêts et sur les faits contemporains, mais c'est à la condition de faire encore une très-large part à l'hypothèse.

Au commencement du siècle, suivant M. de Humboldt, l'or et l'argent importés chaque année en Europe étaient dans le rapport de 1 à 55, soit de 15,800 kilogrammes d'or contre 869,960 kilogrammes d'argent [1]. M. Michel Chevalier, se plaçant non plus au point de vue de l'importation, mais à celui de la production, l'évalue à 23,700 kilogrammes d'or contre 900,000 kilogrammes d'argent [2], ce qui donne la proportion de 1 à 38 ; mais l'or de l'Afrique et de l'Asie méridionale, qui est compris dans cette évaluation, ne pénétrait sur le marché européen qu'en quantités infinitésimales. Ces importations accidentelles et peu considérables ne semblent avoir exercé aucune influence appréciable sur le rapport commercial des métaux.

De 1810 à 1830, si les calculs de M. Jacob sont exacts, la production de l'Amérique aurait subi une diminution

[1] 54,415,200 fr. en or et 193,324,444 fr. en argent, ensemble 247,739,644 fr.

[2] 81,634,000 fr. en or et 199,998,000 en argent, ensemble 281,632,000 fr.

d'environ moitié. L'Europe n'aurait plus reçu annuellement de cette source que 125 millions de francs. Comme la réduction a porté principalement sur le produit des gîtes argentifères, c'est-à-dire des mines qui exigent dans l'exploitation le concours du capital et du travail, on doit présumer que, tout au moins dans la première partie de cette période vicennale, la proportion de l'or importé dut s'accroître par rapport à l'argent; mais nous n'avons aucun moyen de traduire en chiffres précis ni même conjecturaux la différence que semble autoriser l'étude des faits par voie d'induction générale.

En 1847, lorsque l'exploitation des gîtes aurifères de l'Oural et de l'Altaï était à son apogée, M. Michel Chevalier évaluait la production annuelle de l'or dans le monde à 63,250 kilogrammes et celle de l'argent à 875,000 kilogrammes [1]. C'était pour l'argent 25,000 kilogrammes de moins et pour l'or 30,000 kilogrammes de plus qu'au commencement du siècle. A ce compte, dans les quantités extraites, on aurait vu figurer 1 kilogramme d'or contre 14 kilogrammes d'argent [2]. Le rendement des gîtes aurifères paraît avoir été estimé ici bien au delà de la production effective. Je trouve dans un tableau publié par le *Times* en mai 1852 [3] des cal-

[1] Soit, 217,860,000 francs pour l'or et 194,417,000 francs pour l'argent, ensemble 412,277,000 francs.

[2] Dans son ouvrage sur la monnaie publié en 1850, M. Chevalier évalue la production, au moment où les gîtes aurifères de la Californie furent découverts, à 71,850 kilogrammes, soit 247 millions et demi de francs pour l'or, et à 975,470 kilogrammes, soit 216 millions de francs pour l'argent.

[3] Par M. Birkmyre, pour l'année 1846.

culs qui semblent reposer, en ce qui concerne l'or, sur des données plus exactes et qui ramènent la production de ce métal à 42,800 kilogrammes de fin, soit à 147,400,000 fr.

Voilà un résultat assurément déjà fort remarquable. Le dix-septième siècle produisait 1 livre d'or contre 60 livres d'argent ; au dix-huitième siècle, la proportion était de 1 à 30 ; au commencement du dix-neuvième siècle, l'argent abondait de nouveau et présentait le rapport de 50 à 1 ; vers l'année 1847, l'or dominait encore une fois, et les deux métaux semblaient, quant aux quantités produites, donner le rapport de 1 à 20. Le développement des exploitations russes, qui a modifié si profondément le rapport de poids entre les deux métaux, n'a pas sensiblement altéré le rapport de valeur. En sera-t-il de même après les résultats bien autrement extraordinaires que présentent la Californie et l'Australie ? Pour résoudre cette question, il faut d'abord examiner et préciser l'importance actuelle de la production de l'or et de l'argent dans le monde.

## III

Avant d'entreprendre cette recherche, il peut être à propos de s'arrêter sur un épisode récent de l'histoire monétaire, qui a donné lieu à des préoccupations très-vives, mais qui n'a pas encore été expliqué. Je veux parler de la baisse de l'or et de la hausse correspondante de l'argent en Europe pendant les derniers mois de 1850 et les premiers mois de 1851.

La Russie, en effet, avait alors un peu moins d'or à échanger contre les produits de l'Occident, car depuis 1847 l'exploitation des sables de l'Altaï était en voie de décroissance. En tout cas, le gouvernement ne se souciait pas de faire ou de laisser entrer l'or dans les échanges, car en 1848 et en 1849 il en avait prohibé l'exportation. En 1850, l'état du change ne le permettait pas, et l'on sait qu'une partie de l'emprunt à 4 et demi pour 100 contracté à Londres à cette époque par le cabinet de Saint-Pétersbourg fut soldée par des envois directs d'argent et d'or empruntés aux réserves de métaux précieux qui se concentrent habituellement sur le marché britannique.

Sans doute, malgré la prohibition, l'or russe s'est infiltré en Europe. On calcule qu'entre 1849 et les premiers mois de 1850, les grandes places commerçantes de l'Occident en ont reçu pour 60 à 70 millions de francs ; mais ce n'était pas même la restitution des sommes considérables que les demandes de grains avaient fait importer à Odessa et à Riga pendant la disette de 1846-1847. Il n'en résultait pas un accroissement réel dans l'approvisionnement métallique de l'Europe occidentale.

On doit appliquer les mêmes observations à l'or qui a pu être importé d'Amérique en 1849 et en 1850. Il n'a fait que remplacer dans la circulation les espèces qui avaient passé l'Atlantique deux ans plus tôt pour solder le froment, le maïs et les viandes salées des États-Unis. On en trouve la preuve écrite dans les relevés du monnayage américain. La monnaie des États-Unis, qui, depuis l'année 1834, c'est-à-dire depuis l'exploitation des gisements aurifères de la Caroline, avait frappé des espèces d'or pour une valeur moyenne de 2 millions et demi de dollars par année (plus de 13 millions de fr.), en a livré à la circulation, en 1847, une somme de 20 millions de dollars (environ 104 millions de fr.). A ce moment, les gîtes de la Californie n'étaient ni exploités ni connus : ce ne fut qu'en 1848 que la découverte de ces riches *placers* alluma la fièvre de l'or en Amérique d'abord, et plus tard en Europe.

L'or californien, avant de se répandre sur l'ancien monde, fait étape aux États-Unis. Nous le recevons, sous la forme d'aigles et de doubles aigles, frappé à l'effigie de cette république conquérante. En 1848, l'or monnayé aux États-Unis ne s'éleva pas à 4 millions de dollars ; il n'excéda pas 9 millions de dollars en 1849. Avec ces faibles émissions, l'exportation dut être à peu près nulle. En 1850, le courant californien commença à couler à pleins bords, et la monnaie des États-Unis, qui avait reçu au change, en poudre d'or ou en lingots, une valeur de 40 millions de dollars, en monnaya pour 32 millions (environ 171 millions de fr.). En supposant que la plus grande partie de ces espèces aient été exportées vers les marchés européens, un pareil supplément n'eût fait, comme on voit, que rétablir l'équilibre de la circulation si profondément et si violemment troublé par les conséquences désastreuses de la récolte de 1846. Nous avions troqué notre or contre des grains ; on nous le rendait contre des vins, des soieries, des modes et des articles de Paris. Ce n'est donc point à un excès d'importation qu'il faut attribuer la perturbation monétaire de 1850. Les richesses de la Sibérie et de la Californie n'ont pu agir à cette époque que sur les imaginations ;

on a pu s'en effrayer en perspective, mais on n'en a pas
ressenti le contact. La cause réelle se trouve dans les
mesures que prirent alors témérairement et à la hâte
plusieurs gouvernements. Pour s'assurer l'avenir, ils
troublèrent le présent, et, voulant se mettre à l'abri de
la dépréciation de l'or, ils la produisirent.

La crise de 1850, envisagée par ce côté, s'explique
d'elle-même. D'une part, l'argent, que la circulation
puisait annuellement sur le marché, lui manqua tout à
coup pour recruter ses forces; de l'autre, l'or, que plusieurs gouvernements excluaient de la circulation, reflua
sur les contrées qui admettaient encore ce métal comme
valeur monétaire, et y amena un encombrement momen-
tané. De là cette baisse de 4 pour 100 dans le prix de
l'or et cette hausse de 4 pour 100 dans le prix de l'argent, qui représentaient ensemble un écart de 8 pour 100
entre les deux métaux par excellence.

L'explication que nous venons d'indiquer gagne en
clarté et en précision quand on pénètre dans l'analyse
des faits. Voyons d'abord ceux qui touchent à la rareté
de l'argent. L'Angleterre, qui est le principal marché
des métaux précieux en Europe, avait vu en 1850 l'importation se réduire d'environ 27 millions de fr. Ce
déficit avait porté principalement sur l'argent. Les remises de l'Inde, qui représentaient annuellement près
de 20 millions de fr., avaient presque complétement
manqué; celles de la Turquie et de l'Espagne avaient
diminué, quoique dans une proportion plus faible. En
même temps, il avait fallu envoyer 1 million sterling
dans les Indes. Les remises faites à Saint-Pétersbourg
par la maison Baring avaient enlevé 8 à 10 millions

de fr. en argent. L'Allemagne et la Hollande en avaient demandé plus qu'à l'ordinaire. La société maritime de Berlin avait importé de l'argent pour une valeur de 3 à 4 millions de thalers, en sorte que, l'importation de ce métal en Angleterre ayant diminué de 1 million sterling en 1850 et l'exportation s'étant accrue probablement du double de cette somme, le niveau du réservoir métallique dut s'abaisser d'environ 75 millions de fr. Ajoutez que deux pays producteurs, l'Espagne et la Russie, prohibant l'exportation de l'argent, les échanges ne pouvaient plus s'opérer que très-difficilement sous cette forme du numéraire. On conçoit donc que, partout où les lois monétaires n'étaient pas modifiées, la prime ait passé de l'or à l'argent.

Voici maintenant les causes de l'abondance temporaire et de la dépréciation de l'or, principalement sur le marché de Paris. Il n'en faut pas accuser la Californie, dont les envois n'ont commencé à alimenter notre monnaie que vers les derniers jours de décembre 1850. L'Angleterre elle-même n'avait reçu des États-Unis que de l'argent en 1850, et l'or qui était arrivé de la Californie par la voie directe de Panama ne figure cette année dans les importations britanniques que jusqu'à concurrence de 682,000 livres sterling (14,666,400 fr.). La monnaie de Londres n'a frappé, en 1850, des espèces d'or que pour une valeur de 1,492,000 livres sterling (37,598,400 fr.), ce qui exclut jusqu'à la possibilité d'une importation considérable.

Le marché de Paris a pu se trouver surchargé par les espèces que la démonétisation de l'or français en Espagne et en Portugal et de l'or tant indigène qu'étranger en Belgique a fait refluer sur notre territoire. Il convient d'ajouter que les Anglais importaient alors chez nous des sommes qui furent employées en achat d'actions de chemins de fer, et que l'on n'évalue pas à moins de 1 million sterling ; mais la cause dominante de la dépréciation fut certainement la démonétisation de l'or en Hollande, car cette mesure eut pour effet d'annuler, comme valeur monétaire, et de rejeter d'un seul coup, comme valeur purement commerciale, sur le marché des richesses métalliques qu'égale à peine aujourd'hui, dans toute l'expansion de sa fécondité, la production annuelle de la Californie.

Les pièces d'or frappées en Hollande de 1816 à 1847 représentaient 172,583,955 florins, environ 362 millions de francs. En supposant que les deux tiers seulement de cette somme aient existé encore à l'état de monnaie en 1850, voilà 115 millions de florins (236 millions de fr.) retirés tout à coup de la circulation et rejetés sur le marché : comment la valeur des métaux précieux n'en aurait-elle pas été affectée ? L'or démonétisé équivalait à deux fois la production annuelle du globe avant la découverte des gisements californiens. La Monnaie de Paris à elle seule, qui n'avait frappé que 27 millions pendant le cours de l'année 1849, en frappait 85 millions en 1850 et 269 millions en 1851.

Heureusement la crise ne fut pas d'une longue durée. L'or monnayé en France s'écoula bientôt soit vers le Piémont pour solder les premiers versements de l'emprunt, soit vers le Milanais en paiement des soies achetées par les fabriques de Lyon et de Saint-Étienne. Le crédit est peu développé en Italie. Cette contrée n'a pas de billets de banque qui simplifient les comptes et qui prennent, dans les paiements de quelque valeur, la place des espèces. Elle ne saurait donc se passer de monnaie d'or.

Au total, les appréhensions du gouvernement hollandais se sont jusqu'à présent trouvées vaines, et le but qu'il se proposait n'a pas même été partiellement atteint. Sans doute, l'argent, érigé en étalon unique de la monnaie, abonde dans le pays au delà du nécessaire ; mais il a fallu remplacer l'or par un papier-monnaie à basses coupures qui ne sortira plus de la circulation. On a maintenant des billets de 10 et de 5 florins (21 fr. et 10 fr. 50 centimes) que le gouvernement émet, et qui, lancés d'abord à titre transitoire, ne tarderont pas à devenir définitifs. La Hollande marche sur les traces de la Prusse et de l'Autriche. Le gouvernement hollandais avait supposé que les pièces d'or, en perdant le caractère de monnaie légale, resteraient dans la circulation comme monnaie de commerce et que chacun s'empresserait de les accepter à prix débattu. C'était méconnaître la nature de la monnaie, qui n'entre comme signe et comme intermédiaire dans les échanges qu'à la condition de présenter une valeur certaine. Comme on aurait dû le prévoir, l'or a cessé de circuler en Hollande, et, à la place de l'or, on a le papier-monnaie. Il est douteux que la nation ait gagné au change.

Nous pensons avoir réduit à sa juste valeur la baisse épisodique de l'or en 1850 ; mais, depuis dix-huit mois, la production de ce métal a fait d'immenses progrès. La crise, qui n'existait alors que dans les imaginations, pourrait avoir pris pied et se montrer imminente dans les réalités : voilà ce qu'il importe d'examiner.

L'exploitation des gisements aurifères s'est principalement développée dans trois grandes régions : la chaîne de l'Oural et celle de l'Altaï; la Californie avec ses ramifications de l'état de Sonora au sud, de l'Orégon au nord; les contrées orientales et les districts méridionaux de l'Australie. Suivons-en les résultats par ordre de date.

Ce sont les lavages de la Russie qui ont fait sortir la production de l'or de l'état de langueur dans lequel elle était tombée à la fin du dix-huitième siècle. Les gisements de l'Oural, découverts les premiers, n'ont jamais donné une moisson très-abondante. L'exploitation est à peu près impossible au delà du 60ᵉ degré de latitude. En deçà, et bien qu'on l'ait entamée sur une grande échelle, il y a plus d'un demi-siècle, elle reste à peu près stationnaire depuis quinze ans. Les résultats annuels, partagés presque également entre la couronne et les particuliers, n'excèdent guère 5,000 kilogrammes.

Il en est autrement des gisements aurifères de l'Altaï. Malgré la rigueur d'un climat inhospitalier et les difficultés que l'on rencontre pour la main-d'œuvre dans les rangs d'une population clair-semée, l'exploitation y a pris des développements très-rapides. Commencée en 1828, elle ne rendait huit ans après que 1,722 kilogrammes; mais, à partir de cette époque, elle semble augmenter dans une proportion géométrique : on la voit s'élever à 4,000 kilogrammes en 1840, à 10,000 kilogrammes en 1842 et dépasser 20,000 kilogrammes en 1847.

L'année 1847 est le point culminant de la production de l'or en Russie. L'administration des mines accuse un chiffre de 1,741 pouds, soit 28,521 kilogrammes pour les résultats combinés de l'Oural et de l'Altaï. En admettant qu'un cinquième des produits s'écoule en fraude de l'impôt et échappe au contrôle de la couronne, la récolte aurifère de 1847 aurait représenté une valeur d'au moins 110 millions de francs. Depuis cette époque, la décroissance est manifeste et constante. Les chiffres officiels ne donnent plus que 1,726 pouds (28,252 kilogrammes) en 1848, 1,592 pouds (26,077 kilogrammes) en 1849, 1,485 pouds (24,324 kilogrammes) en 1850, et 1,432 pouds, valeur 78 millions de francs, en 1851. On remarquera que la réduction porte entièrement sur la richesse de la Sibérie tant orientale qu'occidentale. Non-seulement l'activité des extractions n'a pas diminué dans l'Oural, mais elle s'est même légèrement accrue : le produit de 1849 s'élève à 342 pouds (5,602 kilogrammes), chiffre supérieur de 244 kilogrammes à celui de 1845.

La décroissance de la production paraît avoir pour cause principale l'aggravation de l'impôt. L'exploitation des districts aurifères de la Sibérie est partagée entre les particuliers et la couronne, qui, en se réservant le versant occidental de la chaîne, a livré le versant oriental aux efforts de l'industrie. Par le fait, le partage a tourné au détriment du trésor dans une proportion vraiment extraordinaire ; car, tandis que les deux cinquièmes des produits dans les lavages de l'Oural proviennent des régions réservées à l'État, les districts réservés dans l'Altaï ne donnent que 5 ou 6 pour 100 de la production.

II.                                          50

Le gouvernement russe a cherché à rattraper par l'impôt ce qui lui échappait par l'extraction ou par le lavage. Il ne s'était attribué d'abord que la dîme du produit net ; mais la taxe, élevée bientôt à 15 pour 100, a été remaniée et aggravée depuis quelques années. Le nouvel impôt ne s'applique qu'aux exploitations de la Sibérie orientale et occidentale. C'est une taxe progressive qui comprend dix classes, de manière à prélever 5 pour 100 du produit brut sur les exploitations qui extraient de 1 à 2 pouds d'or, et 32 pour 100 sur celles qui extraient 50 pouds ou près de 820 kilogrammes par année, le tout sans préjudice de l'impôt dit *minier*, qui est aussi progressif, et qui varie, selon les classes, de 4 à 10 roubles par livre d'or.

Cet impôt excessif peut avoir agi de deux manières : il en est résulté soit un encouragement pour la fraude, soit un découragement pour la production. A la distance où nous sommes de la Sibérie, et lorsqu'il s'agit de régions où les rayons de la publicité pénètrent encore moins que la chaleur du soleil, il y aurait de la témérité à choisir entre deux explications également probables ; mais, que l'impôt ait ralenti le courant ou qu'il l'ait simplement détourné, la diminution des résultats officiellement constatés est un fait acquis. Cette décroissance a été d'un septième en trois années, ou d'environ 4,000 kilogrammes.

L'exploitation des terrains aurifères n'a pas en Sibérie le caractère démocratique qui distingue de nos jours le régime des extractions et des lavages dans les *placers* de la Californie et de l'Australie. Là, le premier manœuvre venu, pourvu qu'il soit muni d'une pioche, d'une sébille ou battée, d'un berceau et d'une provision de vivres, peut, sans autre capital, planter sa tente sur quelques mètres carrés de terrain et fouiller le sol jusqu'à ce qu'il ait trouvé fortune. Moyennant une patente, qui lui coûte 60 shillings en Australie, et en payant, en Californie, un droit de 20 dollars par année, il se place partout où la chance lui paraît favorable. Ce n'est pas l'État qui limite le terrain qu'il occupe, c'est la république elle-même des mineurs, réunis le long d'un ruisseau ou au pied d'une colline, qui ne permet à aucun membre de cette communauté improvisée et accidentelle de s'approprier un espace plus étendu que celui que peut embrasser le travail de ses mains. Le mineur, ne possédant rien et ne risquant aucune mise de fonds, est dispensé de faire un calcul de profits et de pertes. Si le travail auquel il se livre ne répond pas à ses espérances, il change de lieu et souvent d'occupation. Dans tous les cas, l'impôt, ne portant pas sur le capital et demeurant très-modéré, se paye aisément : quelques journées de travail en font l'affaire; le reste de l'année avec ses bonnes et ses mauvaises chances appartient en propre à l'ouvrier.

Il n'en est pas ainsi dans les régions de l'Altaï, où les formes aristocratiques de la grande industrie, soit par la volonté de l'État, soit par le fait des circonstances, ont prévalu dès les premiers pas de l'exploitation. Aux termes des règlements impériaux, les concessions ne sont obtenues qu'à la suite d'une demande expresse et pour un terme de douze années. Le lot assigné à chaque particulier n'excède jamais une largeur de 100 sagènes (environ 250 mètres), sur une longueur de 5 verstes au maximum, soit de 5,335 mètres. Cependant le même entrepreneur peut posséder plusieurs lots, pourvu qu'une distance de 5 verstes au moins les sépare. Ces entrepreneurs engagent un certain nombre d'ouvriers, auxquels ils fournissent les machines ainsi que les outils, qu'ils nourrissent et qui reçoivent en outre des salaires très-élevés. Toutes ces obligations entraînent l'avance d'un capital considérable, et lorsqu'à la chance d'une production peu abondante ou quelquefois nulle vient s'ajouter la perspective d'un prélèvement exorbitant au profit de l'État sur le produit brut, doit-on s'étonner que les membres de cette féodalité improvisée pour un temps sur les placers de Sibérie aient jugé prudent de restreindre ou de dissimuler l'étendue de leurs entreprises ?

On prétend qu'en exagérant l'impôt le gouvernement russe s'est proposé beaucoup moins d'entrer plus complétement en partage des bénéfices que d'arrêter ou de gêner le développement d'une industrie qui tend à démoraliser la population. S'il faut rapporter la mesure à des motifs d'un ordre aussi élevé, elle doit trouver grâce devant la critique. Quoi qu'il en soit, tant que le gouvernement jugera nécessaire de maintenir la surcharge récente de l'impôt, il ne serait pas raisonnable de supposer que la production de l'or se relèvera dans l'empire russe ; elle paraît provisoirement fixée à un chiffre qui, en tenant compte des quantités écoulées en fraude, doit être de 90 à 100 millions de fr. par année.

Les Espagnols, ces infatigables chercheurs de trésors, qui mirent à découvert les richesses cachées dans les profondeurs de la Cordillère, ont possédé la Californie pendant plus de deux siècles. Dès 1602, Sébastien Viscaino, qui fonda Monterey, apprenait des Indiens dispersés dans le pays que cette belle contrée abondait en or et en argent. Cependant, au lieu d'y planter une colonie de mineurs pour fouiller le sol, les Espagnols y envoyèrent, et encore tardivement, des missionnaires qui, en proclamant l'Évangile chrétien, enseignèrent aux indigènes les premiers rudiments de l'état social et de l'agriculture. En 1846, il y avait à peine 10,000 colons d'origine espagnole dans la Californie, lorsque quelques centaines d'aventuriers partis des Etats-Unis, à la suite du général Taylor, l'envahirent à main armée. Le gouvernement de l'Union lui-même, en exigeant la cession de cette province du Mexique, ne songeait qu'à un agrandissement de territoire. Ce qu'il lui fallait, c'étaient des ports sur l'Océan Pacifique et une colonie rivale de l'Orégon. Il ne se doutait guère qu'il allait trouver dans les vallées qui descendent de la Sierra-Nevada des mines d'or qui deviendraient le principal attrait de la colonisation, et dont les produits exubérants, dès la première moisson, se répandraient bientôt sur les marchés de l'Amérique ainsi que de l'Europe.

Le développement qu'a pris la population de la Californie est dû au succès vraiment fabuleux des premiers lavages. Les mineurs se fixaient d'abord naturellement sur les placers les plus riches ; ils défloraient les extractions plutôt qu'ils ne les épuisaient. C'était le temps où l'on découvrait fréquemment des pépites pesant plusieurs livres (¹) ou plusieurs onces. Un manœuvre un peu expérimenté faisait fortune en quelques jours.

(¹) La plus grosse pépite que l'on ait trouvée jusqu'à ce jour en Californie pesait 33 livres ; elle provenait des placers de la

En juin 1848, M. Larkin, consul des États-Unis à Monterey avant la conquête, évaluait le travail du cher-cheur d'or en moyenne de 25 à 50 dollars (133 fr. 75 cent. à 267 fr. 50 cent.) par jour. Le colonel Mason, dans un rapport à la date du mois d'août, estime le pro-duit de la journée, pour 4,000 mineurs européens ou indiens, de 30 à 40,000 dollars, ce qui donnerait pour chacun la moyenne de 10 dollars ou de 53 fr. 50 cent. Le capitaine Folson écrit un mois plus tard : « Je ne crois pas qu'il existe dans le monde de dépôts plus riches; j'ai reconnu moi-même qu'un travailleur actif pouvait re-cueillir par jour pour une valeur de 25 à 40 dollars d'or, en estimant le métal à 16 dollars l'once. » M. Bu-tler-King, dont le rapport est postérieur encore, n'admet plus qu'une moyenne de 16 dollars ou d'une once d'or par journée de travail.

Dans la seconde période de l'exploitation, lorsque les mineurs affluaient aux placers et se disputaient chaque pouce du sol aurifère, le rendement diminua dans une proportion très-sensible. Un journal local et spécial, le *Placer-Times* du 26 octobre 1850, résumant les rensei-gnements qu'il avait reçus sur le travail de la saison et qui embrassaient les campements depuis la rivière de la Plume jusqu'à la rivière Cosumnes, sur un espace d'en-viron cent milles occupé par soixante mille chercheurs d'or, estimait le produit moyen de la journée à 6 dollars sur la rivière de la Plume, à 4 dollars sur l'Yuba et sur la rivière de l'Ours, à 5 dollars sur la Fourche améri-

rivière Stanislas. Une pépite pesant près de 20 livres vient d'ê-tre trouvée près de San-Diego, à l'extrémité sud de la haute Ca-lifornie.

caine. Les renseignements de nos consuls, au commencement de 1850, indiquaient encore un résultat d'une à deux onces par jour dans la vallée du Sacramento, et d'une à quatre onces dans les régions plus récemment exploitées du San-Joaquin.

Cependant cette infériorité des résultats, qui se manifestait d'une année à l'autre, n'était pas sans compensations. Si le mineur gagnait moins, il ne dépensait pas autant. La hausse extravagante de toutes les denrées, des vêtements, des outils et des services, avait été ramenée à des limites plus accessibles à la bourse de chacun. On ne payait plus 1 dollar la livre de pain, 80 dollars une couverture, 50 dollars par jour l'usage d'une charrette attelée de deux bœufs, ni 5,000 dollars une barrique d'eau-de-vie. La main-d'œuvre ne coûtait plus 16 dollars par jour. L'Europe, les États-Unis et l'Océanie envoyaient en Californie des vaisseaux chargés de denrées et d'objets manufacturés dont la concurrence abaissait les prix ; on pratiquait des chemins entre le port de San-Francisco et les placers ; on jetait des ponts sur les rivières ; on établissait des dépôts de vivres et de marchandises à toutes les étapes. Les villes s'élevaient avec une rapidité qui tenait du prodige. A la fin de 1850, San-Francisco comptait cinquante mille habitants.

La production de l'or semble être parvenue maintenant en Californie à sa troisième période. Les mineurs ont acquis une certaine expérience ; leurs procédés d'exploitation sont moins grossiers, et ils se fixent davantage. Le désordre du travail est un peu moins grand ; aussi la moyenne des produits paraît-elle se relever. Les nouvelles de San-Francisco, à la date du mois d'avril, indiquaient des placers dans la vallée du Sacramento où la journée représentait de 15 à 20 dollars, et d'autres à la frontière de l'Orégon où la moyenne flottait entre 5 et 10 dollars. Sur la frontière de Sonora, le dépouillement de l'argile aurifère rendait 7 ou 8 dollars par jour avec les procédés d'extraction les plus grossiers; on s'accorde à reconnaître que huit heures du travail le plus opiniâtre doivent produire partout de 6 à 8 dollars pour peu que le placer soit riche, et comme un mineur peut vivre en dépensant 2 à 3 dollars par jour, il aurait la perspective, à ce compte, d'un bénéfice de 4 à 500 dollars par saison. Cependant, suivant les plus récentes informations, les placers commençaient à s'épuiser. Cent mille mineurs, fouillant pendant trois ans les sables d'alluvion déjà explorés avec fruit par les premiers chercheurs d'or en 1848 et en 1849, ne devaient pas tarder à en arracher les dernières richesses. Restaient à exploiter les veines du quartz aurifère qui se ramifient jusqu'au centre de la Sierra-Nevada. Ce nouveau travail exige des capitaux considérables et les efforts combinés des grandes associations; mais les tentatives de cette nature n'ont pas jusqu'à présent obtenu un grand succès.

La richesse aurifère du quartz, en Californie, suffit et au delà, dans les bonnes veines, pour rémunérer le travail, et les capitaux étrangers abondent à San-Francisco : d'où vient que les mines de quartz n'attirent pas l'esprit d'entreprise ? C'est que les capitaux ne rencontrent pas en Californie la condition préalable et essentielle de tout progrès dans l'industrie. La propriété dans les placers et aux mines manque de garanties ; elle n'est ni placée sous la sauvegarde des lois ni protégée par la force publique. La plus complète anarchie règne dans le nouvel état. Non-seulement les mineurs ont à défendre leur existence et leur butin contre les incursions des tribus indiennes, non-seulement les crimes et les délits sont communs dans leurs rangs, la terrible répression du *Lynch-law* leur tenant lieu de police et de justice ; mais chacun ne possède qu'en vertu du droit que s'arroge le premier occupant. Le mineur choisit l'emplacement qui lui convient ; un bras fort et une carabine dirigée par un coup d'œil sûr sont les autorités qui l'y maintiennent. Enlever un riche placer à un mineur trop faible pour faire résistance, cela s'appelle, dans l'argot des placers, conquérir un titre *(to jump a claim)*. Le président des États-Unis n'a-t-il pas déclaré, dans son dernier message, que « les terres minérales resteraient accessibles à la concurrence de tous les citoyens, » et le secrétaire d'État de l'intérieur n'a-t-il pas ajouté que « l'occupation n'en serait soumise qu'aux règles que les mineurs eux-mêmes croiraient devoir adopter? »

Au demeurant, il faut bien qu'à travers les chances d'insuccès et de misère qui frappent les individus, le travail des mines californiennes ait été profitable à la masse des émigrants, puisque l'émigration ne s'arrête pas et que l'exploitation des terrains aurifères n'a pas cessé. Les résultats, sans approcher des sommes fabuleuses que l'enthousiasme ou la peur a données pour des réalités, excèdent largement les plus magnifiques dont l'histoire du passé dépose ; essayons de les préciser.

M. Butler-King, dans le rapport qu'il adressait au secrétaire d'État de l'intérieur en 1850, après une exploration consciencieuse de la Californie, évaluait à 40 millions de dollars le rendement des lavages et des mines d'or pour les deux années 1848 et 1849. La base de ce calcul, le premier qui se présentât avec une autorité officielle, était un produit de 1,000 dollars (5,350 fr.) par mineur et par année. Suivant M. Butler-King, l'émigration américaine n'aurait afflué en Californie que vers le mois de septembre 1849, et jusque-là des étrangers, venus principalement du Mexique et de l'Orégon, auraient recueilli presque tout le profit des lavages.

Le *San-Francisco Herald* estimait, à la fin de 1850, la production de l'or en Californie, pour les vingt et un mois qui s'étaient écoulés du 1er avril 1849 au 31 décembre 1850, à la somme de 68,587,591 dollars, somme qui représente près de 367 millions de francs. Suivant des renseignements publiés en France par le ministère du commerce, et dont les éléments paraissent avoir été recueillis sur les lieux, la production aurait été un peu moindre : du 1er avril 1849 au 31 mars 1851, en deux années, elle se serait élevée à 329 millions de francs (1).

M. Émile Chevalier, qui vient de remplir une mission du gouvernement français à Panama, dans un rapport

---

(1) Savoir :

| | |
|---|---:|
| Or exporté de San-Francisco avec manifeste ou par les passagers........................... | 215,019,000 fr. |
| — exporté au Chili et au Pérou.................. | 6,865,000 |
| — par navires de guerre anglais................ | 4,365,000 |
| — converti en espèces à San-Francisco........... | 7,851,000 |
| — expédié par terre au Mexique................ | 37,500,000 |
| — sans manifeste par le commerce.............. | 25,000,000 |
| — déposé chez des banquiers, etc............... | 30,000,000 |
| — converti en monnaie, bijoux, etc.............. | 3,113,000 |
| TOTAL................... | 329,713,000 fr. |

qu'il adresse à M. le ministre des affaires étrangères, indique des résultats beaucoup plus considérables. L'or transporté comme fret par les bateaux à vapeur en 1850 se serait élevé, suivant lui, à la somme de 50,306,525 dollars. L'auteur du rapport ajoute, sur le témoignage d'une personne qu'il dit être très-compétente, que les sommes transportées par les voyageurs eux-mêmes ne vont pas à moins des trois quarts des valeurs consignées comme marchandise, et c'est ainsi qu'il arrive au chiffre vraiment extraordinaire de 88 millions de dollars, soit plus de 470 millions de francs pour une seule année. A San-Francisco, où l'on peut apprécier avec plus d'exactitude des données qui ont toujours un côté conjectural, on n'évalue qu'au quart des quantités déclarées l'or dont les voyageurs se chargent eux-mêmes. A ce compte, il y aurait déjà 25 millions de dollars, soit plus de 133 millions de francs à rabattre ; mais il me paraît encore très-douteux que la production de 1850 ait dépassé ce chiffre de 329 millions de francs que des renseignements recueillis sur les lieux et publiés également par le ministère du commerce présentent comme s'appliquant aux deux années 1850 et 1849. Nous avons du reste un critérium plus sûr dans les quantités d'or monnayées aux États-Unis. Voici les chiffres officiels.

|  | VERSÉ AU CHANGE. | CONVERTI EN MONNAIE. |
|---|---|---|
| 1849 | 12,243,175 dollars | 9,007,761 dollars. |
| 1850 • | 38,365,160 | 31,981,737 |
| 1851 | 56,867,220 | 62,812,478 |
| TOTAL : | 107,475,555 dollars | 103,801,976 dollars. |

Tout l'or versé au change ne provenait pas de la Californie ; une partie de cette somme consistait en espèces envoyées d'Europe et qui s'échangeaient contre des fonds américains ou contre des marchandises. Les trésors trouvés en 1848 dans la vallée du Sacramento appartenaient, comme on sait, principalement à des étrangers. Au mois de mars 1850, les hôtels des monnaies aux États-Unis n'avaient reçu encore que 11 ou 12 millions de dollars en or californien. A la fin d'août de la même année, les sommes versées au change ne s'élevaient qu'à 24 millions et demi de dollars. Un an plus tard, les monnaies avaient reçu en or de cette provenance, depuis l'origine, 80 millions de dollars.

Les États-Unis fournissent à la Californie, à raison de la proximité et du lien politique, le plus grand nombre des immigrants. C'est avec les États-Unis principalement que la nouvelle colonie commerce. Il semble donc que la force des choses doive diriger vers les états de l'Union le courant métallique qui descend de la Sierra-Nevada. Sans doute une partie de l'or que l'on récolte annuellement en Californie reste dans le pays pour alimenter la circulation monétaire. Des sommes considérables se répandent aussi dans l'Amérique du Sud et parmi les peuples commerçants de l'Europe, soit en paiement des denrées et des produits manufacturés, soit comme le prix accumulé du travail. Je n'exagérerai rien en supposant que les sept dixièmes de l'or produit chaque année vont se faire monnayer aux États-Unis, et que le dixième de la production, sans faire escale à New-York ou à la Nouvelle-Orléans, est expédié directement en Europe. Ainsi, les États-Unis ayant reçu de la Californie 100 millions de dollars jusqu'à la fin de 1851, la pro-

duction totale des quatre années, y compris 1848, qui
n'a rien fourni aux monnaies américaines, a dû être de
750 à 800 millions de francs.

L'or exporté de la Californie en 1851 est évalué par la
douane de cet état à 56 millions de dollars. Suivant des
calculs publiés par le *San-Francisco Herald*, le premier
trimestre de 1852 aurait présenté, non plus pour les
sommes expédiées, mais pour la production totale, un
chiffre de 14,656,142, ou plutôt, en relevant d'une once
la valeur de l'or, de 15,572,151. A ce compte, la production de l'année 1852 ne serait pas inférieure à
62 millions de dollars. L'exportation du mois d'avril
est évaluée à San-Francisco à 3,422,000 dollars, soit
un peu plus de 18 millions de francs. Les produits des
placers, quoique toujours abondants, diminuaient, suivant les dernières nouvelles. Néanmoins, si l'Australie
ne leur enlève pas leurs ouvriers les plus expérimentés
et les plus avides, les mines de la Californie paraissent
devoir rendre cette année quelque chose comme 300 millions de notre monnaie. C'est six fois la production de
l'or au commencement du siècle, dans les contrées du
globe que la civilisation pouvait alors atteindre. C'est deux
fois la production de l'or en 1847. On n'a pas besoin
assurément d'exagérer les nombres, comme l'ont fait
plusieurs écrivains des deux côtés de l'Atlantique, pour
prouver qu'un changement se prépare dans les valeurs
monétaires, et que le *statu quo* qui dure depuis un demi-
siècle n'est pas cependant éternel.

## IV

Des trois grandes régions aurifères qui alimentent aujourd'hui le commerce des métaux précieux, la Nouvelle-Galles du Sud, en Australie, est celle dont l'exploitation, à peine commencée, a le plus vivement saisi
l'attention publique. Cette terre a plusieurs avantages
sur les autres continents. Le climat y est doux et d'une
parfaite salubrité. Le sol n'en est ni occupé par des tribus féroces ni infesté par des animaux malfaisants. Dans
une contrée où la sécheresse est le principal obstacle que
rencontre l'agriculture, la région aurifère, située sur
les deux versants des chaînes de montagnes les plus élevées et à la naissance des cours d'eau, comprend les
terres les mieux arrosées. Elle paraît s'étendre du nord-
est au sud-ouest, en suivant le cours de la rivière Murray,
le fleuve le plus considérable de l'Australie, sur une longueur de quatorze cents milles (2,452 kilomètres) et sur
une largeur de quatre cents milles (643 kilomètres). La
surface de cette immense contrée représente quatre fois
celle de la Californie et cinq fois celle des îles Britanniques.

Les effets de l'or californien se font principalement
sentir loin du pays producteur. Les vallées du San-Joaquin et du Sacramento n'étaient, avant les fouilles mira-
culeuses de 1847, qu'un désert à peine interrompu par
quelques oasis de culture. La Californie n'avait ni population, ni agriculture, ni commerce, ni industrie. Des
*rancheros*, moitié fermiers, moitié chasseurs, y élevaient des troupeaux de bœufs dont la viande était dé-

daignée et dont les peaux brutes formaient le seul moyen d'échange. L'extraction de l'or n'a donc pu y troubler des relations déjà existantes ; elle est le phénomène, elle est le moteur qui a créé de toutes pièces et comme coulé d'un seul jet une colonie, une nouvelle société.

En Australie au contraire, et bien avant que les conséquences de cette découverte aient pu se traduire par des effets appréciables en Europe, l'exploitation des mines d'or est déjà une révolution. Les premiers lavages ne remontent pas au delà du mois de mai 1851. A cette date, les colonies anglaises de l'Océanie étaient florissantes. La population d'origine européenne dans le groupe australien s'élevait à près de 400,000 âmes. La Nouvelle-Galles du Sud en particulier, qui comprend le district de Victoria, récemment érigé en une colonie distincte, renferme plus des deux tiers de cette population : c'est le siége principal de sa richesse et de son industrie. Les habitants, dont un grand nombre descendent des transportés du siècle dernier, ont obtenu depuis 1850 des institutions représentatives et se gouvernent par leurs propres lois. Ils n'ont pas moins de cinquante et un journaux, des écoles et des banques publiques. Leurs principaux ports sont magnifiques et communiquent entre eux par de bonnes routes et par des lignes de bateaux à vapeur. Les grandes villes, parmi lesquelles il faut distinguer Sydney avec ses 50,000 habitants et Melbourne avec 35,000, sont éclairées au gaz et ont une police organisée comme celle de Londres. Le luxe du mobilier et des toilettes y défie toute comparaison, et dépose des profits considérables que donne le travail. On a commencé la construction de deux chemins de fer. L'Aus-

tralie a déjà une marine commerciale qui a concouru à
approvisionner de farine la Californie en 1850. Son
commerce avec la métropole est deux fois aussi important que celui des colonies américaines de l'Angleterre
au moment où elles levèrent l'étendard de l'indépendance ([1]). Le revenu colonial, sans parler du prix des
terres dont la couronne dispose, et qui sert à former un
fonds pour encourager l'émigration, s'élève à près de
1 million sterling.

L'Australie produit le blé, le maïs et l'orge en abondance. On y a planté des vignes qui donnent d'excellent
vin ; le tabac est cultivé avec succès et sur une grande
échelle; mais la fortune de cette colonie est la laine,
pour la production de laquelle la vallée arrosée par les
tributaires du Murray promet d'égaler la fécondité des
régions méridionales des États-Unis dans la production
du coton. L'Australie figure un poste avancé de notre
civilisation au milieu des scènes de la vie pastorale. C'est
une vaste Arcadie, dont le côté poétique se trouve rejeté
dans l'ombre par la préoccupation industrielle et quelque
peu altéré par la corruption des mœurs. On l'a comparée
plus exactement à une mine de laine et de suif : 20 millions de moutons errent à cette heure dans ses pâturages. Dans les importations de l'Angleterre, la laine
australienne a presque entièrement remplacé celles de
l'Allemagne et de l'Espagne, et les manufactures du
comté d'York ne peuvent plus s'en passer. En 1850,

([1]) En 1848, les importations de l'Australie s'élevaient à
2,578,442 livres sterl. (65 millions de francs environ), et les
exportations à 2,894,315 liv. sterl. (environ 72 millions de
francs). En 1850, le résultat a encore été plus considérable.

l'Australie en a exporté 137,000 balles, et 130,000 en
1851. 130,000 balles représentent une valeur d'environ 65 millions de francs. La métropole reçoit de l'Australie pour 3 millions sterling de matières premières, en
échange desquelles 3 millions d'objets manufacturés
sortent des ports du Royaume-Uni. Il en résulte d'immenses profits pour le capital et pour le travail ; c'est ce
commerce bienfaisant et florissant que les mines d'or
ont compromis et menacent d'interrompre.

Un savant dont la parole fait autorité, sir Robert Murchison, commentant les travaux du comte Strelecki sur
l'orographie de la Nouvelle-Galles du Sud, avait annoncé, dès 1845, que l'on trouverait de l'or sur les
flancs de ces grandes chaînes qui ont leurs Alpes et leurs
Pyrénées. A diverses reprises, des fragments du précieux métal furent apportés soit à Sydney, soit à Melbourne, sans qu'on parvînt à convaincre le public qu'ils
provenaient du sol même de la colonie. Au mois de
mars 1851, un habitant moins incrédule que les autres,
M. Hargraves, qui revenait de la Californie, frappé de
la similitude qui existait entre les formations géologi-
ques des deux contrées, en conclut que l'or devait se
rencontrer aussi dans la Nouvelle-Galles, et se mit résolûment à fouiller le pied des collines ainsi que le lit des
ruisseaux. En ayant trouvé des parcelles, il poursuivit
son travail jusqu'à ce qu'il eût constaté la présence de
l'or sur un grand nombre de points. Il se rendit ensuite
à Bathurst, poste avancé de la colonisation vers l'ouest,
appela le public autour de lui, annonça hautement sa
découverte, et, pour joindre l'exemple au précepte, con-
duisit plusieurs habitants de la ville sur le théâtre de

ses exploits, dans une petite vallée située an pied du mont Summer, où neuf mineurs étaient employés par lui à creuser activement et à laver la terre. Quatre onces de l'or le plus pur furent mises sous les yeux des assistants comme étant le produit de trois journées de travail. Chaque homme aurait ainsi gagné 2 liv. sterl. 4 sh. 4 d. (environ 61 francs) par jour ; mais ce n'était, selon M. Hargraves, que la moitié du gain probable pour un travailleur expérimenté et pourvu de meilleurs outils.

Ceci se passait le 8 mai 1851. Le résultat de l'exploration étant connu, trois personnes partirent de Bathurst pour les lavages et revinrent quelques jours après, rapportant plusieurs livres d'or. En même temps, un géologue, désigné par le gouvernement local pour vérifier les assertions de M. Hargraves, attachait à l'existence des mines d'or le cachet d'une déclaration officielle. Ces nouvelles produisirent une vive sensation à Bathurst et jusqu'au delà des Montagnes-Bleues, dans la capitale de la colonie. Le 19 mai, on comptait déjà 600 mineurs aux *placers*, affluence énorme dans un district où la population vivait clair-semée sur des espaces à peu près sans bornes. Dès le 24, quelques-uns écrivaient à leurs amis qu'ils obtenaient 3 à 4 livres sterling par jour. Une compagnie de quatre mineurs avait réalisé en un seul jour 30 onces d'or et avait trouvé une pépite pesant 1 livre. Trois semaines plus tard, un seul ouvrier avait amassé 1,600 livres sterling.

On remarque, en parcourant le récit de ces premières tentatives, que les habitants de l'Australie prévirent tout d'abord les conséquences funestes de la révolution qui allait s'opérer. Les journaux de la colonie sont remplis au début de lamentations et de prédictions sinistres ; on y maudit la manie de l'or en vers et en prose. La solitude des villes, aux dépens desquelles se peuple le désert, l'abandon du travail, les troupeaux laissés sans berger et les moissons séchant sur pied faute d'ouvriers qui les récoltent, le renchérissement des denrées, la perturbation des rapports sociaux, toutes les calamités, en un mot, que l'on éprouve aujourd'hui, y étaient montrées en perspective. Les chercheurs d'or les plus avides auraient dû reculer d'effroi. Cependant l'épidémie ne s'arrêta pas et gagna peu à peu tout le monde. Le gouvernement en donna l'exemple en récompensant magnifiquement M. Hargraves, pour lequel on créa l'emploi d'explorateur des terrains aurifères. Une proclamation apprit au public que les métaux précieux appartenaient à la couronne, et que, pour avoir le droit d'exploiter les mines d'or, chaque mineur devrait payer 30 shillings par mois.

Bientôt une funeste émulation gagna les autorités municipales. Depuis la baie de Newton jusqu'au golfe Saint-Vincent, sur une étendue d'environ deux mille milles de côtes, il n'y eut plus une ville ni un village qui ne voulût avoir des placers dans sa banlieue. Dans plusieurs districts, des réunions publiques furent convoquées afin de voter des primes pour la découverte de nouveaux gisements aurifères.

Le théâtre des premières opérations, situé à la rencontre de deux petites vallées dont les eaux se jettent dans la rivière Macquarie, affluent du Murray, avait reçu le nom biblique d'Ophir. Les succès obtenus sur ces placers furent bientôt effacés par le brillant résultat des travaux entrepris sur la rivière Turon et sur ses tributaires. Là, on rencontrait l'or, non plus en paillettes, mais en pépites ou *nuggets*. Pendant que les mineurs d'Ophir, au début, gagnaient en moyenne 15 à 20 shillings par jour, ceux du Turon comptaient leurs gains par onces d'or. Le procédé beaucoup trop primitif du lavage avait fait place à la méthode plus savante de l'amalgamation. Le travail portait de tels fruits, qu'un simple manœuvre trouvait à s'employer pour une livre sterling par jour et la nourriture; mais c'était un expédient auquel les mineurs n'avaient recours que le temps nécessaire pour amasser de quoi payer une licence ou acheter une bascule ou berceau. Ils s'associaient d'ordinaire par trois ou par six ; la journée de chacun rendait quelquefois plusieurs onces. La grosseur des pépites variait d'un cinquième d'once à plusieurs. Vers le milieu de juillet, le docteur Kerr trouva dans la vallée de Meroo, à quelques milles de Wellington, une masse de quartz pesant trois quintaux, qui renfermait plus de cent livres d'or. Plus tard, on découvrit encore trois pépites dont chacune pesait vingt-six à vingt-huit livres. Au mois d'août commença l'exportation pour l'Angleterre ; les premières remises de poudre d'or s'élevèrent à 50,000 livres sterling. Les lavages du Turon et du mont Ophir donnaient alors 10 à 12,000 livres sterling par semaine.

Le trésor du docteur Kerr, exposé d'abord à Bathurst et puis à Sydney, enflamma les imaginations et fit tomber toutes les digues de la prudence. Les journaux, qui avaient d'abord maudit la découverte des terrains aurifères, embouchèrent la trompette lyrique pour célébrer ce coup merveilleux du hasard. « La nouvelle, s'écriait le *Morning Herald* de Sydney, étonnera l'Australie, étonnera l'Angleterre, l'Écosse et l'Irlande, étonnera la Californie elle-même, et, nous n'exagérons rien, le monde entier... A l'arrivée du paquebot, quand chaque journal, dans les trois royaumes, répétera l'histoire de cette découverte qui est la merveille de notre âge, la sensation sera profonde, et dépassera en intensité ainsi qu'en durée tout ce que l'esprit public de la nation a jamais éprouvé. Depuis le monarque sur son trône jusqu'au paysan qui conduit sa charrue, il n'y aura qu'un cri de surprise, d'étonnement et d'admiration. Du palais à la chaumière et du salon à l'étable, parmi les écoliers comme parmi les philosophes et les hommes d'État, on ne parlera que de cette masse d'or et de la terre qui l'a produite. De tous les ports de la Grande-Bretagne et de l'Irlande, les navires vont affluer chargés de passagers et de marchandises. La population et la richesse vont se répandre en Australie comme un torrent. Port-Jackson sera bientôt le havre le plus encombré et le plus florissant du monde, et Sydney prendra rang parmi les plus opulentes cités. La Nouvelle-Galles du Sud sera couronnée par l'Angleterre comme la reine des colonies. »

En attendant l'impression que devaient produire dans la métropole les nouvelles de la *terre d'or*, comme l'appelait le *Morning Herald* dans cette invocation pindarique, la population de Sydney accourait aux placers ; il en partait jusqu'à 400 émigrants par jour ; les matelots désertaient les navires sur rade ; le gouvernement, attendu la cherté des objets de première nécessité, se voyait obligé de doubler le traitement des employés.

De tous côtés, on se mettait en quête de nouveaux placers, et les districts à l'ouest et au sud de Sydney étaient
fouillés par les mineurs jusqu'à une distance de deux
cents milles. On découvrait des gisements aurifères
dans les comtés de Saint-Vincent, d'Argyle, de Dampier,
de Wallace, de Wellesley, ainsi que dans les bassins du
Murrumbridge, du Shoalhaven, de la rivière Hume, de
la rivière Peel et de la rivière des Neiges. A l'extrémité
nord de la Nouvelle-Galles, dans le district de More-
ton-Bay, des lavages sont en pleine activité sur plusieurs
affluents de la rivière Condamine. Plus près de la capitale, dans la Nouvelle-Angleterre, on a trouvé de l'or en
abondance dans le bassin de la rivière Mac-Donald. A
deux cents milles au sud de Sydney, à Braidwood, un
mineur réalisa 30 livres sterling en cinq semaines; un
autre, 42 livres sterling en quinze jours, et une compagnie
de trois 200 livres sterling en une semaine. Rien n'était
plus commun qu'un produit de 2 onces par homme
et par jour; quelquefois il s'élevait à une livre. Les femmes se mettaient aussi de la partie : on cite une veuve
et ses deux filles qui obtinrent, en grattant le sol, 2
onces en moyenne par jour. Le district du Turon n'avait
pas perdu sa bonne renommée. Tel était l'attrait de ces
chances aléatoires, qu'un ouvrier, à Meroo, ne s'engageait plus à travailler pour le compte d'autrui, à moins
d'être nourri et de recevoir un salaire de 3 livres
sterling par semaine. A la date du mois d'octobre,
le gouvernement y avait distribué 8,637 licences.
10,000 mineurs étaient à l'œuvre dans la province de
Sydney, et l'on avait déjà expédié vers l'Angleterre
215,866 livres sterling (près de 5 millions et demi de

notre monnaie). Au mois de décembre, le rendement des placers était d'environ 40,000 livres sterling par semaine, somme qui représenterait, en supposant le travail constant, c'est-à-dire en faisant abstraction des temps de grande pluie et des époques d'extrême séche-resse, plus de 2 millions sterling par année.

Cependant ces résultats, quelque brillants qu'ils dussent paraître, ne tardèrent pas à être éclipsés par les nouvelles de la province de Victoria. On a trouvé l'or d'abord à Ballarat, où il était enfoui à d'assez grandes profondeurs; ensuite au mont Alexandre, où il jaillis-sait sous la pioche jusqu'à la surface; à Caliban, quinze milles plus loin; à Albury, sur la rivière Murray, et sur la côte orientale, à Gipp's land. On prétend que la chaîne qui sépare la province de Victoria de la province de Sydney, et qui est connue sous le nom de Montagnes-Neigeuses, n'est qu'une vaste mine d'or. Chaque jour amène quelque découverte nouvelle, et la découverte de la veille est presque toujours effacée par celle du lende-main. Les mines du mont Alexandre ont une étendue d'environ dix milles, et la terre y regorge d'or. On trouve le métal précieux dans un gravier argileux et dans les interstices de l'ardoise. Il suffit de creuser à six pouces du sol. On comptait déjà sur un seul point, au mois de décembre 1851, 15,000 mineurs, et les gise-ments semblaient inépuisables.

Ici point de moyenne à établir, la fortune s'acquiert par des coups de filet. On cite comme rentrant dans les cas ordinaires, tantôt sept ouvriers qui ont amassé 500 onces d'or en trois semaines, soit, à 3 livres ster-ling l'once, qui est la valeur courante de l'or dans la colonie, environ 260 fr. par jour et par tête ; tantôt deux mineurs qui ont réalisé dans le même laps de temps 400 onces, ou 735 fr. par jour pour chacun d'eux. Un charretier qui n'avait jamais remué la terre se fit un pécule de 1,500 livres sterling en cinq semaines : c'est la proportion d'environ 800 fr. par jour. Un transporté à peine émancipé de la veille obtint 150 livres en seize jours, ce qui donne 235 fr. pour le salaire quotidien. Un ouvrier qui n'avait jamais su que ferrer les chevaux fut moins heureux, et rapporta néanmoins, après cinq semaines de travail, 100 livres sterling, claires et nettes de toutes dépenses. Un garçon de quatorze ans, en moins de temps, récolta 400 livres sterling, et un autre du même âge 120 livres ; mais l'ambition des ouvriers allait au delà : il n'y en avait pas un qui, en creusant un trou, ne conçût l'espoir d'en faire sortir une valeur de 40 ou 50 livres sterling entre le lever et le coucher du soleil. Ces espérances étaient entretenues par des exemples qui tenaient du merveilleux, et dont le récit, circulant de groupe en groupe parmi les chercheurs d'or, passait bientôt à l'état de légende. On a vu un espace de quelques pieds carrés produire en peu de jours 45,000 fr. Quatre matelots, après six semaines de travail, chargeaient sur un chariot une cassette qui renfermait 200 livres d'or, environ 260,000 fr. Quatre autres ouvriers, après deux mois de travail, se sont partagé 1 million. On cite un mineur qui en a recueilli 25 livres en deux ou trois semaines, un autre qui a su amasser 11 livres en quarante-huit heures, un autre enfin qui, en moins d'une heure, a fait un monceau de trente livres, représentant plus de 38,000 fr. Et il faut noter que

les mineurs ne perdent pas leur temps à récolter les
paillettes et les grains d'or ; cela leur paraît trop peu de
chose. Tout fragment qui n'a pas au moins la grosseur
d'une tête d'épingle ou d'une féverole est rejeté sans
examen. Il y aura de quoi largement glaner des trésors
après ces moissonneurs dédaigneux et prodigues.

Dans les placers du mont Ophir et du Turon, où les
profits de l'exploitation étaient d'abord modérés, on avait
pu faire régner sans effort parmi les mineurs l'ordre,
la sécurité et une certaine décence de conduite. Le capitaine Erskine de la marine royale, qui les visita vers la
fin de juillet 1851, en rend le témoignage le plus favorable. Les mineurs l'accueillirent partout avec la plus
parfaite civilité ; l'ordre et le bon accord régnaient
parmi eux. Le capitaine Erskine ne rencontra qu'un seul
homme ivre sur les placers. La vente des liqueurs spiritueuses y était interdite, et le dimanche religieusement
observé. On y reconnaissait encore quelques traces d'une
industrie régulière. Les placers voisins du Port-Philip
présentent un spectacle bien différent. Là, l'existence du
mineur est une loterie où toutes les chances sont plus ou
moins favorables. Il en résulte, pour les têtes les plus
froides, un enivrement qui approche de la folie. Les passions les plus violentes et les plus extravagantes fantaisies se donnent carrière. La consommation du vin, de la
bière et des spiritueux est énorme. Les tables de jeu, les
querelles et les luttes à coups de poing pour de l'argent
y disputent le dimanche au service divin. — La population des placers, écrit-on de Melbourne à la date du
2 janvier, roule sur l'or et en fait en quelque sorte litière. On cite un homme qui plaça un billet de banque

de 5 livres (plus de 126 fr.) entre deux tartines beurrées, et le dévora comme un *sandwich* ; un autre roula deux billets de 5 livres en forme de balle, et les avala comme une pilule ; un troisième, qui était entré dans la boutique d'un confiseur pour manger des tartes, jeta sur le comptoir un billet de 5 livres, et refusa d'en accepter la monnaie. Les mineurs semblent ne pas comprendre la valeur de l'argent : ils supportent leurs pertes avec une parfaite philosophie. Un homme a qui on avait dérobé une traite de 3,760 fr., et qui la trouva déjà encaissée quand il se présenta à la banque, se contenta de dire : « Bah ! l'argent ne manque pas. »

Un placer, dans la colonie de Victoria, figure aux yeux un immense campement, qui présente des milliers de tentes de toutes les dimensions, de toutes les couleurs et de toutes les formes. Ce bivouac, pendant la nuit, brille de feux innombrables et le repos y est troublé par des décharges incessantes de pistolets et de fusils. Tout mineur est armé jusqu'aux dents et ne peut se reposer que sur lui seul du soin de protéger son butin et sa vie. Chacun se garde dans le camp comme s'il était menacé d'une surprise, et l'on pousse les précautions jusqu'à décharger et recharger les armes chaque jour après six heures du soir. Le gouvernement transporte chaque semaine à Melbourne l'or récolté aux placers, moyennant un droit de 1 pour 100 ; mais comme, malgré cette commission exorbitante, il ne répond pas des cas de force majeure, les mineurs se réunissent par groupes bien armés, quand ils sont fatigués de faire fortune, et escortent eux-mêmes leurs propres trésors. Les bandits de Van-Diemen fondent comme des oiseaux de proie sur les mineurs. Tel est leur nombre et si grande est leur audace, que la police locale recule devant eux et refuse souvent, en présence d'un meurtre commis, d'aller au milieu de la foule appréhender les meurtriers. Les autorités de Melbourne sont hors d'état d'envoyer des renforts, car les gens de la police urbaine, à l'exception de six, ont donné en masse leur démission et vont chercher de l'or au mont Alexandre. Un cri de désespoir et d'indignation s'est élevé dans la colonie. « L'imbécillité de notre gouvernement, dit l'*Argus*, nous réduit à nous faire justice nous-mêmes et à proclamer la loi de Lynch avec ses plus formidables terreurs. » « Il faut que le gouvernement agisse avec énergie et sans perdre de temps, dit le *Morning Herald* ; autrement nous présenterons bientôt le spectacle d'une seconde Californie, avec l'émeute et la loi de Lynch en permanence et avec le crime dans sa hideuse nudité. » Le gouverneur, sir G. Fitzroy, a répondu à cet appel en demandant des troupes à la mère patrie et en recrutant sa police de quelques soldats en retraite. Suffira-t-il, pour préserver cette société à peine formée de la dissolution qui la menace, d'envoyer un vaisseau de guerre en station à Port-Jackson et un autre à Port-Philip, et de renforcer les garnisons de l'Australie, comme sir John Packington le propose, de quatre ou cinq cents soldats ?

Heureusement de tels désordres ne sauraient passer à l'état chronique. Quand l'autorité, qui devrait les réprimer, se déclare impuissante, la société, tremblant pour son existence, se soulève, et, au prix d'une commotion populaire, elle se débarrasse violemment des malfaiteurs. Ce qui est bien autrement à redouter, surtout dans une communauté de formation récente, c'est l'attraction que les fortunes faites aux placers exercent sur les esprits. Les hommes, fascinés par cet irrésistible aimant, abandonnent les travaux les plus productifs comme les occupations les plus nécessaires. Il n'y a plus de vocations ni de devoirs qui retiennent ; aucun salaire ne pouvant suivre la progression des chances qu'un mineur trouve au bout de sa pioche, le métier de chercheur d'or remplace bientôt tous les métiers. Un peuple entier, courbé vers la terre, s'absorbe dans ce travail qui l'abrutit, laissant aux autres le soin de semer et de produire.

Dès le commencement de novembre dernier, les villes de Melbourne et de Geelong étaient abandonnées ; de cette nombreuse population, il ne restait plus que les femmes. La proximité des placers, situés à deux ou trois journées de marche, rendait le voyage comparativement facile. Il ne fallait pas, comme à Sydney, s'équiper pour un long voyage, ni faire provision de vivres et d'argent. Les hommes désertaient en foule les troupeaux, les champs, les navires, les ateliers, les comptoirs et les boutiques ; on ne pouvait les retenir à aucun prix. Il en venait de Sydney, de la terre de Van-Diemen, de l'Australie du Sud et jusque de la Californie elle-même. Les navires dans la baie ne débarquaient pas leurs cargaisons faute de bras ; les marchandises pourrissaient sur les quais, où on les avait entassées. Dans plusieurs districts de la colonie, les affaires et la culture étaient suspendues ; on manquait de bras partout. Quand on trouvait des ouvriers pour la tonte des laines, ils exigeaient le prix énorme de 3 sh. 6 d. pour vingt toisons. Un mois plus tard, la capitale de l'Australie du Sud, Adélaïde, réalisait la peinture du *village abandonné*. Commerçants, industriels, propriétaires et capitalistes, tous les habitants étaient ruinés ou avaient émigré à Port-Philip pour échapper à une ruine inévitable. Les actions de la célèbre mine de Burra-Burra, qui avaient valu plus de 200 liv. sterl. ne trouvaient plus d'acheteurs à 60, et les sept cents ouvriers qui y travaillaient s'étaient enfuis. Le prix des choses et des services montait dans une proportion effrayante.

On lit dans une lettre de Melbourne, à la date du 17 janvier : « Dans les banques et à la poste, les employés font la journée double ; les autres services publics ne peuvent pas marcher, faute de bras. On ne trouve pas de domestiques mâles, même aux prix les plus extravagants ; les femmes ne servent pas à des conditions beaucoup meilleures. Je priai le garçon d'abord et ensuite la femme de chambre de l'hôtel où j'étais descendu d'envoyer à la blanchisseuse un petit paquet de linge ; ils me répondirent l'un et l'autre que l'on ne pouvait trouver personne qui consentît à blanchir le linge. Je me vis donc contraint d'aller chez le mercier et d'acheter du linge neuf. A-t-on besoin d'une paire de bottes, il faut la payer 2 liv. 10 shillings (63 fr. 20 c.) ; une paire de souliers forts coûte 20 shillings (25 fr. 20 c.). » Une autre lettre du 1ᵉʳ janvier ajoute quelques traits à cette peinture : « Dans mon opinion, cette ville est menacée d'une ruine complète et infaillible. La nuit dernière, deux hommes arrivèrent, annonçant la découverte de gisements aurifères dans le district de Gipp's land, ils en rapportaient 10,000 liv. sterl. en or, et annonçaient qu'il y en avait pour le monde entier. Que deviendra maintenant le travail? Supposons que cent mille immigrants arrivent dans cette colonie l'année prochaine : lequel d'entre eux voudra rester dans les villes ou dans les fermes à gagner quelques shillings par semaine, quand il pourra se diriger vers les mines d'or et récolter là 50 liv. sterl. en un jour? En ce moment, je ne trouverais dans la ville de Melbourne ni à acheter ni à faire réparer une paire de bottes, à quelque prix que ce fût. Je me procure du pain à Collingwood par grâce, et le boulanger ne s'engage pas à m'en fournir régulièrement. Je paye 5 shillings une voie d'eau, et 30 shillings le bois que peut porter un cheval. On trouve difficilement un camion pour transporter nne malle, et le prix de ce service est illimité. Les domestiques du juge sont tous partis ; il ne se sert plus de sa voiture. Ses fils nettoient les couteaux et les chaussures, et traînent leur père malade à son tribunal dans un fauteuil d'invalide. »

Un habitant de Melbourne, qui est réduit à soigner lui-même son cheval pendant que sa femme fait la cuisine, écrit : « Un des membres de notre club, grand propriétaire de troupeaux et qui ne sait comment en récolter la laine, est allé aux mines pour tâcher d'engager quelques hommes. Il leur a demandé ce qu'ils voulaient de gages ; ils ont répondu qu'ils voulaient toute la laine, et, comme le propriétaire partait, ils l'ont rappelé pour lui dire : — Maître, nous aurons besoin d'une cuisinière ; si la place vous convient, nous vous donnerons 1 liv. sterl. par jour. »

Sur les placers, la main-d'œuvre vaut au moins 1 liv. sterling par jour. Les gens qui reviennent des villes avec un pécule ne veulent plus travailler, et se figurent qu'ils ont conquis le droit de vivre sans rien faire. Les denrées sont aussi très-chères. Au mont Alexandre, la farine vaut 5 deniers la livre (près de 60 centimes le demi-kilogramme) ; le jambon et le beurre, 2 sh. 6 d. (environ 3 fr. 45 c. le demi-kilogramme) ; l'avoine se vend 18 shillings le boisseau (64 fr. l'hectolitre). Au mois d'août, la farine ne valait encore que 3 deniers la livre, et l'avoine 4 shillings le boisseau sur le marché de Sydney, prix déjà très-supérieurs à ceux des années de disette sur les marchés de l'Europe.

Deux causes principales ont concouru, dans toutes les contrées où la découverte d'un placer abondant a subitement enrichi les ouvriers, à déterminer cette hausse prodigieuse des denrées les plus nécessaires à l'existence. D'abord, la population augmentant plus rapidement que les moyens de subsistance, le prix des aliments que l'on demande davantage doit nécessairement s'élever, et l'accroissement de valeur, en pareil cas, n'est nullement proportonné à l'insuffisance dans la quantité. Qui ne sait qu'un déficit d'un sixième ou même d'un dixième dans la récolte du blé en fait augmenter le prix souvent du double et quelquefois du triple? La France et l'Angleterre l'ont éprouvé en 1846. On peut même affirmer que, sans la facilité des communications et le bon marché des transports, les conséquences de la disette eussent été alors bien autrement funestes. Faut-il s'étonner que, dans des contrées où la civilisation vient à peine d'être importée, qui manquent de routes, de canaux et de chemins de fer, le mal atteigne, dès le début, de gigantesques proportions?

Une autre cause est l'abondance même des métaux précieux. L'or, quand on le ramasse à pleines mains, au lieu de l'acquérir par faibles parcelles et avec peine, perd infailliblement de son prix. Néanmoins, pour l'or comme pour l'argent, la diminution de valeur ne se manifeste que par l'augmentation du prix des choses. La valeur nominale du signe monétaire reste alors la même ; mais sa puissance décroît dans la mesure de l'accroissement de sa quantité, à moins que des causes extérieures, telles qu'une importation surabondante de denrées, ne vienne momentanément rétablir l'équilibre.

Aujourd'hui chaque progrès de l'extraction, en Australie, s'opère au détriment de la culture proprement dite ou de l'élève du bétail. La terre de Van-Diemen, qui nourrissait les autres districts de l'Australie, pourrait bien, cette année, manquer de blé pour elle-même. La récolte, il est vrai, présentait les apparences les plus magnifiques à la fin de 1851 ; mais comment moissonner et rentrer le blé dans une île qui n'a plus demain-d'œuvre et qui va se dépeuplant tous les jours ?

Cette situation est critique ; avec tout autre peuple que la race anglo-saxonne, on pourrait la regarder comme désespérée. Encore quelques mois d'abandon, et l'on perdra bien plus que la récolte de la laine, car les troupeaux n'étant plus gardés périront. Pour former ce capital, sur lequel reposait l'avenir de l'agriculture en Australie, il avait fallu un quart de siècle. Sans une immigration nombreuse, non plus de chercheurs d'or, mais d'hommes adonnés à la vie pastorale, avant que

1852 n'expire, il sera irrévocablement détruit. L'Angleterre s'est éveillée un peu tard au sentiment du péril ; mais elle n'épargne rien maintenant pour conjurer le désastre. Le gouverneur de l'Australie voyait arriver les émigrants avec effroi, tant que ceux-ci ne faisaient que grossir la foule des mineurs et ajouter, par la concurrence, à la cherté des denrées. Il avait même pressé le secrétaire d'État des colonies de diriger vers d'autres climats la population surabondante. Toutefois, à défaut de l'émigration au compte de l'État, l'émigration volontaire ne s'arrêtait pas. Il partait de Liverpool seulement deux mille personnes par mois pour Sydney ou pour Melbourne. On manquait de navires pour ces transports en Angleterre, en Écosse et en Irlande ; jamais une plus grande activité n'avait régné sur les chantiers de construction.

Cependant on a compris que ce qui manquait désormais à l'Australie, c'était une population agricole. Les îles situées au nord de la Grande-Bretagne et les Highlands de l'Écosse renferment des habitants beaucoup trop nombreux, qui, malgré un travail soutenu, meurent de faim sur un sol à peu près stérile. Vingt ou trente mille de ces ménages laborieux, engagés pour labourer les terres de Van-Diemen ou pour garder les troupeaux de la Nouvelle-Galles, cesseraient d'être un fardeau pour la charité britannique et sauveraient l'Australie. Des listes de souscription s'ouvrent en Angleterre à cet effet, et la colonie elle-même va se trouver en mesure d'y concourir, car sir John Pakington a fait connaître à sir G. Fitzroy que le gouvernement mettait à la disposition de la législature locale les revenus qui pouvaient provenir des droits établis sur l'exploitation des gisements aurifères. En ce moment, le port de Londres renferme toute une flotte de navires de commerce prêts à faire voile pour les terres australes, et qui transportent vingt-trois mille personnes, en réservant aux marchandises la place de trente mille tonneaux.

Au reste, en abandonnant les droits de la couronne sur les trésors des placers, le gouvernement britannique a sauvé l'Australie. Les revenus coloniaux sont presque doublés par cette mesure. En effet, la taxe de trente shillings par mois, en la supposant levée sur soixante mille mineurs travaillant huit mois de l'année, donnerait 18 millions de francs. Une taxe de 60 shillings, celle que l'on cherche à établir et à laquelle les mineurs résistent, produirait par conséquent 36 millions de francs. A défaut des cultivateurs anglais, dont la bonne volonté n'est pas bien certaine, et qui, venant de loin, coûtent fort cher, il y a là de quoi importer toute une population d'Indous et de Chinois.

La production des gisements aurifères de l'Australie, qu'il faut essayer maintenant de déterminer, ne paraît pas avoir excédé 1 million et demi sterling en 1851 pour tous les placers exploités ; mais on sait que l'exploitation n'avait commencé que vers le milieu de mai dans la province de Sydney, et dans la province de Victoria, vers la fin de septembre. Au mois de janvier 1852, on comptait dix mille mineurs à l'œuvre sur les nombreux gisements qui dépendent de Sydney; le produit oscillait entre 12 et 15,000 onces par semaine. A huit mois de travail par année, c'est une somme d'environ 31 millions de francs au prix que vaut l'or dans la colonie, et de

35 millions au prix que donne la monnaie anglaise; mais la population des placers augmentera certainement en 1852, et c'est faire un calcul modéré que d'estimer à 40 ou 50 millions de francs le rendement de cette province pendant l'année.

Dans la province de Victoria, trente mille mineurs travaillaient aux placers vers la fin de décembre. Le nombre augmentant tous les jours, on peut admettre qu'ils avaient reçu, au printemps de cette année, un renfort de dix mille chercheurs d'or. Le travail des mines est une loterie à laquelle bien peu gagnent le gros lot. Une lettre de Sydney, à la date du 4 février, résume ainsi les résultats de cette industrie, résultats qui attirent par leur incertitude et par leur irrégularité même : « On calcule que, sur dix spéculateurs qui emploient des ouvriers au lavage des sables aurifères, un seul parvient à faire ses frais. Pour les ouvriers qui travaillent à leur propre compte, la proportion du succès est de un sur cinq. » Il ne faut donc pas s'étonner si les quantités d'or extraites du sol par tant de mineurs ne répondent pas aux brillantes espérances que les profits extraordinaires réalisés par plusieurs d'entre eux avaient excitées. C'est peut-être calculer largement que de supposer que les quarante mille mineurs de la province de Victoria produiront en moyenne 10 ou 12 shillings pour le travail quotidien de chacun d'eux. A deux cents jours de travail, c'est environ 3,000 fr. par tête et 120 millions par année. Ainsi les gisements aurifères de l'Australie présenteraient, en 1852, à raison de 40 millions pour la province de Sydney et de 120 pour celle de Victoria, un rendement probable de 160 millions de fr. En suivant l'échelle de progression de la Californie, ces résultats pourraient être doublés la troisième année ; mais il est bon de remarquer qu'au mois de mars dernier, et malgré l'étendue des gisements exploités depuis près d'un an à Sydney, depuis six mois dans l'Australie heureuse, la colonie n'avait expédié, sur tout l'or qu'elle avait récolté, que 819,000 liv. st. (20,537,000 fr.) en Angleterre.

En réunissant les produits des trois grandes régions aurifères, on trouve que la Sibérie, la Californie et l'Australie sont appelées à verser, en 1852, sur les marchés des métaux précieux, environ 600 millions de francs, une masse d'or égale en poids à 175 tonnes. Notez bien que la Chine et le Japon ont des mines d'or et d'argent en pleine exploitation, dont le produit ne s'épanche que dans l'intérieur de ces empires. La chaîne de l'Himalaya doit renfermer des richesses qui ne le cèdent pas à celles de la Cordillère qui forme l'arête dorsale de l'Amérique depuis le Chili jusqu'à l'Orégon. Il paraît même que les habitants du Thibet ont commencé à exploiter les affluvions aurifères qui en descendent. Toutes les mines d'or ne sont donc pas livrées au courant industriel [1], et la terre garde encore des trésors pour l'usage des générations à venir.

[1] La découverte de gisements aurifères dans l'archipel de la Reine-Charlotte ne s'est pas confirmée ; mais en revanche il ne paraît plus douteux que ceux de l'Australie se continuent dans la Nouvelle-Zélande. M. Cargill, commissaire préposé aux terres de la couronne à Duneddin, a reçu des échantillons trouvés dans diverses localités et donnant la preuve incontestable de l'existence du métal précieux dans l'île méridionale.

On ne peut guère évaluer à plus de 8,000 kilogrammes par année les quantités d'or que fournissent annuellement, en dehors de la Californie, les deux Amériques. La Hongrie est la seule contrée de l'Europe qui en produise aujourd'hui environ 2,000 kilogrammes. Il n'en vient pas de l'Afrique des quantités appréciables, et 3 à 4,000 kilogrammes forment chaque année le résultat connu des lavages dans l'archipel de la Sonde ainsi que dans la presqu'île de Malaca. De tous ces filons réunis, on composerait une valeur approximative de 40 à 50 millions de francs.

En resumé, le produit des lavages de la Californie paraît devoir s'élever, en 1852, à. . . 300,000,000 de fr.
Celui de l'Australie à. . . . . . 160,000,000
Celui de l'Oural et de l'Altaï à  90,000,000
Celui du reste du monde à . .  50,000,000
_____
Total. . . . . 600,000,000 de fr.

On a déjà vu que la Californie avait rendu 750 millions pendant les quatre années 1848, 1849, 1850 et 1851. La Russie, à raison de 100 millions par année, a donné 400 millions, et les autres gisements aurifères 200 millions. A la fin de 1852, la production de cette période quinquennale aura atteint un chiffre qui approchera de 2 milliards, résultat jusque-là sans exemple dans l'histoire, car jamais l'or n'avait coulé d'une source aussi abondante ni par tant de fleuves à la fois.

II.

53

## V

Quels seront les effets probables de cette expansion de l'or sur les contrées où les gisements s'exploitent et sur les grands centres de richesse ainsi que d'industrie où la concurrence détermine et où vient se monnayer en quelque sorte la valeur des choses ? Parlons d'abord des colonies aurifères. Il est certain que l'attrait exclusif des lavages y retarde ou y fait rétrograder au début le travail vraiment productif, celui qui féconde les champs ; mais cette influence démoralisatrice n'aura pas une très-longue durée. Les placers s'épuiseront. L'or d'alluvion, celui que les grandes pluies et les débordements ont répandu presque à la surface du sol, alimente principalement la récolte. Les milliers de mineurs qui en suivent les veines, à force de tourner et de retourner la terre, l'auront bientôt dépouillée des moindres parcelles du métal. Restera l'or enfermé dans le quartz, qui n'est accessible qu'aux procédés scientifiques, et dont on n'abordera l'exploitation qu'en formant, à l'aide du capital aggloméré, comme pour l'extraction de l'argent, des compagnies puissantes. Alors les efforts individuels, exclus ou rebutés, se tourneront vers la culture du sol. De tous ces émigrants qui accourent en foule dans la Californie et dans l'Australie à la recherche de l'or, il en restera un assez grand nombre pour coloniser le pays. A côté des aventuriers qui s'expatrient pour courir après les chances et les émotions d'une fortune improvisée, la société moderne renferme une multitude de familles pauvres qui s'estimeront heureuses de trouver sous un climat lointain le travail rémunérateur ou la propriété avec une aisance modeste.

Les Espagnols avaient débuté, eux aussi, dans la conquête du Nouveau-Monde, par mettre les métaux précieux au pillage et par dédaigner tout ce qui n'était pas de l'or et de l'argent : ils ont fini par bâtir des villes, par construire des ports, par édifier des temples, par semer des céréales et par élever des troupeaux. Après les soldats sont venus les mineurs, et après les mineurs les colons ; la pique n'a fait que frayer la route à la charrue. Ce qui s'est passé au dix-septième siècle se reproduira certainement dans le cours du dix-neuvième. L'Australie, la Californie et les régions hyperboréennes de l'Altaï se couvriront d'habitants. Il est permis de croire que la Providence, en accumulant des trésors comme un aimant dans les flancs de leurs montagnes et dans les profondeurs de leurs vallées, a voulu y attirer la population surabondante et le génie colonisateur de l'Europe.

Voilà pour les pays de production. Venons maintenant à l'influence que doit exercer sur les marchés d'importation l'abondance extraordinaire de l'or. La première question qui s'élève et la plus importante sans contredit est celle de savoir si la valeur relative de l'or et de l'argent va se trouver exposée à une perturbation très-profonde. Nous avons cherché à déterminer la production réelle de l'or ; examinons quelle est aujourd'hui celle de l'argent.

M. de Humboldt l'évaluait à 870,000 kilogrammes, valeur de 163 millions de francs, au commencement du siècle. En 1847, M. Michel Chevalier donnait, pour la production annuelle, le chiffre de 775,000 kilogrammes, valeur de 172 millions de francs ; mais il y a lieu de croire que cet écrivain estimait trop bas le rendement des mines du Mexique, porté dans ses calculs pour l'argent à 18 millions et demi de piastres. Dans un ouvrage postérieur sur la monnaie, M. Chevalier évalue la production à 900,000 kilogrammes. Un journal spécial, *the Economist*, en décembre 1852, calculait le rendement de 1850 à 191 millions 772,000 francs. La production actuelle paraît être beaucoup plus considérable. On ne saurait l'évaluer à moins de 1 million de kilogrammes pour l'année 1851, ou, en tenant compte des fractions, à 230 millions de francs. En voici le tableau par quantités approximatives.

| | |
|---|---|
| Mexique...................... | 133,000,000 fr. |
| Chili........................ | 22,000,000 (1). |
| Pérou....................... | 25,000,000 |
| Bolivie et Nouvelle-Grenade.... | 12,000,000 |
| Russie et Norwége ........... | 5,000,000 |
| Saxe, Bohême, etc............ | 5,000,000 |
| Hongrie..................... | 7,000,000 |
| Espagne..................... | 16,000,000 |
| Le reste de l'Europe.......... | 5,000,000 |
| TOTAL..... | 230,000,000 fr. |

Nous ne croyons pas exagérer en supposant que la production de 1852 s'élèvera à 250 millions de francs, et qu'elle excédera par conséquent 1 million 100,000 kilogrammes. A ce compte, la valeur accumulée des métaux précieux extraits pendant l'année de la terre attein-

(1) D'après les renseignements officiels qu'a bien voulu nous communiquer M. Rosalès, représentant du Chili à Paris, la production de 1850 aurait été de 4,070,000 piastres.

drait le chiffre de 850 millions, dans lesquels l'argent représenterait la proportion d'à peu près 30 pour 100. Le poids de l'or serait dans le rapport de 1 : 6 3 dixièmes avec celui de l'argent.

En admettant un accroissement graduel dans la production de l'argent, nous ne partons pas d'une hypothèse gratuite. En 1843, elle était à peine de 16 millions de piastres au Mexique. En 1849, l'argent frappé dans les monnaies de la république mexicaine s'élevait à 20 millions de dollars, sans compter la part de la contrebande, qui était au moins de 3 à 4 millions de dollars. Nous restons, selon toute apparence, bien au-dessous de la vérité ; il est plus probable que la production remontera cette année au taux de 27 millions de dollars qu'elle avait atteint en 1805, sous la domination espagnole. Au Chili, la progression a été plus rapide encore, les mines qui avaient donné 821,000 piastres en 1841 et 1 million 534,000 en 1845, ayant rendu 3 millions 343,000 piastres en 1849 et 4 millions 70,000 en 1850.

Une cause purement locale va contribuer efficacement à ce progrès. On sait que le procédé de l'amalgamation est à peu près le seul qu'emploient les mineurs pour extraire l'argent au Chili, au Pérou et au Mexique. Pour obtenir un quintal d'argent, il faut dépenser un quintal et demi de mercure. On conçoit que le prix du mercure doive exercer une grande influence sur les extractions. Quand il est trop élevé, l'exploitation se borne aux mines d'argent les plus riches ; quand il s'abaisse, l'exploitation peut descendre jusqu'aux filons les moins abondants. Avant la guerre de l'indépendance, la couronne d'Espagne, qui monopolisait la vente du mercure, le livrait, dans tous les dépôts du Mexique, à 35 ou 40 piastres le quintal ; de là l'immense développement qu'avait pris, malgré la grossièreté des procédés, l'exploitation des gîtes argentifères. Depuis que le gouvernement espagnol, pressé par l'état misérable de ses finances, afferme les produits des mines d'Almaden, les fermiers, qui payent une redevance très-onéreuse, et qui n'avaient pendant longtemps aucune concurrence à redouter, ont élevé le prix du mercure hors de toute proportion. Il y a quelques années, on le vendait à Guanaxuato jusqu'à 150 piastres le quintal. En 1850, l'agent de la maison Rothschild le faisait payer, rendu à la Vera-Cruz, 103 piastres et 105 piastres dans le dépôt de Mexico. A la même époque, il valait à Mazatlan 120 piastres. Le prix de revient du mercure, à Almaden, est de 18 dollars le quintal, et on le fournit à raison de 45 dollars pour l'extraction de l'argent en Espagne.

La cherté va cesser avec le monopole. L'Espagne n'a plus le privilége de fournir le mercure aux mineurs du Nouveau-Monde. La Californie renferme des mines de cinabre très-abondantes et dont l'exploitation est aujourd'hui en pleine activité. Celles de New-Almaden, situées à quelques lieues de San-Francisco, donnent 400 kilogrammes par jour. A 300 jours de travail par année, c'est un approvisionnement de 120,000 kilogrammes, avec lesquels on peut produire au moins 80,000 kilogrammes d'argent. Sur la mine même, le mercure vaut 25 piastres le quintal ; rendu au Fresnillo, près de la riche veine de Sombrerete, et à la condition de le transporter à dos de mulet depuis le port de Mazatlan, il a été vendu 93 piastres en 1850. Les propriétaires de New-Almaden s'engagent à réduire leurs exigences dans le cas où le prix du mercure espagnol viendrait à baisser. Ils en ont envoyé jusqu'au Chili, où l'extraction de l'argent a pris une activité nouvelle. Ils peuvent en fournir au Pérou avec avantage, car le mercure de Huancavelica coûtait à Pasco, en août 1850, 104 piastres le quintal. La mine de la Nouvelle-Almaden n'est pas la seule que l'on exploite en Californie. On y rencontre sur plusieurs points des affleurements de cinabre ; mais dès à présent, et avant que la science ait exploré toutes les richesses de cette contrée, la Californie est en mesure de produire le mercure aussi bien que l'or.

La nouvelle de la découverte de mines de cinabre au Mexique, dans le voisinage de San-Luis de Potosi, s'est confirmée à Londres au mois de mars dernier. Sont-ce les anciens gisemens que leur pauvreté avait fait abandonner, ou bien a-t-on en effet trouvé un minerai qui rende, comme celui de la Nouvelle-Almaden, 50 pour 100 de mercure ? Voilà le point qu'il reste à éclaircir. En attendant, le prix du mercure a baissé, dans le district de Guanaxuato, jusqu'à 40 piastres le quintal, et il se maintient à un taux qui oscille entre 56 et 55 piastres. En un mot, les conditions de l'exploitation sont désormais changées pour les mines d'argent. Une économie de 60 à 70 piastres par quintal dans les frais de l'amalgamation ne peut manquer d'éveiller l'esprit d'entreprise.

Une autre cause influera nécessairement sur l'extraction de l'argent, et cette cause n'est autre que celle de l'extraction de l'or. Si légère que soit la hausse qui en résulte par contre-coup, elle agira comme un levier sur le travail des mines. Quand on verra l'argent plus demandé, on rouvrira les galeries abandonnées, et l'on poussera plus activement l'exploitation de celles qui sont restées productives. Si les mines qui alimentent la circulation de l'argent se trouvaient aujourd'hui épuisées, et que l'on ne pût pas en renouveler l'approvisionnement à d'autres sources, en quelques années l'argent obtiendrait la valeur de l'or, ou bien la valeur de l'or descendrait au niveau de celle de l'argent; mais tant que l'extraction de l'argent n'a d'autres limites que le prix de la main-d'œuvre, la puissance des appareils et l'économie des procédés scientifiques, tout accroissement dans la production de l'or qui n'est pas déterminé par les besoins accidentels et extraordinaires doit amener un accroissement correspondant dans la production de l'argent. N'est-ce pas là le spectacle auquel nous assistons depuis 1850? Qui oserait affirmer que l'or de la Californie n'est pour rien dans les progrès qu'a faits l'exploitation de l'argent au Mexique et au Chili?

Au reste, l'extraction même de l'or ajoute à la masse de l'argent. Les mines d'argent ne sont pas toujours aurifères, et les plus riches en or n'en contiennent que des parcelles. Les mines d'or sont constamment argentifères. La proportion de l'argent dans une pépite d'or se trouve d'un huitième en Californie, d'un dixième en Sibérie et d'un cinquième dans la Nouvelle-Galles du Sud. Ainsi, pour 4 kilogrammes d'or, l'Australie donne 1 kilogramme d'argent. C'est là un fait important que vient de révéler l'analyse chimique.

La production de l'argent est en voie d'accroissement;

celle de l'or se soutiendra-t-elle ? On peut raisonnablement en douter. En Sibérie, on a vu rétrograder depuis 1847 le rendement des terrains aurifères. L'extraction est stationnaire, peut-être même décroissante en Californie. L'Australie seule, qui présente encore des placers non exploités, paraît devoir produire plus qu'elle n'a produit. Des gisements nouveaux peuvent se révéler dans d'autres contrées, et leurs résultats entrer en ligne. En combinant ces diverses circonstances, on incline naturellement à penser que les quantités qui forment aujourd'hui la moisson annuelle de l'or ne diminueront pas pendant un certain nombre d'années ; mais, lorsque les mineurs auront saccagé les terrains d'alluvion et qu'il faudra s'attaquer à la matrice même dans laquelle, à travers les révolutions successives du globe, la nature a formé et déposé l'or, alors le travail des mines, rendant beaucoup moins, exigera l'économie qui résulte de l'application du capital et des méthodes scientifiques.

Dans un mémoire lu en 1848 à l'Institut royal de Londres, sir Roderick Murchison fit remarquer que les principaux dépôts d'or se trouvaient dans les détritus aurifères, et qu'il ne fallait pas s'attendre aux mêmes coups de fortune en exploitant les veines qui se ramifiaient dans les rochers de quartz. Les résultats recueillis jusqu'à présent en Californie ont pleinement confirmé ces prévisions de la science. Voici ce qu'écrivait de San-Francisco, le 4 avril dernier, un ingénieur des mines à la suite d'une tournée dans les régions occupées par les chercheurs d'or :

« Je vous envoie le résultat des expériences qui ont été faites sur des fragments de roc. Dans chacune, l'on a opéré sur trois tonnes de quartz, qui ont été réduites en poussière et traitées avec soin par l'amalgamation.

« On a fait cinq expériences dans le comté de Bath, situé entre l'Yuba et la rivière de la Plume, sur autant de veines. Le n° 1 a donné 3 dollars 53 cents par tonne ; le n° 2, 9 dollars 50 cents ; les n°ˢ 3 et 4, 11 dollars chacun, et le n° 5, 17 dollars.

« Dans le comté de Nevada, on a fait des essais sur quatre points différents : le n° 1 a donné 15 dollars par tonne ; le n° 2, à peine quelques parcelles d'or ; le n° 3, 14 dollars par tonne : cette mine, sur laquelle une compagnie avait établi ses appareils, vient d'être abandonnée ; le n° 4 a rendu 59 dollars : la veine était d'une richesse extraordinaire et donnait aux propriétaires des bénéfices considérables.

« Dans le comté d'Eldorado, trois veines différentes ne présentèrent pas un fondement supérieur à 17 dollars par tonne ; une quatrième égalait la richesse du n° 4, pris dans le précédent comté.

« Dans le comté de Mariposa, sur huit expériences, trois veines donnèrent à peine de 3 à 7 dollars par tonne ; trois, de 7 à 20 dollars ; une seule, 24 dollars, et une autre, 38 : les deux dernières veines avaient attiré des mineurs qui se disposaient à les exploiter.

« Aucune entreprise n'exige une étude plus attentive ni plus dispendieuse que l'exploitation du quartz aurifère. Une bonne veine, qui rendra par exemple 36 dollars par tonne de minerai, peut être considérée par des hommes modérés comme une affaire satisfaisante. On en trouve parfois de beaucoup plus riches ; mais, de tous les moulins à broyer le quartz qui ont été établis en Californie, je ne crois pas qu'un tiers soit employé sur des mines qui rendent 30 dollars la tonne pour un travail de quelque durée. Aussi la moitié des travaux de ce genre sont interrompus. »

D'après l'espèce de procès-verbal que nous venons de citer, une veine de quartz, pour être productive, devrait donner 36 dollars, soit 192 fr. 60 cent. par tonne. En poids, cette somme représente 55 grammes sur 1,000 kilogrammes, ou cinq parties et demie d'or sur cent mille de quartz. Le minerai de fer rend 10 à 15 pour 100 de métal, et la production de la fonte exige infiniment moins de travail et de dépense que l'extraction de l'or. En Australie, il est vrai, on a d'abord supposé, après l'analyse de quelques onces de quartz prises au mont Ophir, que la tonne devait rendre plus de 1,100 liv. sterl. ; mais ces expériences, faites sur une très-petite échelle, ne méritent aucune confiance. Il n'est pas probable que l'Australie, quand les mineurs se trouveront réduits à l'exploitation du quartz aurifère, donne des résultats beaucoup plus encourageants que ceux de la Californie.

L'abondance extraordinaire de l'or ne se présente donc pas avec les caractères de la durée. C'est une invasion soudaine à laquelle nous avons à faire face ; ce n'est pas, autant que l'on peut en juger aujourd'hui, le règne d'un métal qui vient en détrôner un autre. Néanmoins il en résulterait infailliblement une baisse très-prononcée dans la valeur de l'or par rapport à celle de l'argent, sans l'activité que semble prendre l'exploitation des gîtes argentifères. D'autres causes individuellement secondaires ont concouru ou pourront concourir à neutraliser l'effet de cette inondation.

C'est peu de savoir à quelles quantités s'élève la production annuelle des métaux précieux, si l'on n'examine dans quelles proportions ils se distribuent entre les deux hémisphères. L'argent donne lieu à un commerce régulier, et, sortant de sources depuis longtemps ouvertes, il vient à peu près exclusivement s'échanger en Europe

contre les produits du sol ou de l'industrie. L'or de la
Californie, au contraire, richesse inattendue qui jaillis-
sait dans un pays neuf, a dû être d'abord absorbé par
les besoins de la circulation locale ; une société nouvelle
se formant au milieu de contrées désertes, il a bien fallu
qu'elle se créât des moyens d'échange, une monnaie.
Après les nécessités de la Californie, celles des Etats-Unis
se sont imposées les premières. Les États-Unis travaillaient depuis quelques années à faire rentrer les métaux
précieux dans leur circulation monétaire. L'or importé
de la Californie a contribué puissamment à opérer ce
reflux. La monnaie d'argent ne circule qu'en très-faibles
quantités dans l'Union américaine. On y frappe l'or en
pièces de 20, de 10, de 5 dollars, et même de 1 dollar.
De 4 à 500 millions récoltés dans les trois premières années, à peine 70 à 75 millions ont été envoyés en Europe.
Le mouvement d'importation en 1851 a commencé à
être plus sensible. D'après les relevés que publient les
journaux américains des quantités d'or expédiées des
ports de New-York et de la Nouvelle-Orléans, l'Europe
aurait reçu l'année dernière 200 millions de francs.

On obtient le même résultat en partant d'autres données. La monnaie de Londres, qui frappe en moyenne
pour 2 millions sterling de pièces d'or, et qui n'en avait
frappé en 1850 que pour 1,492,000 livres sterling, a
augmenté ses opérations, en 1851, jusqu'à présenter un
chiffre de 4,200,000 livres sterling (plus de 105 millions
de francs). La moitié de ces valeurs devait être de provenance californienne. Dans la même année, la monnaie
de Paris a frappé en pièces d'or 269,700,570 francs,
dont près de 100 millions provenaient de la conversion

en monnaie française des guillaumes hollandais. En tenant compte du monnayage allemand, qui se réduit à des sommes peu importantes, nous retrouvons le chiffre approximatif de 200 millions pour l'or qui provient de la Californie. Si l'on en juge par l'activité de notre monnaie, l'importation de 1852 resterait jusqu'à présent inférieure à celle de 1851, car nous n'avons frappé que pour 14 millions en pièces d'or dans le cours du premier trimestre.

L'Australie envoie régulièrement d'assez grandes quantités d'or en Angleterre ; mais une partie de ce que le pays producteur exporte en poudre ou en pépites lui revient sous la forme de monnaie. Plusieurs navires sont récemment partis de Londres chargés de 200,000 liv. sterl., à une époque où l'Angleterre avait reçu à peine 800,000 livres sterling tant de Sydney que de Melbourne. Des sommes considérables y seront aussi importées sous forme d'argenterie et de bijoux. Plus la richesse de cette colonie augmentera, et plus elle emploiera l'or dans sa circulation monétaire ainsi que dans les usages de luxe. Le pays de production sera infailliblement la contrée par excellence de la consommation.

Au reste, et bien que le métal précieux afflue sur le marché de Londres, l'or australien s'y est vendu, vers le milieu de juin, 4 livres sterling et 2 sh. l'once. Ce prix élevé s'explique par les besoins du continent européen. L'Europe renferme deux cents millions d'habitants, dont à peine la moitié est suffisamment pourvue de monnaie métallique. Il faudrait certainement une addition de plusieurs milliards de francs aux quantités qui circulent parmi les nations civilisées pour mettre chez la plupart d'entre elles l'instrument des échanges au niveau du rôle qu'il remplit en France, en Belgique, en Suisse, en Hollande et dans le Royaume-Uni. Nous savons que les peuples industrieux ont seuls besoin de beaucoup d'or et d'argent, parce qu'ils font seuls beaucoup d'affaires. L'abondance de la production précède et sollicite celle de la monnaie. La richesse doit exister dans un État avant le signe qui la manifeste et qui la rend disponible ; mais on ne peut nier en même temps que la circulation des métaux précieux ne stimule à un haut degré la création des richesses : elle agit comme les moyens de transport qui, en ouvrant des débouchés et en étendant le rayon de la vente, donnent de la valeur aux produits. La moitié de l'Europe n'a qu'un commerce sans importance et ne tire qu'un faible parti des ressources que lui offre le sol ; elle n'a ni industrie ni crédit. L'or et l'argent sont remplacés, dans ces contrées à demi civilisées, par un papier-monnaie souvent discrédité et sans valeur, en tout cas, au delà de la frontière.

L'Autriche vient de conclure, partie à Francfort et partie à Londres, un emprunt de 3 millions et demi de livres sterling, qui est principalement destiné à relever le papier-monnaie du discrédit dans lequel il était tombé, en donnant les moyens de reprendre les payements en espèces. Ce sera le premier pas vers la restauration de la monnaie métallique, qui avait disparu à ce point de la circulation que l'on divisait en quatre les coupures inférieures des papiers de banque pour en faire des appoints. La Prusse, la Pologne, la Russie et la Turquie éprouvent à divers degrés les mêmes embarras que l'Autriche. Avant d'avoir saturé tous ces marchés affamés d'or et d'argent, il faudra que les trésors de la Sibérie, de l'Australie et des deux Amériques s'épanchent pendant bien des années sur l'Europe.

La rareté de l'or en avait restreint l'usage, en France notamment, aux coupures d'une valeur assez élevée. Depuis qu'il devient plus commun, on l'a monnayé en pièces de 10 francs, qui sont très-recherchées et d'un usage commode. Ces coupures paraissent destinées à remplacer une partie de l'argent qui encombre inutilement la circulation. On a calculé que les billets de banque de 200 et de 100 francs avaient amené une économie de plusieurs centaines de millions dans l'emploi des métaux précieux. Les pièces de 10 francs en or, en pénétrant dans la circulation, emploieront une partie de l'or qui surabonde et feront sortir une partie de l'argent. La demande de l'argent diminuera donc de toute la quantité dont augmentera celle de l'or. Les payements quotidiens y gagneront en facilité comme en sécurité : l'argent fera l'appoint de l'or, comme l'or fait l'appoint des billets de banque. C'est là ce qui se passe en Angleterre, où l'argent circule en si faibles quantités, que la monnaie de Londres, qui a frappé en 1850 pour 1,492,000 livres sterling en pièces d'or, n'a livré que pour 130,000 livres sterling (3,260,000 francs) de pièces d'argent. La même année, 86 millions en pièces d'argent sortaient de la monnaie française.

Il ne faut pas oublier que les peuples qui n'appartiennent pas à la civilisation chrétienne réclament aussi leur part dans la distribution des métaux précieux. Les Chinois importaient déjà des dollars du Pérou et du Mexique en échange de leurs soieries ; ils attiraient à

eux par le commerce ou par le travail l'or produit dans
les îles de la Sonde. Ce peuple industrieux envoie aussi
son contingent de trafiquants et de mineurs sur les placers de la Californie et de l'Australie. Une partie de l'or
californien a déjà pris la route de la Chine ; mais l'Australie semble mieux placée pour approvisionner de métaux précieux les régions orientales ainsi que les contrées
méridionales de l'Asie. L'or australien sera placé là à
fonds perdus, car, si les métaux précieux que l'on jette
dans la circulation en Europe surnagent en quelque
sorte et se retrouvent en partie du moins au bout d'un
certain temps, ceux que l'on envoie en Chine, dans
l'Inde ou en Afrique, n'en reviennent jamais : ce n'est pas
à la circulation qu'on les livre, c'est à la consommation.

Rien ne semble plus propre à rassurer les esprits qui
s'alarmeraient de l'abondance de l'or que l'étendue
presque sans limites du marché. Quel peuple civilisé,
agricole ou industriel, n'entre pas aujourd'hui dans le
mouvement du commerce ? Qu'est-ce que les millions
que l'on peut retirer des flancs de la Cordillère auprès
de ceux que représentent les capitaux créés sur le globe
par le travail ? Il faudrait plus d'un quart de siècle d'une
production comme celle que donnent les lavages réunis
de l'Altaï, de la Californie et de la Nouvelle-Galles du
Sud, pour accumuler une somme d'or égale au revenu
annuel de la seule Angleterre. Cette récolte inattendue
de métaux précieux vient s'ajouter à un fonds commun
qui est non plus la pauvreté, mais la richesse ; elle ne
saurait produire une impression profonde ni durable
sur la masse incalculable de valeurs qui existe dans le
monde.

Après tout, l'Europe elle-même ne conserve pas l'or et l'argent comme des reliques. Les monnaies s'usent par le frottement, au point qu'il faut procéder de temps en temps à des refontes, et que la perte qui en résulte est mise à la charge de la société. L'usage de la vaisselle d'or et d'argent, l'orfévrerie et la bijouterie, s'étendent aussi chaque jour, comme l'horizon de la classe moyenne. Les ateliers de la France, de l'Angleterre et de la Suisse en fabriquent pour le monde entier. Les statisticiens anglais ont évalué le vide que le frai, les sinistres de mer et l'exportation sans espoir de retour font dans l'approvisionnement en métaux précieux des États-Unis et de l'Europe — à plus de 125 millions de fr. par année. Une évaluation plus modérée ramènerait cette perte à 75 millions. Quant aux industries de luxe, les sommes d'or et d'argent qu'elles emploient annuellement sont estimées par M. Jacob à 148 millions de fr., sans y comprendre la consommation de l'Union américaine. M. M'Culloch, qui embrasse les États-Unis dans ses calculs, s'arrête au chiffre de 150 millions. La France employant à elle seule plus de 30 millions, on peut admettre, sans craindre d'exagérer, la somme de 125 millions pour l'or et l'argent appliqués aux usages domestiques. Voilà donc une consommation annuelle de 200 millions à défrayer. La place que prend l'or dans cette absorption des métaux précieux est chaque jour plus importante.

Que reste-t-il aujourd'hui en Europe de la masse énorme de métaux précieux que le Mexique et le Pérou y ont versée pendant trois siècles? L'or et l'argent qui figurent dans la circulation représentent à peine les quan-

tités que les mines ont produites depuis cinquante ans.
Les trente milliards que l'Amérique avait envoyés à
l'Europe, depuis la conquête espagnole jusqu'au commencement du dix-neuvième siècle, ont à peu près entièrement disparu. On dirait que l'industrie, en touchant
à l'or et à l'argent, les volatilise. La France convertit en
monnaie une grande quantité de métaux précieux ; mais
l'or monnayé n'y séjourne pas, et l'exportation tend
constamment à l'expulser du territoire. Ainsi, de 1840 à
1852, en douze années, nous avons importé 123,012 kilogrammes d'or, et nous en avons exporté 71,217 : différence en faveur de l'importation, 52,595 kilogrammes,
soit 181,138,000 fr., lesquels donnent une moyenne de
15 millions de fr. par année. La bijouterie, l'orfévrerie
et la dorure emploient annuellement en France des quantités d'or qui excèdent cette somme : l'excédant est pris
sur la réserve monétaire, et c'est ce qui explique la prime
dont l'or jouit sur notre marché. La moyenne se rédui-
rait de plus de moitié, s'il fallait en déduire l'année 1851,
pendant laquelle l'importation a dépassé l'exportation
de 34,503 kilogrammes ; mais les résultats de 1851
peuvent passer pour un phénomène exceptionnel. Déjà
même il doit nous en rester peu de chose. L'or émigre
de notre marché sur le marché de Londres. La Banque
de France, doit l'encaisse métallique comprenait en 1851
environ 100 millions de fr. en or, n'en compte plus que
15 à 20 millions. La monnaie d'or, qui est encore assez
commune à Paris, ne se rencontre presque pas en province.

De 1840 à 1852, le commerce français a importé
10,175,312 kilogr. d'argent et en a exporté 3,688,279 ki-

logrammes. L'excédant de l'importation, soit 6,487,053 kilogrammes, représente une somme de 1,430,125,943 francs, ou 119,157,162 francs par année. En admettant que les besoins du luxe absorbent 15 millions par année et le frai 10 ou 12 millions, notre réserve monétaire en argent se serait accrue d'au moins 1,100 millions depuis 1840. Cela laisse une assez belle marge dans la circulation métallique de la France à l'accroissement de l'or. Quand l'importation de l'or excéderait désormais l'exportation d'une quantité annuelle égale à 200 millions de francs, avec cette réserve accumulée de 1,100 millions et avec un excédant annuel de 80 à 90 millions de francs sur l'importation et sur la consommation de l'argent, il faudrait au moins dix ans pour rétablir l'équilibre entre les deux métaux tel qu'il existait en 1840.

Je ne connais rien de plus téméraire que les prédictions ou même les prévisions tant soit peu tranchantes dans tout ce qui touche au commerce de l'or et de l'argent. La précision que la science économique apporte à l'observation des faits et la rigueur du calcul n'ont pas de prise sur des phénomènes qui varient au gré d'une infinité de causes; mais il est permis de croire, quand on voit l'or obtenir une prime, malgré l'abondance croissante de l'importation et après que plusieurs peuples l'ont expulsé de leur monnaie, que la proportion établie par les lois des divers peuples entre l'or et l'argent ne sera pas troublée, si elle doit l'être, avant quelques années.

Au plus fort des alarmes que la Californie avait fait naître, on a proposé des mesures plus ou moins radicales. Quelques personnes auraient voulu que le gouvernement limitât les quantités d'or qu'il serait permis de frapper chaque année. Cet expédient, dans le cas d'une dépréciation, n'aurait été qu'une barrière très-insuffisante, car les quantités importées et conservées en lingots n'en auraient pas moins augmenté l'accroissement et pesé sur le marché. D'autres avaient songé à modifier la proportion légale ; mais cette mesure n'aurait pas d'objet tant que l'or obtient une prime. Si l'or venait à être déprécié, elle serait dangereuse avant que l'expérience eût constaté une baisse large et d'une certaine durée ; mais, la dépréciation une fois avérée, il n'y aurait pas d'autre parti à prendre.

Reste la démonétisation de l'or. Sans doute, aucune base n'est plus rationnelle ni plus sûre pour la circulation que l'unité de l'étalon monétaire. En fait, dans toutes les contrées qui donnent concurremment à l'or et à l'argent le privilége de monnaie légale, l'un des deux métaux obtient toujours une prime sur l'autre et ne figure dans les payements qu'à titre d'accident. Logiquement, c'est bien assez de soumettre la valeur des choses aux variations du métal qui est pris pour signe représentatif, sans s'exposer à doubler l'incertitude en attribuant à deux métaux le rôle de monnaie. Eu partant de ce principe, il y aurait encore à examiner lequel des deux métaux présente, dans un temps donné, la valeur la moins variable. Avant la découverte des placers californiens, l'argent aurait eu peu de chances. Aujourd'hui même, la question ne me paraît pas avoir changé de face, autant qu'on le croit vulgairement.

Ajoutons qu'il n'est pas également facile à tous les

peuples qui ont adopté le double étalon d'exclure sans inconvénient l'un des métaux précieux de leur circulation monétaire. L'exemple de la Hollande a prouvé que l'or, en perdant le caractère de monnaie légale, n'avait pas la moindre chance d'être admis comme monnaie de convention. Démonétiser l'or, c'est l'expulser du marché. Qu'une nation commerçante comme la Hollande, qui vit de la liberté et qui fait métier de transporter sur toutes les mers non-seulement ses produits, mais encore ceux des autres contrées, renonce à un de ses moyens d'échange, cela n'entraîne pas pour elle de grands périls. L'Angleterre, qui ne semble pas disposée en ce moment à imiter les Hollandais, pourrait seule, ayant le commerce du monde entre les mains, le faire sans trop de dommage. Pour la France, à moins d'une nécessité pressante, elle ne saurait, dans les conditions actuelles, démonétiser l'or sans s'exposer à une perturbation complète de ses rapports extérieurs et de ses plus sérieux intérêts.

Notre commerce est enchaîné dans les liens du système protecteur. Sans parler des prohibitions directes qui déshonorent nos tarifs de douane, presque tous les droits qui grèvent les articles de grande consommation sont des prohibitions déguisées ; en échange des produits français qu'ils vendent à l'étranger, nos marchands ne peuvent guère en rapporter que des matières premières. Encore la fonte et le fer en barres, cette matière première de toute industrie, sont-ils tarifés à plus de 100 pour 100 de leur valeur. Dans les contrées qui ont une législation vraiment commerciale et où les douanes ne sont qu'un impôt, les importations et les exportations se balancent. Dans notre pays, où l'on a voulu en faire une barrière pour arrêter les échanges, les marchandises exportées ont toujours une valeur supérieure aux marchandises importées. En 1850, par exemple, l'importation représentant 790 millions de francs et l'exportation 1,068 millions, une somme de 278 millions forme la différence. L'Angleterre et les États-Unis à eux seuls reçoivent de nos produits une valeur qui excède de 236 millions celle des produits qu'ils nous envoient. Et comme les nations avec lesquelles nous commerçons ne peuvent pas nous donner des marchandises pour solde, il faut bien qu'elles nous payent en or et en argent. Voilà pourquoi l'on trouve au tableau de 1850, qui ne donne pas même les faits sur ce point dans toute leur étendue, 220 millions de francs importés en numéraire.

Tant que le système protecteur régira la France, il paraît impossible de retirer à l'or son caractère de monnaie. Ce serait enlever à notre commerce un moyen indispensable d'échange. On lui interdirait ainsi tout rapport avec les peuples qui ne peuvent payer qu'en or ce qu'ils achètent, ou qui n'ont à nous vendre que des produits qui sont déjà exclus par notre tarif. L'or ne s'écoule que dans les contrées où il trouve un marché, et il n'y a de marché pour l'or que là où ce métal est à la fois marchandise et monnaie. Un bénéfice d'un demi pour 1,000 suffit aujourd'hui pour détourner le courant des métaux précieux. On ne doit jamais perdre de vue cette considération quand on s'occupe de la législation monétaire.

Au fond, le changement que l'on avait annoncé à grand bruit dans la valeur relative de l'or et de l'argent ne semble rien moins qu'imminent à cette heure. Si quelque révolution nous menace de ce côté, c'est bien plutôt une dépréciation simultanée et commune aux deux métaux. Les esprits prévoyants ne se contentent pas d'en exprimer la crainte; ils se prémunissent déjà contre les chances défavorables que l'avenir peut nous réserver. C'est une des causes qui font rechercher aujourd'hui les actions de chemins de fer et les propriétés foncières. C'est ce qui explique l'abandon relatif dans lequel, je ne dis pas la spéculation, mais les capitaux de placement laissent les rentes sur l'État. On s'effraye des placements dans lesquels tout demeure fixe, le capital et le revenu. Ceux-là se trouveraient, en effet, les plus fortement atteints, dans le cas où l'argent viendrait à perdre de sa valeur, tandis que les actionnaires des chemins de fer conserveraient la chance de voir s'accroître leur revenu, et les propriétaires, celle de voir leur capital augmenter suivant la même proportion dans laquelle la monnaie se déprécierait.

En me prévalant de ces faits, je n'entends nullement m'ériger en prophète, je me borne à indiquer un des symptômes de la situation. Le danger, s'il existe, n'est assurément pas prochain. Nous avons déjà vu l'usage des billets de banque prendre en France un développement qui, grâce à la bonne tenue de ces valeurs, produisait dans la circulation le même effet qu'un accroissement considérable du numéraire. Cependant la valeur des choses n'a point été altérée. Il est raisonnable de penser que l'abondance de l'or et de l'argent ne fera pas, de haute lutte du moins, ni en un jour, ce que n'a pas fait l'abondance du papier de banque.

L'affluence des métaux précieux a été un événement en quelque sorte providentiel dans la situation révolutionnaire de l'Europe. Le crédit avait disparu, ou hésitait presque partout entre les tempêtes de la veille et celles qui s'annonçaient pour le lendemain. Les affaires s'étaient arrêtées, ou ne se traitaient plus qu'au comptant. On était revenu à cet état de défiance et d'embarras qui marque dans les sociétés les premiers pas de l'échange. La monnaie métallique, circulant à plein canal, a pu entretenir encore un reste de mouvement et de chaleur. En veut-on la preuve ? L'excédant moyen du numéraire importé sur le numéraire exporté, qui n'était, chez nous, avant 1848, que de 80 à 100 millions, s'éleva tout à coup à près de 300 millions pour chacune des années 1848 et 1849. Le numéraire, dans ces temps de trouble, a suppléé les effets de commerce, et il a soutenu toutes les valeurs ; mais dans les époques de calme et de confiance, où il ne règne pas seul et où il concourt, avec les billets de banque et le papier de commerce, à défrayer la circulation, la monnaie d'or et d'argent doit se proportionner au mouvement des affaires. Ce qui fait que 600 millions de francs en écus encombrent aujourd'hui, sans profit pour le pays, les caves de la Banque de France, c'est que les capitaux ne se lancent que sur le marché des fonds publics, et que la reprise du travail sur une grande échelle ne sort pas encore du domaine des espérances pour entrer dans celui des réalités ; mais que l'industrie prenne confiance dans l'avenir, et l'on verra la réserve métallique de la Banque diminuer. Par une conséquence toute naturelle, notre marché attirera les métaux précieux du dehors. En fait, l'or et l'argent sont demandés ; les conditions du travail s'améliorant, on ne pourra que les rechercher davantage.

Ne nous laissons donc ni abattre ni enivrer ; le monde n'est aujourd'hui ni sur le seuil d'un Eldorado ni à la veille d'un cataclysme. Les gens qui prennent l'or et l'argent pour une richesse absolue, qui confondent l'abondance du numéraire avec celle du capital et qui affirmaient que l'or importé de la Californie allait amener la baisse de l'intérêt, se rappelleront que le taux de l'intérêt est déterminé par la confiance, et que la confiance dépend de l'ordre établi dans la société. La Californie elle-même s'est chargée de démontrer leurs illusions, car, dans ce pays où l'on faisait litière de l'or, l'intérêt s'est élevé jusqu'à 8 pour 100 par mois. Ceux au contraire qui, à la vue des galions nouveaux se dirigeant vers l'Occident, ne rêvent que catastrophes et que ruines, ceux qui insinuent qu'un moment viendra où la Banque de France payera pour qu'on la débarrasse de son or, n'oublieront pas qu'elle le vend aujourd'hui sans difficulté et même en obtenant un bénéfice sur le taux légal, et que le commerce de l'or n'a jusqu'à présent ruiné personne.

FIN DU TOME SECOND.

# TABLE DES MATIÈRES

CONTENUES DANS LE TOME SECOND.

---

## TRAVAIL. — ASSOCIATION. — IMPOT.

## CRÉDIT.

FIN DE LA TABLE.

Corbeil, imprimerie de Crété.

www.ingramcontent.com/pod-product-compliance
Lightning Source LLC
Chambersburg PA
CBHW071136270326
41929CB00012B/1766